當代思潮系列叢書

哲學和自然之鏡

PHILOSOPHY AND
THE MIRROR OF NATURE

理查·羅蒂———著
Richard Rorty

李幼蒸———譯

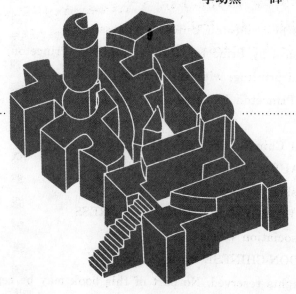

桂冠圖書股份有限公司

Rorty, Richard

    Philosophy and the mirror of nature

©1979 by Princeton University Press

Published by Princeton University Press, Princeton, New Jersey

Second printing, with corrections, 1980

First Princeton Paperback printing, 1980

©1994 Chinese copyright

by LAUREATE BOOK CO., LTD.

Published by arrangement

with PRINCETON UNIVERSITY PRESS

in association with

BARDON-CHINESE MEDIA AGENCY

「當代思潮系列叢書」序

　　從高空中鳥瞰大地，細流小溪、低丘矮嶺渺不可見，進入眼簾的只有長江大海、高山深谷，刻畫出大地的主要面貌。在亙古以來的歷史時空裡，人生的悲歡離合，日常的蠅營狗苟，都已爲歷史洪流所淹沒，銷蝕得無影無踪；但人類的偉大思潮或思想，却似漫漫歷史長夜中的點點彗星，光耀奪目，萬古長新。這些偉大的思潮或思想，代表人類在不同階段的進步，也代表人類在不同時代的蛻變。它們的形成常是總結了一個舊階段的成就，它們的出現則是標示著一個新時代的發軔。長江大海和高山深谷，刻畫出大地的主要面貌；具有重大時代意義的思潮或思想，刻畫出歷史的主要脈絡。從這個觀點來看，人類的歷史實在就是一部思想史。

　　在中國的歷史中，曾經出現過很多傑出的思想家，創造了很多偉大的思潮或思想。這些中國的思想和思想家，與西方的思想和思想家交相輝映，毫不遜色。這種中西各擅勝場的情勢，到了近代却難繼續維持，中國的思想和思想家已黯然失色，無法與他們的西方同道並駕齊驅。近代中國思潮或思想之不及西方蓬勃，可能是因爲中國文化的活力日益衰弱，也可能是由於西方文化的動力逐漸強盛。無論眞正的原因爲何，中國的思想界和學術界皆

　　應深自惕勵，努力在思想的創造上發憤圖進，以締造一個思潮澎湃的新紀元。

　　時至今日，世界各國的思潮或思想交互影響，彼此截長補短，力求臻於至善。處在這樣的時代，我們的思想界和學術界，自然不能像中國古代的思想家一樣，用閉門造車或孤芳自賞的方式來從事思考工作。要想創造真能掌握時代脈動的新思潮，形成真能透析社會人生的新思想，不僅必須認真觀察現實世界的種種事象，而且必須切實理解當代國內外的主要思潮或思想。為了達到後一目的，只有從研讀中外學者和思想家的名著入手。研讀當代名家的經典之作，可以吸收其思想的精華，更可以發揮見賢思齊、取法乎上的效果。當然，思潮或思想不會平空產生，其形成一方面要靠思想家和學者的努力，另方面當地社會的民眾也應有相當的思想水準。有水準的社會思想，則要經由閱讀介紹當代思潮的導論性書籍來培養。

　　基於以上的認識，為了提高我國社會思想的水準，深化我國學術理論的基礎，以創造培養新思潮或新思想所需要的良好條件，多年來我們一直期望有見識、有魄力的出版家能挺身而出，長期有系統地出版代表當代思潮的名著。這一等待多年的理想，如今終於有了付諸實現的機會——桂冠圖書公司決定出版「當代思潮系列叢書」。這個出版單位有感於社會中功利主義的濃厚及人文精神的薄弱，這套叢書決定以出版人文學及社會科學方面的書籍為主。為了充實叢書的內容，桂冠特邀請台灣海峽兩岸的多位學者專家參與規劃工作，最後議定以下列十幾個學門為選書的範圍：哲學與宗教學、藝文(含文學、藝術、美學)、史學、語言學、心理學、教育學、人類學、社會學(含未來學)、政治學、法律學、經濟學、管理學及傳播學等。

　　這套叢書所談的內容，主要是有關人文和社會方面的當代思潮。經過各學門編審委員召集人反覆討論後，我們決定以十九世紀末以來作爲「當代」的範圍，各學門所選的名著皆以這一時段所完成者爲主。我們這樣界定「當代」，並非根據歷史學的分期，而是基於各學門在理論發展方面的考慮。好在這只是一項原則，實際選書時還可再作彈性的伸縮。至於「思潮」一詞，經過召集人協調會議的討論後，原則上決定以此詞指謂符合下列條件之一的學術思想或理論：(1)對該學科有開創性的貢獻或影響者，(2)對其他學科有重大的影響者，(3)對社會大衆有廣大的影響者。

　　在這樣的共識下，「當代思潮系列叢書」所包含的書籍可分爲三個層次：經典性者、評析性者及導論性者。第一類書籍以各學門的名著爲限，大都是歐、美、日等國經典著作的中譯本，其讀者對象是本行或他行的學者和學生，兼及好學深思的一般讀書人。第二類書籍則以有系統地分析、評論及整合某家某派(或數家數派)的理論或思想者爲限，可爲翻譯之作，亦可爲我國學者的創作，其讀者對象是本行或他行的學者和學生，兼及好學深思的一般讀書人。至於第三類書籍，則是介紹性的入門讀物，所介紹的可以是一家一派之言，也可以就整個學門的各種理論或思想作深入淺出的闡述。這一類書籍比較適合大學生、高中生及一般民衆閱讀。以上三個層次的書籍，不但內容性質有異，深淺程度也不同，可以滿足各類讀者的求知需要。

　　在這套叢書之下，桂冠初步計畫在五年內出版三百本書，每個學門約爲二十至四十本。這些爲數衆多的書稿，主要有三個來源。首先，出版單位已根據各學門所選書單，分別向台灣、大陸及海外的有關學者邀稿，譯著和創作兼而有之。其次，出版單位也已透過不同的學界管道，以合法方式取得大陸已經出版或正在

編撰之西方學術名著譯叢的版權，如甘陽、蘇國勛、劉小楓主編
的「西方學術譯叢」和「人文研究叢書」，華夏出版社出版的「二
十世紀文庫」，陳宣良、余紀元、劉繼主編的「文化與價值譯叢」，
沈原主編的「文化人類學譯叢」，袁方主編的「當代社會學名著譯
叢」，方立天、黃克克主編的「宗教學名著譯叢」等。各學門的編
審委員根據議定的書單，從這些譯叢中挑選適當的著作，收入系
列叢書。此外，桂冠圖書公司過去所出版的相關書籍，亦已在選
擇後納入叢書，重新加以編排出版。

　　「當代思潮系列叢書」所涉及的學科眾多，為了慎重其事，
特分就每一學門組織編審委員會，邀請學有專長的學術文化工作
者一百餘位，參與選書、審訂及編輯等工作。各科的編審委員會
是由審訂委員和編輯委員組成，前者都是該科的資深學人，後者
盡是該科的飽學新秀。每一學門所要出版的書單，先經該科編審
委員會擬定，然後由各科召集人會議協商定案，作為選書的基本
根據。實際的撰譯工作，皆請學有專攻的學者擔任，其人選由每
科的編審委員推薦和邀請。書稿完成後，請相關學科熟諳編譯實
務的編輯委員擔任初步校訂工作，就其體例、文詞及可讀性加以
判斷，以決定其出版之可行性。校訂者如確認該書可以出版，即
交由該科召集人，商請適當審訂委員或其他資深學者作最後之審
訂。

　　對於這套叢書的編審工作，我們所以如此慎重其事，主要是
希望它在內容和形式上都能具有令人滿意的水準。編印一套有關
當代思潮的有水準的系列叢書，是此間出版界和學術界多年的理
想，也是我們為海峽兩岸的中國人所能提供的最佳服務。我們誠
懇地希望兩岸的學者和思想家能從這套叢書中發現一些靈感的泉
源，點燃一片片思想的火花。我們更希望好學深思的民眾和學生，

也能從這套叢書中尋得一塊塊思想的綠洲，使自己在煩擾的生活中獲取一點智性的安息。當然，這套叢書的出版如能爲中國人的社會增添一分人文氣息，從而使功利主義的色彩有所淡化，則更是喜出望外。

　　這套叢書之能順利出版，是很多可敬的朋友共同努力的成果。其中最令人欣賞的，當然是各書的譯者和作者，若非他們的努力，這套叢書必無目前的水準。同樣值得稱道的是各科的編審委員，他們的熱心參與和淵博學識，使整個編審工作的進行了無滯礙。同時，也要藉此機會向高信疆先生表達敬佩之意，他從一開始就參與叢書的策劃工作，在實際編務的設計上提供了高明的意見。最後，對桂冠圖書公司負責人賴阿勝先生，個人也想表示由衷的敬意。他一向熱心文化事業，此次決心出版這套叢書，益見其重視社會教育及推展學術思想的誠意。

楊國樞

一九八九年序於

台灣大學心理學系

哲學與宗教學類召集人序

「當代思潮」雖然不是一個有明確涵義的名詞，但是不論對它在時空範圍和內容上如何界定，一定要包含最近數十年來西洋哲學與宗教思想的發展。在一套當代思潮系列叢書中，如果沒有存在主義者、分析哲學家、現象學者、新馬克思主義者，或天主教與新教神學家的作品，就會使人覺得欠缺極重要的一部分。

哲學與宗教思想家的專門著作表面上看來讀者有限，但其中所包含的觀點和理論，往往能夠透過各種不同的管道，對於學術文化的發展、文學藝術的創作，以及社會政治的活動，產生反省、批判與引導、開創的作用。有關人類知識和信仰的基礎與生命的終極意義問題，自古以來一直困擾著人的心靈，這類問題並不因經濟的發展與科技的進步而消失，反而更顯示其嚴重性和迫切性。哲學家與宗教思想家就是盡最大心力去釐清這類問題，並試圖提供答案的人。他們的成果也許並不令人滿意，但他們的努力卻值得爲每一個關懷人類命運與文明前途的知識分子所重視。

這套叢書哲學與宗教學類所收集的主要是第一次世界大戰結束以後重要哲學家與宗教思想家的代表著作。以第一次大戰爲斷代的界限，是指有關思想家主要學術活動和著作出版的年代而言。第一次世界大戰對歐洲人是一慘痛的經驗，促使他們對知識與價值的問題作更深刻的反省，在哲學與宗教思想上也展現新的

風貌。第一次世界大戰以後開始活躍的思想家，在感覺上與我們屬於同一時代，他們的學說與理論，還是當前哲學與宗教研究者直接討論和批評的對象，對於一般知識大衆也還能發生較大的影響力。其中有少數幾個人，例如胡塞爾與杜威，在第一次世界大戰之前已嶄露頭角，但他們的學術思想活動爲期甚久，有些最重要的作品是在第一次世界大戰以後才出版的，所以也包括進來。

　　我國引介西方思潮已有百年以上的歷史，但成效並不顯著，其中除了社會政治的動亂和語言文化斷層等因素之外，還有一個重要的原因就是我國學者缺乏虛心與耐性，對於西洋的思想與學說，喜歡作泛泛的談論和自以爲是的批判，郤不願作長期有計畫的研究吸收和沉潛深入的理解。這一點表現得最明顯的就是經典名著的翻譯工作做得太少，太沒有系統。以傳統西方哲學而論，即使像柏拉圖、亞里士多德、休謨、康德這些重要性無以復加的哲學家，他們的作品都還沒有完整且爲學術界所公認的標準譯本。這種情形在有關當代思想名著的翻譯上更是如此。我們雖然不時可以看到介紹、評論諸如實證論、詮釋學、批判理論、結構主義，或新正統、解放神學之類的文字，卻很少有這些不同學派主要代表著作嚴謹可靠的翻譯。已有少數零散的翻譯由於素質不高，並不能作爲進一步研究的參考和依據。

　　近年以來情況已有改善，台灣海峽兩岸的學者傾注全力從事當代思想名著翻譯工作的人漸漸多起來，使我們覺得有必要將這種工作的成果做有系統的搜集整理，並盡可能加以擴充延續。我們先初步確定一份近七、八十年來哲學與宗教方面最重要著作的清單，然後根據這個書單尋求中文譯本。如果已有的譯本合乎水準，就請原譯者或有關專家加以審核修訂後，列入本叢書中。如果還沒有中文翻譯或已有譯本品質不佳的，則設法邀請能力足以

勝任的學者，擔任重新翻譯的工作。希望這套叢書出版後，能為有志於探討當代哲學與宗教思潮的人，提供一套比較完整而且可以信賴的第一手中文資料。

真正專業性和學院式的研究，自然要以原文的閱讀為起點，而不能只依賴中文翻譯。一個不懂德文的人要談論海德格（Heidegger）或一個不懂法文的人要談論傅柯（Foucault），在學術界一定難以得到認可。但是我們也不應過份低估譯書的功能和價值，不要忘記康德所讀的休謨著作是德譯本，而許多受柏拉圖或亞里士多德啟發的學者並未直接接觸希臘文原典。良好的譯本可以激發青年學生和社會人士研讀的興趣，使原著的內容為更多人所認識，因而產生更廣大的影響。如果堅持一切研究都要由外文原著入手，將使西方哲學與宗教思想的瞭解，局限在少數專家學者身上，對於整個社會文化水準與生活品味的提昇，並沒有太大幫助。唯有當沙特（Jean-Paul Sartre）、巴柏（Karl Popper）、羅爾斯（John Rawls）或田立克（Paul Tillich）這些人的作品為一般知識大眾所熟悉，成為他們教養過程或閒暇時間常備的精神食糧，我們才可以說國人吸收西方文化，已經達到成功的地步。這一套叢書哲學與宗教學類的編輯，主要用意就是希望在這方面盡一分力量。

除了重要思想家本身的代表著作之外，本叢書哲學與宗教學類也收集一部分綜論性和歷史性的作品。這一類作品可以幫助我們瞭解各種相關的問題和爭論，以及各家各派的歷史發展與基本主張，所選的都是該一題材較完整而具有權威性的作品，我們也很樂意地將它們呈獻給關心當代哲學與宗教思潮的讀者。

郭博文

一九八九年七月序於台灣大學哲學系

中譯本賀麟教授序

　　美國弗吉尼亞大學凱南講座教授理查·羅蒂的名著《哲學和自然之鏡》的中譯本就要和我國讀者見面了，作者曾來信邀我爲中譯本寫一篇序言。對於一個早年曾在美國研習西方哲學的中國學者來說，能爲一部當代美國哲學名著的中譯本作序，自然備覺榮幸和欣慰。

　　1982年前，當羅蒂教授還在普林斯頓大學時，我們已有書信往還，不久後收到了他寄給我的這本書，讀後頗有耳目一新之感。1985年夏，他應中國社會科學院哲學所邀請來京、滬講學訪問時，我們有過幾次接觸。羅蒂專長當代哲學問題，但對西方哲學史興趣濃厚，因而彼此交談十分融洽，互相增進了瞭解。記得去夏某晚羅蒂夫婦冒著傾盆大雨來我家作客，在書房裏我們暢談了過去六、七十年間中美學術交流的歷史，對今日兩國哲學界交往日趨密切同感快慰。

　　關於這本書的重要性和它在今日世界各國的影響，過去幾年間國內書刊陸續有所介紹，我國讀者已有一些瞭解。值得注意的是，自本書出版以後的幾年間，在美國幾次哲學學會年會上羅蒂的講演都成爲大會矚目的中心，特別是在1983年春舊金山的太平洋區分會年會上和同年十二月波士頓東區分會年會上，羅蒂的新

實用主義思想曾引起熱烈的討論。羅蒂思想今日不僅成爲美國哲學界中一個重要話題，而且已擴大成爲美國文化界中的一個重要話題了。

羅蒂曾在分析哲學中心之一的普林斯頓大學哲學系任教二十餘年，長期研究過分析哲學的各種問題，並有突出建樹。六十年代末以來逐漸擴大關注範圍，特別留心於現代歐洲大陸哲學思潮，因而擴大了視野，並從新的角度對當代美國主流哲學——分析哲學予以徹底反省。本書就是作者對西方傳統主流哲學和當代美國主流哲學進行批判地再思考的產物，同時它還論及了哲學與文化關係這一涉及美國哲學前景的大課題。由於本書對邏輯經驗主義的若干基本原則進行了剖析和批評，在以分析哲學爲主導的美國哲學界引起了不小的震動。不難想像，羅蒂對一些分析哲學標準信條的挑戰，不免會導致一些保守的哲學家的不滿，於是在相對平靜的美國哲學舞臺上掀起了層層波瀾。

談到羅蒂的學說，首先會令人聯想到杜威。對於杜威的哲學，我國哲學界其實是相當熟悉的。抗戰以前的二十年間，在我國哲學界較具影響的現代西方哲學家也許首先應當一提的就是杜威、羅素和柏格森等。作爲早先西方一代思想大家的羅素，既曾反對過柏格森的直覺主義，又曾對杜威及其門人的實用主義予以抨擊（解放前我對他們各自的學術均有論述）。有趣的是，這兩位學術上的對手二十年代初都曾來華訪問講學，並傾慕於中國傳統文化的寧靜趣致。杜威本人甚至延長了預定的訪問時間，在華流連忘返，這已是哲學界一段熟知的軼事了。

其實，在現代西方哲學各家各派中，對舊中國思想界影響最大的應該首推杜威。這不僅是由於胡適先生的提倡，而且也由於他的哲學本身反對玄遠，易於理解和便於應用。杜威和羅素儘管

學術觀點迥異，却都認爲哲學應有益於社會和人生。兩人都曾想通過教育運動來使哲學應用於社會和文化之改造。然而作爲教育家的羅素却遠不及杜威重要，杜威作爲教育理論家的聲望並不亞於其作爲哲學家的聲望。

　　羅蒂的新實用主義儘管有多方面的思想淵源，在我看來，他所受到的最主要的影響還是來自杜威和詹姆士。1947年我在北大講授現代西方哲學時，曾介紹過這兩位美國哲學家。（參見拙著《現代西方哲學講演集》，上海人民出版社，1984年，第40～67頁）在這兩講中我論述了他們有關真理、觀念、理念、本質、意識、身心關係和社會協調作用等幾方面的反傳統觀點。我指出，詹姆士說「世界上沒有超越於人的真理」，並「提倡情感、信仰、意志，而貶抑抽象思想」；他認爲「要觀察人心，必須從它的功用、機能活動諸方面去認識……**觀念不是靜止的鏡子**（著重號爲此刻引述時後加，以示與本書中「鏡子」隱喻的關聯），而是有用的武器，有一套觀念就有一套武器來應付對象，這些都是心理的功能」。我又介紹說，詹姆士認爲「真理不是柏拉圖所說的理念或是亞里士多德所謂的範型，真理之是否確爲真理必須看觀念和它能引起的實際效果是否相合」，因此「真理就包括了『觀念的有效性』」，「效用就成了考驗真理的標準」。這些觀點與羅蒂在本書中提出的反柏拉圖主義、反觀念鏡子說是一脈相承的。

　　在論述杜威時我側重於他的真理社會觀，於是所謂的「真理效驗」就進而落實在社會「協合」（coordination）觀上了，這一點與本書中譯本附錄中收入的羅蒂在日講演中宣稱的「協同性」（solidarity）原則，可謂如出一轍。1928年我曾在美國哲學年會上聽到杜威宣讀他的論文，其標題即爲「社會作爲一個哲

學範疇」。記得當時聽講的孟泰格曾批評他把「社會」尊崇爲黑格爾式的絕對者。我在北大講演時也指出，杜威「想提出『社會』作爲認識論的一個範疇，作爲批判哲學的一個標準」；並談到「他反對把身心分開，也反對把心理現象分成知、情、意部門，心理學要研究的只是整個行爲的調整協合、適應，也即行爲的動態，而不再是舊式心理學家所矚目的意識狀態」；而他所謂的「協合」，則指「協合只是一種組織，一種使工具能够相互配合而達到某一目的的組織」，因此「協合就是一種適應」。這些說法與羅蒂在本書中花相當篇幅批評的西方傳統認識論甚至在措詞上都十分接近。正是在杜威實用主義中，我們看到了對行爲、效果、社會檢驗等羅蒂今日所重視的一些觀念的强調，而反對傳統心理學的心靈觀和意識觀，更爲杜威和羅蒂共同堅持的立場。

在當時的講演中我曾總結說，「杜威對於傳統哲學的駁斥的確言之成理，但傳統哲學在他所揭出的每一『罪狀』裏面都依然保有從容答辯的餘地」。這可以說是我當時對正在流行的舊實用主義的一般態度。當然，今日羅蒂新實用主義思想並非杜威舊實用主義的翻版，前者是後分析時代的哲學家，後者却基本上是前分析時代的哲學家。此外，關注當代西歐哲學思潮（主要是維特根施坦和海德格）的羅蒂，也與主要熟悉西歐哲學史的杜威（主要是柏拉圖和黑格爾）具有著差距頗大的不同學術背景，這是時代演變的必然情形。我在和羅蒂交談時曾提及二十年代末在美留學時聽杜威和懷特海講演的往事，而羅蒂亦談到他曾是懷特海的高足哈茨霍恩的學生。時光荏苒，竟然已是半個世紀過去了。我對今日美國重新恢復了對杜威的重視很感興趣，看來一位哲學家思想的影響，是隨時代和環境的改變而起伏不定的。

《哲學和自然之鏡》一書過去幾年來引起了我國一些哲學工

作者很大的興趣，不時見到對此書的介紹和報導。而且這本書的部分章節也曾有人著手譯過，如蘭州大學中文系徐清輝同志（她於1981到1982年間曾在普林斯頓大學哲學系進修美學，與羅蒂相熟）等；現在哲學所現代外國哲學研究室李幼蒸同志將全書翻譯出來，並增譯了羅蒂的另外四篇文章，作爲中譯本的附錄。李幼蒸同志在美進修期間曾在普大哲學系作訪問學習，羅蒂爲其聯繫人，其後轉至哥倫比亞大學哲學系，仍與羅蒂保持學術聯繫，對其思想做過系統研究，在此基礎之上完成了本書的翻譯。希望這個中譯本能爲我國讀者提供一份有價值的參考資料。

賀　麟

1986年11月於北京

中譯本譯者前言

　　如果說二次大戰之後的二十年間，在美國哲學舞臺上以邏輯經驗主義爲主的分析哲學占據著絕對支配地位的話，那麼六十年代中期以後美國哲學活動的構成却開始發生了越來越明顯的變化。一方面，分析哲學運動內部反正統力量（如科學哲學內部的反唯科學論潮流，語言哲學內部的反傳統意義論潮流）已逐漸崛起；另一方面，歐洲大陸各哲學流派在美國得到了迅速擴展（在此以前它們在美國的影響極其微弱）。七十年代以來，美國哲學思想的分化更趨複雜，隨著大量西歐哲學名著的陸續譯介和各種哲學會議上的有關討論，當代西歐哲學在美國校園和學術界的影響與日俱增，如東部西北大學、紐約大學石溪分校、芝加哥大學、霍布金斯大學等都已成爲研究和介紹當代西歐哲學的中心，西部加州柏克萊大學、史丹佛大學等也已成爲在分析哲學基礎上研究西歐大陸哲學的重要基地。然而在大多數美國重點大學（如哈佛、普林斯頓、耶魯、哥倫比亞等大學）哲學系中，分析哲學仍居絕對領先地位，因此談到今日美國哲學時主要還是指分析哲學，這是從哲學專業角度來說的。然而一當擴大到整個美國文化思想界來看，情況就比較複雜了，因爲許多具有明顯西歐哲學傾向的哲學研究如今正在大學文學院內哲學系以外的其它人文科系

（如歷史系、政治系、文學系、宗教系、社會學與人類學系、藝
術系等等）中擴大其影響，就是在上舉一些重點大學中也不例
外。這樣我們就可以理解另一說法，即今日美國哲學舞臺是由英
美分析哲學傳統和西歐大陸哲學傳統共同組成的。對「哲學」的
這種狹義理解和廣義理解的不同，就涉及到今日西方學者心目中
「哲學」一詞的適切涵義問題了。這樣一個問題由於關係到哲學
活動的「邊界」，必然成爲一個文化整體內的問題。從某種意義
上說，《哲學和自然之鏡》一書就是對這個至關重要的文化和哲
學的問題所做的深刻反省。

　　本書作者理查・羅蒂在1982年夏以前的二十年間一直在分析
哲學中心之一──普林斯頓大學任教，爲該校哲學系和文學院內
頗具影響的講座教授。羅蒂擅長分析哲學派的語言哲學，對哲學
史和當代歐陸哲學也素有研究，他在普林斯頓大學開設過的尼采
和海德格課程，以及在弗吉尼亞大學開設的有關保羅・利科和弗
洛伊德的課程都曾受到學生的熱烈歡迎。然而後來他却決意離開
了使其功成名就的普林斯頓大學哲學系。譯者抵美不久適巧趕上
哲學系爲他舉辦的告別會，印象殊深。

　　這本1979年出版的著作不僅是從哲學和文化的若干方面對分
析哲學思潮及其後果進行全面檢討的一本書，也是對西方兩千年
來傳統唯心主義哲學基本問題進行系統反省的一本書，眼界開
闊，觀點鮮明，持論頗爲激進。本書出版後獲得美國學界廣泛關
注，毀譽褒貶紛至沓來。不久作者又獲麥克阿瑟圖書獎，對於哲
學家來說這是不同尋常的，從此羅蒂從專業哲學家而步入思想家
之林，五六年來在美國人文學術界影響日增。因此在介紹今日美
國哲學時，如不介紹在分析哲學和歐陸哲學之間另闢蹊徑的羅蒂
思想，那是不全面的，這是譯者決定將此書譯成中文的主要考慮

之一。

　　作者在本書中集中提出了一種綜合性和批判性的哲學立場，以豐富的材料評述了歐美許多大哲學家的思想觀點，尖銳批評了傳統的唯理主義、唯科學主義和唯哲學主義，並展望一種無主導性哲學的「後哲學文化」。儘管作者的意圖在於綜觀西方正統哲學文化全景，但誠如作者所說，本書思路的主幹仍然是鋪伸於古希臘哲學、近代哲學認識論和英美分析哲學之間的，作者在書中的主要對話者都是當今大多健在的美國著名分析哲學家。本書獲得廣泛影響的一個社會性原因恰在於，作者以深厚的分析哲學素養，對過去三十年間美國分析哲學教師培養出來的大批中青年人文學者，用分析哲學家熟悉的語言，指出了分析哲學當前發展中的癥結所在，因而易於引起共鳴。因此這本書首先應看成是一本關於當代美國哲學思想的論著。作者所推崇的海德格後期哲學在本書中尚未詳盡發揮（這是作者目前正在撰述的一部專著的主題），而對現象學和結構主義的批評也只一提而過。至於作者在本書最後提出的一種準哲學活動──解釋學，也並未涉及當代德、法解釋學的廣闊領域，而是從美國特有的哲學文化環境中做出的一種綱領式的展望。當然，本書的美國色彩最濃郁之處還在於返歸已被美國學界冷落多年的杜威及其實用主義。十分明顯，羅蒂根據分析時代認識論行爲主義對實用主義進行的最新闡釋，在學理上已比舊實用主義更爲精緻，並更符合當代哲學辨析的水準了。

　　本書的影響之所以遠遠超出了哲學界，當然是因爲它觸及了當代西方社會文化性質這類大課題。如果像賀麟先生早先講述杜威哲學時引用羅素的話時所說的那樣，杜威代表著「美國工業社會的哲學」，那麼我們是否可以說羅蒂思想集中反映了「美國後

工業社會的哲學」呢？社會、文化與哲學的關係，是任何專業哲
學家都無法迴避的大問題，因此第十七屆蒙特里爾世界哲學大會
以「文化」爲中心主題就不是偶然的了（羅蒂曾被邀請擔任本次
大會主講人之一，後因故未與會）。從這個角度看，羅蒂提出的
各種問題的意義當然遠遠超出了美國範圍，近年來歐、亞、非各
國哲學界對羅蒂哲學觀與文化觀的探討漸漸增加可爲其證。

　　羅蒂在來華訪問期間對他不甚瞭解的中國文化傳統甚感興
趣。在他爲本書中譯本所寫的序言中還提到了中美哲學文化交流
的問題。依譯者之見，所謂「中國哲學」必然只能意味著「當今
中國人所從事的哲學」，這個哲學從內容到來源當然絕不限
於「中國傳統哲學」，而應涉及人類思想文化的一切領域，其中
並無時間和界域之分，因此依據民族自豪感這種感情的而非理智
的理由去「弘揚」祖輩的舊業，不僅不是尊重傳統，反而有礙於
民族文化傳統之發展。因而學術上的「民族主義」適足成爲阻礙
民族文化創新的有效利器。不參照今日世界各地學術文化的重要
發展是無法創建我們的新文化和新哲學的。希望本書的譯介，有
助於我國廣大哲學愛好者瞭解當前西方哲學思想的最新動向，有
助於我們批評的借鑒和進一步融合於世界哲學文化中去。

　　本書中譯本收入了另外四篇文章作爲附錄。第一篇是作者與
六位批評者的「對話」或辯論，可幫助中國讀者進一步瞭解本書
論述中的一些義蘊。此外還收入了作者在日本和中國所做的兩次
學術講演，可看作作者與「東方」讀者的對話。兩次講演的方式
類似，均由一般思想闡述和專題發揮兩部分組成。在南山大學的
講演中，羅蒂通過與普特南的論辯，辨析了相對主義問題，在中
國的講演則通過戴維森基本思想批評了「自我」和「意識」這一
傳統唯心主義的中心概念。自本書出版後，作者日益關注哲學與

文學批評的關係問題，爲了介紹羅蒂思想在這一方向上的發展，
選譯了作者論述後期海德格和德里達的一篇長文。需要聲明的
是，這四篇附錄是譯者自行加入的，雖然「事後」曾通知了作
者。

　　考慮到排印的方便，中譯本將本書原版中的脚注一律改成了
各章尾注。（附錄各篇中原件即採取尾注形式。）在完成本書翻
譯後，我曾向作者詢問了書中一些疑難的英語字詞和拉丁文詞句
的意思，承蒙作者給予了明確解釋，然而由於聯繫不便，譯者未
能就書中許多關鍵性句段的確切涵義一一向作者核實，誤譯之處
責任完全在我本人，並希讀者不吝指正，以備日後有機會時訂
正。

譯　者

1986年11月11日於北京

中譯本作者序

自希臘時代以來，西方思想家們一直在尋求一套統一的觀念，這種想法似乎是合情合理的；這套觀念可被用於證明或批評個人行爲和生活以及社會習俗和制度，還可爲人們提供一個進行個人道德思考和社會政治思考的框架。「哲學」（「愛智」）就是希臘人賦予這樣一套映現現實結構的觀念的名稱。

然而在古代世界，「哲學」並不是一門學科、一門學術科目或一門思想專業的名稱。相反，這個詞指的是由受人尊重的個人——智者所持的意見總和。這些意見有關於今日或許會被稱作「科學的」問題（例如物理的、化學的或天文的主題），以及有關於我們應稱作「道德的」或「政治的」問題。當時並不存在一門巴門尼德、柏拉圖、伊比鳩魯、塞內卡等等曾爲之做出「貢獻」的「哲學」科目。

古代世界的各種哲學流派（各類智者的追隨者們），隨著時間的推移，讓位於基督教文明。作爲西方思想生活框架的基督教，從教會時代直到十七世紀爲人類話語設定了基本軸系。在這一歷史時期，「哲學」一詞指的是將古代智者（尤其是柏拉圖和亞里士多德）的思想用於拓廣和發展基督教的思想構架。因而在這一時期中，「哲學」仍然不是一門獨立自主科目的名稱，而是

宗教文化的一個方面。

可是到了十七、十八世紀，自然科學取代宗教成了思想生活的中心。由於思想生活俗世化了，一門稱作「哲學」的俗世學科的觀念開始居於顯赫地位，這門學科以自然科學爲楷模，却能够爲道德和政治思考設定條件。康德的研究對於這種思想的形成至關重要，而且自康德時代以來，他的研究一直被看作是一種範式，「哲學」這詞是參照這種範式被定義的。康德提出的各種問題，他的術語體系，他劃分學科的方式，都被人們奉爲典範。康德以後，哲學成了一門學術專業，具有它自己內在的辯證法，而不同於全體文化領域。就其對這樣一門哲學學科的必要性提出疑問的意義上而言，本書是反康德的。就它對希臘人納入西方詞彙內的那些區分觀念提出質疑而言，本書也是反希臘的——正是這些區分觀念似乎使發展這樣一門學科必不可免了。

對於康德構想的懷疑，因此也是對於康德研究所尊崇和發展了的希臘人構想的懷疑，當然不是什麼新的東西。一俟康德完成了他的工作，自然科學的支配作用——它們在思想生活中的支配地位——就被提出質疑。康德的學術活動與法國大革命和文學浪漫主義運動大約處於同一時期。這兩種相互關聯的發展意味著，政治和藝術是世俗文化的中心，科學和宗教却不是。於是一當「哲學」指的是某種超級科學（這是康德爲哲學所設想的地位，而且他本人的例證有助於使其成爲可能），這樣一門科學的功用何在就成了問題。

康德時代以來——即過去兩百年以來——哲學在歐美思想生活中起著一種曖昧不明的作用。一方面，康德的如下思想繼續存在，即存在有（或應當有）一門學科，它將給予我們希臘智者希望獲得而未能獲得的東西——不只是意見的總和，而且是知識，

關於具有根本重要性的東西的知識。人們仍然空談這樣的思想，即我們需要哲學作爲一門基本學科，這門學科爲證明或批評生活方式和社會改造綱領提供著基礎；那些把自然科學當作合理性典範的知識分子，則偏愛一種爲科學知識大廈加冕的「科學哲學」。然而，另一方面，很多知識分子使哲學與政治、藝術或二者令人可厭地對立起來。這些知識分子把文化和社會看作是歷史地發展著的，看成是不斷產生新的道德思考和政治思考的詞彙的，他們把希臘人和康德的觀念——我們需要找到一種永恆秩序，一種長存的人類思想中性框架——看作一種妄想。馬克思對康德和黑格爾的反動（「迄今爲止哲學家們都在企圖認識世界；然而重要的却在於改造世界」）是那些持前一種選擇的人所特有的。尼采對康德和黑格爾的反動則是那樣一些人所特有的，他們想用文藝（而且尤其是文學）來取代科學作爲文化的中心，正如科學早先取代宗教作爲文化的中心一樣。

按照很多把政治看作文化的中心的知識分子的觀點，「政治的哲學基礎」這種需要並不明確。他們所強調的重點寧可說在於面對各特殊社會的各種具體問題，於是他們就不再強調偉大的理論在闡述這些問題時的重要作用。例如杜威使政治（特別是二十世紀美國的社會民主政治）成爲他的哲學思想的中心，但他並未要求建立一個哲學體系。反之，他作爲一位實用主義者，却想要幫助知識分子擺脫將他們的道德和政治改革綱領置於一種宏偉的非歷史性理論中去的需要。

但從那些追隨尼采把文學當作文化中心的知識分子觀點來看，那些代表著人類超越自身和重新創造自身的人是詩人，而不是教士、科學家、哲學家或政治家。譬如說，海德格就是一位沒有政治意識或知識的哲人（他與希特勒主義的災難性的結合可證

明這一點）。但他和杜威一樣都懷抱下述信念：西方文化今日須
要以其先前使自身非神學化的同樣方式來使自身非科學化。他曾
爲實用主義哀嘆，因爲他錯誤地把它看作是科學主義的一種退化
形式，但他和杜威兩人都曾認爲西方文化是過於理論化了。他們
都認爲，希臘人的「智慧」追求爲人類一大錯誤，這種智慧的意
義是，一種凌駕一切之上的知識系統可一勞永逸地爲道德和政治
思考設定條件。

本書是企圖貫徹杜威和海德格某些共同的思想路線的一次努
力，並將他們對作爲一種非歷史性的基礎學科的哲學觀與分析哲
學的內在辯證法加以比較，這一哲學流派是從弗雷格將康德的認
識論構想「語言學化」的企圖中發展而來的。本書大部分內容都
是重述和發展由一些分析哲學家所提出的論點，如W. 塞拉斯、
W. V. O. 奎因、D. 戴維森、H. 普特南、G. 賴爾，以及特別是
維特根施坦。這些哲學家們雖然都在一種康德式的環境——學院
哲學的環境中進行研究，但都對哲學本身這個觀念，對一門希臘
人沒想過的、康德曾認爲已經給予我們了的那種學科的可能性，
抱有懷疑。

在這些思想家以及馬克思、尼采、杜威和海德格之後，人們
再也難以認真看待這種觀念了，即存在有一門超級科學或一門主
學科，它關心的是具有根本重要性的問題。那種認爲人無論如何
能將發生於道德和政治思考中的以及在這類思考與藝術實踐的相
互作用中的一切問題置於「第一原理」（而哲學家的職責正在於
陳述或闡明這些原理）之下的整個想法，開始顯得荒誕不經了。
認爲有獨立於歷史和社會變化的「永恆哲學問題」的觀念似乎極
其可疑了。在本書結尾部分，我試圖提出不根據這類非歷史性永
恆模型去進行思考的文化前景推測，這種文化應是徹頭徹尾歷史

主義的。在此我試圖提出，分析哲學中最近的發展如何能與最近
非分析哲學（例如像J. 德里達、M. 福科和H. 伽達默爾這類後
海德格思想家）的發展進行有益的比較。將這些思想運動會聚在
一起的目的不是去創造一種宏偉的綜合，而只是指出，大多數當
代西方哲學家共同的一點就是對是否存在有一種稱作「哲學」的
自然人類活動的懷疑。

　　然而這些懷疑不應被認爲是「非理性主義的」。按照我所建
議的觀點，合理性與非理性之間的區別，應被自由開放的探討和
屈從於在自身之外發生的限制（例如政治的或宗教的限制）的探
討二者之間的區別所取代。這類懷疑也不應被認爲是意味著不再
有必要研究往昔哲學家的著作了。反之，桑塔亞那這句常被引用
的名言──「凡不研究過去者注定要重複過去」仍然是極其正確
的。

　　在我看來，我們不應問科學家、政治家、詩人或哲學家是否
高人一等。我們應當按照杜威實用主義精神不再去探求一個精神
生活類型的等級系統。我們應當把科學看作適用於某些目的，把
政治、詩歌和哲學（不被看作一門超級學科，而是看作根據過去
的知識對目前思想傾向的一種明達的批評活動）都看作是各有其
目的。我們應當摒棄西方特有的那種將萬物萬事歸結爲第一原理
或在人類活動中尋求一種自然等級秩序的誘惑。

　　如果在這方面西方應當不再是西方，如果它的思想生活和文
化生活應變得更靈活、更切於實用（如杜威所說，更具「實驗
性」），那麼它與世界其它地區的關係也許就會大爲不同了。在
西方知識分子和世界其它地區的知識分子之間改善關係的一個障
礙乃是下述這樣一種西方觀念：西方在自然科學發展中的領先地
位表明了它具有優越的「合理性」。這類看法的前提是，透過發

現對物質的微觀結構描述進行預測和控制的方法的發展，在某方面比（例如）風景畫、政治改革或聖經經義注釋，是一種更具「合理性」的活動。或者再準確些說，所假定的是，存在有某種被稱作「理性」中心的人的機能──這種機能的發展是人類生存的要義──而且自然科學表明比任何其它人類活動更善於使用這種機能。自然科學的這種神化作用，是當代西方哲學逐漸在使自己擺脫的若干觀念之一。希臘傳統性區分法的消除是杜威、海德格和維特根施坦的共同主題，它將使西方擺脫現成的老框框（如「合理性」與「非理性」的對立，「科學的」與「神秘的」對立），這些老框框阻礙了我們對非西方文化的理解。

在一種甚至不再在口頭上奢談我們需要應用「科學方法」和具有「堅實哲學基礎」一類觀念的文化中，希臘人在理論和實踐、永恆秩序和純歷史偶然等等之間的傳統區分也就不再起作用了。認爲藝術僅只是「裝飾的」和可有可無的，文學從某方面講是在「現實生活」的邊緣上的一類觀念也就不起作用了。人們將代之以承認，道德和政治的進步有待於藝術家、詩人和小說家，一如其有待於科學家和哲學家。在藝術和科學之間、美學和道德之間，政治責任和個人自我發展之間的傳統區分，也就不如以往那樣顯得堅實可信了。傳統上互相區分得一清二楚的文化領域和專業學科，就會相互融合和滲透。這種「諸樣式間分界含混」（借用一位美國重要的人類學家CI. 吉爾兹的話說）也會有助於促進西方文化傳統和世界上其它偉大文化傳統之間的相互融合和滲透。

本世紀間，西方知識分子比以往任何時期都懷有對非西方文化更強烈的好奇心和開放態度。這不僅因爲在世界各個地區晚近政治和社會的變化使各民族更趨於獨立，更關注彼此的需要。同

時也由於西方意識的內部發展，這種發展在過去兩百年間已導致它逐漸遠離了本身的希臘源頭和海德格所謂的「本體神學傳統」。在一切非西方的文化間，中國的文化無疑是最古老、最具影響力，也是最豐富多彩的。人們或許因此而可以希望，在西方理解自身過程中最近發生的變化，將有助於西方知識分子從中國獲益多多。

然而遺憾的是，西方對中國文化的認識還遠遠比不上中國對西方文化的認識。另一方面，西方，特別是美國，一直對中國文化懷有高度的尊敬，這種尊敬之心隨著中西文化交流的逐漸加強而與日俱增。我欣然期望本書的翻譯可在促進中西知識分子的交流方面略盡微薄之力。本書是繼續探討約翰·杜威二十年代初訪問中國時提出的某些觀念的嘗試，它希望以某種方式促使人們對這些觀念的關注。因為我相信，以杜威為其主要倡導者的實用主義傳統，是美國對人類精神生活所做出的最傑出貢獻。

拙著受到了中國學術界的關注，並認為值得譯成中文，對此我深感榮幸。李幼蒸先生極其耐心和認真地完成了這一費時而辛勞的工作，感謝他對翻譯過程中遇到的諸多問題進行了細心處理。賀麟教授惠賜的序言，使本書中譯本獲得了非常良好的引介，而溢美之言卻遠遠超出了我所應得的稱譽。

理查·羅蒂

1986年10月20日於西柏林

原　序

差不多在我一開始研究哲學起，我就對哲學問題出現、消失或改變形態的方式具有強烈的印象——它們都是一些新的假定或新的詞彙出現的結果。從理查·麥基翁和羅伯特·布魯姆包那裏，我學會了把哲學史不是看作對一些相同問題所作的一系列交替出現的回答，而是看作一套套十分不同的問題。從魯道夫·卡爾納普和卡爾·漢培爾那裏我瞭解到，虛假的問題如何可透過以形式的言語重新陳述它們而予以揭露。從查理·哈茨霍恩和保羅·維斯那裏我瞭解到，如何可透過把這些假問題迻譯爲懷特海或黑格爾的詞語而加以揭示。我很幸運能以這些哲學家爲師，但是不論如何，我把他們都當作是在表示著同樣的意思：一個「哲學問題」是不知不覺採用了那些被包含在用以陳述該問題的詞彙中的假定的產物；在認真地看待該問題之前，應當先對那些假定進行質疑。

稍後我開始閱讀維爾弗里得·塞拉斯的著作。塞拉斯對有關「所與」（the Given）神話的嚴厲批評，在我看來似乎使大多數近代哲學背後的假定成爲可疑了。再往後，我開始認真考慮奎因對語言一事實的區別所持的懷疑態度，並試圖把奎因的觀點與塞拉斯的觀點結合起來。從此以後我一直企圖將近代哲學問題背

後更多的假定抽離出來，希望能使塞拉斯和奎因對傳統經驗論的批評普遍化和擴大化。我相信，返回這些假定並闡明它們都是僅供選擇的東西，這種做法或許是具有「治療性的」，其意義正如卡爾納普最初解除那些標準教科書問題的做法具有「治療性」一樣。本書就是這一企圖的結果。

本書的撰寫歷時良久。普林斯頓大學極其慷慨地提供研究時間和研究年假，當我表白以下事實時並不減少我對普大的感激，這就是，如果沒有美國學會理事會和古根海姆基金會的進一步支持，也許我將永遠無法完成本書的寫作。當我於1969到1970年獲得美國學會理事會的研究資助時已開始構思本書大綱，而在1973到1974年獲得一筆古根海姆研究資助時，才著手撰寫了本書初稿的大部分。對上述三個機構給予我的支持，在此謹致最深的謝意。

許多人（普林斯頓大學和其它一些大學的學生，在各個會議上聽我宣讀論文的聽眾、同事和朋友等等）都讀過或聽過本書各章節的各種原稿。由於他們的批評反駁，我在內容和風格上做過很多修正，對此深爲感謝。十分遺憾，我甚至記不起那些最重要的幫助來自何處了，但我希望讀者會隨處看出他們的評論帶給我的有益結果。然而我希望對密歇爾·威廉姆斯和理查·伯恩斯坦兩人特別致謝，他們對全書二校樣給予了有益的評論，正如普林斯頓大學出版社一位不知姓名的校對者所做的那樣。我同樣感謝雷蒙·高斯、大維·霍伊和杰弗里·斯托特，他們抽出時間幫助我澄清了對本書末尾一章的最後一刻的懷疑。

最後，我想感謝勞拉·貝爾、皮爾·凱沃腦、李·雷丁斯、凱洛爾·羅恩、散福·撒切爾、珍妮·托爾和大維·威勒曼，他們曾耐心地將打印的草稿轉爲印刷完畢的成書。

第四章的一部分曾發表於德文《新哲學雜誌》第14期（1978年）。第五章的一部分曾發表於《身、心和方法：V. C. 阿爾德里希紀念文集》，D. F. 古斯塔夫森和B. L. 塔泊斯考特（編）（多爾得萊西特，1979年）。該章其餘部分曾發表於《哲學研究》第31期（1977年）。第七章的一部分曾發表於《芬蘭哲學學刊》，1979年。感謝這些書刊的編者和出版者允許重印這些材料。

目　　錄

第一編　我們的鏡式本質

第二編　映現

第三編　哲學

導　論

3

　　哲學家們常常把他們的學科看成是討論某些經久不變的永恆性問題的領域——這些問題是人們一思索就會湧現出來的。其中，有些問題關乎人類存在物和其它存在物之間的區別，並被綜括爲那些考慮心與身關係的問題。另一些問題則關乎認知要求的合法性，並被綜括爲有關知識「基礎」的問題。去發現這些基礎，就是去發現有關心的什麼東西，反之亦然。因此，作爲一門學科的哲學，把自己看成是對由科學、道德、藝術或宗教所提出的知識主張加以認可或揭穿的企圖。它企圖根據它對知識和心靈的性質的特殊理解來完成這一工作。哲學相對於文化的其它領域而言能夠是基本性的，因爲文化就是各種知識主張的總和，而哲學則爲這些主張進行辯護。它能夠這樣做，因爲它理解知識的各種基礎，而且它在對作爲認知者的人、「精神過程」或使知識成爲可能的「再現活動」的研究中發現了這些基礎。去認知，就是去準確地再現心以外的事物；因而去理解知識的可能性和性質，就是去理解心靈在其中得以構成這些再現表象的方式。哲學的主要關切對象是一門有關再現表象的一般理論，這門理論將把文化劃分爲較好地再現現實的諸領域，較差地再現現實的諸領域，以及根本不再現現實的諸領域（儘管它們自以爲再現了現實）。

　　我們把以理解「心的過程」爲基礎的「知識論」概念歸之於
4 十七世紀，特別是洛克其人，把作爲一種在其中有「過程」發生
的、作爲分離的實體的「心」的概念歸之於同一時期，特別是歸
之於笛卡爾；把作爲純粹理性法庭的哲學的觀念，不論它是維護
或否認文化中其它領域的權利，歸之於十八世紀，特別是歸之於
康德，但是這種康德的觀念却以對洛克的心的過程觀念和笛卡爾
的心的實體觀念的普遍承認爲前提。在十九世紀，作爲一種爲知
識主張「奠定基礎」的基本學科的哲學觀，會聚在新康德主義者
的著作中了。對這種需要「基礎」的文化觀以及對要求一門知識
論來履行這一任務的主張的偶爾出現的異議（例如在尼采和詹姆
士的著作中），一般來說未被理睬。對知識分子而言，「哲學」
變成了宗教的代用品。它成爲這樣一個文化領域，在這裏人們可
以脚踏根基，在這裏人們可以找到用以說明和辯護他作爲一名知
識分子的活動的語彙和信念，從而可以發現其生命的意義。

　　在本世紀初，這種主張又被這樣一些哲學家（尤其是羅素和
胡塞爾）重新肯定，他們熱中於保持哲學的「嚴格性」和「科學
性」。但是在他們的聲音裏包含著絕望的聲調，因爲此時世俗觀
念對宗教主張的勝利已無處不在了。因此，哲學家不能把自己再
看作處於思想前衛的地位，也不能認爲自己在保護人們免遭迷信
力量的侵害。❶此外，在十九世紀期間，一種新形式的文化出現
了，這就是文學家們的文化，他們是這樣一類知識分子：寫作詩
歌、小說和政論，並批評其他人的詩歌、小說和政論。在笛卡
5 爾、洛克和康德進行寫作的時代中，文化的世俗化是由於自然科
學的成功而得以逐漸形成的；但是到了二十世紀初，科學家們正
像神學家們一樣遠遠離開了大多數知識分子。詩人和小說家取代
了牧師和哲學家，成爲青年的道德導師。結果，哲學越成爲「科

學的」和「嚴格的」，它與文化的其它領域的關係就越少，而它所堅持的傳統主張就顯得更爲荒謬。分析哲學家和現象學者的這種對此「奠定基礎」、對彼「進行批判」的企圖，遭到那些其活動被提供了基礎或受到了批評的人的渺視。整個哲學則遭到那些渴望一種意識形態或一種自我形象的人的渺視。

　　在這一背景下，我們可以來看一下本世紀三位最重要的哲學家的工作，他們是：維特根施坦、海德格和杜威。他們每一個人早先都曾試圖找到一條使哲學成爲「基本的」的新路，一條擬定最終思想語境的新路。維特根施坦曾企圖建立一種與心靈主義毫無關涉的新表象（再現）論；海德格曾企圖建立一套與科學、認識論或笛卡爾的確定性尋求毫無關涉的新哲學範疇；而杜威曾企圖建立一種自然化了的黑格爾式的歷史觀。他們每一個人都把自己早先的努力看成是自我欺騙性的，看成是在那些用以掩飾欺騙的概念（如十七世紀的知識觀和心的概念）被拋棄以後去維持某種哲學欺騙的企圖。他們三人中的每一位在自己後期的研究中都擺脫了那種把哲學看成是基本性的康德式觀點，並不斷告誡我們抵制那些他們自己早先曾屈從過的誘惑。因此，他們後期的研究是治療性的，而非建設性的，是教化性的而非系統性的，目的在使讀者對自己哲學思維的動機質疑，而不在爲讀者提供一套新的哲學綱領。

　　維特根施坦、海德格和杜威一致同意，必須放棄作爲準確再現結果的知識觀，這種知識是經由特殊的心的過程而成立的，並由於某種有關再現作用的一般理論而成爲可理解的。對他們三位來說，「知識基礎」的觀念和以笛卡爾回答認識論的懷疑論者的企圖爲中心的哲學觀念，都被拋棄了。此外，他們也拋棄了笛卡爾、洛克和康德共同具有的「心」的觀念，即把「心」當作一種

專門的研究課題，當作存於內在的領域，包含著使知識得以成立的一些成分或過程這種觀念。但這並不是説他們擁有某些**替代的**「知識論」或「心的哲學」。他們乾脆放棄了作爲可能學科的認識論和形而上學本身。我用了「放棄」而非「反駁」這樣的字眼，因爲他們對待傳統性問題的態度有如十七世紀哲學家對待經院哲學問題的態度。他們並不致力於在前人的著作中去發現虛假的命題或糟糕的論證（雖然他們偶爾也這麼做）。反之，他們瞥見了某種理智生活的可能形式，在其中，得自十七世紀哲學思考的語彙之不得要領，似乎正如對啓蒙時代而言十三世紀哲學語彙之不得要領一樣。斷定一種後康德文化的可能性，在這種文化中不存在一門爲其它學科進行論證或奠定基礎的無所不包的學科，並不一定是反駁任何具體的康德學説，它只不過是瞥見了這樣一種文化的可能性，在其中宗教或者不存在，或者與科學和政治沒有任何聯繫，然而它一定是反駁阿奎那的如下主張：神的存在可被天然理性證明。維特根施坦、海德格和杜威透過引入一幅幅新的地域（即人類活動全景）區劃圖而把我們帶到了一個「革命的」哲學（按庫恩的「革命的」科學的意義來理解）的時代，這些新地圖乾脆沒有包括那些以前似乎具有支配作用的特徵。

　　本書是根據我剛才描述的那種反笛卡爾和反康德的革命觀點，對哲學、特別是分析哲學的某些最近發展所做的概觀。本書的目的在於摧毀讀者對「心」的信任，即把心當作某種人們應對其具有「哲學」觀的東西這種信念；摧毀讀者對「知識」的信任，即把知識當作是某種應當具有一種「理論」和具有「基礎」的東西這種信念；摧毀讀者對康德以來人們所設想的「哲學」的信任。因此，尋求有關任何被討論主題的新理論的讀者將會失望。雖然我討論「對心身問題的解決」，但不是爲了提出一種新

的解答，而是爲了說明何以我認爲並不存在這樣一個問題。同樣，雖然我討論「指稱理論」（ theories of reference ），但我並沒提出這樣一種理論，而只是提出一種意見，表明追求這樣一種理論何以是誤入歧途的。本書正像我最尊重的那些哲學家的著作一樣，是治療性的而非建設性的。然而這裏提供的治療却是寄存於分析哲學家本身建設性的努力之上的，對於這些人的思想構架，我正試圖加以質疑。因此，我對傳統提出的大多數具體批評，都是藉取自塞拉斯、奎因、戴維森、賴爾、麥爾柯姆、庫恩和普特南這類系統哲學家的。

我感謝這些哲學家爲我提供了我所使用的手段，正像我感謝維特根施坦、海德格和杜威爲我提供了這些手段所針對的目的一樣深切。我希望使讀者確信，分析哲學內部的這種辯證關係須要再繼續向前發展，它已使心的哲學從布洛德發展到斯馬特，使語言哲學從弗雷格發展到戴維森，使認識論從羅素發展到塞拉斯，並使科學哲學從卡爾納普發展到庫恩。我想，這些新的發展階段　8使我們有可能批評「分析哲學」概念，甚至批評自康德時代以來所理解的「哲學」本身。

的確，根據我現在採取的觀點，在「分析的」哲學和其它各種哲學之間的區別，相對來說不甚重要了，這是風格和傳統方面的區別，而不是有關「方法」或「第一原理」的區別。至於何以本書主要以當代分析哲學的語彙寫出並針對著分析哲學文獻中討論的問題，這只是一個個人經歷的問題。這些詞彙和文獻是我最熟悉的，而且我是根據它們來把握哲學爭端的。如果我同樣熟悉當代其它寫作哲學的方式，本書就會更爲完善和更有用處，雖然篇幅甚至會更長一些。按照我的理解，發端於羅素和弗雷格的那種哲學，和經典的胡塞爾現象學一樣，只是使哲學占據康德曾希

望它去占據的那個位置的另一次企圖，這就是根據它對文化中其它領域的「基礎」的專門知識來評判這些領域。「分析的」哲學是另一種康德哲學，這種哲學的主要標誌是，把再現關係看成是語言的而非心理的，思考語言哲學而非思考「先驗批判」，也不思考作爲一門顯示「知識基礎」的學科的心理學。我將在第四章和第六章論證，對語言的這種強調，基本上未曾改變笛卡爾—康德的問題體系，因此並未眞地賦予哲學一種新的自我形象。因爲分析哲學仍然致力於爲探求、從而也是爲一切文化建立一種永恆的、中立的構架。

　　這種看法認爲，人類活動（以及探求，尤其是知識的追求）發生於一種理論構架之內，這個理論構架在探求的結論（一組可先驗地發現的前提條件）得出之前可被抽離出來，它使當代哲學
9 與笛卡爾—洛克—康德的傳統聯繫在一起。因爲，認爲存在著這樣一種理論構架的看法要想說得通，只有當我們把這個構架看成是由認知主體的天性，由他的機能的天性或由他在其中進行活動的媒介的性質所加予的才成。「哲學」不同於「科學」這種觀念本身，假若沒有笛卡爾和康德的如下主張，就很難獲得理解，前者認爲反身向內就可發現必然眞理，後者認爲這一眞理對經驗性探求的可能結果施加了限制。認爲可能存在有「知識基礎」（一切知識，在過去、現在、將來的每一領域中的知識）或「再現理論」（一切再現觀，在熟悉的語彙中的和尚未夢想出來的再現觀）的看法，依存於如下假定：存在有某種先驗的制約因素。如果我們接受杜威的知識觀，並被證明有理由信奉它，那麼我們將不會認爲對於可稱作知識的東西存在著持久的限制因素，因爲我們將把證明（justification）看作一種社會現象，而不看作「認知主體」和「現實」之間的一種事務。如果我們接受維特根施坦

的看法，把語言當作一種工具而不當作一面鏡子，我們就不會去尋求語言再現作用可能性的必要條件了。如果我們接受海德格的哲學觀，我們就會把使認知主體的天性成爲必然真理的一種根源的企圖看成是另一次自我欺騙，它要用一種「技術的」和明確的問題取代那種向生疏世界敞開的態度，而最初正是後一種態度誘使我們去開始思索的。

　　理解分析哲學如何切合傳統的笛卡爾—康德模式的一種方法是，把傳統哲學看成是一種逃避歷史的企圖，這是一種去發現任何可能的歷史發展的非歷史性條件的企圖。按照這一觀點，維特根施坦、杜威和海德格的共同旨意具有一種歷史主義的性質。三位哲學家中的每一位都提醒我們注意，對知識、道德、語言、社會的基礎所作的研究可能僅只是類似於教義辯護的東西。它們企圖使某種當代的語言遊戲、社會實踐或自我形象永恆化。本書的精神也是歷史主義的，書中包括的三大部分目的在使「心」、「知識」和「哲學」等觀念分別置於歷史的視野之內。第一部分討論心的哲學，在第一章中我試圖指出，存於笛卡爾二元論背後的所謂直覺，其實具有一種歷史的根源。在第二章中我試圖指出，如果有關預測和控制的生理學方法取代了心理學方法之後，這類直覺就會發生變化。

　　第二部分討論認識論和晚近尋找認識論的「接替課題」的企圖。第三章論述了十七世紀「認識論」的產生過程以及它與第一章中討論的笛卡爾「心」的概念間的聯繫。應該指出，「知識論」的看法乃是由於把知識主張的證明和這些主張的因果性說明加以混淆所致，概略而言，這是一種在社會實踐和假定中的心理過程之間的混淆。第四章是本書的中心部分，在一章中提出了導致撰寫本書的那些想法。這些想法也就是塞拉斯和奎因的想法，

在該章中我把塞拉斯對「所與性」的批評和奎因對「必然性」的
批評解釋成爲摧毀「知識論」可能性的關鍵性步驟。這兩位哲學
家共同持有的整體觀和實用主義（這也是他們與後期維特根施坦
共同信奉的），屬於我本人希望加以拓廣的那些分析哲學內的思
想路線。我主張，這些思想路線在以某種方式被拓廣之後，就會
使我們把真理看作──用詹姆士的話來說──「更宜於我們去相
信的某種東西」，而不是「現實的準確再現」。或者用不那麼具
有挑激性的話來說，這些思想路線向我們證明，「準確再現」觀
僅只是對那些成功地幫助我們去完成我們想要完成的事務的信念
所添加的無意識的和空洞的讚詞而已。在第五和第六章我將討論
和批評那種我認爲是反動的企圖，即把經驗心理學或語言哲學看
作是認識論的「接替課題」這種企圖。我論證說，只有作爲「再
現準確性」的知識觀才勸說我們相信，對心理過程或對語言（它
作爲再現的手段）的研究可以完成認識論未能加以完成的事。整
個第二部分的精神在於，作爲各種準確再現觀念集合的知識觀，
是具有可予選擇的特性的，它可以被一種實用主義的知識觀所取
代，後者消除了希臘哲學在沉思和行動、再現世界和應付世界之
間所設置的對立。我提出，由希臘人的視覺性隱喻支配的一個歷
史時期可能讓位於另一個歷史時期，在這個時期中把這些視覺性
隱喻結合在一起的哲學詞彙，會顯得像前古典時代中泛靈論的詞
彙一樣地離奇怪誕。

　　在第三部分中我著手更明確地討論「哲學」的觀念。第七章
把對「客觀知識」的追求和其它較少具有特權的人類活動領域之
間的傳統區別，僅只解釋作在「正常話語」和「反常話語」之間
的區別。正常的話語（對庫恩的「正常科學」概念的一種普遍
化）是任何這樣一種話語（如科學的、政治的、神學的或任何其

它的話語）它體現著共同商定的達致協議的標準；反常話語是任
何欠缺這類標準的話語。我論證説，那種根據準確再現的條件來
闡明「合理性」和「客觀性」的企圖（傳統哲學以此爲特徵），
是一種使當代正常話語外在化的自我欺騙式的努力，而且自希臘
時代以來，哲學的自我形象一直被這一企圖所支配。在第八章中
我運用取自伽達默爾和沙特的思想來發展一種在「系統的」哲學
和「教化的」哲學之間的對比觀，並指出，那些不符合傳統的笛
卡爾—康德模式的「非常態」哲學是怎樣與「常態」哲學發生關　12
聯的。我把維特根施坦、海德格和杜威描繪爲其目的在於進行教
化的哲學家，就是説在幫助讀者或全體社會擺脱陳舊過時的詞彙
和態度，而不在爲現代人的直覺和約定慣習提供「根基」。

　　我希望以上所談可以説明爲什麼我選擇「哲學和自然之鏡」
作爲書名。決定著我們大部分哲學信念的是圖畫而非命題，是隱
喻而非陳述。俘獲住傳統哲學的圖畫是作爲一面巨鏡的心的圖
畫，它包含著各種各樣的表象（其中有些準確，有些不準確），
並可藉助純粹的、非經驗的方法加以研究。如果沒有類似於鏡子
的心的觀念，作爲準確再現的知識觀念就不會出現。沒有後一種
觀念，笛卡爾和康德共同採用的研究策略——即透過審視、修理
和磨光這面鏡子以獲得更準確的表象——就不會講得通了。如果
心靈中不懷有這種研究策略，認爲哲學可由「概念分析」、「現
象學分析」、「意義闡釋」、檢驗「我們語言的邏輯」或檢
驗「意識構成活動的結構」等晚近的主張就不可理解了。維特根
施坦在《哲學研究》中嘲笑的就是這一類主張，而且正是在維特
根施坦引導下，分析哲學趨向了它目前占據的「後實證主義的」
立場。但是維特根施坦去瓦解具有迷惑力的圖畫的見識，必須以

歷史的認識（即對一切這類鏡子形象根源的認識）補充，而在我看來，海德格的最大貢獻正在於此。海德格重新論述哲學史的方式使我們理解了笛卡爾的這個形象肇始於希臘時代，而在過去的三個世紀中出現了這一形象的各種變形。這樣一來他就使我們與傳統有了「間距」。然而不論是海德格還是維特根施坦都未使我們從社會角度理解鏡子形象的歷史現象，這就是由視覺隱喻支配西方思想的歷史。他們兩位都關心極受偏愛的個人而非關心社會，關心使自己脫離一個沒落傳統最後時期所特有的那種平庸無謂的自我欺騙。與此相反，杜威雖然既不具有維特根施坦那種辯證的敏識，又不具有海德格的歷史修養，却能根據一種新型的社會觀寫下自己對傳統的鏡子形象的反駁。在他的理想社會中，文化不再由客觀認識的理想而是由美學昇華的理想所支配。如他所說，在這種文化中藝術和科學將成爲「自由自在的生命花朵」。我希望我們現在已有可能把人們曾經加予杜威的「相對主義」和「非理性主義」的指責，僅只看作他批評過的哲學傳統的不自覺的自衛反射。如果我們認真看待杜威、維特根施坦和海德格對鏡子形象所作的批評，這類指責就不值一駁了。關於他們三人對傳統哲學的批評，本書無所增益，然而我希望本書論述這些批評的方式會有助於穿透哲學慣習的硬殼；杜威曾想粉碎這個外殼；但惜未成功。

注　解

❶全書中出現的〝himself〞（他自己）、〝men〞（男人們）一類詞，應看作
　是〝himself or herself〞（他自己或她自己）、〝men or women〞（男人
　們或女人們）的簡稱。

第 一 編

我們的鏡式本質

第一章
心的發明

1. 心理現象的標準

　　有關心的哲學的討論往往以如下假定開始，即每個人都總知道怎樣把世界分爲心的部分和物的部分，這一區分的常識性的和直觀性的，即使物質的和非物質的這兩類「材料」的區分是哲學性的和令人困惑的。於是當賴爾提議說，談論心的實體就是談論行爲的傾向（dispositions）❶時，或者當斯馬特提議說，談論心的實體就是談論神經狀態時，他們面對著兩種攻擊。因爲，如果行爲主義或唯物主義一類主張正確，何以會有這類直觀性的區分呢？

　　似乎無可置疑的是，痛苦、情緒、心象、「在心中閃現」的語句、夢境、幻覺、信念、態度、慾望和意圖等等，都被看作是「心理的」現象，而造成疼痛的胃收縮，伴隨著它的神經過程以及任何其它可在體內找到某一確定位置的東西，都被看作是非心理的。我們這種毫無躊躇的分類表明，我們對什麼是「心理性」不僅有明晰的直觀，而且心理性還與非空間性及下述看法有關：

即使身體被消滅了，心的實體或狀態仍會以某種方式延存。即使我們拋棄了「心素（mindstuff）」觀念，即使我們拋棄了作為述謂（prediction）主體的**思想物**（res cogitans）觀念，我們似乎仍然能夠區分心靈與身體，並且是以某種笛卡爾的方式進行這種區分的。

18　　　人們所主張的這類直觀有助於使笛卡爾二元論這樣的觀點保持活力。反對行為主義和唯物主義的後維特根施坦時期的哲學家們，傾向於贊同維特根施坦和斯特勞森的下述主張：在某種意義上只存在著人類機體，而且我們應當放棄這樣的看法：把人類機體當成與一些**廣延物**（res extensa）非空間地相聯繫著的一些**思想物**所構成的。但是他們說，笛卡爾的直觀仍然存在著，這種直觀指：心與物的區分不可能用經驗手段彌合，心理狀態與其說像是一種傾向，不如說像是一種神經細胞，而且科學發現不可能揭示一種心物同一性。在他們看來，這一直觀足以構成一種無法彌合的裂隙。但是這些新二元論哲學家們仍為他們自己的結論感到困惑，因為雖然他們的形而上學直觀似乎是笛卡爾式的，他們却並不明瞭自己是否有權**擁有**這些作為「形而上學直觀」的東西。對於認知在經驗科學之前的世界和經驗科學無法觸及的世界這樣一種認知方法的觀念，往往使他們十分不安。

　　　在這種處境中，二元論者傾向於走語言學的道路，開始談論「不同的語彙」或「替代性的描述」。這個專門術語的意思是，所討論的二元論的直觀僅只是談論同一現象的不同方式之一，因而似乎使某種二元論變成了斯賓諾莎的兩面論一類的東西。但是「對**什麼東西**的兩種描述？」這個問題使其成為一種頗難堅持的立場。直到我們提出下面兩個問題之前，要回答「對有機體的兩種描述」似乎並無不妥，這兩個問題是：「有機體是物理性的

嗎？」和「有機體，甚至人類有機體，是否包含著比它們的組成部分的實際和可能的配置更多的東西？」新二元論者往往樂於將大量的心理狀態歸附於賴爾的理論，並且說，信念、慾望、態度和意圖（不必說技巧、德性和情緒）僅只是談論有機體及其組成部分，以及這些組成部分的實際和可能的運動的各種方式而已。（但他們可能會繼布倫塔諾和齊思霍姆之後堅持說，不可能提供賴爾式的充要條件）。但當談到疼痛、內心形象和閃現的思想（這類短暫的心理狀態可以說像是類似於事件而非類似於傾向的東西），他們却猶豫不決了。他們自然理應如此。因爲，如果他們說，描述在疼痛中的有機體僅只是談論有機體組成部分的一種方式，那麼二元論與唯物論之間的區別也就消失了。要記住，這些組成部分必定是**物**的部分，因爲一旦我們使笛卡爾康德化或斯特勞森化了，「心的部分」的觀念甚至就不再具有意義了。心物同一性贊成者所能要求的，除了承認有關人如何**感覺**的談論不過是有關人體相應組成部分（也許是神經細胞）**是**如何如何的一種替代說法以外，還能是什麼別的呢？

於是我們遇到了下述兩難困境：新二元論者必須提出一種有關我們如何先驗地知道各種實體必須被納入兩類互相不可還原的範疇的認識論；或者他們必須找到某種表達他們的二元論的方式，這種二元論既不依賴於「本體論裂隙」的概念，又不依賴於「替代性描述」的觀念。但是在設法找到解決這一困境的方法之前，我們應當更仔細地審視一下「本體論範疇」或「本體論裂隙」的概念。這究竟是怎樣一種概念呢？我們是否有任何其它的本體論裂隙的例證呢？是否有任何其它的例子可使我們先驗地知道不存在任何使兩類實體等同的經驗性研究呢？我們也許知道，不存在可使具有不同位置的兩種時空實體等同的經驗研究，但是

這樣的瞭解似乎太無足輕重了。是否存在著其它例子可使我們先
驗地瞭解自然本體論的種類呢？我所能想出的唯一例子是有關有
限和無限、人與神以及個別和普遍之間的區分。我們直觀到任何
事物都不可能跨越這些區分線。但是這類例證似乎沒有多大用
處。我們往往會說，我們並不知道某種無限東西的存在是什麼意
思。如果我們企圖闡明正統的「神性」觀，我們似乎或者僅只獲
得一種否定性的概念，或者獲得一種按照「無限性」和「非物質
20 性」來說明的概念。由於求助於無限性等於用更加含混不明的概
念去說明含混不明的概念，我們就只剩下非物質性了。我們模模
糊糊地相信，如果無限性**能够**存在，它將像普遍性一樣只能由非
物質性來說明。如果談論普遍性的存在要想有任何意義，似乎它
們必須以非物質性的方式存在，而且這正是何以絕不能把它們等
同於時空特殊存在物的緣故。但「非物質性」的意思是什麼呢？
它與「心性」一樣嗎？即使「物理性」概念並不比「物質性」或
「時空性」更可理解，人們仍然不敢說「心性」與「非物質性」
是同義語。如果二者是同義的，那麼像在概念論者和實在論者之
間有關普遍概念地位這類爭論，就會顯得比前者更愚蠢。然
而，「心性」的對立面是「物性」，而「非物質性」的對立面是
「物質性」。「物性」和「物質性」似乎是同義語。兩種不同的
概念如何能有同義的對立面呢？

　　在這一點上我們可能會傾向於訴諸康德，並說明心理事物具
有時間性却無空間性，而非物質性事物──即超越感官限度的神
秘性──既不具空間性又不具時間性。於是我們似乎有了十分明
確的三重區分法：物（理）性事物是時空性的；心理事物是時間
性而非空間性的；形而上學事物是既非空間性又非時間性的。因
此我們可以把「物性」與「物質性」表面上的同義性解釋爲一種

在「非心理性」與「非形而上學性」之間的混淆。唯一的麻煩
是，康德和斯特勞森對下述主張提出了令人信服的論證，即我們
只能把心的狀態等同於在空間上被定位的人的狀態。❷既然我們
放棄了「心素」觀，就不得不認真地看待這些論證。這就使我們
幾乎陷於循環論證了，因爲現在我們想知道，說空間性實體的某
些狀態是空間性的，某些不是空間性的，究竟是什麼意思呢？我 21
們被告知說這些狀態是該實體的**功能性**狀態，這是用處不大的，
因爲某人的美貌、體格、名氣和健康是功能性的狀態，但直觀却
告訴我們它們也不是心的狀態。爲了闡明我們的直觀，我們必須
確定我們的痛苦和信念共同具有的，而我們的美貌或健康並不共
同具有的特徵。把心的事物看作可在身體死後或消滅後繼續延存
的東西並無助於說明，因爲人的美貌可在死後延存，人的名氣也
可在身體消滅後延存下去。如果我們說，人的美貌或名氣只是相
對於他人的目光和意見而存在，並非是獨立的狀態，那麼我們就
面臨著如何區分人的純關係性質與其內在狀態這樣的尷尬問題。
我們也面臨著有關人的無意識信念這樣的尷尬問題，這類信念可
以只在其死後由心理傳記家發現，但是這類信念或許既可被當作
他的心的狀態，又被當作他自己生前意識到的那類信念。可能有
辦法說明爲什麼某人的美貌是一種非內在的、關係的屬性，而他
的無意識的偏執狂則是一種非關係性的、內在的狀態，但這似乎
是在用更含混不明的東西來說明含混不明的東西了。

我的結論是，我們不可能用非空間性作爲心的狀態的判準，
這只是因爲「狀態」概念如此之含混，以至於不論是**空間狀態**一
詞還是**非空間狀態**一詞似乎都沒什麼用處。作爲非空間性的心的
實體概念和作爲空間性的物的實體概念，如果具有任何意義的
話，只是對個體才有意義，對述謂主體而非對這些主體擁有的屬

性有意義。我們可以對物和心素的概念進行某種模糊的前康德的
說明，但却不可能對空間特殊事物的空間狀態和非空間狀態做出
任何後康德的說明。當我們被告知人體移動是由於體內藏有靈魂
22 時，我們獲得了某種模糊的說明力觀念，但當我們被告知人具有
非空間的狀態時，却一無所獲。

我希望以上說明足以指出，我們並無正當理由去開始談論心
身問題或談論心態與物態之間可能的同一性或必然的非同一性的
問題，如果我們不先問一下「心的」一詞究竟是什麼意思的話。
我希望能進而引起如下的懷疑，即我們對心的事物的所謂的直
觀，可能僅只是我們贊同某種專門哲學的語言遊戲的傾向而已。
實際上這正是我想爲之辯護的觀點。我認爲，這種所謂的直觀不
過是支配某種技術性詞彙的能力，這種詞彙在哲學書籍之外一無
用處，而且不會在日常生活、經驗科學、道德或宗教中導致任何
結果。在本章以下各節中我將描繪一下這種技術性詞彙的歷史發
展，但在進行歷史描述之前，我將旁涉一些鄰近領域。這就是根
據「意向性」概念和「現象」概念來確定「心」的概念的各種可
能性，所謂「現象的」東西就是一種特有的顯相，一種在某種程
度上窮盡了現實領域的顯相。

2. 功能性、現象性和非物質性

對把心理現象定義爲意向性現象的明顯反駁是，痛苦不是意
向性的，它既不再現什麼，也不與任何東西有關。對把心理現象
定義爲「現象性」事物（ the phenomenal ）的明顯反駁是，信
念並不像是任何東西，信念不具有現象的屬性，而且某人的實在

信念並不總是它顯現出來的那樣。把痛苦和信念硬結合在一起的
企圖似乎只是爲了特定的目的，因爲二者似乎並無任何共同之
處，除了我們都拒絕稱它們爲「物性的」這一點以外。當然，我
們可以故意捏合，使痛苦成爲獲得一種認爲某人的一根肌肉纖維
受損傷的信念，把痛苦的報導解釋成如皮奇爾和阿姆斯特朗解釋
知覺性報導那樣。❸但是這樣一種方法仍然留給了我們某種類似
於二元論直觀的東西，這種直觀說，意識到一種痛苦或一種紅的
感覺，要比傾向於獲得認爲存在著纖維損傷或存在著身邊的紅色
物體的信念有「更多的東西」。我們也可以另一種方式進行故意
的捏合，把「**心的**」這個詞局限於**確實**具有現象屬性的東西，而
把信念和慾望留給阿姆斯特朗去將其等同於「物的」東西。但是
這種方法又遇到了這樣的直觀。即不論心身問題是什麼，它絕不
會是感覺－神經細胞的問題。如果我們從心的概念中驅除掉再現
觀念和意向性狀態，留給我們的就是某種類似於生命與非生命之
間關係的問題，而非心身關係的問題了。毀

  還有另一種方法或許乾脆把「心的」定義作「或者是現象的
或者是意向性的」。這種建議仍然使我們毫不明瞭這個簡述的選
言表達是如何牢固地形成於語言之中，或至少形成於哲學術語之
中的。它仍然使我們注意這樣的可能性，即各種「心的」事項透
過家族類似性而聚合在一起。如果我們考慮思想——透過特殊字
詞在心前閃現的思想——或心象，那麼我們似乎就獲得了某種東
西，它多少有些像具有現象性的痛苦和有些像具有意向性的信
念。字詞使思想成爲現象的，而顏色和形態使心象成爲現象的，
但二者在所需的意向意義上都是**有關於**某物的。如果我突然自言
自語說：「天哪！我把皮夾放在那家維也納的咖啡館桌子上
了」，或者我有一種皮夾在桌子上的心象，那麼我就是在再現著

維也納、皮夾、桌子等等，所有這些都是意向性事物。❹這樣，
也許我應當把思想和心象看作**範例性的**心的實體。於是我們可以
24　說，痛苦和信念由於與這些範例類似而被劃分爲心的事項，即使
這種相似性表現爲兩種極其不同的方面。在各種心性備選者之間
的關係於是可以用下表來說明：

	具有現象屬性	不具有現象屬性
意向性的和 再現性的	閃現的思想，心象	信念、慾望、意圖
非意向性的和 非再現性的	感覺，如疼痛和嬰兒見 到有色物體時的感覺	「純物理性的」東西

假定我們暫時安於對如下問題所做的這種「家族類似性」的
解答，即「使心理事項成其爲心理的那個東西是什麼？」這個問
題，就是說這是對範例性的心理事項的某種家族類似性，那麼現
在讓我們返回最初的問題，並詢問一下使我們以「純物理性事
項」來填充第四欄的東西是什麼。「物理的」一詞僅只意味
著「不適於填充另外三欄的東西」嗎？它是否是一個完全寄存於
「心」概念上的概念呢？還是說它以某種方式與「物質
性」和「空間性」聯繫在一起，而且這種聯繫究竟如何呢？

爲了對此加以回答，我們必須先問兩個從屬性的問題：「意
向性的事物爲什麼是非物質性的？」以及「現象性的事物爲什麼
是非物質性的？」第一個問題似乎會有一個直接了當的回答。如
果我們把「物質的」當作「神經的」，那就可以說，對大腦進行
的任何觀察都不會揭示在那裏看到的圖畫和文字記錄的意向特
性。假定所有人都用**下述那些英文詞**產生了「我把皮夾放在維也
納一家咖啡館的桌子上」的思想，並且都產生了一系列相同的神

經事件來伴隨著這一思想，這似乎是一個可能成立的（雖然或許 25
是假的）假設。但是**不**成立的是，所有獲得他們把皮夾放在維也
納咖啡館桌子上這類信念的人會擁有這一事件系列，因爲他們可
以用完全不同的字詞或用完全不同的語言表述他們的信念。如果
一個日本人的思想和一個英國人的思想會有相同的神經相關物，
那倒是奇怪的事了。同樣可能成立的是，所有那些用其心的目光
突然看到在遠處同一桌子上遺失的同一皮夾的人會共同具有第二
個神經事件系列，雖然這個系列完全不同於與以英文語句表示的
該思想相關聯的系列。甚至這種清楚的相伴而生的現象也不會誘
使我們把該思想或心象的意向屬性和神經屬性「等同」起來，有
如我們把文字紙頁上見到的「我把皮夾放在維也納一家咖啡館的
桌子上了」這句話的記符圖形式屬性和意向性屬性等同起來一
樣。再者，在一幅維也納背景前的咖啡桌上皮夾的圖畫與紙張和
畫布表面上某些性質的同時存在，並不使「有關維也納」的意向
性質與顏料的空間配置相等。這樣我們可以理解爲什麼能够説意
向的性質不是物理的性質。但是另一方面，在神經學性質和圖形
性質之間的比較指出，關於意向性並不存在什麼有趣的問題。沒
有人想對以下事實進行過多的哲學考慮，這個事實就是，你不可
能僅僅從一個句子的外表説出它意味著什麼，或者是這樣的事
實：你不可能把一幅有關X的圖畫識認作X的圖畫，除非你熟悉
有關的圖畫規則。至少自維特根施坦和塞拉斯以來似乎十分清楚
的是，圖形記符的「意義」不是一種這些記符具有的附加的「非
物質的」性質，而只是語言遊戲中和生活形式中它們在由周圍事
件組成的語境中所占的位置。這對於大腦記符也適用。我們説我
們不能透過觀看大腦來觀察意向性質；猶如説，我們在觀看一套
馬雅人密碼時不可能看到一個陳述句。此時我們乾脆不知道自己 26

尋求的是什麼，因爲我們還不知道如何使我們看到的東西與一個符號系統聯繫起來。在一套記符（紙上的，以及如果有假定的伴生現象，大腦中的）和它的意義之間的關係，並不比一個人的機能狀態（如美貌、健康）和其身體各部分間的關係更不可思議。這正是在某一語境中被看到的那些部分。

於是，對「爲什麼意向性是非物質的？」這個問題的回答是，「因爲任何機能狀態（任何透過把所觀察的東西與一個較大的語境聯繫起來才能被理解的狀態）在通俗意義上都是非物質的。」問題在於企圖把「非物質的」這個通俗概念（其意義僅僅是像某種「並非對一切看的人都直接顯現的東西」）與富於哲學意義的「非物質性」聯繫起來。換一個說法，爲什麼我們應對萊布尼茲的觀點感到困惑呢，當他說，如果我們膨脹到一個工廠的大小以至於可在其內漫步時，我們也不會看到思想。如果我們對神經對應關係瞭解充分，就肯定會看到思想；意思是，我們的視覺將向我們揭示，大腦的所有者有著什麼思想。如果我們不知道這種對應關係，就不會看到思想，但另一方面，如果我們在任何工廠內漫步，但不首先知道它的各個部分和它們彼此間的關係，就不會看到工廠裏的情況。此外，即使我們不能發現這類神經相互對應關係，即使思想的大腦定位全不可能，爲什麼我們想說，一個人的思想或心象是非物質的，僅僅因爲我們不能根據他的各部分來論述它們？舉普特南的一個例子來說明一下，我們不可以根據構成木釘和釘孔的基本粒子來說明爲什麼方的木釘與圓的釘孔不相合，但是沒有人會感覺到宏觀結構與微觀結構之間的這種令人困惑的本體論分裂。

我想我們可以只透過重新引用洛克關於意義如何與記符相聯
27 繫的觀點（對此觀點維特根施坦和塞拉斯都曾加以攻

擊），把「非物質」的通俗意義與「非物質」的深刻意義聯結起來。對洛克來說，一個記符的意義性（意向特性）是一個觀念產生或編碼的結果。反過來，一個觀念是「人思想時心中浮現的東西」。因此把意向的現象看成非物質的現象就是說，無論大腦中的一組過程還是紙上的一些墨水，都不代表任何東西，除非一個觀念充滿著它，我們意識到該觀念的方式是與意識到痛苦時的方式同樣的直接。按洛克的觀點，當我們穿過萊布尼茲的工廠時沒有看到思想；不是因爲像維特根施坦所說，我們還不能譯解大腦書寫物，而是因爲我們不可能看到那些不可見的（因爲是非空間的）實體，它們以意向性充實著可見的實體。對維特根施坦來說，使事物成爲再現性的或意向性的東西，是事物在一較大的語境中，即在與大量其它可見事物的相互作用中所起的作用。對洛克而言，使事物成爲再現性（代表性）的是一種特殊的原因刺激，齊思霍姆把它描述爲從思想中引出意向性的語句現象，正如月亮從太陽取得其光輝一樣。❺

　　於是，我們對「我們如何能使自己相信意向性現象一定是非物質性的？」這個問題的回答是，「首先我們必須遵照洛克和齊思霍姆並且**先於**維特根施坦和塞拉斯使自己相信，意向性只有在現象的事項中，即直接出現於心前的事件中，才是內在的」。然而，如果我們採取了那個回答，我們仍然不過是部分地解決了這個問題。因爲既然我們在費力解決的這個問題正是一直被信念並不具有現象的性質這一事實所造成的，那麼現在我們必須問：洛克在笛卡爾之後怎能把痛苦和信念合併在**觀念**這個共同的詞之下呢？他怎能使自己相信一個信念就是某種「在心前」的東西，就如某一心象在心前一樣呢？他怎能使用同一個視覺形象比喻來表示心象與判斷呢？下面我還將討論笛卡爾與洛克使用**觀念**一詞的

根源。但是我暫時放下這個問題，進而先討論「爲什麼心理的現象應被看成是非物質的現象」這個問題中的**第二**小部分；這就是，爲什麼**現象的事項**應被看成是非物質的？爲什麼一些新二元論哲學家說，對某事物的感覺，即它似乎像是的樣子，不能等同於任何物理性質，或者至少是任何我們對其有所瞭解的物理性質？

對此問題的通俗回答或許是，我們能夠知道關於某事物物理性質的一切，但不知道怎樣感覺它，特別當我們不可能與它談話時。請考慮這樣的主張：嬰兒、蝙蝠、火星人和上帝以及泛心論者眼中的岩石都可能占據有與我們所占據的不同的現象「性質空間」。❻它們可能是這樣，但這與非物理性有什麼關係呢？或許那些說現象性事項是非物理性的人並非在抱怨說，人們被告知了蝙蝠大腦原子結構一事並無助於使他感覺像是一頭蝙蝠。理解有關痛苦的生理學也無助於使我們感覺痛苦，但是爲什麼我們應當對它如此期待呢？理解空氣動力學也將無助於我們飛行。我們怎能從確定無疑的如下事實——知道怎樣使用一個生理學的詞（例如「對 G 纖維叢的刺激」）將不一定有助於我們使用一個現象的詞（例如「痛」）——達到這兩個詞的所指物之間的本體論裂隙？我們怎能從如下事實——知道火星人生理學無助於我們翻譯火星人的肌肉被損壞時所說的話——達到這樣的斷言，即他具有某種我們不具有的非物質性的東西？重要的是，我們怎能知道什麼時候我們有談論同一事物（一個人或他的大腦）的兩種方式而不是對兩種不同事物的描述呢？而且爲什麼新二元論者如此確信感覺和神經細胞是屬於後一種情況呢？

我想，這類哲學家必定會提供的一個回答是指出，對現象性質而言不存在顯相和現實的區別。這相當於把一個物理性質定義

作任何人都可能將其錯誤地歸於某物的那種性質，而把現象的性質定義作某個個別人不可能將其弄錯的性質。（例如感到痛苦的人不可能把如何感覺痛苦搞錯。）假定這個定義成立，通常的情況是，現象的性質不可能是物理的性質。但是，爲什麼這種**認識論的**區分應該反映一種**本體論的**區分呢？爲什麼我們大家都有的關於事物向我們顯示的樣子是不可改變的那種認識論特權，❼應當反映一種在兩個存在領域間的區別呢？

　　回答大概應是這樣：感覺正**是**顯相。感覺的實際界域窮盡於它們顯現出來的狀態。它們是純外觀。凡不是一種顯相的東西（暫時不考慮意向性）就只是物理的東西，意思是，它是某種可顯現而非存在的東西。世界於是分爲兩類事物，一類事物的性質完全如它們顯現的那樣，另一類事物的性質則不然。但是如果一個哲學家這樣回答，他就冒著從一種新二元論變爲素樸的老式笛卡爾二元論的危險：「心素」和其它一切。因爲現在他不再把痛苦說成是人的狀態或人具有的性質，而開始把痛苦說成是個別項目，一種特殊的個別項目，其性質只包含一種單一屬性。除了心素以外，這樣一個個別事物還能由什麼來構成呢？或者換一種方式說，心素如果不是這樣一種東西又能是什麼呢，這種東西可構成這類稀疏、模糊和半透明的東西？只要痛感是某人或大腦纖維的一種性質，似乎就沒有理由在有關對事物如何感覺的報導和有關任何其它東西的報導之間作出認識論的區別，以便去產生一種本體論裂隙。但是只要存在著一種本體論裂隙，我們就不再談論狀態或性質，而是談論不同的個別項，不同的述謂主題。新二元論者把一種痛苦等同於在痛苦中感覺如何，就是把一種性質（痛苦性）具體化爲一種特殊的個別項，這種特殊的個別項的**存在**即**被感知**，而且它的現實領域即窮盡於我們對它最初的瞭

30

解。新二元論者不再談論人們如何感覺，而是談論作爲細小的自足存在項的感覺，它游離開人，恰如普遍項游離開具體事項。實際上他們以普遍項爲模型來理解痛苦。於是無需驚異，他們可以「直覺」出，痛苦可離開身體而存在，因爲這種直覺就是認爲普遍項可獨立於個別項的那種直覺。有關其顯現即**是**其實在（現象的痛苦）的那種特殊的述謂主題，結果乾脆變成了從具有痛苦的人身上抽離的痛苦的痛苦性。簡言之，這就是普遍的**痛苦性**本身。用矛盾修辭法來説，心理的個別項與人的心理狀態不同，它變成了普遍項。

31　　於是這就是我想對下列問題給予的回答：爲什麼我們把現象性看成非物質性？正如賴爾説的，我們這樣認爲，因爲我們堅持用視覺性隱喻來思考具有痛苦一事，有如在心的目光之前思考具有一種奇怪的個別項。這個個別項結果成了一個普遍項，即一種體現在某一述謂主題中的性質。因此當新二元論者説如何**感覺**痛苦對痛苦**是**什麼來説極爲重要，並批評斯馬特認爲某些神經細胞的因果作用對痛苦是什麼極爲重要的看法，他們是在改變主題了。斯馬特是在談論對在痛苦中的人什麼是重要的，而克里普克一類新二元論者則是在談論，對是**一種痛苦**的某事物什麼是重要的。新二元論者不擔心這樣的問題：「你斷言瞭解什麼是痛苦的基本性質，這一斷言的認識論基礎是什麼？」因爲他們如此安排事物，以至於痛苦只具有一種內在的性質（即感覺痛苦），而且選擇什麼樣的被他們認爲是基本的性質也是明顯的。

　　現在讓我把本節的結論總括一下。我説，使意向性與非物質性相聯繫的唯一方式是把它等同於現象性，而且使現象性等同於非物質性的唯一方式是使普遍項具體化，並把它看作個別項，而不是看作個別項的抽象，因此賦予它一種非時空的寄存所。換言

之，結果，普遍與個別的區別是我們具有的**唯一**的形而上學區
別，這種唯一的區別把一切事物都推到空間之外，更不必説時空
之外。於是心理與物理的區別是寄附於普遍與個別的區別之上，
而不是相反。再者，痛苦和信念由之構成的心素概念，其意義大
致和「普遍項由其構成的那種概念」類似。因此，在實在論和概
念論之間關於普遍項性質的鬥爭是空洞的，因爲我們不知道心是
什麼，除了它是由構成普遍項的東西來構成的以外。我們在構造 32
一種洛克的觀念和一種柏拉圖的形式時，正是透過同一個過程，
我們從某種事物中直接提出一種單個的性質（關於紅、痛苦和善
的性質），並把它看成本身似乎就是一個述謂的主詞，而且或許
也是一個原因效驗的場所。柏拉圖的形式僅只是在孤立中考慮的
性質，並被看成能承擔因果關係。一種現象的實體正好也是這
樣。

3. 各種各樣的心身問題

談到這裏，我們或許想説，我們已經消除了心身關係的問
題。因爲大致來説，發現這個問題是不可理解的全部理由在於我
們應當是唯名論者，因此堅決拒絕使個別的性質實體化。因此我
們不受這樣的概念愚弄，即存在著叫作痛苦的實體，因爲它是現
象的，故不能是物理的。按照維特根施坦，我們將把無「令人誤
解的痛苦顯相」這類東西的事實，不當作有關某種被稱作心理事
項的特殊本體類，而只當作有關一種語言遊戲的論述，這種論述
是，我們有使人的字詞表示他所感覺的東西的規約。根據這
種「語言遊戲」觀點，一個人感覺到任何他認爲他感覺到的東西

一事，並不比如下事實具有更多的本體論意義，即憲法是最高法院認為它所是的那樣；或某個球犯規了，如果裁判員認為它犯規了的話。再根據維特根施坦的思想，我們將把意向性僅只當作一種功能性的亞類，並把功能性僅當作那樣一種性質，其屬性依賴於人們對語境的知識，而不是可觀察的獨立存在。我們將把意向性看作與現象性無聯繫，而把現象性看作一個我們怎樣談話的問題。現在我們可以說，心身問題僅只是洛克關於語言如何取得意33 義的不幸錯誤的結果，再加上洛克和柏拉圖糊塗地企圖把形容詞當作名詞來談論。

　　當各種哲學問題迅速消除時，這個問題有其自身的重要性。但是如果認為我們在得出這一結論時解決了任何問題，那是荒謬的。這就好像一個精神病學家要對其患者解釋，他的不幸來自他錯誤地相信母親想閹割他，以及糊裏糊塗地企圖把自己看作等同於他的父親。這位患者所需要的不是一份有關其錯誤和混亂的清單，而是理解他怎樣犯了這些錯誤並捲入這些混亂之中。如果我們打算擺脫心身問題，我們必須能夠回答下述問題：

　　有關痛苦和神經細胞可能同一這類相當含混的瑣細問題，如何與
　　人是否與獸屬「不同類」的問題，即人是否有尊嚴而非僅有價值
　　的問題，混淆在一起？
　　假定遠在洛克和柏拉圖開始犯特殊的哲學混亂之前，人們就認為
　　人在身體消滅之後依然存在，那麼當我們把心只當成現象的和意
　　向的狀態集合時是否也遺漏了什麼呢？
　　在我們掌握知識的能力和我們擁有心靈之間，是否有什麼聯繫
　　呢，而且這是否可單純援引人像書寫物一樣有意向的性質這一事
　　實來說明呢？

　　這些問題都問得很好，而且我到現在為止所談的一切都無助

於回答它們。我想，對於回答這些問題，除了觀念的歷史之外其它均無用處。正如病人須要重溫過去來回答他的問題，哲學也須要重溫它的過去以便回答它的問題。到現在爲止，按照研究心靈的當代哲學家的通常方式，我一直圍繞著「現象的」、「功能的」、「意向的」、「空間的」等等詞討論，似乎它們形成了可用以討論這個主題的明顯可用的詞彙。但是當然，那些創造了表示我們心身問題語言的哲學家，並未使用這套詞彙或任何與其接近的詞彙。如果我們要理解我們如何獲得了那類使我們認爲在身邊**某處必定**存在一種**真實的**、不能消除的哲學問題的直觀，我們必須把我們至今使用的專門術語拋在一邊，並按照那些其書籍賦予了我們那些直觀的哲學家的詞彙去思考。我採用維特根施坦的觀點，一種直觀只不過是對一種語言遊戲的熟悉性，因此去發現我們直觀的根源，就是去重溫我們在從事的哲學語言遊戲的歷史。

34

　　我剛剛「解消」的「心身問題」只與一些概念有關，這些概念出現在思想史上的不同時期，但它們纏結在一起產生了一個由相互有關的諸問題組成的亂團。像「意識的意向性狀態如何與神經狀態相關聯？」的問題和「痛苦這類現象的性質如何與神經學的性質相關聯？」的問題，就是我將稱作「意識問題」的部分。這種問題不同於有關人的特性的那類前哲學的問題，如「我真的只是這堆肉和骨頭嗎？」而且也不同於那類有關知識的希臘哲學問題，如「我們怎能肯定變化呢？」「知識怎能是不變的呢？」以及「不變怎能由於被認識而內在於我們呢？」讓我們把「人的特性問題」稱作人除了肉身以外還是什麼的問題。這個問題的一種形式存在於前哲學時代對不朽的渴望中，而其另一種形式存在於康德和浪漫主義對人類尊嚴的強調中；但是這兩種渴望非常不

同於有關意識和有關知識的問題。這兩種願望是表達我們自認爲
十分不同於會死的野獸的方式。讓我們把「理性的問題」看作是
35 怎樣詳細說明希臘人的下述主張：人與獸的重要區別是我們能**認
知**，是我們不只認知單個的事實，而且認知普遍真理、數、本質
和永恆。這個問題在亞里士多德根據形式與質料原則對認知的論
述中，在斯賓諾莎的唯理主義論述中，以及康德的先驗論述中各
具有不同的形式。但是這些問題既不同於有關兩種事物（空間性
事物和非空間性事物）之間相互關係的問題，又不同於有關不朽
和道德尊嚴的問題。意識的問題圍繞著大腦、純感覺和身體運
動。理性的問題圍繞著知識、語言和智能這些我們的「高級能
力」的論題。人的特性的問題圍繞著自由和道德責任的屬性。

　　爲了理清這三種問題間的一些關係，我將提出一個表列，來
表示抽離擁有心靈的存在物的各種方式，這些存在物與下列事物
形成對照：「純物理事物」、「身體」、「物質」、中樞神經系
統、「自然」或「實證科學的主題」。哲學家們在這一時期或那
一時期把表中的一些（雖然不是全部）特性看作是心理事項的標
誌：

　　1.不可改變地認識自身的能力（「特殊通道」）。

　　2.離開身體去存在的能力。

　　3.非空間性（具有一個非空間的部分或「成分」）。

　　4.把握普遍項的能力。

　　5.維持與非存在者關係的能力。

　　6.使用語言的能力。

　　7.自由行動的能力。

　　8.構成我們社會集團的部分的能力，成爲「我們中間之一」
　　　的能力。

9.不能被等同於「世界中」任何對象的能力。

這是一份長表，而且不難繼續加長。❽但是重要的是，仔細考察這些有關什麼是具有一個心靈的各種建議，因為其中每一個建議都幫助哲學家去堅持一個心與身之間無法溝通的二元論。哲學家們不斷抓住人類生活中的一些特徵，以便賦予我們有關人類獨一無二性的直觀以「堅實的哲學基礎」。因為這些堅實的基礎種類繁多，自然主義和唯物主義，當未作爲毫無希望的跳越寬廣的本體論（認識論或語言學）鴻溝的企圖被擺脫時，往往就被當作表面上真實而實則毫無意義。人們解釋說，它們之所以是無意義的，因爲我們的獨一無二性與自然主義者想方設法去填實的任何深淵都沒有任何關係，但却與某種一直在他背後張裂開來的其它深淵極有關係。特別是人們往往論證說，即使我們解決了一切有關痛苦和神經細胞之間關係的問題以及產生於不可改變性的類似問題（上表中的「1」），我們仍然至多只能討論心的其它標誌中的「2」和「3」。我們仍然會使與理性有關的每個問題（尤其是「4」、「5」、「6」）以及與人的特性有關的每個問題（特別是「7」、「8」、「9」）像以往一樣含混不明。

我認爲這個論點是十分正確的，進一步說，如果人們早些理解它的話，意識問題就不會像它在近代哲學中那樣顯得如此重要了。在具有痛苦和神經細胞的意義上，我們與很多的（如果不是所有的）動物一致，而我們或許既不與動物共有理性，也不與牠們共有人的特性。只有當我們假定具有**任何**非物理的內部狀態，以某種方式透過「3」與「4」或「5」連結起來，我們才能認爲投射到純感覺上的光亮會反映再現性的心理狀態，從而闡明了我們反映周圍世界的能力。此外，只有假定生命本身（甚至胎兒，大腦受損的人、蝙蝠或毛蟲的生命）具有類似於人的特性的特殊

37　尊嚴，才會使我們相信，理解了感覺會有助於我們理解我們的道
德責任。然而往往同時作出兩種假定。要明白爲什麼作這些假定
要求理解思想史，而不是理解有關項目的意義或分析它們意指的
概念。我希望透過稍微描繪一下論述心的歷史來指出，如果不回
到沒有人真地希望恢復的那種認識論觀點，是不可能陳述理性的
問題的。此外，我想爲我稍後將展開的一種建議提供某種基礎；
這就是，人的特性的問題不是一個「問題」，而是對人類狀況的
一種描述，它不是一個供哲學「解決」的問題，而是一種將人引
入歧途的勸導，即強調傳統哲學與文化的其它部門沒有關聯。

　　然而，在本章我將不討論上述表列上的全部項目，而只討論
「2」、「3」、「4」，即身體的分離性、非空間性和對普遍項
的把握。對於其它項目我將在其它章節論述。下一章討
論「1」（特有的認識通道）。在第四和第六章討
論「5」和「6」（意向性和使用語言的能力）。而與人的特性有
關的項目（「7」、「8」、「9」）將不分開討論，我將概述我
認爲合適的處理方式，人的特性概念將在第四章第四節、第七章
第四節，以及第八章第三節討論。在本章中我將盡可能詳細地堅
持問這樣一個問題：爲什麼意識似乎應當與理性或與人的特性有
關？透過集中於有關把握普遍性與身體分離性和非空間性這三個
論題，我將達到我的結論：如果我們區分開這最後三個在歷史上
不同的概念，那我們將不再受這樣的觀念所吸引，即知識是由於
一種特殊的鏡式本質而成立的，而鏡式本質使人類能夠反映自
然。因此我們將不會傾向於認爲，具有一種內在的生活、一種意
38　識流，是與理性有關係的。一旦意識和理性被這樣區分開來，那
麼人的特性可被看作我主張的那種東西，即一種有關決定而非有
關知識的問題，一種有關接受另一人加入團體而非承認一種共同

的本質的問題。

4. 作爲普遍項把握者的心

　　如果人類使自己限於指出個別的事態，如警告懸崖在前和下雨，慶祝個人的誕生與去世，那麼有關理性性質的問題或許就不會被想到了。但是詩歌述說人、生、死本身，而數學以忽略個別細節自詡。當詩歌和數學達到了自我意識（當伊翁和泰阿泰德這些人能够使他們自己等同於他們的主語時），就到了談論一般事物、談論普遍項知識的時代。哲學於是考察這樣一些區別，即在認識存在有向西的平行山脊和認識無限延長的平行線永不相交二者間的區別，或在認識蘇格拉底是善的和認識善是什麼之間的區別。問題從而產生；在認識山脈和認識直線之間，在認識蘇格拉底和認識善之問有什麼類似性呢？當人們根據身體的眼睛和心的眼睛的區別來回答這個問題時，$\gamma o\hat{\upsilon}s$「努斯」——（思想、理智、見識）被看成是區別人與獸的東西。我們現代人可能會由於事後認識的不滿足而說，沒有特殊的理由說明爲什麼這種視覺隱喻俘獲住了西方思想奠定者的想像力。但事實的確如此，當代哲學家仍然在沿用著其結果，分析著它所創造的問題，並詢問道它是否可能根本沒有什麼重要意義。有關「沈思」、即有關作爲 $\theta\varepsilon\omega\rho\iota\alpha$ 的普遍概念或真理的概念，使心的眼睛成爲較完美知識的不可逃避的模型。但是，去詢問希臘語言、希臘經濟條件或某些前蘇格拉底無名哲人的無根據想像，是否應當對把這種知識當作**看**某種東西（而不是說去碰觸它，把它在腳下踩碎，或和它性交）負責，是徒勞無益的。❾

39

　　假定接受這個模式及其心目觀，那麼心應該是什麼呢？或許它是某種不同於身體的東西，正如不可見的平行性不同於可見的山脊一樣。這類情況隨處可見，因爲詩歌和宗教都暗示説，具有人的特點的東西在人死時離開軀體，並自行游離。❿平行性可以

40　被看成是平行線的靈魂，當山脈看不見了時，山的影子留了下來。心越模糊，越適合瞥見這些作爲平行性的不可見的實體。這樣，甚至一生都在向其前人漫無節制的形而上學大潑冷水的亞里士多德都提出，這樣的觀念也許有**某種**重要性，即理智是「可分離的」，即使靈魂的其它部分都不可分離。賴爾和杜威都稱讚亞里士多德抵制了二元論，把「靈魂」不看成在本體論上不同於人的身體，正如蛙捕捉飛蠅和蛇蟲的能力與蛙的軀體在本體論上沒有什麼不同一樣。但是這種「自然主義的」靈魂觀並未阻止亞里士多德論證説，既然理智有能力接受（例如）蛙性（froghood）這種形式（從明確瞭解的個別蛙中撤出來普遍因素）並將其看作獨立存在而又並不因此成爲一隻蛙，理智（努斯）必定是某種極特殊的東西。它必定是某種非物質的東西，即使不需假定有這種奇怪的準實體來説明**大多數**人的活動，也不需有此假定來説明蛙的活動。⓫

　　哲學家們往往希望亞里士多德從未贊同過柏拉圖關於「共

41　相」的談論以及他的觀看知識論，或者希望他的哲學發展長到足以把《論靈魂》Ⅲ，5和《形而上學》Ⅻ這些篇章作爲未成熟之作删除掉。⓬但是人們仍然沒有理由企圖去責備亞里士多德或他的解釋者。透過把普遍項內在化來認知普遍真理的隱喻，正如身體的眼睛透過把個別項的顏色和形態內在化來認識個別項一樣，一旦被提了出來，就會足够有力地成爲農夫相信影中有生命的思想替代物。靈魂有著各種各樣的形式，從新柏拉圖主義把知識看

成與神性有直接的聯繫（看成來自神性，對神性的反思），到回到現實的新亞里士多德派對抽象進行的形質二元論的 （hy-lomorphic）論述等等，靈魂作者作爲「因能思考共相而是非物質」的東西，始終是西方哲學家兩千年來對「爲什麼人是獨一無二的」這個問題的回答。

因此，在我們生存的兩端形成了張力，它在伊莎貝拉「猿猴和本質」的一段談話中被通俗地表示出來：

42

> ……可是驕傲的世人掌握到暫時的權力，却會忘記了自己琉璃易碎的本來面目，像一頭盛怒的獅子一樣，裝扮出醜惡的怪相，使天上的神明因爲憐憫他們的癡愚而流淚；其實諸神的脾氣如果和我們一樣，他們笑也會笑死的。⓭、⓮

我們的鏡式本質（經院學者的「理智的靈魂」）也就是培根的「人之心」，它「遠遠不是一面明淨平勻的鏡子，在其中事物的光線應按其實際的入射角來反射……，而是像一面中了魔的鏡子，滿布著迷信和欺騙，如果它沒有被解除魔法和被復原的話。」⓯這些十七世紀早期的奇異設想表現出在人的內部的一種區分，對此早在「新科學」之前很久人們已感覺到了，這就是笛卡爾對思維和廣延實體的區分，觀念的紗幕和「近代哲學」。我們的鏡式本質不是一種哲學學說，而是一幅圖畫，會讀寫的人發現他們讀過的每一頁文字都以這幅圖畫爲前提。說它是鏡式的（像鏡子的），有兩點理由。首先，它具有未被改變的各種新形式，但這是理智的各種形式，而不是像物質的鏡子那樣具有感性的形式。其次，鏡子由一種實體組成，這種實體較純淨，紋理較細膩，較精緻，而且比大多數其它實體更爲靈敏。⓰我們的脾與其它同樣粗糙可見的器官結合起來可說明我們的大部分行爲，與此不同，我們的鏡式本質是某種我們與天使共有之物，即使他

43

們爲了我們不識其性質而哭泣。對十六世紀的知識分子而言，超自然世界是以柏拉圖的理念世界爲藍本的，正如我們和它的接觸是以柏拉圖的視覺隱喻爲藍本一樣。

今日已很少有人相信柏拉圖的理念觀，甚至也没有多少人去區別感性靈魂和理智靈魂。然而我們的鏡式本質形象仍然存在，有如伊莎貝拉所嘆，我們不能掌握它。一種道德失敗感與這樣一種悲傷感相混合，即哲學（極其關心「高級事物」的一門學科）並未使我們更爲了然自身的性質。人們仍然感覺到，這種性質使其特點在某種知識中最清楚地被感覺到，這就是有關最高級最純粹事物的知識：數學、哲學本身、理論物理、任何思考普遍事物的東西。提出不存在普遍項（它們是子虛烏有），就會危及我們的獨一無二性。提出心是大腦，就是提出我們分泌出定理和交響樂，猶如我們的脾分泌出憂鬱的心情。專業哲學家避開這些「粗糙的圖畫」，因爲他們擁有其它的圖畫（被認爲是較不粗糙的圖畫），它們被繪製於十七世紀後期。但是有關理性的性質是一個「永恆的問題」以及任何人如果懷疑我們的獨特性都應研究數學這類看法始終存在著。激發荷馬英雄的 $\theta\upsilon\mu\acute{o}s$，聖保羅的 $\pi\nu\epsilon\hat{\upsilon}\mu\alpha$（魂靈），和阿奎那的能動理智都是極不同的概念。但對當前目的而言，我們可像伊莎貝拉所做的那樣把它們凝結在**鏡式本質**這個短語內。它們都是死屍所不具有的東西，是典型人類的東西。阿基里斯表現的力量不是泰阿泰德、耶穌使徒或聖‧托馬斯的力量，但是經院學者的「理智本質」繼承了在荷馬和阿那克薩哥拉之間逐漸形成的二元論概念，它被柏拉圖賦予了典型的形式，卻爲亞里士多德所貶低，之後又（在聖‧保羅處）與一種新的、堅定的來世宗教崇拜纏結在一起。❶在文藝復興時期人文主義者的「鏡子」形象中，荷馬和奧古斯丁，普羅提諾和托馬斯之間的區

別被抹平，以產生一種模糊但有力的二元論（猿猴和本質），這種二元論是人人都知道而哲學家也應當知道的，即使很少有人能猜到對於二元論他們可能希望去說的是什麼。近代研究心的哲學家傾向於把這種模糊的結合物（人的鏡式本質）與後笛卡爾的「意識」或「認識」概念聯繫在一起。在下一節我試圖指出它們彼此之間有多麼不同。

5. 獨立於身體去存在的能力

在前一節中唯一介入爭論的一點是在提到從形質二元論知識概念推導出托馬斯的（可能還有亞里士多德的）「可分離的」、非物質的努斯的特性時；按照這種形質二元論概念，知識不是具有對象的準確**表象**，而是主體成爲與對象**同一**。爲了看出這一論點和種種笛卡爾的和現代的二元論論點間的區別，我們必須理解這兩種認識論是如何地南轅北轍。二者都有助於一種自然之鏡的比喻。但是在亞里士多德的理解中，理智不是一面由內在的眼睛注視的鏡子，它是鏡子和眼睛合爲一體的東西。視網膜像**本身**就是「成爲萬物的理智」的模型，而在笛卡爾的模型中，理智**審視**以視網膜像爲模型的實體。「蛙性」和「星性」的實質形式直接進入了亞里士多德的理智，而且以它們存在於蛙和星星中的同樣方式而**不**是以蛙和星星在鏡中被反映的方式，存於理智中。按照笛卡爾的理解（它成爲「近代」認識論的基礎），是**表象**存在於「心」中。內在的眼睛監視這些表象，希望發現某些跡象可證明表象的忠實性。而古代世界的懷疑論則與一種道德態度、一種生活風格，對當時思想風氣主張的一種反應有關；⓲笛卡爾《沈思

46

錄第一篇》式的懷疑論是一個極其確定、精密、「專業化的」問
題：我們怎樣知道，凡是心的東西都再現著任何不是心的東西？
我們怎樣知道，心的眼睛所見的東西究竟是一面鏡子（哪怕是一
面變了形的鏡子，一面中了魔的鏡子）還是一塊紗幕？作爲內在
表象的知識概念對我們來說已如此自然，亞里士多德的模型反倒
似乎很奇特，而且笛卡爾的懷疑論（與比羅的「實踐的懷疑論」
相對）似乎如此充分地成爲什麼是「進行哲學思考」的一部分，
我們就驚詫地覺得柏拉圖和亞里士多德從來未曾直接地面對這個
問題。但是如果我們看到形質二元的和再現的這兩種模型都是可
予選擇的，或許我們就能理解從每一模型中引向心身二元論的推
導也同樣是可予選擇的。

在一篇稱作<爲什麼心身問題不是古代的問題？>❶❾的文章
47 中，W.麥特松指出了在看待心身分離問題上希臘哲學與十七世
紀哲學間的主要不同之點：

> 希臘人並不欠缺一種心的概念，甚至不欠缺可與身體分離的心的
> 概念。但是從荷馬到亞里士多德，心身分界線如果劃出了的話，
> 其方式是感性知覺過程被劃在身體一邊。這是希臘人沒有心身問
> 題的一個理由。另一個理由是，很難或幾乎不可能把「感覺與心
> （或靈魂）的關係是什麼？」這樣的句子轉譯成希臘文。困難在
> 於找到「感覺」的希臘文對應詞，如果按哲學家賦予它的意義來
> 理解的話。……「感覺」被引入哲學正是爲了使人能够談論一
> 種意識狀態，而無需涉及外來刺激的性質甚或其存在。❷⓿

我們可以把麥特松的兩個論點總結如下：在希臘哲學中不可
能把「有意識的狀態」或「意識狀態」（內部生活事件）與「外
部世界」中的事件加以區分。另一方面，笛卡爾使用「思想」一
詞來包括懷疑、理解、肯定、否定、意願、拒絕、想像和感覺，

並且說，即使我夢見我看到了光，「嚴格説來在我身內的這個東西被叫作感覺，而且正是在與思想完全相同的意義上使用這個詞的。」㉑一旦笛卡爾確立了這種談論方式，洛克就有可能以希臘人完全沒有的方式用「觀念」來表示「人在思想時成爲理解對象的任何東西」，或表示「在思想中心的每一種直接對象。」㉒如坎尼所説，**觀念**一詞的近代用法是經由洛克引自笛卡爾的，「而且笛卡爾有意識地賦予它一種新意義……這是系統地用它來表示人心的內容的新出發點。」㉓更重要的是，在希臘和中世紀傳統中沒有一個詞，那怕是哲學性的詞，在用法上與笛卡爾和洛克對「觀念」一詞的用法相符合。也沒有一種作爲內在空間的人心概念，在其中痛苦和明晰的觀念二者都在一個單獨的內在眼睛前受檢驗。當然有進行默思和foro interno（在內心）形成決心等想法。㉔新穎之處是有關一個單獨的內在空間概念。在這個空間裏，身體的和知覺的感覺（用笛卡爾的話説，「感覺和想像的混合觀念」），數學真理、道德規則、神的觀念、憂傷情緒以及一切其它我們現在稱作「心的」東西，都成爲準觀察的對象。這樣一個具有其內在觀察者的內在舞臺，在古代和中世紀思想的各個時期都被提出過，然而它從未足夠長久地被認真對待以形成一個問題的基礎。㉕但是十七世紀人們極其嚴肅地對待了它，以致容許它提出了觀念紗幕的問題，這個問題遂使認識論成爲哲學的中心。

　　一旦笛卡爾發明了「感覺」的「準確意義」，即它「只不過是思想」，我們就開始脫離了亞里士多德在理性和生命機體之間所作的區別，前者是對普遍事物的掌握，後者掌管感覺和運動。人們需要一種**新的**心身區別，我們稱其爲「在意識和非意識之間的」區別。它不是諸人類機能間的區別，而是兩套事件系列之間

48

49

50

51

的區別，這樣，在一個系列中的很多事件與另一個系列中的很多
52 事件具有很多共同的特徵，雖然極其不同，因爲一個是有廣延的
實體，另一個是無廣延的實體。它更像是兩個世界之間的區別，
而不大像是人的兩端，甚至兩個部分之間的區別。像羅伊斯一類
哲學家的「觀念世界」繼承了文藝復興時期鏡式本質的威嚴和神
秘，但它在某種方式上是獨立自足的，而人的一部分却絕不可能
獨立自存。❷證明心離開了身體是可以想像的，因此完全不同於
在源自亞里士多德的那種傳統中所看到的思想路線。對亞里士多
德來說，接受普遍項而非將其體現於物質中的機能是「可分離
的」，而且很難說（不求助於某些哲學以外的考慮，如基督教）
究竟應當把它看作身體具有的一種特殊能力，附著於成熟人體的
某種獨立實體，還是一種單獨的實體，這種實體以某種方式爲碰
巧存在的衆多人類和天使所共有。亞里士多德在第一種和第二種
選擇中搖擺，而第二種則具有普遍的吸引力，這是由於它提供了
53 克服死亡的可能性。中世紀哲學在第二種和第三種之間搖擺。但
在所有這些爭論中，分歧不在於「意識」延存的問題，而在於**理
性**的不可消滅性問題。❷一旦心不再與理性同義了，某種不同於
54 我們把握普遍真理的東西必將被當作心的標誌。

如果我們在笛卡爾學說中尋找一個共同的因素，它爲痛苦、
夢、記憶心象、真實知覺、虛幻知覺以及有關神的概念（和判
斷）、數和物質最終成分的概念所共有，就找不到一種有關的明
晰學說。笛卡爾告訴我們，我們清楚地理解廣延性與非廣延性間
的區別，而且的確如此（在同一通俗的意義上），即我們可能按
此聲稱清楚地理解有限性和無限性，但這將無助於解決模棱兩可
的情況（對個體的感官性把握），其實這才是問題的核心。因爲
正是「感覺和想像的混合觀念」的性質在作爲理性的心和作爲意

識的心之間造成了區別。

對於「笛卡爾發現了什麼共同的因素」這個問題，我想提出的回答是「不可懷疑性」，即痛苦這類事實就像思想和大多數信念一樣，主體不可能懷疑他擁有它們，而對於物理事物却有可能懷疑。如果我們給出了這個回答，那麼我們就可以把羅伊斯所謂的笛卡爾的「內在生命再發現」看作是意識真實本質的發現，這就是在顯相和實在之間没有區別，而在任何其它地方都有區別。 55然而提出這個回答的麻煩是，笛卡爾本人從未明確地提出過。爲了證實這個回答我所能做的至多是說，需要某種東西來說明笛卡爾重新組合了被亞里士多德和阿奎那區分開的各種項目，而且似乎没有其它東西可做此說明，同時，不可懷疑性如此接近《沈思錄第一篇》作者的思想核心，以至於它似乎就是笛卡爾概念革命的自然動機。

M. 威爾遜指出，我們可以在笛卡爾著作中找到一種心身二元論的論證（這種二元論是沿著我一直描述的修正路線提出的），這就是一種簡單的「懷疑論證」。這種論證說，按照萊布尼茲法則，我們可懷疑其存在的東西不可能等同於我們不能懷疑其存在的東西。如威爾遜所說，這一論點「被公認爲謬誤的。」㉘它的謬誤在於，即使没有別的理由，萊布尼茲法則也不適用於意向的性質。但威爾遜繼續說，在《沈思錄第六篇》中的二元論論點不是上述謬誤的論點。反之，它是針對「完全物」概念的（它似乎與「實體」概念在這個詞的下述意義上同一，即笛卡爾只承認三種實體：思想、廣延和上帝）。重要的前提是：「我能夠明確清楚地理解某物可以是完全物，如果它有X（心理性質），即使它欠缺φ（物理性質）」（第14頁）。

我想威爾遜的分析是對的；當她說這整個論點「不比明晰知

覺和『純』知覺的區別更好」時也是對的，關於這一點她懷
疑「近代本質論者」訴諸直覺是否更有根據（第14頁）。然而在
我看來，她的分析所提出的主要問題是，笛卡爾怎樣設法使自己
56　相信，包含痛苦和數學知識二者的某種東西是「完全物」而非兩
件事物。結果問題就歸結爲，他怎能給予'penser'（思想）擴大
了的「意識」的意義，而又仍然把它看作一個分離實體的名字，
其方式正如努斯和intellectus作爲不同實體的名字爲人熟知一
樣。我已說過，在我看來，「本質主義的直觀」和「明晰的知
覺」永遠訴諸於由前人在語言中確立的語言習慣。於是，需要說
明的是，笛卡爾怎能使自己相信他的重新組合是「直觀的」呢？

　　假定說「懷疑論證」沒有價值，我想它仍舊是「爲我們憑本
能相信的東西找到壞的理由」這類情況之一，這個理由可用作對
實際上形成確信的本能的提示。我想，這種直覺預感是，不可懷
疑的數學真理（一旦他們的證明被逐漸完成了，使它們透過「現
象的」生動性和非推論性被明晰地感覺到）和不可懷疑的瞬間的
意識狀態有某種共同的東西，這種東西可將它們塞入一種實體之
57　內。因此笛卡爾說：

> 談到觀念的問題時，如果我們只考慮它們本身而不使它們與自身
> 以外的其它事物相關聯，嚴格說來它們就不可能是假的；因爲不
> 管我想像的是一頭羊還是一頭怪獸，始終真確的是，我想像的是
> 其中之一而非其它。㉙

　　他在談到畫家創造的想像物時說，即使

> 他們的作品再現了一個純虛構和絕對假的東西，仍然可以肯定，

構成這個東西的顏色是必然實在的。同理，雖然這些一般性事物（generalia），如眼、頭、手等等，可能是想像的，然而必然正確的是，這些一般性事物是由某些更簡單和更普遍的東西組成的，正如一切形象事物（rerum imagines）是由顏色組成的一樣，不管是真是假，它們都是在我們的思想中（quae in cogitatione nostra sunt）被完成的。❸

　　在這段話中，我想笛卡爾是模糊地想像著在我們於數學物理中知道的「簡單性質」（在這裏可能是所談的簡單東西和普遍東西）和顏色本身之間存在著類似性。按照他的正統的、伽里略式的形而上學觀點，顏色是第二性質，它有待於被分析爲簡單元素，但是從認識論上看它像痛苦一樣似乎具有與簡單性質相同的天然不可避免性。如果他不涉足洛克的經驗主義，他就不能澄清這種類比。但是他也不可能放棄這一類比而不陷入亞里士多德在感覺靈魂和理智靈魂之間的舊的區分。這就會召回他想去避免的一切前伽里略的形而上學，更不要談與伽里略力學的說明能力殊難調合的形質二元認識論了。❸我想，在這種困難的處境下，他使「心」概念得以改變的大部分工作悄悄完成了，但不是經過清楚的論證，而只是藉助語言技巧在每一段出現心身區別的段落上輕輕地，並稍微以不同方式地重新洗了一下牌而已。❸

　　如果我的設想是正確的話，即笛卡爾以壞的論證提出的預見使他能把痛苦和思想看作某單一實體的兩種樣式，這種預感認為不可懷疑性是思想與一切非物理性的東西共同具有的公因子，那麼我們就可以把他的努力看作通向這樣一種觀點，即不可懷疑性不再是永恆性的標誌，而是某種希臘人並無其名稱的東西的標誌，這就是意識。雖然先前的哲學家多多少少追隨著柏拉圖認爲，只有永恆的東西才被明確認知，笛卡爾卻以「明晰知

覺」（即一種明確的知識，它是透過一種分析過程得到的）代替
了作爲永恆真理標誌的「不可懷疑性」。**這就使不可懷疑性解脫
出來被用作心理事物的一個判準。**因爲雖然「我在痛苦中」的思
想沒有被看作一種明晰知覺，它也像「我存在」的思想一樣不能
被成功地加以懷疑。而柏拉圖和傳統却使含混和清晰之間、可懷
疑性和不可懷疑性之間，以及心和身之間的界線相互一致。結果
笛卡爾把它們重新加以安排了。其結果是，自笛卡爾以後我們必
須在有關我們對內部狀態確定性的特殊形而上學根據（「沒有什
麼比心本身更接近心的了」）和作爲我們有關其它事物的確定性
根據的各種認識論理由之間加以區別了。因此，一旦這種區別被
清楚地劃出，一旦笛卡爾在某物存在的確定性和某物性質的確定
性之間的混亂被驅散，經驗論就開始取代了唯理論。因爲我們關
於我們的「痛苦」或「藍色」意味著某種真實東西的這種確定
性，取代了我們關於像「本質」、「思想」和「運動」這類簡單
性質具有明晰知覺的確定性。自洛克的經驗主義開始，基礎主義
的認識論於是作爲哲學的標準形式出現了。㉝

　　笛卡爾本人總是企圖用一隻手抓住標準的柏拉圖的和經院哲
學的各種區分，而又用另一隻手將它們摧毀。因此我們看到，他
在受到霍布斯的挑戰時㉞，運用松果線重新引入了感覺靈魂和理
智靈魂的區分，並又運用它重新創造了在《論靈魂的感情》一書
中感情和肉體之間保羅式的標準聯繫。但是這種僞飾曾被（例
如）斯賓諾莎嘲笑爲不屑一顧。斯賓諾莎清楚地看到，一種混亂
的純心理的觀念可以做動物靈魂或「身體的幻覺」可做的任何
事。㉟一當那些第二代的笛卡爾主義者把笛卡爾本人看作仍然一
隻脚插在經院哲學的泥淖裏，因此將笛卡爾學說純化和「正常
化」之後，我們就看到了完全成熟的「〔觀念〕的觀念」它使得

貝克萊有可能把廣延實體看作我們並不需要的一種假設。這種思
想絕不可能出現於在與肉體鬥爭而非與理智混亂鬥爭的那些笛卡
爾以前的大主教心中。由於這種充分發展了的「〔觀念〕的觀
念」的出現，才有了產生這樣一種哲學學科的可能性，它首先以
認識論爲中心，而不是以上帝和道德爲中心。㊱甚至對笛卡爾本
人而言，身體與靈魂關係的問題也並不是哲學的問題。哲學可以
說超出了古代哲人追求的那種實踐智慧而成爲專業性的研究，其 61
專業性幾乎類似於數學，後者的主題象徵了心靈特有的不可懷疑
性。「只有在日常生活和一般談話中，只有在離開思考和研究那
些刺激想像的問題時，人們才學會去領悟（concevoir）身體和
靈魂的統一……，這種統一性是任何人不需哲學思考即可經驗到
的。」㊲從作爲理性的心轉向作爲內在世界的心的笛卡爾轉變，
如其說是擺脱了經院哲學枷鎖的驕傲的個人主體的勝利，不如說
是確定性尋求對智慧尋求的勝利。從那時以後，敞開了哲學家去
達到數學家或數學物理學家嚴格性，或者達到這些領域嚴格性外
表的大道，而不是敞開了幫助人們獲得心靈平和的大道。科學，
而非生活，成爲哲學的主題，而認識論則成爲其中心部分。

6. 二元論和「心素」

我可以用下述説法總括前一節的結論，「心身分離」在笛卡
爾之前和之後意味著不同的東西，並被不同的哲學論點所證明。 62
形質二元認識論把把握普遍項看作在人的理智中例示性地説明蛙
在其肉體中例示性地説明的東西，這種認識論由於數學物理學的
興起逐漸被一種法則一事件構架所取代，按此構架蛙性被解釋成

可能僅只是一個「名目」上的本質。於是理性作爲把握普遍性機能的概念，在證明心與身的區別性的前提中就不再適用了。那種可定義什麼可能「具有一個與身體不同的存在」的概念，也就是在胃痙攣和在心中與胃痙攣相聯繫的感覺之間劃一分界線的概念。

我曾建議說，能劃出這一分界線的唯一判準即不可懷疑性，即對內在眼睛的靠近性，這使笛卡爾能够説（所使用的句子或許會嚇住伊莎貝拉和古代人）「沒有什麼比心本身更易爲心所認識了」。❸❽但是這可能顯得奇怪，因爲笛卡爾對這一心的標誌的明顯備選者似乎是非空間性。笛卡爾一再強調說，我們能使心與「廣延的實體」分離，從而把它看作非廣延的實體。此外，對於那些提出痛苦可能與大腦過程同一的現代哲學家來說，首先和最常識性的反駁是直接來自笛卡爾的：即「在」截肢「中」的痛苦是非空間性的；其論證是，如果痛苦有任何空間位置，它就會在胳臂中，但是既然不存在胳臂，痛苦必定具有極其不同的本體論性質。哲學家仍然堅持說，「使某一思想的出現置於體內某處是**毫無意義可言的**❸❾，而且他們往往把這一看法歸諸於笛卡爾。但是正如我在前面第二節所説，我們很難把一種思想或一次痛苦看作不可能有位置的一個**事物**（一個不同於某人的個別項，而非某人的一個狀態），除非我們已有了一個非廣延實體的概念，而此事物是該實體的一個部分。沒有任何認爲痛苦和思想是非空間性的直觀，是前於笛卡爾把心看作一不同實體（一非空間的實體）的概念的，或可爲其提供論證基礎。然而關於「非空間實體」概念，因此也就是關於「心素」的概念是怎樣進入哲學的問題，還有許多應該討論之處，因此關於現代的心的哲學爲什麼發現自己在談論**痛苦**和**信念**而非談論**人有**痛苦和信念的問題，也還

有許多應該討論之處。我希望，進一步詳細考察這類材料將更加
澄清笛卡爾二元論與現代哲學討論中的「二元論」是如何的不
同。

我們必須記住，康德和斯特勞森斥爲欠缺一致性的非空間性
實體概念，是一個十七世紀的概念，而且人人皆知，在思想史上
正是在那個世紀中「實體」概念發生了奇怪的變化。對於亞里士
多德以及尤其對聖·托馬斯來說，一個實體的典型例子是一個人
或一隻蛙。人或蛙的分離部分，正像草束或裝滿的水桶一樣，都
屬可疑的兩可情況；在某種意義上它們「能夠分離地存在」（空
間分離），但它們不具有真正實體應當有的那種功能的統一性或
「性質」。當亞里士多德爲這類情況纏繞時，他習慣於把它們作
爲「純潛在因素」捨棄掉，既不當作像蛙的顏色一類偶然因素，
也不當作像活蹦亂跳的蛙那樣的真正實在事物。❹笛卡爾聲稱，
他是在「能夠分離存在」這樣的標準意義上使用「不同實
體」的，但他既未表明空間的分離性又未表明功能的統一性。❹
他意指這樣的東西，它「能夠使其它萬物消失（或者〔在思想中
失去〕）而本身仍然存在」。❹這個「分離存在能力」的定義適
用於「一」和柏拉圖的理念及亞里士多德的不動的推動者，但此
外幾乎没有其它東西了。假定承認這個定義，無需驚奇，結果應
當至多只有三種實體：神、心和物質。同樣無需驚奇，馬勒布朗
士和貝克萊應當開始懷疑第三種備選者，而斯賓諾莎應懷疑第三
種和第二種備選者。亞里士多德也不會想到蛙、星星和人只是一
個大實體的許多偶然事件，這僅只因爲，如果我們想像世界上一
切其它物體（如地球和空氣）都被消滅了，蛙和人很難還被想像
成繼續存在。但是正是這種一個大實體的概念爲提供一個伽里略
力學的「哲學基礎」所必需，因爲它對傳統的形質二元式說明極

64

65

其輕視。❹當作爲一切被聚集的原子（或旋轉粒子）取代了作爲潛在性的物質以後，它就被晉升爲實體一級（將一切亞里士多德的非人的舊實體吸收到它本身之內），並只留下了亞里士多德的「純現實性」（努斯是不動的推動者，而且可能並非不同於個人的「可分離的」努斯）作爲該級上可能的競爭者。❹

　　我們這些繼承笛卡爾心物區分論的現代哲學家們已失去了與按十七世紀定義理解的「實體」概念的聯繫。存在a se（自身）的概念對於普通人從來是無法理解的，而康德成功地使它成爲甚至對專業哲學家來說也是不可理解的了。因此當**我們**同意那種主張，即在可存在於空間的事物範疇和不能存在於空間的另一種事物範疇間具有明顯的區別，**我們**並非在同意笛卡爾的如下主張：心與物是不同實體，「它們的存在不依賴於任何其它事物」。很多當代哲學家都同意，談論一次痛苦和一次思想的位置是無意義的，然而由於笛卡爾之故而堅持説，沒有一個身體的意識流是不可想像的。這些哲學家情願把心理實體想成是人的諸狀態而非「一些靈魂元素」，並使「無位置可能性」成爲狀態的形容詞性的標誌，而非某些個別項的特殊性質的標誌。既然一個人的體格、人格、重量、歡笑或魅力不可能在空間定位，爲什麼他的信念和慾望應當可以呢？於是似乎有可能説，笛卡爾的觀點僅只是承認在人的部分或部分的諸狀態（如胃痙攣）與整個人的諸狀態之間的區別，這一區別却以訛用的經院哲學詞彙令人誤解地表述爲一種「實體」的區別。

　　對於説心是非空間性的究爲何意這一説明，提供了方便的手段以便同時既陳述又解消一個心身問題。因爲很少人會爲名詞意指什麼和形容詞意指什麼這二者之間的本體論裂隙擔憂。然而正像對心身問題的大多數行爲主義式的解決一樣，這種解決在處理

作爲與傾向相對的事件的思想和感覺時遇到了困難。不難把信
念、慾望和情緒（用賴爾的話說）看作「理智和性格的特點」，
它們不需要非物質的介質作爲基礎，而只需人本身。很難這樣來
看待感覺、心象和思想。❹他們提出，一種非物質的意識流不可 67
見、不可觸地穿湧過大腦中的間隙，或許因爲，似乎十分自然的
是把它們看作事物而非事物的狀態。於是現代哲學家們返回了一
種亞里士多德的和通俗的「事物」概念，以代替笛卡爾的深奧玄
遠的「本體」概念，他們傾向於把亞里士多德和笛卡爾之間的區
別分裂開來。這就是說，他們認爲亞里士多德忽略了某些個別項
（如痛苦和感覺），而笛卡爾空洞地把這類個別項當作是一個非
廣延的大實體的偶然事件，正如他把蛙和原子當作是一個被稱作
物質的廣延性大實體的偶然形態一樣。這就使現代哲學家能够承
認無靈魂的心理實體，並因此顯得未被宗教信仰的不可見和不可
觸的人所纏擾（這種概念是他們透過自己的理解加予笛卡爾的，
雖然並非未從笛卡爾本人處獲得啓發）。

　　這種二元論是以「與身體分離的存在」（第四種二元論）爲
基礎的，它極不同於人與其鬼魂之間的二元論，人與其亞里士多
德被動理智之間的二元論，或res cogitans（思想物）與res ex-
tensa（廣延物）之間的二元論。但它也是一種部分的二元論，
其不完全性在一切方面都與古代的二元論一樣。雖然古代哲學家
只把笛卡爾的非廣延性實體中把握普遍項的部分看作「分離的存
在」，而現代二元論者（如賴爾把信念、慾望等等看作談論傾向
的方式）只把類似於事件的心態的備選項當作「分離的存在」。
雖然（譬如說）托馬斯主義者責備笛卡爾無意義地賦予感覺以理
性所特有的非物質性，現代二元論者却責備他無意義地賦予數學
知識和行爲決定以非物質的事物性（thinghood），後者屬於痛

苦、餘像（after-image）和偶然發生的思想。對古代人來說，心極其明顯地能夠有分離的存在，因爲它思索不變的事物，而且本身就是不變的。對於現代人來說，心極其明顯地能够有分離的存在，因爲它是一團豐滿、頻繁流動的感覺集合。❻不管誰正確，明顯的是，古代人和現代人都未接受笛卡爾有關他堆積在「思想」之下的**一切**項目的可分離性的「明晰知覺」。

笛卡爾對荷馬的不可見和不可觸的人的概念所進行的唯一改善，是剝去了這個闖入者的擬人形式。由於這樣一來使諸身體之間可能的闖入者更不容易被識別，從而就使它們更加哲學化了。這些闖入者更具有哲學性，因爲正如亞里士多德的「努斯」和伊莎貝拉的鏡式本質一樣，它們不是隱蔽的侏儒，而是基本上不可描繪的實體。因爲關心哲學問題就等於是關心眼睛不能看、耳朵也不能聽的問題，十七世紀的非廣延實體和現代的不可定位的思想與感覺，都被認爲是比宗教信仰者爲其祈禱安寧的鬼魂在哲學上更值得尊重。但是使笛卡爾現代化了的現代哲學家可以是二元論者，而他們的二元論對任何人類利益或關切均無絲毫重要性，既不牽涉到科學，又不給予宗教任何幫助。因爲就二元論被歸結爲單純堅持說痛苦和思想均無空間地位而言，沒有任何重要事物依賴於心身的區別。

現在讓我提醒讀者我在本章中所遵循的路線。在第一和第二節中我論證説，我們不可能弄懂作爲一不同的本體類的「心的實體」概念而不涉及痛苦一類「現象實體」概念，這類實體的存在充滿著單一的（例如）痛苦性的性質。我主張，真正的問題不是公然摒棄這類被實體化了的普遍項，而是去説明爲什麼人人都認真看待它，以及它們怎樣達到似乎與人的性質和理性的討論有關係。我希望從第三節到第六節已大致説明了我怎麼認爲這些歷史

問題是能够加以回答的（雖然我十分遺憾地認識到我講述的歷史中頗有缺漏）。我對「爲什麼我們傾向於把意向性事物和現象性事物共同堆集爲〔心的事物〕？」這個問題的回答是，笛卡爾用「不可改變地被認知」的概念在二者之間溝通裂隙。於是我現在需要更充分地詳述我自己對於「我們進入心理事物的特殊通道」的性質所持的反笛卡爾的、維特根施坦式的觀點。因此在下一章我擱下人的特性和理性的問題，專門來討論一下意識問題。我企圖指出，所謂形而上學的「意識問題」不多不少正好是認識論的「特殊通道的問題」，並指出，一旦明瞭這一點，與唯物主義相對的二元論的問題就失去了吸引力。

注 解

❶賴爾在《心的概念》一書中提出「傾向」（或性向）概念，以反對笛卡爾的
意識概念。這個術語後來在分析哲學內有了廣泛應用，它不限於指心的種種
意向行爲，也用來描述外界事物。奎因指出，一個客體的傾向即由強（或虛
擬）假定詞規定的東西。如「X在水中是能溶解的」意即：如果X在水中，
它就會（would）溶解。奎因屢次表示，「傾向」這個模糊而有用的詞有時
可示敬而無用（如智慧的傾向），有時雖含義不確却必要。他認爲傾向類似
於一種微妙的結構的條件，表示了對象的一種性質。從字形上看，傾向
詞（如soluble）的詞根表示「傾向性」，而詞幹表示該傾向的性質。——中
譯者。

❷參見康德的「對唯心論的反駁」，載於《純粹理性批判》B274頁以下和P.
F. 斯特勞森的《個體》（1959年倫敦版）第二章和他的《感覺的限
制》（1966年倫敦版）第162頁以下。

❸參見G. 皮奇爾：《知覺理論》（普林斯頓，1971年）；D.M.阿姆斯特
朗：《知覺和物理世界》（倫敦和紐約，1961年）和《關於心的一種唯物主
義的理論》（倫敦和紐約，1968年）。

❹意向和意向性概念是分析哲學和現象學共同具有的基本概念，兩派均取自十
九世紀心理學、邏輯學家布倫塔諾的「心理態度」概念；簡言之，即一切涉
及「命題態度」的動詞式狀態如想、猜測、期望等均被稱作「意向」。在
分析哲學中意向性問題與指稱論和行爲主義密切相關，如齊思霍姆在＜意向
性行爲和記號理論＞一文中指出，意向性一詞不限於心理態度，還可涉及關
係比較詞、傾向詞、潛存詞、目的詞、模態詞等。意向性於是成爲當代分析
哲學指稱論和意義論中的重要概念。——中譯者。

❺R. 齊思霍姆：＜意向性和心理因素＞，載《明尼蘇達科學哲學研究》1958
年第2期，第533頁。

❻這一主張由托馬斯·內格爾在＜做一個蝙蝠會是什麼樣子？＞一文中非常有
力地提出，該文載於《哲學評論》第83期（1974年），第435～450頁。我從
內格爾有關心的哲學中獲益甚多，雖然我幾乎在每一個論點上都與他完全不
同。我認爲，我們之間看法的分歧可歸結爲（由維特根施坦十分尖銳地提出
的）這樣的問題，即「哲學直觀」是否不只是語言實踐的沈積，但我不知道
這個問題應當怎樣來討論。內格爾的直觀是，「有關成爲一個X會是什麼樣
子的事實是很獨特的」（第437頁），而我認爲，只是當我們按照內格爾和
笛卡爾傳統去主張「如果物理主義要被維護，現象的特徵本身必須被賦以一

種物理的説明」（第437頁），這時它們才顯得獨特。在本章的後幾節我企圖回顧一下這個主張所根據的哲學語言遊戲觀的歷史。由於我在後面第四章第四節提出的戴維森式的理由，我不認爲物理主義須受這樣一種限制。我在該節論證説，物理主義或許是真的（但毫無意思），如果它被解釋作在某種描述下可對每一時空區的每一事件加以預測的話，但如果它被解釋作斷言每件事都是真的，就顯然錯誤了。

❼分析哲學家往往沿用卡爾納普的説法，把命題分爲兩類，一類有關於「物質事物」（material things），它們是經驗上可驗證的；另一類有關於「感覺材料」，它們被稱作觀察語句。奧斯丁在《感覺和可感覺者》一書中曾指出，第一類命題不是最終可驗證的，而第二類命題實際上是「不可改變的」。即按其定義，感覺材料的所與性實即不可改變性，不可改變性成爲批評所與性的具體問題，本書作者對此討論甚詳。──中譯者。

❽參見費格爾：《「心」和「物」》（明尼蘇達，1967年）該書載有一份類似的表列，並對各個項目之間的關係作了富於啓發的評論。

❾杜威把心的眼睛的隱喻看成是那種認爲知識必定不可改變的先前觀念的結果：

「認知理論是以在視覺行動中什麼應當發生爲模式的。物體折射光並被人看見；這對於眼睛和具有光學機制的人是不同的，但對於被看見的東西沒有什麼不同。真實的物體是這樣被固定在莊嚴的隔離狀態中的物體，它對於任何可能注視著它的心都是一個國王。其必然結果就是一種觀看者的知識論。」（《確定性的尋求》，紐約，1960年，第23頁）很難知道視覺隱喻是否決定了這樣的看法，即真實知識的對象必定是永恆的、不變的，反之亦然，但這兩種看法似乎互相支持。試比較A. O. 拉夫喬伊的《存在的巨鏈》（麻省劍橋，1936年第二章）。然而一旦不變性和永恆性的概念被放棄了，確定性的尋求和視覺隱喻仍持續存在。例如C. D. 布洛德關於感覺材料的論證的根據是：「如果在我心間不存在任何橢圓形東西，就很難理解爲什麼一個辨士硬幣看起來像橢圓形的，而不是其它什麼形狀的。」（《科學思想》，倫敦，1923年，第240頁）

❿關於ψυχη（靈魂）、影子和氣息之間的聯繫，參見C. A. 凡·佩爾森（Peursen）的《身體、靈魂、精神》，牛津，1966年，第88頁和第七章各處，以及凡·佩爾森提及的B. 斯奈爾的《心的發現》（麻省劍橋，1953年）和R.B.奧尼恩斯的《歐洲思想起源》（麻省劍橋，1951

年）中的段落。奧尼恩斯對 $\theta\upsilon\mu\delta s$（精神）和 $\psi\upsilon\chi\eta$ 之間關係的討論（第93頁以下）清楚闡明，這兩種觀念都與認知絕少聯繫，而與戰鬥、性和一般運動有甚多聯繫。關於這兩種觀念在前哲學時斯與努斯的關係，參見斯奈爾書第一章，這一章中引述了柏拉圖把努斯描述爲「靈魂的眼睛」，並參照把努斯當作對形象把握的古老用法加以說明。對我們的目的來說，重要的是，只有當有關知識的非物質的和不可見的對象的看法（如在幾何學的認知中）出現了，在凡·佩爾斯所說的「內在世界和外在世界」之間的明確區別才獲得發展。參見凡·佩爾斯著作，第87、90頁。

⑪我不認爲亞里士多德曾明確地爲如下主張提出這個論點，即理智是可分離的（而且在《論靈魂》第三章第四節中有關積極理智和消極理智之間關係的困難，使人幾乎不可能瞭解他是否曾企圖這樣做）。但是他的追隨者却假定這就是導致他撰寫《論靈魂》（第408b，第19～20頁和第413b，第25頁以下）的證據，對此我沒有更好的看法。參見M.阿德勒：《人的區別和其造成的區別》，紐約，1967年，第220頁。他引述該書第429a，18～b23節從對抽象進行形質二分式說明中來概述標準的托馬斯的論點。對於杜威把「可分離性」說明爲一種「柏拉圖的野種」，可參見J.H.蘭達爾的《亞里士多德》（紐約，1960年）以及蘭達爾提到的W.雅格爾的論述。同時參見M.格雷恩：《亞里士多德肖像》，倫敦，1963年，第243頁以下。在這個問題上我也懷有格雷恩的困惑。

⑫對於一個有趣的相反觀點，參見T.H.格林的＜亞里士多德哲學＞（收入《選集》，第三卷，第52～91頁，倫敦，1885年）。格林把《論靈魂》Ⅲ，5當作柏拉圖和《後分析篇》朝向發現整體論和具體共相的前進。順便提一下，格林還讚許亞里士多德（在第81頁）理解「感覺和對感覺的理智意識」之間的區別，而洛克則對此完全不瞭解。下面我按照坎尼的想法提出，洛克的錯誤是笛卡爾轉換了心的觀念的結果。

⑬莎士比亞：《一報還一報》，第二幕第二場，第117～123頁。參見J.V.坎寧安的＜〔本質〕、長生鳥和海龜＞，載《英國文學史》第19卷，第266頁，他主張，在這裏「鏡式本質」是「理智的靈魂」，它像「鏡子一樣，因爲它反映上帝」。牛津大辭典沒有列出"glassy"的這個意義，但是坎寧安的解釋是有說服力的，而且獲得《阿登版莎士比亞》編輯們的贊同（我從這本書得悉坎寧安的解釋）。在此書中莎士比亞似乎是創始者，而不是使用了現成的比喩，他似乎並未暗指聖·保羅的「晦鏡」一段或任何其它標準的概念。有關靈魂和鏡子之間類比的歷史，

參見H.格拉貝斯《銅鏡、鏡子、玻璃鏡》，第92頁以下，圖賓根，1973年（＜作爲鏡子的精神——靈魂＞）。在哲學中「人的鏡式本質」這句話首次爲皮爾士引用，1892年他在以這句短語爲標題的論文中論述了「細胞質的分子理論」，他奇怪地認爲這個理論對於確認「人只是與一般觀念有關的符號」和證實「團體心」的存在很重要。（參見C. 哈茨霍恩和P. 維斯編的皮爾士《選集》，第六卷，第270～271頁，麻省劍橋，1935年）。

⓮錄自朱生豪的譯文《一報還一報》第二幕第二場；原文中"glassy essence"的glassy被譯成「琉璃易碎的」，按本書作者解釋應譯爲「像鏡子般的」。——中譯者。

⓯培根：《知識的進步》，全集第二卷，J. 斯派丁和R. 艾利斯編，第六卷，第276頁，波士頓，1861年。

⓰參見同一書第242頁上培根的主張：「靈魂是一切實體中最簡單的」。他援引維吉爾書中載錄的盧克維修的一段話來證明：purumque reliquit / aethereum sensum atque aurai simplicis ignem（拋棄純粹部分／精微的意義和純空氣中的火焰）。認爲靈魂必定由某種很特殊的精細材料構成以便能夠獲得知識的這種觀念。可上溯至阿那克沙哥。古代人在作爲完全非肉體的努斯和作爲由極其特殊、極其純粹的物質組成的努斯之間搖擺。這種搖擺是不可避免的，因爲非時空物是不可想像的，以及由於認爲理性必定類似於它所把握的非時空形式或真理這種看法。

⓱笛卡爾提出的模糊的身體與靈魂的常識二元論，是用本國語言翻譯聖經和其它書籍的詞彙的產物。因此爲了理解笛卡爾的區分法產生得多麼晚和具有地域性，值得注意的是，聖經作者與笛卡爾在心中的「意識」和「無感覺的物質」之間作的對比絕無共同之處。有關猶太人的概念和它們對聖·保羅的影響，參見奧尼恩斯的《歐洲思想根源》，第480頁以下。關於聖·保羅本人，注意到這樣一點是有用的，他與近代有關心的哲學作者不同，並未把身體（$\sigma\hat{\omega}\mu\alpha$）與死後被掩埋的東西等同。後者是$\sigma\grave{\alpha}\rho\xi$（肉體），而按照J. A. T. 羅賓遜，「$\alpha\hat{\omega}\mu\alpha$是與我們使用的〔人格〕一詞最相近的詞」（《身體：保羅神學研究》，第28頁，倫敦，1952年；比較K. 坎貝爾的《身與心》，第2頁，紐約，1970年：「假定你知道你是誰，不難說你的身體是什麼：它是人在埋你時掩埋的東西」）。如羅賓遜所說（第31頁注），$\sigma\grave{\alpha}\rho\xi$和$\sigma\hat{\omega}\mu\alpha$並不是人的不同部分，而是「被不同看待的整個的人」。被分成諸部分的人的概念，甚至在柏拉圖之後也未自然地爲非哲學家所理解；參見凡·佩爾

森：《身體、 靈魂、 精神》， 第六章。 有關保羅使用 $\sigma\hat{\omega}\mu\alpha$、$\sigma$ $\alpha\rho\zeta$、$\psi\upsilon\chi\acute{\eta}$ 和 $\pi\hat{\upsilon}\varepsilon\mu\alpha$（魂靈）的非笛卡爾方式的例子，參見新約《哥林多前書》第15：35～54節。

⓲P.哈里把希臘懷疑論看作「幸福論的、實踐智慧的哲學」的論述，他認爲他們的「懷疑不是一種去除感覺經驗紗幕的工具，而是一種消除贅疣的手段，這些贅疣玷汙了人的生活，並引誘他與同伴進行無休無止的殘酷鬥爭。」「《懷疑論、人和神》第7頁，米德爾頓，1964年」我們還不清楚，觀念紗幕概念在古代懷疑論中起了什麼作用，但這種作用似乎是次要的，不像在洛克－貝克萊－康德傳統中那樣占有中心位置。C.斯托（《希臘懷疑論》，第24頁，貝克萊，1969年）把比羅描述爲把To $\varphi\alpha\tau\upsilon\acute{o}\mu\varepsilon\nu o\nu$（顯相）看作「在主體和對象之間的一塊紗幕，把真實世界遮蔽在他的目光之外」。無論如何還不清楚，To $\varphi\alpha\tau\upsilon\acute{o}\mu\varepsilon\nu o\nu$ 幾乎像是一個洛克的觀念，它不可改變地存在於心間，是純心理的，只因爲它是不可改變地被知道的。古代思想中似乎最接近這類不可改變地可認知的心理實體的概念，是斯多葛派的 $\kappa\alpha\tau\alpha\lambda\eta\pi\tau\iota\kappa\acute{\eta}$ $\varphi\alpha\upsilon\gamma\alpha\sigma\iota\alpha$（强制想像）學說（參見斯托書第38～40頁），但它被定義作一種精確符合其對象的，因此使人不得不同意的表象，這與洛克的概念絕不相同。同時參見J.B.果爾德：＜在早期斯多葛主義和一些其它希臘哲學家中的存在、世界和顯相理論＞，載《形而上學評論》，1974年第27卷，第261～288頁，特別是第277頁以下。

⓳W.參特松：＜爲什麼心身問題不是古代的問題？＞載於《心、物和方法：紀念費格爾的哲學和科學文集》，P.費耶阿本德和G.麥克恩威爾編，第92～102頁，明尼蘇達，1966年。

⓴麥特松：＜心身問題＞，第101頁。他進而爭論説，無論是 $\alpha\tau\sigma\theta\eta\sigma\tau$s還是 $\alpha\ddot{\iota}\sigma\theta\eta\mu\alpha$ 都不是「感覺」的相應詞。$\varphi\alpha\upsilon\tau\alpha\sigma\mu\alpha$（幽靈）是一種有吸引力的可能性，但是甚至把亞里士多德對它的用法譯成「心像」也仍然可疑，而且我們不可能把一種痛若稱作一種 $\varphi\alpha\upsilon\tau\alpha\sigma\mu\alpha$。關於解釋阿奎那的 phantasma（幻象）概念，參見A.坎尼的＜聖·托馬斯學説中的理智和想像＞，載《批評文選》，坎尼編，第293～294頁，紐約花園城，1969年。麥特松在這段引文的最後一句中的論證以T.萊伊德對「感覺」一詞的説明爲依據。參見他的《論人的思想能力》，第249頁和同書中第二篇文章，麻省劍橋，1969年。

㉑在《沈思錄》第二篇中笛卡爾一開始把一種「思想的東西」定義作「一個心或靈魂，或一種理解力，或一種理性」（res cogitans, id est, mens, sive animus, sive intellectus, sive ratio）並且很快進而論述「什麼是一個思想的東西呢？它是一個會懷疑、理解、肯定、否定、意願、拒絕，**而且也想像和感覺**（著重號後加；"Nempe dubitans, intelligens affirmans, negans, volens, nolens, imaginans quoque, et sentiens"）然後他繼續上引第二段（hoc est proprie quod in me sentire appelatur; atque hoc praecise sic sumptum nihil aliud est quam cogitare）。這三段文字引自阿爾基所編《哲學著作集》第二卷，第184~186頁（在哈爾丹和羅斯譯本第一卷，第152~153頁）。同時參見《第一原理》第九節：「我把**思想**這個詞理解作我們意識到在我們心中起作用的一切。（tout ce qui se tait en nous de telle sorte quenous lapercevons immédiatement par nous-mêmes）。因此不只是理解、意願、想像，而且連感覺（sentir）在此也與思想是同一種東西」（《哲學著作集》第三卷，第95頁；哈爾丹和羅斯譯本第一卷，第222頁）。關於把res cogitans譯作「意識」，參見R.麥克雷：＜笛卡爾的思想定義＞，載《笛卡爾研究》，R.J.巴特勒編，第55~70頁，牛津，1972年。

㉒第一段引文錄自《人類理解論》（第一卷，第一章，第8頁），第二段錄自＜致沃色斯特主教的第二封信＞。直接性作爲心理事物的特徵（直接性的判準是不可改變性），由於這些段落而成爲未經置疑的前提。正如哲學中常見的，新造詞的使用成爲理解「哲學特有」主題和問題的標誌。因此我們看到休謨說：「……在此標題下的由常識所形成的一切結論，都直接與哲學肯定的結論相反。因爲哲學告訴我們，每一種出現在心中的東西只不過是一種知覺，而且是被截斷的，並依存於心；而常識却把知覺和對象混淆了，並賦予我們感覺和看到的每一種東西以明顯連續的存在。」（《人性論》，第一卷，第四章，第二節）J.貝奈特指出：「洛克的思想由他企圖單義地使用〔觀念〕一詞支配，這個詞被當成他對知覺和意義的論述中的關鍵詞；或者簡言之，他用〔觀念〕兼指感覺材料和概念」。他又說，這就「顯示了他與貝克萊、休謨和經驗主義傳統中的其他人共同具有的實質性錯誤，即使感性因素過於密切地接近理性因素」（貝奈特：《洛克、貝克萊、休謨：中心問題》，第25頁，牛津，1971年）。不過，這個錯誤可上溯至笛卡爾，它也同樣體現在唯理主義的傳統中，它是W.塞拉斯稱作「所與的構架」的一部分，爲兩個傳統所共有，而且一直成爲受黑格爾影響的那些人的批評目標。參見塞拉斯：《知覺的現實》，第127頁和第155~156頁，倫敦─紐

約，1963年。塞拉斯和貝奈特的抱怨已爲H. L. 普里查德以及更早一些被T. H. 格林預先説過，我將在第三章第二節對此稍加論述。

㉓A．坎尼：「笛卡爾論觀念」，載於《笛卡爾：批評文選》，W. 董尼編，第226頁（紐約花園城，1967年）。參見笛卡爾爲"pensée"（思想）下的定："tout ce qui est tellement en nous, que nous en sommes immédiatement connaissants"（㉓—1），"idée"（觀念）則被定義作"cette forme de chacune de nos pensées, par la perception immédiate de laquelle nous avons connaissance de ses mêmes pensées。(㉓—2)（《對第二種反駁的答覆》，阿爾基版，第二卷，第586頁）。然J. 約爾通却與坎尼相爭論（並與阿爾基和其他持傳統觀點——我在此接受這個傳統觀點——的評注家爭論説，笛卡爾的再現性知覺學説是與持直接實在論的經院哲學傳統的斷然的、甚或是災難性的分裂）。在其〈十七世紀哲學中的觀念和知識〉（《哲學史雜誌》，1975年第13期，第145～165頁）一文中他引用笛卡爾《沈思錄》第三篇把「觀念」刻畫爲"une manière ou façon de penser"（一種思想的樣式或方式）來證明説，笛卡爾持有一種「行動」的觀念理論，它與經驗哲學的直接實在論相容。約爾通在這裏以及在其它著作中提出，通常認爲（E. 吉爾松和J. H. 蘭達爾）認識論的懷疑主義産生自笛卡爾和洛克創造的再現性知覺理論，這未免太天真了。B. 奧尼爾在《笛卡爾哲學中的認識論的直接實在論》（第96～97頁，阿爾伯柯克，N. M., 1974年）中説：「笛卡爾的長期鬥爭在於努力保持esse objectivum（客觀存在）和簡單性質學説，並使二者聯繫起來。」奧尼爾同意J. 華爾説，笛卡爾"ait exprimé les deux conceptions fondamentales et antinomiques du realisme"（㉓—3），一種根據於類似托馬斯主義的思想，另一種根據於類似觀念紗幕的東西，其中一些觀念保證了它們本身作爲表象的精確性。如果約爾通對洛克和笛卡爾的修正主義的理解正確，那麼我們就必須在歷史中尋找現在被看作是笛卡爾創造的認識論問題的起源。不過在這裏我繼續追隨坎尼的更爲人熟悉的論述。

(㉓—1)法文，意爲：在我們心中所有那些總之可直接認識的東西。——中譯者。

(㉓—2)法文，意爲：我們思想中的這樣一種形式，按照對它的直接知覺我們認識到與它同一的思想。——中譯者。

(㉓—3)法文，意爲：表達了實在論的兩種基本的而且矛盾的概念。——中譯者。

❷❹例如參見柏拉圖的《智者篇》，263E。

❷❺阿德勒（《人的區別》，第217～218頁）同意麥特松的看法，「在亞里士多德形而上學和心理學的框架內不可能有心身問題」，但主張「例如柏拉圖或許會比亞里士多德更好地理解笛卡爾，特別是笛卡爾把心與身分離爲不同的存在實體，以及笛卡爾的心獨立於身的觀點。」然而我懷疑，在這一點上柏拉圖和亞里士多德之間是否有真正的區別；麥特松的問題對兩人都完全適用。另一方面，我必須承認，吉爾松的看法有重要意義，他認爲笛卡爾正好恢復了奧古斯丁傳統中的那樣一些因素，即托馬斯依據亞里士多德去批評的因素。於是柯勒律治在柏拉圖和亞里士多德之間的選擇似乎是恰當的。此外，奧古斯丁著作中有些節段明顯接近於通常從笛卡爾著作中引述的節段，它們顯示了他的包括感覺和理智的「思想」概念的根源。G. 馬修斯（在其文章＜意識和生命＞，載《哲學》1977年第52期，第13～26頁）從《駁學園派》第三卷，第二部分，第26章引述了一個引人注意的例子，並評論道：「作爲具有……〔內部〕和〔外部〕的人的圖畫如此普通，如此（在我們看來）合乎常識，以至於我們覺得很難理解它如何明顯地是近代的觀念。但爲理解其近代性，只須尋找早於笛卡爾的有關證言。在奧古斯丁著作中的確找到了對於這一觀念的有趣的預見，但再早就沒有了，在奧古斯丁時代和笛卡爾時代之間也沒有過。」（第25頁）在我看來，馬修斯的觀點像麥特松的觀點一樣是對下列主張的有用的糾正，這種主張認爲，賴爾在攻擊機器幽靈觀念時是在攻擊一種基本的人類直觀，而不只是攻擊一種笛卡爾特有的傾向。例如S.罕姆波舍爾就提出過這類主張（＜對《心的概念》的批評研究＞，載於《心》1950年第59期，第237～255頁，特別是第二部分）。另一方面，罕姆波舍爾的批評爲這樣一種建議所加強（這是M.弗萊德在談話中向我提出的），即有關再現性知覺和人的「內在空間」這種笛卡爾學說中明顯的創新性會有所減退，如果人們研讀希臘人文主義哲學並理解斯多葛派在文藝復興思想中的作用的話。如果弗萊德正確，特別是如果約爾通在前注❷❸中討論的問題上也正確，那麼在對這些問題進行哲學討論的歷史上就會有比我目前講述的歷史所容許的更多的連續性，我所講述的歷史取自吉爾松──蘭達爾的歷史學傳統。

❷❻參見羅伊斯把笛卡爾的主觀主義描述爲「對內在生活的再發現」（他的《近代哲學的精神》第三章的標題，紐約，1892年）和開闢了通向理解真實世界必定是「心的」世界之路（在第十一章他洋洋自得地得出了這個結論）。同時參見拉夫喬伊的《對二元論的反叛》（拉薩爾，1930

年）的第一章，在這裏他針對那些想貶低笛卡爾的人説，觀念的紗幕是
這樣一個問題，它對所有這類人都存在，他持有「對人的原初的和最普
遍的信念，他的不可動搖的實在論，他的雙重信仰，即一方面他處於現
實之中。這個現實不是他本人，也不僅僅是他本人亦步亦趨的影子，它
是一個超越了他本人短暫生存的狹隘局限的世界；而另一方面他本人有
辦法超出這種局限，並把這些外部的存在導入他本人生存的範圍，然而
又不消除外部存在的超越性。」（第14頁）對亞里士多德、阿奎那、杜
威或奧古斯丁來説，這種「實在論」似乎就像羅伊斯的唯心論一樣地矯
揉造作和牽强附會。

㉗因此奧古斯丁以他認爲是一切論據中最簡單、最有決定性的一個來開始
他的「論靈魂的不朽性」研究：靈魂是不朽的，因爲它是科學的主
體（即所在），而科學是不朽的。例如在第二章中他説，「人體是可變
的，而理性是不可變的。因爲一切並不永遠存在於同一方式中的東西是
可變的，而2加2等於4永遠以同一方式存在……於是這種推理是不可變
的。因此理性是不可變的」。（《關於導師》和《論靈魂的不朽性》，
G. 萊基譯，第61頁，紐約，1938年）。從柏拉圖的《斐多篇》到十七世
紀，對不朽性的典型哲學論證總是圍繞著我們做動物不能做的事物的能
力進行的，即認識不變的真理而非只認識個別事實。笛卡爾雖然開啓了
對心身區別全新理解的閘門，然而連他也傾向於返回標準的立場，並且
説，身體應對我們與動物共有的一切行爲負責，例如驚逃。因此在《第
四回答》中他説，反射行爲的發生「無需心靈之助」，同樣不足爲奇的
是，「在羊眼中從狼的身軀處反射來的光應當能够刺激一種逃跑行
動。」（《哲學著作集》，阿爾基編，第二卷，第671頁；哈爾丹和羅
斯版，第二卷第104頁）但是他把感覺處理作一種思想，似乎迫使他採
取一種矛盾的主張（對此亞里士多德和奧古斯丁都無任何理由去採
取），即恐懼感伴隨著我們的逃跑，在羊身上則無類似現象。參見在致
亨利·摩爾一封信中的論點（1649年，2月5日），載於阿爾基版第三
卷，第885頁。在這一段中，在「推理」和「意識」之間的「思想」的含
混性已極爲明顯。笛卡爾需要前一種意義去避免矛盾並維持與傳統的聯
繫，又需要後一種意義去建立一種廣延性實體和非廣延性實體的二元
論。關於對笛卡爾有關論述的一個評論以及對笛卡爾觀點對後來哲學影
響的充分説明，請參見N.麥爾柯姆的＜無思想的獸類＞，載於《美國哲
學協會會議文獻》，1973年，第46期，第5～20頁。然而麥爾柯姆認
爲，有關笛卡爾爲什麼重新整理痛苦和思想以便把它們都納入同一實

體中的問題，可回答如下：想像、意願、感覺、感情等等共同的地方是，在它們全體之中「都有一個意識的對象。」（麥爾柯姆：＜笛卡爾對他的本質即思想的證明＞，載於《批評文選》，W.董尼編，第317頁注）換言之，麥爾柯姆認爲，意向性足以把笛卡爾現在cogatitio（思考）和pensée（思想）名下統一起來的一切統一起來。我不認爲這也適用於痛苦。無論如何，它把語言表象的眞意向性與感覺的（塞拉斯所謂的）僞意向性混在一起了，而阿奎那是把它們分開的。需待說明的正是笛卡爾所做的這種結合。或者換一種方式說，需待說明的正是短語「意識的對象」中「意識」（awareness）概念的根源。關於眞僞意向性的區別，參見塞拉斯：＜存在和被認知的存在＞，載《科學、知覺和實在》。

㉘參見M.威爾遜：＜笛卡爾：心身區別的認識論證明＞，載《努斯》，1976年第10期，第7～8頁。我非常感謝威爾遜對本章稿件提出了仔細和有用的評論。

㉙《沈思錄第三篇》，阿爾基版，第二卷，第193頁。

㉚《沈思錄第一篇》，阿爾基版，第二卷，第179頁。

㉛因此A. G. A. 巴爾　評論說：「我想笛卡爾會想說，只有理智是思想的東西，是非廣延、非物質的靈魂實體，它賦予身體以想像、感覺和感情。但是如果由刀子造成的痛苦，不是作爲一種物質集合的刀子的性質，它也不能是人體這種物質集合的性質。於是不可避免地，痛苦和一切其它的直接經驗必定被傾入靈魂實體之中。」（＜關於托馬斯和笛卡爾的二元論：回答摩朗教授＞，載《哲學雜誌》1957年，第54期，第387頁）

㉜由稟賦笛卡爾大膽想像的人們所實行的這種無意識的戲法，應當令人感激而不是非難。任何偉大的哲學家都不能避免這樣做，沒有這種戲法任何思想革命也不會成功。按照庫恩的術語，任何使用與舊詞彙協同一致的詞彙的革命都不可能成功，因此一種革命也不會成功，如果它運用的論證明確地利用了與傳統智慧共同具有的術語的話。這樣，對傑出的直覺預見的壞論證，必然在體現這種預見的新詞彙獲得正常化之前。假定出現了這種新詞彙，較好的論證就會成立，雖然這些論證在革命的犧牲者看來將永遠是使用了未經證明的前提。

㉝一種經驗論的基礎主義可能性的發現與哈金在《或然性的出現》（劍橋大學出版社，1975年）一書中描述爲近代意義上「證據」概念的發明的東西有聯繫，這個概念是基礎主義探討的前提條件，更是經驗論的前提條件。這個發明以及經驗論的最終勝利與高級科學和低級科學的劃分

有聯繫（參見哈金書，第35頁，以及T. S. 庫恩：《基本張力》，第三
章，芝加哥，1978年）。有關這些笛卡爾思想轉變的較充分的論述可把
這些問題結合在一起。

㉞ 參見他聲言霍布斯把真正的觀念與「由於身體幻覺繪製的物質對象形
象」混淆起來，後者是松果線，《對第三反對的答覆》，阿爾基版第二
卷，第611頁。M. 威爾遜在＜笛卡爾的二元論＞一文（載於《笛卡爾：
批評和解釋文集》，M. 胡克爾編，巴爾的摩，1978年）中根據這些段
落提出，在把「我們離開任何物理狀態和事件明晰地知覺到我們的感
覺」這一觀點歸於笛卡爾時應當慎重。當然需要慎重，但這並非說有可
能使笛卡爾對這一主張的否認與《沈思錄》中更標準的二元論段落一
致。（威爾遜這篇文章也提出一個有用的觀點，認爲笛卡爾本人與伽桑
迪、霍布斯和斯賓諾莎不同，他不相信心理－物理平行論，因此接受這
樣的觀點，即非物理的力量在心中起作用，這使得從生理上預測思想不
可能。）

㉟ 參見斯賓諾莎《倫理學》，第三部分第一段和最後一段，以及第五部分
序言中動物靈魂的討論。

㊱ 這種充分發展的「〔觀念〕的觀念」（由休謨在前注㉑的引文中不明顯
地預先假定過），對此萊伊德曾輕蔑地加以反對。他的這次反對在前有
阿諾爾德，繼後有以後幾世紀中的T. H. 格林和J. 奧斯丁。J. 約翰通曾
在阿諾爾德的《真僞觀念》一書（《作品集》第38卷，第190頁，巴黎
和洛桑，1780年）中向我指出過一段，它引入了鏡子比喻（上溯至柏拉
圖：《理想國》第510a節），我認爲這個比喻是認識論的「原
罪」。「因爲一切人最初都是幼兒，而且因爲其後他們就只與他們的身
體和他們的感覺接觸的東西打交道，這樣他們度過了漫長時日而不知道
物質事物以外的任何其它視象（vue），他們遂把物質事物歸因於他們
的眼睛。他們不可避免地注意到兩種事實。第一種是，如果我們要看一
個物體，它必然在我們眼前。這就被他們稱作出現（présence），並使
他們認爲物體必然是爲觀看而出現的。第二種事實是，我們有時在鏡
中，或在水中，或在其它再現事物的東西內看到可見物。因此他們錯誤
地相信，他們並未看到事物本身，而只是看到它們的影像。」試比較奧
斯丁論＜哲學家對〔直接知覺〕的用法＞（《感覺和被感覺者》，第19
頁，牛津，1962年）和論鏡像（同書第31、35頁）的部分。有關笛卡爾
以後對笛卡爾用「觀念」意指什麼的論述的一份有價值的概述（包括阿
諾爾德按照布倫塔諾、胡塞爾和G.E.摩爾的方式堅持企圖把觀念當作

行爲），參見R.麥克雷：＜［觀念］作爲十七世紀一個哲學術語＞，載
於《思想史雜誌》，1965年，第175～190頁。

❸致伊麗莎白女王的信，1643年6月28日（阿爾基版第三卷，第45頁），
在凡·佩爾森的《身體、靈魂、精神》第25頁被引用。

❸這一段出現在《沈思錄第二篇》中緊接在蠟塊的例子之後的一個顯著的
直接推論裏：因爲甚至連身體「嚴格說來」也不是爲感覺或想像所認
知，而只是被理智所認知，顯然，nihil facilius aut evidentius mea
mente posse a me percipi（對我來說没有什麼比認識我的心更容易
了）。（阿爾基版第二卷，第192頁；哈爾丹與羅斯版第一卷，第157
頁。）這個論點產生於把作爲我的存在之證明的cogito（我思）與作爲
我的本質之抽離的cogito混淆之故。

❸J.沙富爾：《心的哲學》，第48頁，因格伍德·克里夫斯，新澤西，
1968年；參見N.麥爾柯姆：＜科學唯物主義和同一性理論＞，載《對
話》，1964年第3期，第115～125頁。

❹參見《形而上學》，1040b，論「堆集」。我在＜作爲物質的類＞一文
中討論了亞里士多德有關成爲一個實體的兩個判準——「獨立存在」和
「統一性」——之間的張力，載於《注釋和論證：紀念喬治·夫拉斯托
斯的希臘哲學論集》，N.李等編，多爾德萊特，1973年。

❹笛卡爾認爲一隻人手不管脱離人體與否，都是實體的極好例子。參見
《第四回答》（阿爾基版，第二卷，第663頁；哈爾丹和羅斯版第二
卷，第99頁），他在此説，一隻手是一「不完全實體」究爲何意並不重
要，其意義僅只是一個「不構成一個不同於每個其它東西的整體」的問
題（en un autre sens on les peut cippeler incomplétes, non qúelles
aient rien dincomplet en tant qúelles sont des substances, mais
seulement en tant qùelles se rapportent à quelqù autre substance
avec laquelle elles composent un tout par soi et distinct de tout
autre）。然而在笛卡爾的任何物質的東西（一隻手、一粒塵埃）都是
一種實體的觀點和他認爲（對斯賓諾莎很明顯）這些東西只是一種較大
實體（如作爲整體的物質）的各種樣式的概念之間存在著分離的張力。

❹這個定義給笛卡爾帶來麻煩，因爲它暗示了斯賓諾莎的這種觀點：神是
唯一的實體，每一種其它的東西必定被認爲依靠它而存在。這個問題L.
J.貝克曾加以討論（《笛卡爾的形而上學》，第110頁，牛津，1965
年），他説：「在使用substantia（實體）或甚至res（事物）一詞去暗
示Cogito的自我時的顯然不一致，在相當程度上是由於企圖用舊瓶裝

新酒，去用學院的技術術語來表示笛卡爾學說。」

㊸參見E. A. 伯爾特：《近代物理世界的形而上學基礎》，第四章，紐約花園城，1955年。在第117頁上伯爾特說：「事實是，笛卡爾的真正判準不是永恆性，而是數學處理的可能性，這個事實對於我們整個的研究十分重要；對他來說正如對伽里略來說一樣，他的思想的整個過程，從他青年時代的研究起，就使他習慣於這樣的認識：我們只根據數學認識事物。」在第一性質和第二性質之間的最終區別，提供了把典型的亞里士多德實體看作僅只是res extensa（廣延事物）諸樣式的動機。

㊹參見《第四回答》（阿爾基版第二卷，第662頁；哈爾丹和羅斯版，第二卷，第98頁），在這裏笛卡爾說，"Concevoir pleinement"（完全想像）和"Concevoir que ćest une chose compléte"（想像這是一個完全事物）是同義詞，他認爲這一點有助於說明我們如何把握靈魂和身體是兩個實體。

㊺這個問題曾由罕姆波舍爾、奧斯丁和艾耶爾在他們各自評論《心的概念》時以種種方式提出，這些評論重印於《賴爾：批評文集》，O. P. 伍德和G. 皮奇爾編，紐約花園城，1970年。關於把賴爾的方法擴大到知覺和聯合的純感覺的各種方式，參見皮奇爾：《知覺理論》。關於作爲信念傾向的知覺和有關「副詞的唯物論」的討論，參見J.柯爾曼：《唯物論與感覺》（紐黑文，1971年）。同時參見R.羅蒂：＜不可改變性作爲心理事物的標誌＞，載《哲學雜誌》，1970年第67期，第406～409頁。

㊻「雖然對柏拉圖來說，理性思想是靈魂的典型活動，像癢、牙痛和陣痛這類輕微事件，在今日哲學討論中通常作爲心理事件被提到。」（J.吉姆：＜唯物論和心理事物的判準＞，載《綜合》1971年第22期，第336頁）。

第二章
無心的人

1. 對跖人（The Antipodeans）

在遠離我們星系的另一端有一個星球，上面棲居著像我們一樣的生物：身上沒有羽毛，雙足，會建造房屋和製作炸彈，寫詩和編計算機程序。這些生物不知道他們有心。他們有「想要」、「企圖」、「相信」、「覺得恐懼」、「感覺驚異」一類的觀念。但他們並不認爲，上述這些被意指的**心理**狀態——一些獨特而與衆不同的狀態——很不同於「坐下」、「感冒」和「性慾被挑動」。雖然他們使用相信、知道、需要、爲他們的寵物和機器人以及他們自己擔心這些概念，但他們並不把寵物或機器人看作包含在下列詞句的意思中，即「我們都相信……」或「我們從不做像……這一類事」。這就是說，他們只考慮他們自己這個人的類種的成員。但他們並不用「心」、「意識」、「精神」或諸如此類的東西來說明人與非人類的區別。他們根本不予**說明**；他們只把這一區別當作「我們」和「其它一切」之間的區別。他們相信自己的不朽性，而一些人相信不朽性也爲寵物或機器人、

或二者共同具有。但是這種不朽性並不涉及離開身體的「靈魂」概念。這只是一個直截了當的身體復活的問題，接著是立即神秘地移向他們稱作供好人居留的「天堂」和供壞人居住的星球地下的一種洞穴。他們的哲學家主要關心四個問題：存在的性質；一位仁慈和無所不能的存在者的存在證明，這位存在者會安排復活事宜；由關於非存在對象的論述中産生的問題；以及相互衝突的諸道德直觀之間的調合。但是這些哲學家不提出主體和客體的問題，也不提出心與物的問題。他們有一種比羅式的懷疑論傳統，但不知道洛克的「觀念紗幕」，因爲他們也不知道「觀念」、「知覺」或「心理表象」等概念。他們之中一些哲學家預言，早期歷史時期處於中心地位的、仍然被知識分子以外的所有人持有的不朽信念，有一天會被已清除掉一切迷信的「實證主義」文化所代替（但是這些哲學家没有提到一個中間插入的「形而上學」階段）。

　　於是，這個種族的語言、生活、技術和哲學在大多數方面與我們的很相同。但有一個重要區別，神經學和生物化學是技術突破在其中取得成就的首要學科，而且這些人的大部分談話都涉及到他們的神經狀態。當他們的幼兒奔向熱爐竈時，母親喊道：「它將刺激他的C纖維」。當人們看到精巧的視覺幻象時就説：「多奇怪！它使神經束G14顫動，但是當我從旁邊看時可以看到，它根本不是一個紅的長方形。」他們的生理學知識使得任何人費心在語言中形成的任何完整語句，可以輕而易舉地與不難識別的神經狀態相互關聯起來。當人在説出，或企圖説出，或聽到這個句子時，該神經狀態就會出現。這種狀態有時也會出現在孤身一人之時，人們在報導這類情況時會説：「我突然處於S296狀態，所以我扔出了奶瓶。」有時他們會説出這樣的話：「它看

起來像一匹象，但我想起象不會出現在這塊大陸上，所以我明白　72
了，它一定是一頭哺乳動物。」但是他們有時在完全相同的情況
下也會說，「我有G412以及F11，但是然後我有S147，這樣我明
白了，它一定是一頭哺乳動物。」他們把哺乳動物和奶瓶看成是
信念和慾望的對象，並看成是造成某些神經過程的原因。他們把
這些神經過程看作與信念和慾望相互有因果作用，其方式正如哺
乳動物和奶瓶一樣。某些神經過程可能是蓄意自我引生的，而且
某些人比其他人更善於在自身內引生某些神經狀態。另一些人善
於發現大多數人不可能在自身內認出的某些特殊狀態。

　　在二十一世紀中葉，一支來自地球的探險隊登上了這個星
球。探險隊中包括哲學家以及其它每個學科的代表人物。哲學家
認為，該星球居民最使人感興趣的東西是，他們欠缺心的概念。
這些哲學家彼此開玩笑說，他們降臨到一群唯物主義者中間，並
建議稱這個星球為Antipodea（對跖地），這是由於聯想到以澳
大利亞和新西蘭為中心的一個幾乎被遺忘的哲學學派，他們在上
一世紀曾多次徒勞地企圖反叛地球上哲學史上的笛卡爾二元論。
這個名字站住了腳，於是這個由智慧的生物組成的新種族，最後
被稱作對跖人。地球上的神經學家和生物化學家為對跖人在他們
土地上展示的豐富知識所迷住。因為有關這些專題的技術性談話
幾乎完全都是立即參照神經狀態完成的，地球上的專家們終於學
會了報導他們自己的神經狀態（未經有意識的推論）、而非報導
他們的思想、知覺和感覺的能力（兩個種族的人的生理狀態幸好
幾乎相同）。除了哲學們遇到的困難以外一切進行順利。

　　參加探險隊的哲學家們像通常一樣分為兩個爭論集團：軟心　73
腸的哲學家認為哲學應當以探討**意義**（Significance）為目標，
硬心腸的哲學家們認為哲學應當以探討**真理**為目標。第一類哲學

家們認爲，並不存在有關對跖人是否有心的真正問題。他們主
張，在理解其他人時重要的是把握他們存在於世界上的方式。明
顯的是，對跖人不管使用什麼**存在論的**語彙，他們肯定沒有容納
一個世紀以前的、海德格批評爲「主觀主義」的任何東西。「認
識論的主體」這整個概念或作爲精神的人，無論在他們的自我描
述中，還是在他們的哲學中都沒有任何地位。一些軟心腸的哲學
家們覺得這表明，對跖人還沒有挣脫自然而進入精神，或者寬厚
一些説，還沒有從意識進入自意識。這些哲學家們變成了內在性
的公告宣讀者，企圖威嚇對跖人越過不可見的界線，進入精神領
域。然而另一些軟心腸的哲學家覺得，對跖人顯示了對πόλεμos
（鬥爭）和λόγos（邏各斯）統一性的令人讚嘆的理解力，這種
統一性却由於柏拉圖使oὑσια（實體）同化於iδéα（理念）而離
開了地球上的西方意識。在這批哲學家看來，對跖人未能把握心
的概念，表明他們靠近了**存在**和逃脱了地球上的思想長久以來受
其支配的誘惑。在這兩種觀點之間的競爭中，儘管兩派都是軟心
腸的，討論往往沒有結果。對跖人本身也幫不了什麼忙，因爲他
們正爲把爲理解這個問題所必需的背景材料翻譯出來而大傷腦
筋，如柏拉圖的《泰阿泰德》、笛卡爾的《沉思錄》、休謨
的《人類理解研究》、康德的《純粹理性批判》、黑格爾的《精
神現象學》、斯特勞遜的《個體》等等。

　　硬心腸的哲學家們通常尋找更直截了當和清清楚楚的問題來
74 進行討論。他們不關心對跖人有關自身的思想是什麼的問題，而
是集中於這樣的問題：他們實際上有心嗎？他們以自己的準確方
式將這個問題縮小爲：他們實際上有感覺嗎？這些哲學家們認爲
如果弄清楚了他們在碰熱爐子時是否有痛的感覺以及被刺激的C
神經纖維，那麼其它一切問題的解釋就不成問題了。顯然，對跖

人具有和人類一樣的對熱爐子進行反應的行爲傾向、肌肉的抽搐、痛苦等等。他們憎惡自己的C神經纖維被刺激起來。但是硬心腸的哲學家們問自己：他們的經驗包含著與我們一樣的現象性質嗎？C神經纖維的刺激的確使人感到痛苦嗎？還是說使人產生同樣可畏的其它感覺？或者說，感覺根本就沒有進入刺激過程？這些哲學家們對以下情況並不感到驚奇，對跖人能夠提出關於他們自己神經狀態的非推論的報導，因爲人們早已得知心理生理學家能夠訓練人類主體報導阿爾發節律以及各種其它可加以生理學描述的皮層狀態。但他們爲這樣的問題所困擾：當一個對跖人說，「又是我的C神經纖維，你知道，每當你被燒、被打或拔了一顆牙時，這種纖維就開始起作用了。真可怕。」這時對跖人是否發現了某些現象現質？

　　人們建議說，這個問題只能透過實驗來回答，於是他們與神經學家們一起做了適當的安排，這樣，他們中間的一人應當與一位對跖人志願參加者用電線聯起來，以便在兩個大腦的各個區域之間使電流來回流動。他們認爲，這也能使哲學家們確保對跖人沒有一個逆光譜，或任何其它會混淆結果的東西。然而結果却是，實驗未產生任何有趣的結果。困難在於，當對跖人的言語中樞從地球人大腦的C神經纖維得到輸入信號時，它所談的永遠只是C神經纖維；而當地球人言語中樞被控制住時，它永遠只談痛苦。當對跖人言語中樞被問及C神經纖維感覺如何時，它並不很明白「感覺」的意思，而是說受刺激的C神經纖維當然是很糟糕的事。關於逆光譜和其它知覺性質的問題也遇到同樣情況。當被要求報出一張圖上的顏色時，兩個言語中樞按同一次序報出了通常的顏色名字。但是對跖人言語中樞也能夠報出圖上每塊顏色所引起的各種神經細胞束（不管它適巧與什麼樣的視覺皮層相

75

聯）。當地球人言語中樞被問及，在被傳送至對跖人的視覺皮層
時顏色如何，回答說，顏色似乎與平常無異。

　　這個實驗似乎沒有什麼用處。因爲對跖人是否有痛苦仍然含
混不清。同樣不清楚的是，當靛藍光射入他們的視網膜時，他們
有一種還是有兩種感覺（靛藍感覺和神經狀態C692的感覺），
還是說他們根本沒有感覺。對跖人不斷被詢問，他們怎麼知道它
是靛藍色。他們回答說，他們可以看見它是靛藍色。當被問及他
們怎樣知道他們處於C692狀態，他們說他們「只是知道」它。
當實驗者向他們暗示說，他們或許無意識地推論說它是靛藍，根
據是C692感覺，他們似乎不可能理解無意識的推論是什麼意
思，或者「感覺」是什麼意思。當他們被提醒說，他們可能根據
靛藍感覺同樣地推論出他們處在C692狀態之中，他們當然同樣
感到困惑。當他們被問及神經狀態是否顯出來是靛藍的，他們回
答說不是（光是靛藍的），而且提問者必定犯了某種類別錯誤。
當他們被問及他們是否可以想像有C692狀態而未同時看見靛
藍，他們回答說不可能。當被問及，這兩種經驗共同出現一事是
76　一種概念的真理還是一種經驗的概括，他們回答說不知道怎樣區
別二者。當被問及，對於他們看著靛藍一事是否有可能搞錯，回
答說當然可能，但對於他們是否似乎看見靛藍是不可能搞錯的。
當被問及對於他們是否處在C692狀態中一事是否會搞錯，他們
的回答與前句完全相同。最後，精巧的哲學辯證法使他們理解
到，他們不可能想像的某種東西似乎是看見了靛藍却似乎不處在
C692狀態中。但是這一結果似乎無助於解決這樣的問題：「感
覺？」「兩種還是一種感覺？」「在兩種描述中涉及兩個所指物
還是一個所指物？」這些問題中任何一個也都無助於解決被刺激
的C神經纖維對他們顯現方式的問題。當他們被問及在想到C神

經纖維被刺激時是否會搞錯，他們回答説當然可能，但是對於他們的C神經纖維是否似乎被刺激一事，他們不可想像會搞錯。

在這個問題上某個人想到去問，他們是否能發現作為「似乎使他們的C神經纖維被刺激」一事的伴隨物的神經狀態。對跰人回答説，當然有T435狀態，它是「我的C神經纖維似乎被刺激」這句話説出時的經常性神經伴隨物，T497狀態伴隨著「我的C神經纖維似乎正被刺激」，T293狀態伴隨著「被刺激的C神經纖維！」以及種種其它神經狀態，它們都是其它種種大致同義的詞句的伴隨物，但是除了這些，他們不知道還有其它的神經狀態了。

對跰人有T435狀態但無C神經纖維刺激的情況，包括那樣一些可能，例如他們被捆在被謊告為一架拷打機的東西上，一個開關戲劇性地扭開，但此後並未發生什麼事。

哲學家們的討論現在轉到這樣的主題上：對跰人對T系列的神經狀態是否會搞錯（這些狀態是理解或説出句子的伴隨現象）？他們是否可能似乎有T435狀態但實際上沒有？是的，對跰人説，腦病檢眼鏡指出這類事情偶爾會發生。對發生這類事的情況是否可作任何説明，是否有任何模式？沒有，似乎沒有。它只是偶爾出現的那些奇怪的事物之一。神經生理學還不能夠在T系列之外找到其它種類的神經狀態作為這類奇異幻覺的伴隨物，也不能找到某些知覺幻覺的伴隨物，但是將來有一天也許會找到。

這個回答仍然對有關對跰人是否有痛感或其它感覺的問題感到困難。因為現在似乎沒有任何東西是對跰人不可改變地非接受不可的，除了事物如何對他們顯現以外。但是並不清楚的是，「事物如何對他們顯現」是他們具有什麼純感覺的問題，它與他們傾向於説什麼剛好對立。如果他們有痛苦性的純感覺，那

他們就有心了。但是一個純感覺是（或有）一種現象性質，對於
這種性質你不可能具有一種以爲具有它的幻覺（因爲可以説，具
有對它的幻覺本身即具有它）。在被刺激的C神經纖維和痛苦之
間的區別是，你可以具有對被刺激的C神經纖維的幻覺（例如可
能有T435）而並不具有被刺激的C神經纖維，但你不能具有對痛
苦的幻覺而不具有痛苦。並不存在對跖人不可能搞錯的東西，除
了事物如何向他們顯現以外。但是他們不可能「僅僅似乎使它對
他們顯得是……」這一事實，對於判定他們是否有心意義不
大。「似乎對……顯得是」是一個無用的表達，是一個有關「顯
現」概念的事實，但不是對「現象性質」出現的報導。因爲顯現
與實在的區別不是基於主觀表象和客觀事態的區別的；它只是一
個有關搞錯了某件事，有了一個錯誤信念的問題。於是對跖人堅
決握住前一種區別，並不能幫助哲學家們判斷是否將後一區別歸
諸他們。

2. 現象性質

78

　　現在讓我們回到現實中來，關於對跖人我們**應當**説什麼呢？
首先應做的似乎是更仔細地考察一下「現象性質」概念，而且特
別是考察一下以令人誤解的方式領悟一種物理現象和以令人誤解
的方式領悟一種心理現象二者之間的非類比性。克里普克對這個
區別的論述概括了二元論維護者常常引爲依據的直觀，於是我們
可以開始試試用他的術語來詳細考察一下：

　　　人們在即使不存在熱而只因有了熱的感覺時所處的認識情境，可
　　　能與存在熱時他處的認識情境相同。而且即使在存在熱時

他也可能具有在不存在熱時他會有的同一證據，因爲他可以欠缺感覺S。在有關痛苦或其它心理現象中不存在這類可能性。處於當一個人有一個痛苦時會獲得的同一認識情境是有一個痛苦；處於在沒有痛苦時會獲得的同一認識情境不是有一個痛苦……麻煩在於，一個認識情境在性質上等同於觀察者在其中有一個感覺S的情境時，它乾脆就是觀察者在其中有該感覺的情境。可以根據選出一個嚴格指稱者（這個詞表示，在一切它進行指稱的可能的世界中，它都指稱同一對象）的設想來進行同樣的論證。對於熱與分子運動同一性的問題，重要的考慮是，雖然「熱」是嚴格的指示者，該指示者的指稱是由所指者的一個偶然的性質決定的，也就是在我們心中產生感覺S的那個性質。……另一方面，痛苦不是被其偶然性質之一識別的，而是被本身爲痛苦這件事的性質，被其直接的現象性質識別的。因此痛苦不像熱這種東西，它不僅是由「痛苦」嚴格指示的，而且這個指示者的指稱是由所指者的一個基本性質決定的。因此不可能説，雖然痛苦必然等同於某種物理狀態，某種現象可以像我們識別痛苦一樣地加以識別，而不須與該物理狀態相關聯。如果任何現象以我們識別痛苦的完全相同的方式被識別，那麼這個現象就是痛苦。❶

　　這些討論指出，真正的問題是：對跖人是否通過偶然性質識別心理現象？如果我們暫時假定他們**的確**有痛苦，他們或許可能失去「直接現象的性質」，而只注意一直伴隨有被刺激的C神經纖維的偶然特徵嗎？還是説，如果他們不能真地**失去**一種直接的現象性質，他們或許不可能有一個它的名字，並因此不能透過一種基本性質識別那個具有該性質的實體？換句話説，因爲對跖人**不**「以我們識別痛苦的同一方式識別痛苦」，我們能推斷説，他們所具有的什麼東西就**不**是痛苦嗎？人與其感覺的認識關係必然

79

地和充分地確立所談的那種感覺的存在嗎？或者，我們是否應
說，他們實際上**確實**以和我們完全相同的方式識別痛苦，因爲當
他們說「噢！被刺激的C神經纖維！」時，他們的感覺正與我們
說「痛！」時的感覺相同嗎？實際上或許他們感覺痛並稱其
爲「似乎使某人的C神經纖維被刺激了」，而且他們與「似乎使
他們的C神經纖維被刺激」有關的認識情境，正與我們似乎看見
某種紅色東西和一切其它這類不可改變的狀態時的認識情境相
同。

80 　　我們現在所需要的似乎是某種非常普遍的標準，以便能判定
什麼時候兩件事物「實際」是以兩種不同方式描述的同一事物。
因爲似乎不存在任何關於這個謎團的明確的東西，可使解答依賴
於心理事物的特殊性。如果我們同意說判定對跖人是否有感覺時
重要的是不可改變性（不可能有對……的一種幻覺），有關替代
性描述的一般問題將仍然阻止我們應用這個標準並從而解決這個
問題。這個問題將不會獲得清楚、明確、可現成應用的解決。因
爲沒有任何一般的東西將解決以下兩種說法之間的每一種張力關
係：

　「你確實在談論諸X，但實際上你關於他們所談的每件事都是錯
　的。」

　「因爲實際上你說的一切對諸X都不正確，你不可能是在談論諸
　X。」

　　但是讓我們暫時擱下這個難題（在第六章再回來談它）並考
慮更令人沮喪的論點：任何人甚至在企圖陳述爲比較和區別表達
的所指者而需要的一般準則時，都會需要某些一般性的本體論範
疇（某些勾劃事物的確實的、即使是粗糙的方式）作爲開始。這
特別有助於在心理實體和物理實體之間作一區別。但是有關對跖

人的問題使這種區別全都發生了疑問。爲理解何以會如此，讓我
們假定不存在任何「心理現象」的判斷，除了克里普克的認識論
判斷以外。❷這個假定使「心理事物」與感覺、偶然出現的思想
和心理意象等同起來。它排除了信念、情緒等等事物（這類事物
雖然肯定「比較高級」，然而却不是我們不可改變地可報導的內
在生活的一部分，所以不足以鼓勵兩類本體論領域間的笛卡爾式
的區別）。換句話説，這個假定相當於這樣的主張：（１）所談
的事物不可改變地能被其所有者認知，就足以是一個心理狀
態；（２）我們並不真地把任何非物理狀態（如信念）都歸於不
能有某些這類不可改變地可認知的狀態。（這與對跖人的實際行
爲以及我們的如下直觀是一致的，即狗有非物理狀態只是由於有
痛苦，而計算機則不然，即使由於提供了我們新穎的和使人興奮
的真理。）於是根據這個假定將不會對如下問題給予任何回答，
即「當他們報導説，他們的Ｃ神經纖維似乎在激動時，他們是在
報導一種感覺（或許與我們由於痛苦而報導的感覺相同），還是
説他們由於神經細胞處於某種狀態而發出噪音？」而且如果是這
樣的話，由於感覺的報導在我們生活中所起的作用與神經細胞的
報導在對跖人生活中所起的作用相同，我們就面臨著進一步的問
題！當**我們**用「痛苦」一詞時，**我們**是在報導感覺還是在報導神
經細胞？

　　爲了認識到這是一個真正的問題，試考慮功能作用同一性的
含義。如果對跖人的文化與我們的文化範圍相同，如果他們在談
話時具有的意向性以及在選擇物體與人物時具有的自意識的審美
性都與我們的相同，如果他們對道德超越和不朽的渴望也像我們
的一樣巨大，他們大概會認爲我們哲學家對他們是否有心的關切
是有些狹隘了。他們奇怪這真會造成這樣一種區別嗎？他們可能

81

要問我們，爲什麼**我們**認爲我們有那些被叫作「感覺」和「心」
的東西？既然他們教給了我們微觀神經學，我們難道不能理解關
於心理狀態的那類談話僅只是談論神經細胞的一種「占位符
號（place-holder）」？或者，如果我們真地在神經學狀態之外
還有某些奇怪的附加狀態，它們真地都那麼重要麼？擁有這些狀
82 態真地是區分本體論諸範疇的基礎嗎？

　　最後這一組問題說明對跖人如何輕視地球上哲學家之間的這
種爭論，即唯物主義者和伴生現象論者之間激烈爭辯的問題。此
外，對跖人神經學不僅在行爲說明和控制方面而且也在爲對跖人
自我形象提供詞彙方面所取得的成功表明，關於「心身問題」的
其它地球上的理論中沒有一個可以哪怕獲得一次成功的機會。因
爲平行論和伴生現象論只能根據某種非休謨的因果觀來區分，按
照這樣一種因果觀，不存在可以發現的一種因果機制能指出因果
鏈遵循的路徑。但是沒有人，沒有哪怕是最頑固的笛卡爾主義
者，會想像，當關於神經細胞的分子層次的說明出現在我們面前
時（正如依照假設，它出現在對跖人面前一樣），還將會有繼續
尋找因果機制的可能。（「尋找」會相當於什麼呢？）於是即使
我們放棄了休謨，我們仍然不可能是平行論者，除非根據某種先
驗的理由我們「只知道」心理事物是一個自足的因果領域。至於
相互作用論，對跖人不會癡想去否認信念和慾望（譬如說）與視
網膜的放射、手臂的運動等等發生相互因果作用。但是他們把有
關這樣一種相互作用的談論，不是看作把不同的本體論領域結合
起來，而是看作一種方便的（因爲簡單）對功能而非對結構的參
照。（這正如政府和個人之間的一次交易一樣在哲學上是不成問
題的。沒有一組按照「誰做、做什麼、對誰做」來陳述的必要和
充分條件，可能被提供給關於這樣一種交易的論述，也不會被提

供給關於由神經發射造成的信念和由信念造成的運動的論述；但是誰會認爲他們能呢？）只有當一次神經發射由於一種純感覺而偏離正軌時，或者由於一種純感覺而被耗盡能量時，或者發生諸如此類的事情時，相互作用才會引起注意。但是對跖人神經學家沒有提出這類假設的需要。

　　如果沒有辦法向對跖人說明我們關於心身的問題和理論（沒有辦法使他們理解這是一種本體論分界的典型例子），我們就應當準備面對這樣的可能性，「唯物主義的」對跖人（與較寬容的「伴生現象論的」對跖人相對）是正確的，即他們說：當我們認爲我們在報導純感覺時，我們只是在報導神經細胞。只是由於我們文化發展的一種偶然事件，我們才如此長時期地堅持用「占位符號」。儘管完善了很多有關地球的學科，我們却似乎從未發展天文學，而且在有關認識月球上面有什麼的問題上，尚停留在前托勒密階段。關於黑圓丘上的洞穴、圓丘全體的運動等等問題我們當然會談出很多複雜的道理，但一旦我們被告知了這些道理，我們就可以極其容易地重新描述我們所報導的東西。

　　然而在這個問題上有一種習見的反對意見應當談一下。它是用下面一類論述來表示的：

　　對刺痛來說，不可能斷言微觀圖畫是真正的圖畫，知覺現象僅只是一個粗略的複寫，因爲在這種情況下我們在研究的是知覺顯相本身，後者不可能有理由是其本身的複製物。❸

　　完全有理由主張，傷痛性是C神經纖維的活動如何在皮層出現的問題，葱味是葱分子形態怎樣對一個具有正常鼻腔結構的人顯現的問題……。這就解決了被感受到的痛苦、氣味或顏色的問題，把它們都歸入現象範疇，使它們在本體論上中性化。但是這就留給我們一系列「看似」現象，一些不完全性感受的行爲，現象性

84　質就是在這類行爲中被把握的。於是我們必須問一個新問題：事物對一個純物質系統可能**看似**是某種樣子，這是可能的嗎？是否有一種辦法，不完全感受的行爲可按這一辦法被看成是本體論上中性的嗎？

……唯物主義對於真實人的論述不可能承認這樣的事實，我們的不完全性感受是由現象性質而不是由（例如）自發產生的信念造成的。❹

　　勃蘭特和坎貝爾共同具有的這種反對意見乍看來似乎是這樣，如果你不是一個「純物質系統」，你就只能錯誤地描述事物；因爲這樣的系統不可能使事物對他們顯現得與它們實際所是不同。但這種說法是不成立的，因爲如我前面提出的，實在與顯相之間的區別似乎只是正確做事和錯誤做事之間的區別，對於簡單的機器人、伺服機構等等，我們不會有區分的困難。爲了使這種反對意見有可能成立，我們必須說，在目前的語境中「顯相」是一個更豐富的概念，這個概念必須用「現象性質」概念來說明。我們必須採取如下原則：

（Ｐ）不管何時我們做一個有關我們本身的一個狀態的不可改變的報導，必然有一種賦予我們的性質，它引導我們去做該報導。

　　但是這個原則當然遵奉笛卡爾的「任何事物都不如心本身更靠近心」的說法，並涉及一整套認識論和形而上學，因此具有一種特殊二元論的性質。❺於是這將不會使人驚異，一旦我們把這
85　個觀點包含入「現象性質」概念之後，即「唯物主義的論述……不可能承認這樣的事實，即我們的不完全性感受是由現象性質造

成的。」

　　我們仍然必須問，在（Ｐ）中是否保存有某種前哲學的直觀，而且這種直觀可以與笛卡爾圖畫分離開。在錯誤描述星星這類東西和錯誤描述痛苦這類東西之間的區別究竟是什麼呢？爲什麼前者似乎顯然是可能的而後者是不可想像的？回答也許會是這樣：我們預計星星的外表不變，即使在我們理解它**是**一個遙遠的火球而**不是**一個附近的洞穴，但是一旦我們理解痛苦是被刺激的Ｃ神經纖維，我們對它的感覺就會不同，因爲痛苦**是**一種感覺，正如星星**不是**一個視覺顯相。然而如果我們這樣回答，我們仍然在堅持「感覺」觀念和有關對跖人是否有任何感覺的困惑。我們必須問，在感覺一種痛苦和對帶有「痛」一詞的被刺激的Ｃ神經纖維單純做出反應（如趨避行爲等）二者之間的區別是什麼？而且在這個問題上我們傾向於説：從外部看根本沒有區別，但在從內部看的世界中則完全不同。困難在於，我們將永遠不會有辦法向對跖人説明這種區別。唯物主義的對跖人認爲我們沒有任何感覺，因爲他們不認爲存在有「感覺」這類東西。伴生現象論的對跖人認爲可能會有這類東西，但不能想像我們爲什麼要自找麻煩地去找到它。認爲對跖人的確有感覺但不自知這一事實的地球上哲學家們，達到了維特根施坦提到的哲學思維的最後階段：他們覺得像是在發出無音節的聲音。他們甚至不能對對跖人説「對於我們來説它在內部是不同的」，因爲對跖人不理解「內部空間」概念；他們認爲「內部」意味著「在腦殼之內」。他們正確地説，**在那裏它不是**不同的。認爲對跖人沒有感覺的地球上的哲學家們比較有利，只是因爲他們覺得不屑於與無心的生物爭論他們是否有心的問題。

　　我們在追隨勃蘭特和坎貝爾提出的反對意見時似乎毫無所

86

獲。讓我們試試另一條路線。按唯物論的觀點，在現實中任何事物的每一顯相都將是一種大腦狀態。於是唯物論者似乎將不得不說，某一大腦狀態「粗略的」複寫（被刺激的C紳經纖維使人感覺的樣子）將是另一種大腦狀態。但是我們可能會説，可以把這另一個大腦狀態看作是「痛苦」的所指者，而不看作是被刺激的C神細纖維。每當唯物論者説「但這正是我們對一個大腦狀態的描述」時，他的反對者將回答説，「好的，讓我們談論那個作爲第一個大腦狀態的『不完全性感受行爲』的大腦狀態。」❻這樣，唯物論者似乎被迫不斷向後退，結果哪裏有錯誤，心理事物就不斷出現。似乎人的鏡式本質，自然之鏡，在被輕微遮蔽時只能對其本身顯現。一個神經系統不可能有影斑，但一顆心會有。於是我們得出結論説，心不能是神經系統。

87

現在來考慮一下對跖人會怎樣看待「不完全性感受的行爲」。他們會不把這些行爲看作自然之鏡的陰影部分，而是看作學習一種二等語言的結果。關於不可改變地能被認識的實體的整個觀念，──它與「關於實體似乎如何」是不可改變的觀念相對立，亦即與本身作爲一種實體的「顯現」觀念相對立──，使他們覺得是糟糕透了的説話方式。關於「感受行爲」、「認識狀態」、「感覺」等等一整套地球上的詞彙，使他們覺得是語言採取的不幸轉向。他們看不到使我們擺脱這套詞彙的辦法，除非提議説，我們培養我們的孩子説對跖人的話，並看看他們作爲一個受控制的團體是否也不用我們的詞彙。換句話説，對跖人唯物論者把我們「心和物」的觀念看作是一種不幸的語言發展的反映。對跖人伴生現象論者被這樣的問題困擾：「什麼是地球人的語言中樞，它既產生了痛的報導又產生了C神經纖維的報導？」那些認爲對跖人的確有感覺的地球上的哲學家們認爲對跖人的語言是

「與現實不適應的」。那些認爲對跖人沒有感覺的地球上的哲學家們使他們的例證基於一種語言發展理論，按照這種理論，被命名的第一類事物是「較好爲我們所知的」事物（感覺），於是感覺欠缺一個名字就意味著感覺的欠缺。

　　爲了進一步明確這個問題，也許我們可以暫時不考慮對跖人伴生現象論者和地球上的懷疑論者。前者有關痛苦報導的神經學問題似乎是不能解決的；如果他們要繼續寬容地把對跖人不知道的狀態歸於地球人，他們將必須吞下進一步的經驗研究無法駁斥的一整套二元論體系，以便説明我們的語言行爲。至於地球上的懷疑論關於對跖人沒有感覺的斷言，則完全基於一種先驗的格言，即我們不可能有一個感覺却沒有它的名字。這兩種思想立場（對跖人伴生現象論的過分寬容和地球人懷疑論的偏狹的不信任）都沒有吸引力。結果我們聽到對跖人唯物論者説「他們認爲他們有感覺，但他們並沒有」，又聽到地球上的哲學家們説「他們有感覺，但他們不知道它」。是否有辦法擺脱這一僵局，假定每一種經驗結果（大腦接通術等等）似乎都均等地落在雙方？是否存在著採取捷徑克服這個問題，或者去解決它，或者去提供某種令人欣慰的妥協建議這類有力的哲學方法呢？

3. 不可改變性與純感覺

　　「意義分析」是一種根本不會有益處的哲學方法。每個人都確確實實清楚地理解每個他人的意義。問題在於，一方認爲有過多的意義，而另一方則認爲有過少的意義。在這方面人們可以看到的最貼切的類比，是在受神啟的有神論者和未受神啟的無神論

者間的衝突。我們說，一位受神啟的有神論者是一位「直接知道」有超自然存在物的人，這類存在物對於自然現象起著某種說明作用（不應把他們與自然神學家相混，自然神學家提出超自然作爲對自然現象的最好說明）。受神啟的有神論者繼承了他們的宇宙圖畫以及他們的語言觀，這個宇宙被分爲兩大本體論領域：超自然領域和自然領域。他們談論事物的方式與神性的參照不可分離地聯繫在一起，或至少使他們認爲不可分離地聯繫在一起。超自然的概念在他們看來不是一種「理論」，正如心理事物的概念在我們看來不是一種「理論」一樣。當他們碰見無神論者時，就把後者看作不知道什麼在發生的人，雖然他們承認無神論者似乎能够極好地預測和控制自然現象。（他們說道，「謝謝天，我們不和那些自然神學家一樣，否則我們也會失去與實在的聯繫」。）無神論者把這些有神論者看作在他們的語言中擁有過多的字詞，並爲過多的意義所煩擾。熱心的無神論者向受神啟的有神論者說道「**實際**有的一切是……」；而有神論者回答說，人們應理解，天地之間存在著更多的束西……；問答就這樣繼續下去。雙方的哲學家們可能這樣分析著意義，直到他們的神情沮喪起來，但是所有這些分析都或者是「方向性的」和「還原的」（例如宗教話語的「非認識性」分析，這種分析類似於有關痛苦報導的「表現性」理論），或者是直接描述替代性的「生活形式」、其結果並不比宣布「這種語言遊戲被執行著」更有助益。有神論者的遊戲對於他們的自我形象是重要的，正如人的鏡式本質形象對於西方知識分子是重要的一樣。但是二者都沒有可在其中評價這一形象的更廣泛的有效語境。這樣一種語境歸根結柢，應當從哪裏找到呢？

　　或許從哲學。當實驗和「意義分析」失敗了以後，哲學家們

按傳統方式轉向系統的建立──可以說，立即發明出一個新語
境。通常的策略是去找到一種妥協之途，從而能使那些喜歡奧卡
姆剃刀的人（例如唯物論者、無神論者）和那些堅持「直接知
道」事物的人都被寬容地看作是達到了在某種較大的現實中
的「替代的圖景」，而這個現實是哲學剛删勾勒出來的。因此某
些軟心腸的哲學家們超越了「科學與神學之間的爭戰」，並把波
那文圖爾主教和玻爾看作具有不同的、非競爭性的「意識形
式」。對「關於**什麼**的意識？」的問題，回答是「世界」、「物
自體」、「感覺復合」或「刺激」一類東西。究竟提供其中哪一
個並無關係，因為每一個都是一些技術名詞，它們被設計出來指
稱那些除了平庸的中立性外別無有趣特徵的實體。在硬心腸的研
究心的哲學家中類似於這一策略的東西是中立一元論，按照這種
一元論，心理事物和物理事物被看作某些無須繼續描述的基本實
在的兩種「樣態」。有時我們被告知這個實在是被直觀的（柏格
森）或與感覺材料同一的（羅素、艾耶爾），但有時它乾脆被假
定爲避免認識懷疑主義的唯一手段（詹姆士、杜威）。關於這個
實在我們從未被告知任何東西，除了「我們直接知道它是什麼樣
子」或者理性需要（即避免哲學困境的需要）它以外。中立一元
論者喜歡提出，哲學發現了或應當尋找一種基本的基礎層，其方
式正如科學家在元素下面發現分子，在分子下面發現原子等等一
樣。但實際上人們沒有發現既非心理又非物理的「中立事素」有
其本身的力量或性質，它只是被假定後又被忘却了的東西（或者
被賦與不可表達的素材的作用，這並沒有什麼不同）。❼這個策
略不可能有助於克服地球上硬心腸的哲學家提出的有關對跖人的
問題：他們究竟有沒有感覺呢？

　　關於對跖人的這個問題可歸結如下：

（1）對純感覺至關重要的是，它們是不可改變地可認知的

以及

（2）對跖人本身認爲沒有任何東西是不可改變的

這兩個問題似乎使我們或者得出

（3）對跖人沒有感覺

或者得出

（4）對跖人不知道他們自己的具有不可改變性的知識。

問題（3）的困難是，對跖人像我們一樣有大量的行爲、生理學和文化。此外，我們可以訓練對跖人兒童去報導純感覺，並使他們認爲自己對純感覺的認識是不可改變的。這種考慮似乎促使我們朝向問題（4）。但是（4）似乎很愚蠢，至少需要將其弱化爲

（4′）對跖人不知道他們自己有不可改變的知識的能力

這個問題也有些奇怪，但至少有一些類似之例。（試比較「約翰二十三世必須確信在繼承教皇職位上他本身無誤性的證據。」）然而如果我們扣緊（4′），對跖人兒童的可教導性似乎使我們在以下兩個問題間懸而不決了

（5）對跖人可被教會識認自己的感覺

92　和　（5′）由於感覺的神經伴生物的出現，對跖人可被教會模擬感覺的報導，雖然實際上沒有任何感覺

人們可以希望透過發現一個雙語對跖人來解決這個新難題。但是雙語人對於外來詞語的意義沒有任何「內在的」知識；他們只有詞典編纂者所有的那種理論。讓我們設想一個成年對跖人開始說英語。他說「我疼痛」，或對跖人的「我的C神經纖維受刺激了」，這取決於他說的是什麼。如果一位地球上的對話者告訴他，他實際上不痛，他指出這句話是一種異常的說法並重申專有認識通道的權利。當對跖人對話者向他指出，C神經纖維實際上

未受刺激，他會說出這一類話：「真奇怪，它們似乎肯定受了刺激。因此我告訴地球人我疼痛」。或者說這樣的話：「真奇怪，我肯定有像地球人說的那種疼痛，而且疼痛絕不會發生，除非當我的C神經纖維受刺激時。」很難看出他對哪種說法會有較強的偏好，而且更難看出哲學家們能够從一種偏好（如果他有的話）中理解什麼。再者，我們似乎被迫去問這樣的修辭學問題：「但是它使人**覺得**像什麼呢？」雙語對跖人對此回答說：「它使人感覺像痛苦。」當被問及：「它是否也使人感覺像C神經纖維？」他說明道，在對跖人間沒有「感覺」概念，因此他不會想到去說他**感覺**到了他的C神經纖維在受刺激，雖然每當它在受刺激時他當然知道這件事。

　　如果這些說法顯得有些相互相矛盾，大概因爲我們認爲「非推論性的認知」和「感覺」是完全同義的。但是指出這一點無濟於事。如果我們把它們當作同義詞，那麼對跖人當然**確實**有關於一種被稱作「感覺」的狀態的概念，但是他仍然沒有作爲知識的意向客體的「感覺」的概念。可以說對跖人有動詞但無名詞。一位隨和的對跖人能够指出，他的語言可以表達有關「這樣一種人不可能搞錯認爲自己處於其中的那種狀態」的概念（也就是人似乎覺得是……的狀態），但仍然爲這些狀態是否與地球人如此關心的痛苦和其它感覺是同一種東西所困擾。一方面，這似乎是他們能够談的一切，因爲他記得學會了去說「痛」，當且僅當他的C神經纖維在受刺激時。另一方面，地球人堅持說，在「處於這樣一種狀態中，人似乎覺得他是……」和有一個純感覺二者之間是有區別的。前一狀態是針對某一事物的認識立場，對它是可能懷疑的。後一狀態自動地使人採取針對某事物的認識立場，對此是不能懷疑的。

93

於是這個難題似乎被歸結爲這一點：我們必須肯定或否定

（6）關於某事物在某人看來似乎如何的任何報導都是關於
一種純感覺的報導。

肯定這一點的唯一理由似乎是，它是（1）的反題的必然推論，
這就是：

（7）對於無論什麼不可改變地可知的東西至關重要的是，
它是一個純感覺。

但是（7）只是由上述勃蘭特和坎貝爾的反對意見引出的原則的
一種形式，即：

（P）不論何時我們對我們的一個純感覺做出了一個不可改
變的報導，就必定會有一種呈現給我們的性質，它引
導我們去做出這個報導，

而且在這個原則中一切都圍繞著「被呈現」概念，這個概念直接
折回到「心的眼睛」、「呈現於意識」等等隱喻，這些隱喻本身
則來自**自然之鏡**的最初形象，也就是把知識當作一系列非物質的
表象。如果我們接受了這個原則，那麼非常奇怪的是，我們不再
能是懷疑論者了：對跖人自動地就有了純感覺。我們**必須**選
擇（5）而不是（5'）。因爲我們並不辯駁說，在某些對跖人看
來他的胃痙攣或他的C神經纖維受刺激，而且因爲我們承認這些
報導的不可改變性，我們必須承認他有某些感覺，後者是他
的「看似」式陳述的「基礎」，而且他可被訓練去通過一套適當
的詞彙來報導這些感覺。但是非常矛盾的是，這意味著，這個原
則需要一種行爲主義，這個原則體現著笛卡爾的「心的眼睛」的
形象，而後一形象經常被指責爲把人們導向「觀念紗幕」和唯我
論。我們應當只可能是懷疑論者，並由於以下主張而肯
定（5'）（即模仿或許是對跖人可能做的一切），我們的主張

是，當對跖人做出「看似」陳述時他們並非真地意指我們用這些陳述所意指的東西，同時對跖人的「你可能錯誤地說你似乎覺得你的C神經纖維在受刺激」這一語句的異常性，並不足以證明對跖人有任何不可改變的知識。這就是說我們將必須重新解釋我們最初當作被呈現的行爲，並把我們對他們的感覺的懷疑論看法置於關於他們擁有知識（或某些種知識）的更一般的懷疑論的基礎上。但很難看到我們怎能對這種似乎可能的東西持懷疑論態度，除非根據某種認爲他們沒有心的先前信念，這種信念會更加排除感覺觀念。於是在這個問題上懷疑論將不得不是無根據的和比羅主義的。❽另一方面，如果我們否認（6）（如果我們使「看似」與「有心理狀態」分離，並放棄笛卡爾的圖畫），那麼我們就不得不面對這樣的可能性，即我們本身從來就沒有任何感覺，任何心理狀態，任何心以及任何鏡式本質。這個矛盾似乎强而有力到迫使我們折回（P）和自然之鏡。

於是這個問題歸結爲在三個令人困擾的可能性之間的選擇。我們或者必須與任何似乎說一種包含看似式陳述的語言的生物共享鏡式本質，或者成爲比羅式懷疑論者，或者面對這種「本質從不屬於我們」的可能性。如果我們同意上述（7）（使一個純感覺爲一個不可改變的知識的對象所必需的那個前提），那麼我們就必須承認：（a）對跖人語言，正由於包含了某些不可改變的報導，是關於純感覺的；或者承認：（b）我們將永遠不知道，對跖人是否說一種語言，只因爲我們將永遠不知道他們是否有純感覺；或者承認：（c）關於純感覺的全部問題是虛假的，因爲對跖人的例子指出，我們本身從沒有任何純感覺。

這三種可能性大致相當於心的哲學中的三種標準立場：行爲主義，關於其它心的懷疑論和唯物主義。然而，我不採取這三種

立場中的任何一種，而建議否認（7），以及因此而否認（P），
這就是說我建議放棄如下的概念：由於對一種被稱作「心理對
象」的特殊對象的特殊關係，我們具有不可改變的知識。這個建
議是塞拉斯對所與物神話的攻擊的必然推論。我將在第四章較詳
細地介紹他的攻擊論點，但在這裏我只指出，這個神話是這樣一
種概念，即作爲「直接知識」或「不可改變的知識」或「確定知
96　識」的這些認識關係，應當按照一種因果的、準機械的模型被理
解作在一些對象和人心之間的一種特殊關係，這種關係能使知識
更容易、更自然、更快地産生。如果我們把不可改變的知識只想
成是一個社會實踐的問題（在正常談話中欠缺對某種知識主張予
以正常反駁的問題），那麼像（7）或（P）這種原則似乎將不會
成立。

　　在上兩節中我把「心理對象」似乎當作「不可改變地可認知
的客體」的同義語，因此有一個心似乎與有不可改變的知識是一
回事。我沒有考慮非物質性和抽象能力，這是在第一章中討論過
的，也沒有考慮意向性，這將在第四章討論。我虛擬地主張心只
不過是一系列不可改變地可被內省的純感覺，而且心的本質即這
種特殊的認識性質，其理由在於，在所謂「心的哲學」的整個領
域中也流行著同樣的主張。這一哲學領域，在賴爾的《心的概
念》一書出版之後的三十年間逐漸形成了。這本書的效果是使有
關心與身的爭論幾乎完全轉向那種拒絕賴爾本人的消除笛卡爾二
元論、即消除純感覺的邏輯行爲主義企圖。維特根施坦在《哲學
研究》中有關感覺的討論似乎提出了消除二元論的同樣的企圖。
因此很多哲學家認爲理所當然的是，「心身問題」是有關純感覺
可否被看作行爲傾向的問題。這樣，唯一的可能性似乎就是我剛
剛引述的可能性：（a）同意賴爾和維特根施坦是正確的，承認

不存在心理對象，（ｂ）認爲他們是錯誤的，因此笛卡爾二元論完整無損，但一個附帶的自然結論是對其它心的懷疑論，以及（ｃ）某種形式的心身同一論，按照這一理論賴爾和維特根施坦是錯的，但也並不因此而證明笛卡爾是對的。

用這種方式提出這個問題的效果是，集中注意痛苦而較少注意心的一邊，而心是或應當是認識論更關切的對象，即信念和意圖等等。（由於研究心的哲學家企圖與經驗心理學相溝通，近年來這個問題的平衡有所恢復。）但情況仍然是，「心身問題」被首先看作一個關於痛苦的問題，而關於痛苦的突出之點正是克里普克所指出的，即在我們對痛苦的知識方面似乎不存在一種顯相與實在之區分的東西。實際上，如我在第一章企圖指出的，這只是若干「心身問題」之一，其中每一個問題都導致了這樣的模糊觀念：存在著有關人的某種特別神秘的東西，它使得人能够認知或進行某種特殊的認知。

然而在這一章的餘下部分裏，我企圖論證我的下述主張：我們應該拋掉（Ｐ），因此既不是二元論者、懷疑論者、行爲主義者，也不是「同一性理論家」。我不知道如何去直接反駁（Ｐ），因爲有關不可改變的知識是一個現象性質呈現的問題的主張，如其説是一種主張，不如説是對一整套理論的簡化表述，即圍繞著作爲映照自然的心之形象的一整套詞語和假定，而且它們共同賦與笛卡爾有關心是自然地「被給與」它本身的主張以意義。正是這個形象本身必須加以拋棄，如果我們要識破十七世紀如下看法的話，這種看法是：我們能够透過理解我們心的活動而理解和改進我們的認知。我希望指出在拋棄這個形象和採取以此形象爲前提的任何立場之間的區別。因此本章其餘部分將研究行爲主義、懷疑論和心身同一論，以便區分我的立場與它們的

每一種立場。在本章的最後一節「無同一性的唯物論」中，我企
圖談些更肯定的東西，但是這個企圖需要與第一章中有關其
它「心身問題」的討論聯繫起來，以便使其看起來有可能成立。

4. 行爲主義

行爲主義是這樣一種學說，它認爲關於「內部狀態」的談論
只是關於以某種方式去行動的傾向的談論的一種簡略的、甚至會
令人誤解的方式。在其賴爾的或「邏輯的」形式中（以下我將關
注的一種形式），行爲主義的中心學說是，在關於某感覺報導的
真理和某種行爲傾向之間必然存在著聯繫。持有這種看法的一個
動機是對賴爾稱作的「機器幽靈」（即笛卡爾關於人的圖畫）的
不信任，而另一個動機是希望阻止對於其它心的懷疑論者提出如
下的問題，即在地板上翻滾的人是否有懷疑論者本人在打滾時會
有的那種感覺。按照邏輯行爲主義的觀點，對於這類感覺的報導
應被看作不是指非物理的實體，而且或許根本不是指任何實體，
除了指翻滾行爲或去翻滾的傾向以外。

這個學說遭到批評的理由在於，似乎沒有辦法完成對所需的
行爲傾向的描述，如果不提出無限長的可能運動和噪音的若干清
單的話。它也遭到另一種批評，理由是，在這個領域中不論有什
麼「必要性」，這並不是一個「意義」的問題，而只是對如下事
實的一種表達，即我們習慣於參照某種內部狀態去說明某種行
爲，於是這種必要性如其說是「語言的」或「概念的」，不如說
是類似於那種把爐子的紅色與其內的火聯繫起來的東西。最後，
它被批評爲一種哲學詩論，這種詩論或許只爲執著於工具主義或

實證主義教條的人所有，這一教條就是，渴望將一切不可觀察的東西還原爲可觀察的東西，以便避免任何相信某種非實在物的危險。

我想，所有這些批評都是很正當的。邏輯行爲主義的經典陳述的確以觀察和理論之間的區別和語言與事實之間的區別爲前提，對此哲學家們會明確地予以放棄，這個問題我在第四章要論述。但是認爲行爲主義者確有某種道理的感覺依然存在。他所有的對己有利的一個論點是，提出在與對跖人進行多年有益的對話之後，有一天我們會有理由說，「噢，沒有純感覺；因此沒有心；因此沒有語言，而且連人也沒有」，這似乎是荒謬的。關於我們或許發現自己不得不說他們沒有純感覺的這個主張，使我們提出我們能否哪怕想像一下這樣一種强迫性可能是什麼的問題。這也使我們理解，即使不管我們怎樣被迫如此説，我們幾乎肯定不應當得出所建議的那個推論。反之，我們會開始抱有關於對跖人對我們爲什麼要如此關心這個問題的困惑。我們應該開始理解對跖人對這整個問題採取的疑問態度，波利尼里亞人對傳教士關心「這些人是舍姆人還是海姆人的後裔？」這類問題也抱同樣的態度。行爲主義者堅信的觀點是，越企圖回答這類問題，硬心腸的哲學家們的「有心還是無心？」、「有感覺還是沒有感覺？」的問題就似乎變得越無意義了。

但是這個好的論點一旦被變成了一個有關由「意義分析」建立的「必然聯繫」的命題之後，它就會開始變壞了。賴爾的見解受到他繼承的實證主義認識論所帶來的挫折。他不是去表明，不可改變的知識只是關於什麼樣的正當性證明的實踐爲其同伴所採取的問題（這個立場我將在第四章稱之爲＜認識論行爲主義＞中論述），而是被引導去説某一類行爲形成了純感覺歸屬的必要和

99

充分條件，並且說這是一個有關「我們語言」的事實。於是他面
100 對著一個棘手問題。我們的語言容許推論出這類感覺存在一事，
使人們如果不訴諸唯物論就難以否認實際存在有可報導的幽靈般
的實體。因此在邏輯行爲主義背後的兩個動機間發生衝突，因爲
想去發現對其它心的懷疑論的「邏輯性」障礙的願望似乎導致後
退到二元論了。因爲如果我們採取這樣的看法，認爲某一語言實
踐，某一件行爲足以（由於懷疑論者之故）表明內在純感覺的必
然性，不管在何種意義上純感覺總存在，那麼似乎必然會說，我
們與對跖人的談話經驗必然意味著他們在**我們**有感覺的意義上也
有感覺。這就是說，似乎必須採取下面這個觀點：

> （P'）去說一種包含有不可改變的「看似陳述」的語言，
> 含蘊著說該語言的人的感覺的存在，其意義正如感
> 覺存在於**我們**之內一樣。

對於認爲我們可以透過做某種所謂「分析意義」的事情來發
現這一斷言的真確想法，是不難大加嘲笑的。❾似乎不難（與懷
疑論者一起）說，我們不需感覺仍然會有這種能力。但是正像維
特根施坦和包斯馬所闡明的，很難真正把我們想像的東西做一首
尾一貫的論述。儘管如此，（P'）具有某種成立的可能性。它
之所以可能成立的理由是，它仍舊是下述主張的一個必然推論：

> （P）不管何時我們對自身的一個狀態做了一個不可改變的
> 報導，必定存在著一種呈現於我們的性質，它導致我
> 們做出這個報導；

這是一個對自然之鏡的形象至關重要的原則。它是這樣一幅
圖畫，按照它，「顯相」不只是錯誤的信念，而且是由一種特殊
機制產生的錯誤信念，這種特殊機制（在心的眼睛面前出現的一
101 種使人誤解的東西）使得行爲和感覺之間的聯繫似乎如此之必

然。它是這樣一幅圖畫，按照它，當一個人搞錯了某種東西（或擴大來說，搞對了某種東西）時要涉及到三件事情：人，人在談論的對象和關於該對象的內在表象。

　　賴爾認為他避免了這幅圖畫，但是他不可能真的避免，因為他自相矛盾和毫無結果地證明不存在這類不可改變的報導的企圖本身已表明了這一點。賴爾擔心，如果真存在著任何這類報導，那麼為了說明存在，像（Ｐ）一類原則就必定會是真的。因為他認為，如果有對內在狀態做出不可改變的、非推論性報導的這類能力，這會表明，某個對行為毫無所知的人也可能知道有關內在狀態的一切，因此歸根結蒂笛卡爾就是正確的。他把通常笛卡爾關於內省的論述正確地批評作一種「類光學」，但他沒有提出其它的適當論述，因此被迫退入必須完全否認特殊通道現象這一不可能的立場。他用《心的概念》中最欠說服力的一章（＜自我認知＞）來論述這樣一種自相矛盾的主張：我能發現的有關我自己的那類事物，與我能發現的有關其他人的那類事物完全相同，而且發現它們的方法也幾乎相同。❿結果，許多同意賴爾已證明信念和慾望不是內在狀態的哲學家們，也同意他沒有觸及純感覺的問題，因此在二元論與唯物論之間仍然必須加以選擇。⓫

　　賴爾的錯誤可以換一個方式談，他相信，如果可以指出行為傾向的歸屬和內部狀態的歸屬之間的「必然聯繫」，那也就會證明了實際上不存在內在狀態。但是這種工具主義的無前提推論正像（Ｐ）一樣是可以避免的，同時保留如下反懷疑論觀點：對跖人的行為是保證將或多或少像我們自己具有的那種內在生活歸屬於對跖人的充分證明，行為主義者傾向於做出的形而上學的推論（不存在內部的鏡式本質的推論），孤立起來看像任何其它工具主義主張一樣似乎難以成立。（試比較：「不存在正電子；只有

電子的……傾向」,「不存在電子;只有宏觀物體的……傾
向」,「不存在物理對象;只有感覺內容的……傾向」。)行爲
103 主義立場如果被除去它具有嚴格性的自詡,就只相當於提醒我
們,感覺概念只在這樣一幅圖畫中起作用,這幅圖畫按照人(不
只是人的心)是何物的某種形象把某種行爲(內省報導)與其它
行爲(物理對象的報導)聯繫起來。行爲主義者注意「痛苦」概
念的社會作用,而並不企圖越過這種作用去探索痛苦具有的不可
表示的現象性質。懷疑論者必須堅持說,重要的正是這種性
質(你只能從你自己的經驗中知道這種性質)。行爲主義者不斷
使自己處於一種矛盾的形而上學立場中,否認行爲傾向有非傾向
的心理原因,其理由曾由維特根施坦說明如下:

> 關於心理過程和狀態以及關於行爲主義的哲學問題是如何提出的
> 呢?其第一步完全未被人們注意到。我們談論過程和狀態,而聽
> 任它們的性質未被加以判定。我們認爲有一天我們對於這種性質
> 或許會瞭解得更多一些。但這正是促使我們看待這個問題的一種
> 特殊方式。因爲對於學會更好地瞭解一個過程意味著什麼,我們
> 已有確定的概念。(這個戲法中的這一決定性步驟被完成了,而
> 且我們認爲這個步驟並無什麼不當 ⓬

A. 多納根爲這段話做了一個精彩的注釋,他說:

> 笛卡爾主義者……把我們概括在感覺是非傾向性的私人性的這個
> 命題中的語法事實,轉變爲認爲感覺是在一種私人性的、因而是
> 非物質性的介質中的狀態或過程。

另一方面,行爲主義者

不管是由於明顯內省主義的心理學，是由於笛卡爾主義的哲學困　　104
難，還是由於其它考慮的影響，開始否認在其非物質介質中的笛
卡爾私人性過程的存在。

多納根認為，維特根施坦由於承認「感覺是行為的私人性的
非傾向伴生物，感覺正是由於這種伴生物而自然地表現出來」，
從而澄清了這個問題，但是拒絕「承認這些伴生物是過程，這些
過程可獨立於產生它們的環境以及它們由其獲得自然表現的行為
來命名和研究」。❸

我想，多納根對於行為主義者和二元論懷疑主義者有關其它
心問題的共同困難所做的精闢論述是正確的，但還可進一步加以
闡明。「私人性的……、非物質的介質」概念是模糊不清的，因
為它提出我們有關於有一鏡式本質究為何意的觀念（形而上學地
把握非廣延實體究為何物），鏡式本質是獨立於心理事物的認識
標準的。如果我們忽略這個概念並堅持維特根施坦說的「有關學
會更好地瞭解一個過程意味著什麼的確定概念」，就可以得出關
於多納根稱作行為主義和笛卡爾主義的「對立而互補的錯誤」的
東西的判斷，❹這個判斷避免涉及感覺的形而上學（「非物質
的」、幽靈的）性質。

兩個學派共同具有的這個基本認識論前提也構成了他們
的「更好地瞭解」的概念，這個前提就是「自然所與性」學說，
即：

知識或者是有關那種自然地適合於直接呈現於意識的實體，或者　　105
是有關這樣的實體，其存在和性質都為第一種實體所蘊涵（而且
這類實體「可歸結」為第一種實體）。

笛卡爾主義者認為，自然地適合直接呈現於意識的那種唯一
的實體就是心理狀態。行為主義者根據認識論觀點認為，直接呈

現於意識的那種唯一的實體是物理對象的狀態。行爲主義者爲自己逃脫了我們的鏡式本質和內在眼睛的觀念而感到驕傲，但是他們仍然忠於笛卡爾的認識論，保持了直接獲得某種事物的心的眼睛的概念。在他們看來，科學推衍出由「基層」實體蘊涵的其它事物，而哲學却又把這些其它事物重新降回到基層去。行爲主義者放棄了「沒有什麼比心本身更好地爲心所知」的觀念，但他們保持了這樣的觀念，即某些事物是直接自然可知的，另一些事物則否，並保持了形而上學認爲只有第一位的東西是「真正實在」的結論。G. 皮奇爾給這個學說（最可知的即最實在的）起了一個「柏拉圖原則」的名字，⓯它與「自然所與」原則合在一起，或者產生了一種唯心論或泛靈論的由物及心的還原，或者產生了一種其它方向上的行爲主義或唯物主義的還原。我想，這兩種還原之間的選擇，如其說取決於心理學或哲學中的困難，不如說取決於對什麼是智慧、因此對哲學究有何用的一般看法。這是否要強調借助普通談話和科學研究的公共性方法所獲得的人的狀態呢？還是說是對「某種極其複雜的東西」的一種個人式的和難以表達的理解呢？這種選擇與哲學論證或與自然之鏡的形象毫無關係。但是這個形象（而且尤其是內在眼睛的隱喻）同樣可爲爭論雙方的目的服務，這就是何以他們之間的論辯如此冗長和無確定結果。雙方對於最清楚瞭解的東西都有清楚的觀念，而且瞭解一個過程，或者意味著那樣去認識它，或者意味著去指出它「實際上只不過」是某種其它的東西，而後者是那樣被認識的。

如果我們從對跖人觀點觀察行爲主義者和懷疑論者之間有關其它心的爭執，我們理解的第一件事就是：沒有「自然所與物」的地位。肯定有「直接知識」概念的位置。這就是那樣一種知識，其所有者並未進行任何有意識的推論。但是並未暗示，某些

106

實體特別適宜於以這種方式被認知。我們非推論地認識的東西，
與我們碰巧熟悉的東西有關。一些人（那些坐在雲室前面的人）
熟悉基本粒子，並對它們做出了非推論性報導。另一些人熟悉樹
木的病害，可以報導「荷蘭榆樹病害的另一個例子」，而無須進
行任何推論。所有對趾人都熟悉他們的神經狀態，而所有的地球
人都熟悉他們的純感覺。對趾人並未表示純感覺是某種可疑的形
而上學的或幽靈般的東西，他們只是不理解爲什麼談論這類東西
而不談論人的神經。當然，如果地球人做如下解釋也不會有幫
助，即雖然（不考慮無意識推論的可能性）任何東西或許都**能**被
非推論地認知，並非可因而推出，除了某些自然適當的實體以外
任何東西都可以**不可改變地**被認知。因爲對趾人並沒有關於不可
改變地被認知的**實體**的觀念，而只有關於**報導**（看似式陳述）的
觀念，這種報導是不可改變的，並可以是關於**任何**一種實體的。
他們理解，地球人的確有前一種觀念，但他們困惑的是爲什麼地
球人認爲自己需要它，雖然他們可以理解，如果不懂得神經學，
就可能會有大量奇怪觀念流行起來。

5. 關於對其它心的懷疑論

107

當我們轉談針對其它心問題的懷疑論者時（這類人強調，可
以有無行爲伴生物的內在狀態），我們再次遇到一種演變成一種
詩論的根深柢固的直觀。這種牢固的直觀是，感覺像桌子、當桂
樹或電子一樣，是有效的個體，是這個世界上的有效「居民」，
是本體論地位的有效備選者。「對趾人有沒有純感覺？」的問題
並不比「他們是否有紅色血液？」或「他們是否有道德感？」的

問題更可疑或更具形而上學性質。此外，我們的確有一種特殊的、優越的認知我們自身純感覺的方式，我們有進入私人性實體的特有通道。

然而當自然所與物原則提出時，這樣一個好的論點開始變壞了，既然純感覺確實被如此清楚地瞭解，它們必定是一種極特殊的實體，或許是在一種私人性的「非物質介質」中的過程。在如下情況下可以說這個論點變壞了，即當人的鏡式本質不只是指人的知識是一種自然之鏡時，而且當「何種特殊的和奇異的物質或非物質可進行那種鏡式反映？」的問題提出時。當人們說，人必定極爲特殊，以至於比野獸知道的多得多，這種說法可以說並沒有錯；對跖人甚至也這樣說。但是當我們企圖從命題

　　（1）我們對自己心靈的認識比我們對任何其它的東西更清
　　　　　楚；

過渡到命題

　　（2）我們可以認識有關我們心靈的一切，即使我們不知道
　　　　　任何其它東西；

108　並過渡到命題

　　（3）認識某物是否有心靈，是一個有關認識它如同它認識
　　　　　自己時的問題；

那麼我們就絕不能說明爲什麼我們不應當是唯我論者。自然所與物原則和內在眼睛的隱喻使從（1）到（2）的過渡顯得自然，雖然並不必要。因爲，如果我們認爲這個眼睛就是朝向內部並發現了一個純感覺，那麼圍繞著這類純感覺報導的社會習慣和行爲表現的整個錯綜關係，似乎就無關緊要了。正因爲這是無關緊要的，我們就被迫從（2）轉到（3），現在我們迫不及待地說，我們對於同伴（如果有的話）所知道的一切就是他們的行爲

和他們的社會地位。我們將絕對不知道他們內部怎麼樣，如果在那裏真地有什麼「內部」的話。其結果是，我們不再把我們的朋友和鄰居看成人，而開始把他們看成圍繞著一種神秘事物（鏡式本質，私人的非物質介質）的空殼，對於這個空殼，或許只有專業哲學家能够描繪，但我們知道（或説希望）它在那裏。關於內省是朝向另一本體論領域的目光的看法，並不是（而且維特根施坦派在這個問題上完全正確）當我們實際進行內省時一目了然的東西。當我們使心的眼睛轉向內部時，並無正在細察著該神秘事物的那種擺脱不掉的感覺，關於我們正在這樣細察著的看法，是使我們從（1）滑向（2）和（3）的那種認識論看法的産物。在這裏正如在其它地方一樣，認識先於形而上學，並誘使我們進入其內。

　　但是由過分的認識論産生的人爲神秘性不應導致我們（而在這裏某些維特根施坦派哲學家是大錯特錯了）認爲，在內部根本不可能存在任何東西。我們也不應當認爲，我們達到自己心理狀態的特殊通路，是一種或者要求形而上學去爲之辯護，或者要求懷疑論將其消除的神秘事物。懷疑論者最初正確直觀的力量可以透過強調這最後一點而産生。我將透過批判地看待維特根施坦的如下論點而這樣做，他認爲心理實體具有一種削弱了的本體論職責，而且關於「私人性的」實體和關於對這類實體特殊通道的整個一套看法方向上都是錯誤的。斯特勞森指出，維特根施坦有兩種不同的「敵意」，一個是針對私人性的，另一個是針對直接性的。我認爲後一種格外重要，而前一種是完全錯誤的。❶⑥

　　試考慮維特根施坦所説的那段著名的話，他認爲一種感覺「不是**某種東西**，但也不是**虛無**！結論只是，虛無所起的作用正與虛無所相關的某種東西所起的作用一樣。」❶⑦這段話使人注

109

意到懷疑論者不述主張中的矛盾性，他們堅持說，重要的是內部
狀態的「特殊的、不可交流的所感性質」。但是如果我們區
別「我們有達到自己痛苦的特殊通道」的主張與「我們純依心理
狀態的特殊所感性質而知道我們處於哪些心理狀態中」的主張，
我們就可避免此矛盾，並使一種感覺像桌子這類東西一樣。前一
主張僅只說，沒有比詢問某人更好的辦法來發現他是否在痛苦
中，以及任何東西都不能宣稱他自己的誠實報導無效。後一主張
認為，使這一特殊性成為可能的機制就是他對自己心理狀態
的「現象性質」的審察作用。為了從第一種主張達到第二種主
張，我們需要那種類似於觀察的笛卡爾自我認知的模型（內部眼
睛的形象）以及這樣的觀念，例如胃痙攣不是在胃痙攣產生的感
覺這種意義上的自然所與物。這種看法與對跖人有關，它產生了
這樣的觀念，他們不可能直接認識他們的C神經纖維，但必須從
「特殊的、被感的性質」中做出一種「無意識的」推論。

　　如果我們將我們對一實體能有「直接認知」的唯一方式是透
過認識該實體的「特殊的、被感的、不可交流的性質」這一看法
拋棄掉，那麼我們就可毫無矛盾地擁有特殊通道。我們可以拋棄
這一看法，如果我們像維持根施坦那樣注意到，除非存在有典型
的痛苦行為這類東西，我們就永不可能教一個兒童明白（例
如）「牙痛」的意義。更一般地說，我們可以注意到，開始說話
之前的嬰兒知道疼痛的方式，也就是自動換唱片裝置知道螺紋已
到盡頭、植物知道太陽方向以及阿米巴知道水的溫度的方式。但
是這種方式與語言運用者在知道痛苦是什麼時所知道的東西沒有
聯繫，因為它是心理的，而非物理的，特別由受損的纖維等等產
生的。維持根施坦所揭示的錯誤在於假定，我們透過給我們對在
第一種意義上的痛苦的認知披上語言的外衣，知道了在第二種意

義上的痛苦，即通過在字詞中掩蓋了我們對特殊被感的、不可交流的性質的直接認識（因此使我們自己對當我們的朋友使用同一字詞時是否在說及同樣的不可交流的性質一事永遠加以懷疑）。第一種意義上的知識（即由行爲的區別來表現的那種知識）是第二種意義上的知識之「基礎」（而非僅只是一個可能的因果前件），這一觀點本身是笛卡爾模型的另一產物。因爲只要人們認爲自然所與物是完完全全僅只透過被內部眼睛看見所認知的，提出下述看法似乎就是奇怪的，即我們爲了在通常談話中**使用**「痛苦」一詞所必須知道的行爲和環境應當與「痛苦」**意味**著什麼有關。內部眼睛的形象和認爲語言是由自然所與物的名稱加上爲發現一切非自然所與實體存在的工具主義判準的縮寫詞的觀念，共同產生了懷疑主義。因爲這些假定保證說，有關於行爲主義者和維特根施坦派十分重視的行爲和環境的事實似乎與痛苦的「本質」無關。因爲這種本質只是由**所命名的**東西確定的。⓲

　　按照對跖人的觀點，「私人性實體」（即只有一人對其有不可改變的知識的那類實體）是奇怪的，但並非不可理解的。對跖人覺得這一觀念雖然清楚但毫無意義。或許會使他們覺得不可理解的東西，是這樣一種實體觀念，這種實體如此具有私人性，以至於有關它的知識不只是特殊的，而且是不可傳達的。他們或許會說，這類實體其實根本不是實體。反之，維特根施坦傾向於提出感覺是某種居於無和有之間的存在（即感覺從世界「掉出」，就像維特根施坦著名類比中的盒中甲蟲一樣），這是由於不可改變性觀念與不可傳達性觀念共同起作用的結果。如果我們將二者比較，並理解不可傳達性的懷疑論含義，那麼我們將甚至對達到私人性實體的特殊通道發生懷疑。但是這種懷疑論不是對跖人所有的那種懷疑論。他們之所以懷疑，是因爲他們認爲這類實體和

111

112

這類通道是多餘的（de　trop），而不是因爲他們認爲這些觀念是「概念混淆」。

傳統的笛卡爾懷疑論者對其他心靈的懷疑屬於第三類。他們只是懷疑其他人（例如）是否有痛苦。這種懷疑論正像關於無人在旁看到時桌子是否存在的懷疑論一樣是不可反駁的和不使人發生興趣的。没人在旁時，桌子畢竟很可能會消失。非常可能，我們的同伴儘管並無任何痛苦却總在裝出痛苦行爲。非常可能，世界是非常不同於我們所想像的那種地方。但是這種懷疑論永遠也不會引起哲學家注意，如果不是由於自然所與物概念以及隨之而來的下述主張的話，即每一種不是我們自己内在之鏡一部分（我們自己鏡式本質的一部份）的東西（朋友的心以及他的桌子和身體），只是一種「假定」、「一種推論」、「一種構造」，或某種同樣不可靠的東西，它需要形而上學的體系建造（笛卡爾、康德）或關於「我們語言」的發現（羅素、艾耶爾）來爲其辯護。對現實或語言的這種重新描述應當指明，懷疑論者**不可能**懷疑他所懷疑的東西而不犯某種全面的思想錯誤，即「誤解物質本性」（康德）或「誤解我們語言的邏輯」（艾耶爾）。但這並非是不可能，而只是無意義，除非提出某種其它懷疑理由而不只是說不可能獲得確定性。

我們不應認爲，十七世紀哲學家們由於（例如）系統地歪曲了日常語言（賴爾），所以誤解了心的性質。我們也不應認爲，由於素樸的常識形而上學產生了懷疑論問題，我們就需要用（例如）一種中立一元論（斯賓諾莎）、一種泛心論（懷特海、哈茨霍恩）或一種唯物論（斯馬特）來取代它。十七世紀没有「誤解」自然之鏡觀或内在眼睛觀，正像亞里士多德未曾誤解自然運動或牛頓未曾誤解引力觀一樣。他們幾乎**不可能**對此加以誤解，

因爲他們發明了這些觀念。人們責備說，這一系列形象開啓了一個以認識論懷疑主義爲中心的哲學時代，這是正確的，但重要的是看到，這**不是**因爲其他心靈由於某種緣故特別容易受懷疑主義影響。他們並不比自己心外的任何其它東西更易受到影響。十七世紀是由於其認識論而不是由於其心的哲學才使懷疑主義獲得新生的。把知識看作精確表象，認爲只能合乎理性地獲得表象確定性的任何理論，將使懷疑主義的産生無可避免。

　　支配著十七世紀哲學的觀念紗幕式認識論，使懷疑論從一種學術好奇（比羅式懷疑論）和一種具體的、局部的神學爭論（教會權威與聖經個別讀者的權威間的對立）變爲一種文化傳統。**⓳**這一轉變的完成是由於産生了一種新的哲學樣式，即一種使主體和客體重新統一的體系。這種調和觀自那時以後一直是哲學思考的目標。賴爾和維特根施坦在說俘獲了我們的十七世紀圖畫中必定包含著某種錯誤時，他們的說法是會導致誤解的，因爲在日常生活中我們毫無困難地說出什麼東西有心，什麼東西沒有心，也可毫不費力地說出當沒有在看時桌子是否存在著。就好像我們在說，模仿基督不可能是一種適當的理想，因爲在日常生活中我們可毫不費力地認出由於謹慎和自利而加於愛之上的限制。産生哲學的（和詩的）傳統的那些形象在哲學研究之外不大會被人們關心，正如宗教提倡的至善要求在平常非禮拜日時不大會被注意一樣。如果哲學是研究「事物，在該詞最廣泛的意義上，是如何相互結合」的企圖，那麼它將永遠會牽涉到形象的建立，後者將具有特有的問題，並産生獨具一格的寫作樣式。人們或許希望說，如我所說的那樣，十七世紀的形象是陳舊的，即它所引起的傳統已失去了自身的活力。但是這種批評將十分不同於這樣的看法，即認爲這個傳統誤解了某種東西或未能解決某個問題。懷疑主義

114

和近代哲學的主要樣式之間具有一種共生關係。他們是同生共死
的。既不應當由於哲學「回答了懷疑論者的問題」而認爲它獲得
了成功，也不應該由於理解到不存在應予回答的懷疑論問題而將
其看成沒有意義。哲學演變的道理比這種解釋複雜得多。

6. 不含心身同一性的唯物主義

正像行爲主義者和針對其它心靈的懷疑論者一樣，唯物主義
者也有一種可靠的直觀，這種直觀當以和它對立的傳統的語彙來
陳述時就發生了矛盾。唯物主義者受到對對跖人思考的鼓舞，認
爲情況很可能是這樣，在説明人類行爲時，對神經學微觀結構和
過程的參照可以取代對短暫心理狀態（感覺、思想、心像）的參
照。（如果他是明智的話，就不認爲信念、慾望和其它長時延的
——但不是不可改變地可認知的——心理狀態也可這樣看待，而
是滿足於把它們按照賴爾的方式看作人的屬性而非心的屬性）。
然而他不滿足於這種似乎可能的推斷，却想表白某種形而上學的
看法。可能去説的唯一的事情似乎就是「心理狀態只不過是中性
的狀態」。但是這種看法聽起來是自相矛盾的。於是他嘗試用各
種策略來緩和這個矛盾。一種策略是主張，心的性質迄今一直被
誤解著，一旦我們正確地理解了它就會看到，認爲它可能最終被
看成是神經系統的説法並非自相矛盾。行爲主義就是這類策略的
一種形式，而且它與唯物主義在如下的意義上是相容的，即論
斷：

　　當我們談論心理事件時，我們實際上是在談論行爲傾
　　向；雖然不與下面的論斷相容：

　　當我們談論心理事件時，我們實際上是在談論神經事件；却與這樣的論斷相容：

　　然而，除傾向與外部世界中事件之間一致的相互關係外，還存在著與推斷和說明行爲有關的其它東西，而有時造成這類傾向萌發的神經事件即爲其中之一。

　　然而在近來的討論中人們常常把行爲主義和唯物主義看成改變十七世紀心的圖畫的兩種極其不同的方式，一種溫和，一種激烈。按照這種精神，唯物主義者緊緊抓住那些與賴爾的傾向分析（感覺、短暫思想、心像）最相衝突的心理實體，並企圖指出，這些心理實體可被大致解釋爲「任何**造成**某種行爲或行爲傾向開始的東西。」然而這種所謂對心的專題式中性分析（特別爲J. 斯馬特和D. 阿姆斯特朗所採取）在直觀地區分「造成……產生的任何**心理狀態**」和「造成……產生的任何**物理狀態**」時遇到了麻煩。換句話説，認爲在唯物主義和平行主義之間存在某種區別的直觀看法，使我們覺得在對心理之爲心理進行專題式中性分析時有著某種使人誤解或至少是不完全的東西。還可以再換一個説法，如果我們的「心」的觀念就是專題式中性分析所説的東西，就很難説明一種心身問題的存在了。❷⓿我們可以説，欠缺一種精細的神經學的論述導致了這樣一種看法的產生，即存在著與心有關的某種特殊的東西（即心必定是某種神秘的東西），但是這一策略只是使傳統的心理觀分裂爲兩個部分：因果作用和被認爲起著這種因果作用的鏡式本質。專題式中性分析顯然不能抓住，並且不想抓住後者。但是把我們的「心理狀態」概念分裂爲與唯物主義相容的部分和不與唯物主義相容的部分，然後説只有前者對於這個概念説才是「本質的」，這就似乎只是虛假的劃分了。❷❶

　　我們可以透過把「專題式中性的」分析看作躱避下述二元論

116

論點的一種方式來正確地理解這一分析法的目的：

  （1）關於「我剛有一種痛苦感覺」這一形式的某些陳述是
      正確的
  （2）痛苦的感覺是心理事件
  （3）神經過程是物理事件
  （4）「心理的」和「物理的」是互不相容的謂詞
  （5）沒有任何痛苦的感覺是一種神經事件
  （6）存在某些非物理的事件

117　　　　賴爾派和某些維特根施坦派哲學家認爲心理性在於對特殊通
道的可達到性，並遷就斯特勞森所説的「對私人性的敵視」的觀
點，他們是否認（2）的。泛心論者否認了（3）。❷像斯馬特和
阿姆斯特朗這類「還原的唯物主義者」對心理主義的詞語提出了
「專題式中性的」分析，他們向（4）提出責難。像費耶阿本德
和奎因一類的「排除論」唯物主義者否認（1）。最後這種立場
主張，不必提供修正的詞語分析，因此不必涉及像「意
義」和「分析」這類可疑的概念的態度，優於「還原的」唯物主
義。這並非説，我們一直令人誤解地把神經過程稱作「感覺」，
而只是説，不存在感覺。這也不是説，**感覺**一詞的意義可如此加
以分析，以便產生像否定（4）這樣的出乎意料的結果。在如下
的意義上這是充分「奎因式的」和完全反賴爾的，這種立場碰巧
接受了二元論者會認爲普通人在説著的一切東西，並僅只補充説
「對普通人來説只是更糟」。

　　　　這種立場似乎對這樣一種意義抱有希望，按照這種意義，可
以輕易地獲得唯物論者的形而上學主張；「心理狀態只不過是神
經狀態。」因爲現在可以對其加以維護而無須做任何像「哲學分
析」這類矯揉造作的或靠不住的事情。我們可以説，雖然在某種

意義上不存在感覺，但在另一種意義上人們**稱作**感覺的東西，即
各種神經狀態，的確是存在的。這種意義的區別並沒什麼奧妙，　118
正如我們説，天空不存在，但是有某種人們稱作天空（由於陽光
折射而形成的藍色穹窿的顯相）的東西的確存在（雖然正如在第
二節討論勃蘭特——坎貝爾的反對被普遍接受的情況時所指出
的，不能堅持這種類比以使一種心理狀態成爲一種神經狀態的顯
相）。於是上述二元論的論點可用這樣的説法加以考慮，即二元
論者有權去説的僅只是下面的前提：

（1′）關於「我剛有一種痛苦感覺」的某些陳述，正
　　　像「天空有雲」和「太陽升起」一樣被正當地看作
　　　真確的，但它們沒有一個**是**真確的。

如果在這一辯論中我們用（1′）代替（1），那麼我們就將以下
式代替（2）：

（2′）如果有任何痛苦的感覺，它們就會是心理事件。

於是得出下面的結論：

（6′）人們稱作「感覺」的東西是物理（尤其是神經）事
件。

於是我們得出結論説，儘管不存在心理事件，人們稱作心理
事件的東西是物理事件，即使「心理的」和「物理的」之互不相
容，正如「在地平線升起」和「靜立」之互不相容一樣。

輕易獲得一種心與大腦同一性的這種企圖將會十分有效，如
果我們不再堅持提出關於指稱同一性標準的問題的話，正如專題
式中性分析將會十分有效，如果我們不再堅持提出有關意義同一
性的問題的話。然而我不認爲這兩種同一性的標準會對有哲學爭
議的問題有用處。於是我不認爲「排除的唯物論」比「還原的唯
物論」是更有可能成立的一種心腦同一性論點。當我們試圖弄懂

119　關於「實際不存在任何X；你在談的東西只不過是Y」這一表達
的任何主張時，永遠有可能反駁時：（a）「X」指一切X，以及
（b）我們不可能指不存在的東西。於是爲了避開這個典型的批
評，排除的唯物主義者將必須或者說，「感覺」不指各種感覺，
它什麼也不指，或者說，在「談論關於」意義上的「指」不屬於
（b）。二種思路中的每一條都是可以維護的，而我在下面第六
章討論與所謂概念改變問題有聯繫的指稱概念時是維護第二種論
點的。但由於我認爲還原型的和排除型的同一論都只是笨拙地企
圖將我們對與對跖人交遇時的自然反應拋入流行的哲學行話中
去，我就不認爲應當堅持二者之間的區別。反之，應當把二者都
拋棄，並連帶著拋棄「心身同一性」概念。對對跖人故事的適當
反應是採取一種不含**任何**意義上的一種同一論的唯物主義，從而
避免下面這樣一種人爲的概念，即我們在判斷心的哲學中的問題
之前必須等待出現「一種適當的意義（或指稱）理論。」㉓

120　　　這就再一次等於說，唯物主義者應當說形而上學的內容以中
止對有關對跖人一類的敘述作出反應，並使自己限於這樣一種主
張，如「如果我們終生都說對跖人的話，就不會失去論斷力、說
明力或描述力。」如果去問腦病檢眼鏡糾正對跖人關於內部狀態
的報導的情況，是否表明這些狀態不是**心理**狀態，或更確切說，
表明心理狀態實際上是神經狀態，這是沒有意義的。沒有意義不
只是因爲任何人都不知道如何解決這個問題，而是因爲它與任何
事物都無關係。說這個問題有一明確回答的看法依賴於前奎因的
「我們語言中固有的必要與充分條件」的概念，這個條件是運用
「感覺」、「心理」等詞語時必需的，或者依賴於某種類似的本
質主義。㉔只有當一位哲學家相當依賴於「本體論性質」的概念
121　時，他才會關注一種可修正地予以報導的痛苦是否真的是一種痛

苦，還是一種被刺激的C神經纖維的問題。㉕

　　如果我們不再問什麼被看作「心理的」和什麼不被看作心理的問題，而是記起不可改變性是有關對跲人困惑中全部爭論所在，那麼我們就可把前面提出的那種二元論論點看作下述論點的一個過分誇張的型式：

　　（1）「我剛有一種痛感」的某些陳述是真確的。

　　（2′）痛感是不可改變地可報導的。

　　（3′）神經事件不是不可改變地可報導的。

　　（4′）沒有任何東西是既可改變地又不可改變地可予報導的。

　　（5）沒有痛感是一種神經事件。

　　在這裏企圖透過否定（1）來避免（5）是更加不重要的，因爲（4′）比（4）更容易受批評。很難説「心理的」真的意味著「可能最終變爲物理的某種東西」，正如很難説「犯罪行爲」真的意味著「可能最終是無辜的那種行爲」。因此企圖進行細緻的專題中性分析以便否定（4′）似乎是注定要失敗的。但是相對而言比較容易否定（4′），而且説某種東西可以（被那些瞭解神經學的人）可改變地予以報導和（被那些不瞭解神經學的人）不可改變地予以報導，其容易性有如説「某種東西可以被（那些瞭解心理學的人）治療而非被懲罰，和被（那些不瞭解心理學的人）懲罰而不是被治療。因爲對兩個例子中後一半而言，我們是在談論社會實踐，而不是談論「有關實體的內在屬性」或「我們語言的邏輯」。不難根據某一文化中思想的和精神的發展程度去想像針對同一些對象、行爲或事件的不同的社會實踐（按黑格爾説法，「較高的」發展階段即在其中精神較少具自意識的階段）。因此透過否定了（4′），我們似乎開闢了否定（5）的道

122

路，並可說「感覺」和「大腦過程」只是談論同一事物的兩種談話方式。

　　我對中立一元論和同一性理論都先嘲笑了一番以後，現在似乎可以擠進他們的陣營中去了。因爲現在提出的問題是：關於**什麼**的兩種談話方式？某種心理的還是物理的東西？但是我想在這裏必須抵制我們自然的形而上學衝動，**不去**回答説，「第三種東西，而心理性和物理性是它的兩個方面」。在這個問題上最好放棄論證而訴諸譏諷，因此提出這樣的修辭學的問題「這種心物對照究竟是什麼呢？誰説過人們提到的任何一種東西都必須納入兩種（或六種）本體論領域中的一種中去呢？」但是這種策略似乎是不誠實的，因爲似乎十分明顯（一旦心理系停止做問題實驗和幻燈演示，而只是用腦病檢眼鏡來做一切工作），「物理的一方」無論如何總是勝者。

　　但它所勝過的是什麼呢？心理的一方嗎？那究竟是什麼呢？是對某人的一些狀態從事不可改變的報導的實踐嗎？這似乎過於普通，不能被看作一種思想革命。那麼也許它勝過的是這樣一種情感式的思想信念，即認爲存在有一個私人性的內在領域，對於這個領域，公衆、「科學方法」和社會都不可能穿透。但是這種解釋也不對。詩人內心的秘密對於秘密警察來説仍然是未知的，儘管他們透過監測詩人日夜携帶的腦病檢眼鏡能够預測他的每一種思想、言語和運動。我們可以知道哪些思想通過了某人心中，儘管並不理解這些思想。我們的不容違反的獨特性正在於我們有像詩人那樣説獨特而含混的事情的能力，而不在於我們有只對自己説明顯事情的能力。

　　我們在這裏面對的真正困難仍然還是我們企圖擺脱作爲一種鏡式本質所有者的人的形象，這個形象一方面適宜於反映自然，

另一方面又適宜於抓住自然。如果我們能拋掉對跖人所不具有的那一大套形象，我們也許就不能推論説物質勝過精神，科學勝過私人性，或某件東西勝過另一件東西。這些相互衝突的對立物是這樣一些概念，它們在從十七世紀地球人繼承來的一系列形象之外是無法被理解的。只有哲學家出於職業上的必要才認真看待這些形象，其他人都不會對人們説這樣的話感到震驚：「機器告訴我們，它實際上不會傷人，非常糟糕，它只是看起來會傷人。」哲學家過於爲「本體論性質」一類概念所牽扯，因此不能輕鬆地看待這些發展，但是文化的任何其它部分都不至於如此。（考慮這一事實：**只有**哲學家仍然爲人怎能有無意識的動機和慾望所困擾。）只有認爲哲學應提供永久的範疇型式，每一種可能的經驗發現和文化發展均可毫不勉強地被納入這些範疇型式之中去的看法，才迫使我們問下面這些不可能回答的問題，如「這是否意味著不存在心？」「我們是否搞錯了心的性質？」「對跖人説『不存在任何你稱作**感覺**的東西』時是否正確？」

最後，來自十七世紀同一系列形象的同一種抱負過大的哲學概念，正是唯物主義者擔心的原因，他們認爲除非大腦定位與「哲學分析」共同結合以使心和身「同一化」，否則「科學統一」就受到了威脅。如果我們追隨塞拉斯説，科學是萬物的尺度，我們就不會擔心大腦定位作用會失敗，更不會擔心唯物主義者對我們日常心理主義詞彙的「分析」會在反例面前瓦解。我們也將不把失敗解釋作證明出了科學一直騎著兩匹馬（一匹堅實，一匹虛幻），這兩匹馬在任何時刻都在沿著相反的方向奔跑。科學未能設想出大腦如何工作，將不會對科學的「統一」造成危險，就像科學未能説明單核白血球增多、蝴蝶的遷移，或股票市場循環週期，也不會危及科學統一。即使神經細胞結果「突然偏

離正軌」（被科學尚不知道的力所衝擊），笛卡爾也不會被證明
是正確的。以另一種方式思考就是犯了omne ignotum pro
spectr（把每種不能理解的東西當成是鬼怪）的謬誤，提前知道
的東西是超出科學能力範圍的，因此它必須被絕望地轉交於哲學
之手。❷如果我們不把哲學看作是爲任何可能的科學結果提供了

125　永恆的本體論框架（例如由「心的」和「物的」範疇組成的框
架），我們就不會把科學的失敗當作對笛卡爾的一種辯解，我們
也不會把科學未能説明第一個生命細胞的起源看作是對阿奎那的
辯解。如果神經細胞的確偏離正軌，或者如果大腦是按整體論方
式而非按原子論方式發揮作用，這並無助於證明我們歸根結柢具
有明確的「心理」觀念和「物理」觀念。這些所謂本體論範疇，
只是從相當不同的歷史根源中提出性質互異的諸概念的方式而
已，這種做法對笛卡爾本身的目的來説是方便的。但是他的目的
並非是我們的目的。哲學家們不應把他的人爲的混合物看成是似
乎發現了某種預先存在的東西——把它叫作一種發現，因爲「直
觀的」、「概念的」或「範疇的」等等觀念爲科學和哲學建立了
永久的參量。

7. 認識論和「心的哲學」

　　我希望讀者剛剛讀完的關於「心身問題」的這兩章已説服他
至少相信了以下幾點：

126　　● 除非我們想復活柏拉圖和亞里士多德有關理解普遍項的概
　　　念，否則我們不會認爲有關普遍真理的知識是由人類某種
　　　特殊的、具有形而上學特點的組成部分產生的。

- 除非我們希望復活十七世紀對亞里士多德「實體」概念的有些笨拙和不一致的運用，否則我們將不理解兩個本體論領域的概念——心理領域和物理領域。
- 除非我們希望肯定我稱作原理（P）的東西（大致說即這樣的主張，「呈現於意識」的某種特殊的形而上學性質，成爲我們對我們狀態進行某些非推導性報導的基礎），否則我們將不可能使用「其顯現窮盡了其現實領域的實體」的概念來支持心物區分論。

關於存在著有關心身的問題的看法，起源於十七世紀人企圖使「心」成爲一種自足的探究領域這種觀念，它試圖對心理過程提出一種準機械性的論述，以便以某種方式認可某些知識主張和拒絕另一些知識主張。由十七世紀哲學採取的「認識論轉向」的範型，就是康德所說的「著名的洛克先生的人類理解生理學」，即一種對心理過程的因果論述，它應當批評和證明知識主張。爲使這種看法行之有效，就需要用近代意識問題來對古代和中世紀的理性問題進行笛卡爾式的替換。如果我在前兩章中所論正確，堅持「心身問題」和「心的問題」這類概念是由於堅持了如下的看法，即在較早的理性或人的特性概念和笛卡爾的意識概念間存在著某種聯繫。本書第二部分試圖消解近代類型的理性問題，即這樣一種認識：存在著有關準確再現的可能性或程度的問題，這是所謂「認識論」學科的關切所在。只要這一企圖獲得成功，它就將使我們擺脫把人類知識當作在自然之鏡中諸表象集合的看法，並因此加强第一部分中的主張，即沒有鏡式本質的概念我們也能諸事順遂。如果知識，除了在最無謂和不成疑問的意義上以外，不是表象精確性的問題，那麼我們就不需要内在之鏡，因此 127 那面鏡子與我們的肉體部分的關係，也就不存在什麼神秘性了。

即使意識和理性的問題都被消除了。人的特性問題似乎仍將完整無損，因爲這個概念依賴於我們的道德直觀，這種直觀似乎不會僅僅是陷於誤謬的希臘人或十七世紀人企圖構造認識的或心的模型的結果。本書將在與「哲學」概念有聯繫的第三部分中討論人的特性問題。在該部分中我企圖指出，選擇出哪些實體爲人的特性並因而具有以某種「客觀準則」（例如人具有鏡式本質）爲基礎的道德尊嚴這種哲學構想，如何大致而言就是一種在科學和倫理學之間的混淆。第三部分企圖提出一種得以避免這種觀念的看待我們道德意識的方式。

因此第二和第三兩部分論述了我在第一章第三節中列舉而未加以討論的那些作爲「心理現象標誌」的概念。一旦拋棄了一種特殊的心理成分概念（如我們的鏡式本質）之後，這兩部分的論述就可以提出處理這些概念的幾種方式。因此我希望，讀者在閱讀第一部分時心中浮現的某些疑惑以及一些仍然懸而未決的問題，會在本書其餘部分中迎刃而解。

注　解

❶S. 克里普克：<命名與必然性>，載《天然語言的語義學》，D. 戴維森和
G. 哈爾曼（編），第339～340頁，多爾德萊西特，1972年。關於批評克里普
克的二元論和唯物論的討論，參見F. 費爾德曼的<克里普克論同一性理論
>，和W. 賴坎的<克里普克和唯物主義>，兩文均載《哲學雜誌》1974年
第71期，第665～689頁。

❷我在<作爲心理事物標誌的不可改變性>一文中曾爲這一假定的一個有效的
形式辯護，該文載《哲學雜誌》1970年第67期，第399～424頁。同時參照J.
吉姆：<唯物主義和心理事物的判準>，載《綜合》，1972年第22期，第
323～345頁，特別是第336～341頁。

❸R. 勃蘭特：<對同一性理論的懷疑>，載《心的維度》，S. 胡克編，第70
頁，紐約，1961年。

❹K. 坎貝爾：《身與心》，第106～107頁，第109頁，紐約，1960年。

❺G. 皮奇爾對於我們在報導痛苦時表現的語言行爲提出一種說明，但不使用
這樣一種前提。皮奇爾把痛苦當作是對受損的神經外圍組織的報導，而對跗
人把痛苦當作對中樞神經系統狀態的報導。按他的觀點，把常識的痛苦概念
看成是心理個體概念是錯誤的。我想說，它是一個心理個體概念，但主張，
他對痛苦的認識論性質的分析同樣適用（但在細節上有所修正），不論你對
這個問題持何立場。參見皮奇爾：<痛知覺>，載《哲學評論》1970年第79
期，第368～393頁。皮奇爾的一般策略是維護直接實在論，可在以下著作中
看到：皮奇爾的《知覺理論》（普林斯頓，1971年）；D. M. 阿姆斯特朗的
《知覺和物理世界》（倫敦和紐約，1961年）和《唯物主義的心的理
論》（倫敦和紐約，1968年）。這一策略在我看來基本正確，並足以證明心
理個體觀是可予選擇的。但我懷疑皮奇爾和阿姆斯特朗的元哲學立場，這種
立場會使這一觀點成爲哲學家對我們相信的東西的錯誤解釋，而不是對我們
相信（但不須繼續去相信）東西的正確論述。

❻我說明勃蘭特和坎貝爾這個觀點的方式取自T. 內格爾。

❼C. 坎姆波極力主張哲學家們須要做的遠不止此，他提出，只有當我們提供
這樣一種「理論構架（或一種普通語言的本體論），以便爲兩種不同但被斷
定有同一性的現象提供一種聯繫時」，身心同一性理論才會有意義。他恢復
中立一元論的動機在於相信，使一種同一性理論有意義要求「必須放棄主觀
與客觀的區分，正如必須放棄第一人稱內省報導的特權地位一樣」。他

說，這樣一種改變會「急劇影響我們語言的邏輯」。我認爲坎姆波的正確性在於，他聲稱放棄主客區分會產生這樣一種急劇的效果，但其錯誤在於他認爲放棄進入內心的特殊通道觀也會產生急劇效果。正如我認爲塞拉斯指出過的以及我現在在此論證的，主客區別（「看似」概念）沒有「心」、「現象性質」等概念也可行之有效（參見坎姆波：<心身同一性：可理解性的問題>，載《哲學研究》，1974年，第25期，第63～67頁）。

❽我想區別「純粹的」或比羅主義的懷疑論和「笛卡爾」特殊形式的懷疑論，後一種懷疑論乞靈於「觀念紗幕」來爲一種懷疑論態度辯護。「比羅主義的」懷疑論，按我將使用這個術語的方式，僅只說「我們永不可能肯定；那麼我們又怎能知道呢？」另一方面，「觀念紗幕」的懷疑論有更專門的內容可說，即「假定關於任何事物我們將永遠不能肯定，除了它是我們心的內容以外，我們又怎能正當地推論出關於任何其它事物的一個信念來呢？」關於這兩種懷疑論形式的錯綜關係的討論，參見R.波普金的《從伊拉斯摩到笛卡爾的懷疑論史》，紐約，1964年。

❾關於這類嘲笑的一例，參見H．普特南的<大腦和行爲>，載《心、語言和實在》，第二卷，劍橋，1975年。

❿G．賴爾：《心的概念》，第155頁，紐約，1965年。關於「類光學」的討論在159頁上。

⓫塞拉斯的<經驗主義和心的哲學>，載《科學、知覺和實在》，倫敦和紐約，1963年。該文是超越賴爾的第一步。塞拉斯指出，即使行爲是感覺之證明一事「被發展爲感覺概念的邏輯本身，這並不意味著不可能有感覺，也不意味著關於宏觀現象和微觀實體的平行論決定了不可能有微觀實體這種操作主義的主張。塞拉斯在該文中說了賴爾在他論「自我認知」的一章中應說而未說的話，即內省的報導並不比任何其它非推論性的報導更神秘，而且不需要所與物的神話（因此即不需要類光學）來爲其說明。然而不幸，塞拉斯沒有得出阿姆斯特朗後來要說出的那個結論：不存在「邏輯上的特殊通道」一類東西，而只有「經驗上的特殊通道」（阿姆斯特朗：《唯物主義的心的理論》，第108頁，倫敦，1960年）對於我在本書中提出的觀點至爲重要的這個論點，塞拉斯的各種論述中均有提出，但是仍然需要奎因對邏輯與經驗區分論的批評來使我們避免「邏輯必然聯繫」的口頭禪，賴爾曾把這個口頭禪發展爲心的哲學。我在第四章將提出，塞拉斯從來未能完全消化奎因主義，而且他對「這些概念的邏輯本身」的談法不幸遵從的是賴爾的傳統。

⑫L. 維特根施坦：《哲學研究》第一部分，第308節，倫敦和紐約，1953年。

⑬四段引文均取自多納根：＜維特根施坦論感覺＞，載於《維特根施坦：哲學研究：批評文選》，G. 皮奇爾編，第350頁，紐約，1966年。

⑭同上書，第349頁。

⑮參照皮奇爾：《知覺理論》，第23頁和柏拉圖：《理想國》，第478B節：「於是如果實在是知識的對象，那麼信仰的對象必定是某種不同於實在的東西。」

⑯參見P. F. 斯特勞森：＜評維特根施坦的《哲學研究》＞，載於第62頁上注13中引述的選集中。在其它文章中我曾力申，我們能夠保全維特根施坦以不可能在無先前「演示環境」條件下瞭解字詞意義的主張爲中心的認識論看法，而不致陷入對私人性的敵意，這種敵意導致維特根施坦接近行爲主義的邊緣，並導致他的某些追隨者越過了這個邊緣。按照我會建議人們採取的觀點，維特根施坦對＜純實指證明的定義＞的批評可被普遍化爲塞拉斯的如下理論，即我們如果不知道許多其它詞的意義是不可能知道某一詞的意義的。因此，維特根施坦的批評可被用來證明心的眼睛的概念錯在何處，而不致引出任何形而上學的推論來。參見拙文＜維特根施坦，特殊通道和不可交流性＞，載《美國哲學季刊》，1970年第7期，第192～205頁和＜證實論和先驗論證＞，載《努斯》，1971年第5期，第3～14頁。

⑰維特根施坦：《哲學研究》，第一部分，第304節。

⑱人們可能爭辯說維特根施坦的感覺觀是否是他的意義觀的必然推論，或者，反映在他前一種觀點中的認識論觀點是否需要他的語言哲學。我不認爲這類論辯會有成效。正如我將在第六章中提出的，並不存在特殊理由要把語言哲學看作「優先」於其它哲學領域。我尤其不認爲關於「指稱理論」（在第六章第四節將加以討論）的爭論有助於闡明克里普克在本章第二節中引述的段落中提出的有關痛苦本質的問題。關於嚴格指稱的問題，遠遠未能解決關於本質的問題。

⑲參見波普金《從伊拉斯摩到笛卡爾的懷疑論》，以及M. 曼德鮑姆《哲學、科學和感知》（巴爾鐵摩，1964年）書中有關導致這一傳統形成的各種因素的討論。關於一種更徹底的解釋，參見J. 馬里坦的《笛卡爾的夢想》（紐約，1944年）。

⑳參見M. C. 布拉德雷對J. 斯馬特的《哲學和科學實在論》一書的＜批評的評論＞中對這一問題的論述，載於《澳大利亞哲學雜誌》，1964年第

42期，第262～283頁。我自己的＜作爲心理事物標誌的不可改變性＞一文即以討論這個問題開始的，這篇文章曾受到布拉德雷對斯馬特的評論的啓發，載於《哲學雜誌》，1970年第67期，第399～424頁。

㉑這種做法與克里普克下述笛卡爾式的主張相反，他認爲痛苦的＜直接的現象性質＞對於心的概念才是本質的。

㉒哈茨霍恩和懷特海或許是晚近哲學中最明顯的例子。我在收入G. 克林（編）《懷特海：關於他的哲學的論文集》（新澤西州，1963年）的＜主觀主義原理和語言的轉向＞一文中反駁了懷特海的這一學說。T. 內格爾的「客觀現象論」構想也提出了一種泛心論觀點，這種客觀現象論「容許有關經驗物理基礎的問題具有一種更能被理解的形式」（＜是一隻蝙蝠是什麼意思？＞載於《哲學評論》，1974年第83期，第449頁）。然而無論對哈茨霍恩還是對內格爾來說，泛心論均傾向於和中性一元論結合。

㉓這並不是說有關還原型和排除型的唯物主義同一性理論的爭論是無意義的。相反，我認爲它們非常有用，而且由於它們與語言哲學中的問題相互有影響，更是特別有用。但我認爲這種相互影響的結果首先是支持了奎因這樣的觀點，即「意義同一」的概念不可能被引用來解決「外延相同」的概念未能加以解決的哲學問題；其次指出在有關唯物主義這類討論中所使用的「實際所談」的意義與弗雷格的指稱概念（按此概念我們不可能指稱不存在的東西）沒有重要的聯繫（後一點在第六章論述）。幾年之前我採取了一種排除的唯物主義立場（＜心身同一性，私人性和範疇＞，載於《形而上學評論》，1965年第19期，第25～54頁），非常感謝那些批評過這篇文章的人，他們最終使我對這個問題獲得了（我希望是）較清楚的理解。我特別感謝R. 伯恩斯坦、E. 布什、D. 科德爾、J. 柯爾曼、D. 黑利、W. 賴坎、G. 帕波斯、D. 羅森塔爾、S. 薩維特和R. 西柯拉的著作或他們同我的交談。有興趣詳細考察還原的唯物論和排除的唯物論之間類似與區別的人，可參閱柯爾曼的《唯物主義和感覺》（紐黑汶，1971年），賴坎和帕波斯的＜什麼是排除的唯物主義＞（載於《澳大利亞哲學雜誌》，1972年第50期，第149～159頁），布什的＜再談羅蒂＞（載於《哲學研究》，1974年第25期，第33～42頁），以及黑利的＜『排除的唯物主義』是唯物主義嗎？＞（載於《哲學和現象學研究》，1978年第38期，第325～337頁）。

㉔我在前面注⑳中引述的＜作爲心理事物標誌的不可改變性＞一文中曾不當地援引這樣一種概念。在該文中我得出結論說，如果對腦病檢眼鏡

予以適當重視，就意味著會發現任何心理事件從不存在。但是這種看法被過分誇大了，而且企圖在還原的唯物論和排除的唯物論之間確立一種比二者之間實際區別更大的區別（如賴坎和帕波斯指出的）。我與D.科德爾就其〈中心唯物論的根本錯誤〉一文（載於《美國哲學季刊》，1973年第10期，第289～298頁）以及與D.羅森塔爾就其〈心理性與中立性〉一文（載於《哲學雜誌》，1976年第73期，第386～415頁）的通信，大大幫助我認識到我以前觀點中的錯誤。

㉕但這並非說對跕人對哲學不會產生影響。作為不同於神經學的一門學科的心理學的消失以及類似的文化發展，可能最終遠遠比哲學家的同一性理論更有效地使我們擺脫自然之鏡的形象。在哲學之外的日常語言中可能有一些「模糊」之處（當真誠的內省者不信任腦病檢眼鏡時，有些「不知該說什麼」），但是常識、語言和文化倖免於比這種模糊性更糟的混亂。例如，試比較道德評判家和精神病學家間的談話，他們編寫出案例史以證明「罪犯」一詞被不正當地用於被告的行為。除了過分熱心的哲學家以外沒有人會認為存在有一種「罪行」的本質，它是由（例如）關注「我們的語言」而被決定的，並能夠解決評判者的困難。

㉖我們可以使用米爾和塞拉斯在「物理1」（「一個事件或實體是物理1性的，如果它屬於時空網絡」）和「物理2」（「一個事件或實體是物理2性的，如果它可根據理論基本概念加以定義，這些基本概念適宜於充分描述現實狀態，雖然不必然適宜於描述生命出現以前宇宙的潛在狀態」）之間所做的區別來更準確地闡述這個問題。這一區別（取自〈出現的概念〉一文，載於《明尼蘇達科學哲學研究》）可被擴大來區分「物理1」和「物理n」的適當意義，後者是根據「語言行為出現之前的宇宙」來規定的（「意向性行為的……」，「信念和慾望的」等等）。對任何這類區別來說，應當強調的一點是，科學未能根據物理n的（因n大於1）實體來說明某件事，並不表明這種說明必定是根據非物理1的實體完成的。這一論點曾由G.海爾曼和F.湯普森在〈物理主義：本體論，決定作用和歸納〉一文（載於《哲學雜誌》，1975年，第72期，第551～564頁）中和〈物理主義的唯物論〉一文中（載於《努斯》，1977年第11期，第309～346頁）很好地加以運用。他們那種「無同一性的唯物論」應與戴維森在其〈心理事件〉（在後面第四章討論）中提出的唯物論類型加以比較。

第 二 編
映 現

第三章
「知識論」的觀念

131

1. 認識論和哲學的自我形象

　　認爲存在著一門被稱作「哲學」的獨立自足的學科。它不同於宗教和科學却對二者進行裁判，這種看法是晚近才產生的。當笛卡爾和霍布斯譴責「經院哲學」時，他們並未認爲自己在用一種新的、較好的哲學（一種較好的知識論，一種較好的形而上學或一種較好的倫理學）來取而代之。在「哲學的諸領域」間還未進行區分。〔現代意義上的〕「哲學」本身的觀念還未出現，只是當十九世紀中這類研究被統一爲一門學院科目後，人們才這樣來理解它。我們在回顧時認爲笛卡爾和霍布斯「開始了近代哲學」，但是他們是根據萊基會說的「科學和神學之間的戰爭」來設想他們本身的文化使命的。他們進行著戰鬥（雖然是謹慎地）以使思想世界對於哥白尼和伽里略來說更安全。他們並不認爲自己在提出「哲學系統」，而是在致力於數學和力學研究的繁榮，以及使思想生活擺脫教會機構的控制。霍布斯把「哲學」界說爲「關於現象的結果的知識，我們獲得這種知識，是根據我們首先

具有的對於它們的產生原因的知識進行正確的推理的結果。」❶
他並不想將他所從事的工作與被稱作「科學」的另一種工作加以
區分。直到康德以後，我們關於哲學與科學之間的近代區分才成
立。直到教會對科學和學術研究的控制力量瓦解之後，我們現在
將其看作「哲學家」的那些人的精力才轉到將他們的活動區別於
宗教的方向上來。只是在這場戰鬥取得勝利之後，與科學分離的
問題才得以產生。

　　哲學與科學的最終區分是由於下面的看法而得以形成的，即
哲學的核心是「知識論」，它是一種不同於各門科學的理論，因
爲它是各門科學的「基礎」。我們現在可以把這種看法至少追溯
至笛卡爾的《沉思錄》和斯賓諾莎的《知性改進論》，但是這種
看法直到康德才達到自覺的程度。遲至十九世紀，這種看法才被
納入學術機構的結構之內和哲學教授的堅定的、非反省的自我描
述之中。如果沒有這種「知識論」的觀念，就難以想像在近代科
學時代中「哲學」可能是什麼。形而上學（它被看作是有關天地
怎樣結合的那種描述）被物理學所代替。道德思想的俗世化曾是
十七、八世紀中歐洲知識分子的主要關切，那時它還未被看作是
取代神學形而上學的一種新形而上學基礎的研究。然而康德設法
把舊的哲學概念——形而上學是「科學的皇后」，因爲它關心的
是最普遍、最少物質性的問題，——改造爲一種「最基本的」學
科的概念，即哲學是一門**基礎的**學科。哲學的首要性不再是由於
其「最高的」位置，而是由於其「基層的」位置。自康德寫下了
他的名言以後，哲學史家們就能夠使十七、八世紀的思想家處於
這樣的地位，即他們企圖回答「我們的知識如何可能？」這樣的
問題，而且甚至把這個問題追溯到古代哲學家那裏。❷

　　　　然而以認識論爲中心的這幅康德的哲學圖畫，只是在黑格爾

和思辨唯心主義停止支配德國思想界後才贏得普遍承認的。只是在柴勒爾等人之後，哲學才可能徹底地職業化，正是他們開始說，我們已經到了終止建立體系而下降到將「所與」和由心靈造成的「主觀附加物」加以分離的、耐心工作的時候了。❸十九世紀六十年代德國的「回到康德去」的運動，也是一種「讓我們腳踏實地的工作」的運動，這條道路一方面要使自足性的非經驗的哲學學科與意識形態分離，另一方面又使其與新興的經驗心理學科學分離。作為「哲學中心」的「認識論和形而上學」的圖畫（以及作為由認識論中逐漸產生的某種「形而上學」的圖畫，但不是由形而上學中產生的某種認識論的圖畫）由新康德主義者建立起來，它已被根深蒂固地納入今日哲學的課程表之內。❹**知識論**這個詞本身只是在黑格爾陳舊過時以後才得以流通和獲得尊敬。第一代的康德崇拜者把**理性批判**當作「康德所為」的一個方便標籤來使用，**知識學**和**知識論**這個兩個詞是稍後才發明的（分別在1808年和1832年）。❺但是黑格爾和唯心主義體系的建立當時介入進來，使「哲學與其它學科的關係是什麼？」的問題晦暗不明了。黑格爾主義產生了作為這樣一門學科的哲學形象，它以某種方式既完善著又含括了其它學科，而不是為它們**奠定基礎**。它也使得哲學過於通俗，過於有吸引力，過於重要，以至於難以使其達到真正專業化；它向哲學教授提出挑戰，讓他們去體現**世界精神**而不讓他們只是處理自己的**事實**。（按毛茲奈爾的說法）柴勒爾的論文「首次將『知識論』一詞提高到它目前的學術尊嚴性」❻，該文結尾時說，那些相信我們可以從自己的精神中抽引出一切科學來的人可以繼續站在黑格爾一邊，但任何一位較為健全的人都應承認，哲學的真正任務（一旦物自體概念，以及隨之而來的唯心論誘惑被擯棄之後）是去建立在種種經驗學科中提出

134

135

136 的知識主張的客觀性。這將由一種使先驗活動在知覺中具有其適
當性的工作來完成。❼因此，**知識論**作爲一種擺脫「唯心主義」
和「思辨」的出路而出現於1862年。十五年之後，柴勒爾注意
到，不再有必要指出**知識論**的正當作用了，因爲它已被廣泛接
受，特別是被「我們年青的同行」所接受。❽又過了三十年，威
廉·詹姆士常常感嘆道：「我們這些禿頂的年輕哲學博士的灰石
膏式的氣質，他們在研究班上互相惹厭，在《哲學評論》和其它
地方撰寫那些糟糕的文獻報告，他們仰賴著『參考書』，從不使
『美學』和『知識論』混淆。」❾

　　在本章中我想追溯從笛卡爾和霍布斯反對「經院哲學」的運
動過渡到十九世紀把哲學重新建立爲一種獨立自主的、自成一體
的、「學院式的」學科這一過往的幾個重要階段。我企圖支
持（維特根施坦和杜威共同具有的）這樣的主張，把知識看成是
提出了一個「問題」，而且我們應當對之有一種「理論」，這是
把知識看成爲一堆表象的集合之結果，如我所論證的，這樣一種
知識觀乃是十七世紀的產物。從中應當汲取的寓意是，如果這種
思考知識的方式是隨意性的，那麼認識論也是隨意性的，而且哲
學也是隨意性的，如它自上世紀中葉理解自身的那樣。下面我們
就來看看作爲認識論的哲學在近代時期是如何獲得自我確定性
的。

　　笛卡爾的心的發明（他的信念和感覺結合爲洛克的觀念）爲
哲學家們提供了新的立腳點。它提供了一個探究領域，這個領域
137 似乎「先於」古代哲學家對其進行議論的那些主題。再者，它提
供了一個領域，在其內與單純的**意見**相對立的**確定性**得以成立。

　　洛克把笛卡爾新構想出來的「心」變爲一門「人的科學」的
主題，即與自然哲學相對立的道德哲學。他這樣做是由於含混不

清地認爲，一種適用於「內部空間」的牛頓粒子力學的類比物，
會以某種方式「極其有益於引導我們的**思想**來研究其它
事物」❿，而且會以某種方式讓我們「看到，我們的**理解力**適合
還是不適合研究什麼**對象**。」⓫

這種透過研究我們的心智如何活動以便更多地了解我們能知
道什麼以及我們能如何更好地知道它的構想，終於能够被隆重地
定名爲「認識論」了。但是在這一構想能够達到充分自覺之前，
必須找到一種方法來使其成爲一種**非經驗**的構想。它必須成爲一
個憑空思索的問題，這種思索獨立於生理學的發現並能够產生必
然真理。雖然洛克保持了這個新的內部研究空間（新發明的笛卡
爾的心的活動），他却未能堅持笛卡爾的確定性。洛克的「感覺
論」還不足以成爲「諸科學之皇后」這個空位的適當候補者。

康德透過使外部空間置於內部空間（先驗自我的構成性活動
的空間）內，然後宣稱笛卡爾關於內部的確定性也適用於那些以
前認爲是外部性事物的法則，從而使哲學踏上了「一門科學的牢
靠道路」。因此他使笛卡爾認爲我們只能具有關於我們思想的確
定性的主張，與我們已經具有關於似乎不是思想的東西的確定性
（先驗知識）這一事實調和了起來。哥白尼革命是以這樣的認識
爲基礎的，我們只能先驗地認識對象，因爲是我們「構成」它們
的，而且康德從不爲這樣的問題煩惱，即我們如何能具有關於這
些「構成性活動」的絕對知識，因爲笛卡爾的特殊通道已被認作
可以說明這一點了。⓬一旦康德以（按斯特勞森的話來說）「先
驗心理學的神秘主題」取代了「大名鼎鼎的洛克先生的人類理解
力心理學」之後，作爲一門學科的「認識論」就達到成熟之齡
了。

除了使「人的科學」從一種經驗的水平上升爲一種先驗的水

138

平之外，康德還完成了有助於使作爲認識論的哲學成爲自覺和自信的另外三件事。首先，透過把認識論的中心問題確認爲在兩類同樣真實而又絕對不同的表象〔即「形式的」的表象（概念）和「質料的」表象（直觀）〕之間的關係，他使人們有可能看到新的認識論問題系統和過去煩擾古代和中世紀哲學家的那些問題（如關於理性與普遍概念的問題）之間的重要連續性。這就使人們有可能撰寫近代類型的「哲學史」了。其次，透過使認識論與「摧毀理性以便爲信仰留地盤」（即摧毀牛頓決定論以爲共同的道德意識留地盤）的構想中的道德性聯繫起來，他復活了一種「完全的哲學體系」概念，在此概念中道德性是以某種較少爭議和較富於科學性的東西爲基礎的。雖然古代的每一個學派都具有一種人類德性觀，用以配合他們有關世界是什麼的看法，牛頓却專門關注後一問題。由於康德，認識論得以邁入作爲道德前提保證者的形而上學作用領域。第三，透過把我們所說的每種東西都看成是有關我們所「構成」的某種東西，他使人們能夠把認識論設想成爲一門基礎學科，一門能夠發現有關任何人類生活領域的「形式的」（或按其稍後的類型來說，「結構的」、「現象學的」、「語法的」、「邏輯的」或「概念的」）特徵。因此他使哲學教授能夠把自己看作是在主持一個純粹理性的法庭，能夠決定其它學科是否存在於由他們的主題的「結構」所設定的合法界限之內。❸

139

2. 洛克在說明與證明之間的混淆

由笛卡爾所開創的「認識論轉向」如果不是針對於對既定慣

例的信任危機的話，也許就不會俘獲住歐洲人的想像力了，這場
危機在蒙田的著作中獲得了典型的表現。但是我們應當把有關我
們達到確定性能力的傳統比羅式懷疑論與笛卡爾通過開闢內部空
間而形成的新的觀念紗幕懷疑論加以區分。傳統懷疑論主要
爲「標準問題」所困擾，這就是在避免循環論證或獨斷論時確證
研究程序的問題。笛卡爾認爲他透過「明晰觀念法」所解決了的
這個問題與從內部空間達到外部空間的問題關係甚少，而這
個「外部世界的問題」却成爲近代哲學的範式⓮。知識論的觀念 140
就圍繞著這後一個問題發展起來，這就是有關認知我們的內部表
象是否精確的問題。有關致力解決「人類知識的性質、根源和限
制」的一門學科的觀念（這是教科書對「認識論」所下的定
義），需要一個被稱作「人心」的研究領域，而這個研究領域是
由笛卡爾所創造的。笛卡爾的心的概念既促成了觀念紗幕的懷疑
論，又造就了一門爲這一懷疑論劃定限界的學科。

　　然而這並不是説，笛卡爾的心的概念的發明是認識論發展的
充足條件。這一發明爲我們提供了內部表象的觀念。但是這種觀
念還不會導致認識論，認識論的產生尚與這樣一種混淆有關——
我把這種混淆歸諸於洛克，笛卡爾則基本與此無關——，即在對
我們心智作用的機械論描述和我們知識主張的「基礎作用」之間
的混淆。這正是T. H. 格林所稱作的

　　「基本的混淆，一切經驗心理學均以之爲基礎，它存在於兩個本
　　質上不同的問題之間，一個是形而上學的問題：『什麼是知識的 141
　　最簡單成份？』，另一個是生理學問題：『什麼是個人有機體內
　　的條件，據此該有機體可成爲知識的媒介物？』」⓯
　　格林在「知識成份」和「有機體條件」之間所做的區別使我
們注意到，一種知識的主張即是要證明信念的主張，而且情況極

不可能是靠我們訴諸自身機體的正常作用來尋求一種**證明**（ jus-
tification）。假定我們有時透過說（例如）「我的眼力好」來
證明一種信念，我們何以應認爲，被設想爲内部空間内**事件**
的「諸觀念間的時序的或構成的關係」，可以告訴我們不同**命題**
之間的邏輯關係呢？歸根結蒂正如塞拉斯所説：

> 「在把一個片段或一個狀態刻畫爲**認知**的片段或狀態時，我們並
> 非在對該片段或狀態進行一種經驗的描述；我們是在將其置於證
> 明著並且能夠證明所説内容的理性的邏輯空間内。」❶

　　洛克何以會犯塞拉斯所説的「一種與倫理學中所謂『自然主
義謬誤』一致的錯誤呢」，即企圖「把認識的事實毫無保留地分
解爲非認識的事實？」❶爲什麼我們應當認爲，對人怎樣獲得一
個信念的因果論述，應當指出人對該信念的證明呢？

　　我想，答案就是，洛克和十七世紀一般作家根本不把知識當
作被證明了的真信念。因爲他們不把知識看作一個人和一個命題
之間的一種關係。**我們**覺得十分自然的是把「S所知的東西」看
作諸命題的集合，包含了S的全部真語句，並以「我知道……」
開始。當我們理解到空白處可爲下述種種材料如「這是紅
的」，「e＝mc²」，「我的救主活著」，「我將娶珍妮」所填充
時，我們有理由去懷疑「人類知識的性質、根源和限制」這種概
念以及致力於此主題的一個「思想部門」的概念。但是洛克並不
把「……的知識」（ Knowledge　that）看作是主要的知識形
式。他像亞里士多德一樣把「關於……的知識」（ Knowledge
of）看作先於「……的知識」，因此就是把知識看作人與對象之
間、而非人與命題之間的關係。如果承認這幅圖畫，對我們
的「理解機能」進行檢驗的看法就言之成理了，正如關於理解機
能適合處理某類對象而不適於處理其它類對象的看法言之成理一

樣。而如果人們相信這種機能就像一塊臘製板,對象在它上面刻上了**印記**(印象),而且如果人們把「有一個印象」本身看作一種**認知**而不看作認知的一個因果前件的話,那麼這甚至就更爲言之成理了。

正是「印象」這個概念,被萊德這位十八世紀對「『觀念』的觀念」的偉大敵對者緊緊抓住不放,在下一個世紀中他的後繼者是格林,而在我們時代又有一大批其他的人(H. A. 普里查德,W. 塞拉斯,J. 奧斯丁,J. 貝奈特)。萊德説道:

> 「沒有什麼比下述成見對人來説更爲自然了,即把心看作在其作
> 用方面與身體具有某種類似性。所以人們往往會想像,正如身體
> 因由鄰近身體加予它們的某種衝動或印象而開始運動一樣,心也
> 由於鄰近的身體加於它的某種印象或賦予它的某種衝動而去思索
> 和知覺。」⓲

格林緊接著上面引述過的段落説道,只是由於在知識成 143
分(命題)和生理條件之間的混淆,「任何一種觀念才能被描述爲一種印象……。這個隱喻被解釋爲一種事實,它成了(洛克)哲學體系的基礎。」⓳塞拉斯斷定(在談到休謨而非洛克時)在以下兩個命題間存在著混淆:

1. 對於作爲一個紅色的和三角形的物件的紅三角的印象,它是直接地和未經推論地被認知爲存在的、紅色的和三角形的。

2. 作爲對一個紅色的和三角形的物件存在的一種認知的紅三角的印象。⓴

所有這三種批評都反對下述看法,即對於我們的非物質性白板被物質世界所凹刻的方式進行的準機械性的論述,將有助於我們認識我們有權相信的東西。

　　洛克或許認爲自己有理由把塞拉斯加以區分的兩種「印象」
的意義相提並論，因爲他認爲我們準白板上的凹痕是（如賴爾所
說）自提示的。因此他說道：「……刻印如果有任何意義的話，
它就只是確定**真理**是被知覺的。因爲要在心上刻印任何東西而又
不使心知覺它，在我看來是無法講通的。」㉑似乎這塊白
板（tabula rasa）始終處在心的從不眨動的目光注視下，如笛
卡爾所說，沒有任何東西比心本身更接近心。然而如果這樣來揭
示這個隱喻的意義，那麼十分明顯，刻印作用就不如對印記的觀
察那樣有趣；可以說一切認知都是被觀察著被刻印的白板的心
眼，而非被白板本身，所完成的。因此洛克的成功取決於**不去揭**
示這個隱喻的意義，而完全保持內部空間中準紅三角這個準物體
與有關這樣一個物體存在著的知識二者之間的含混性。雖然亞里
士多德並不思慮心的目光的問題，認爲知識就是心與被知物的**同
一**，洛克却沒有這種可以替代的選擇。因爲對他來說，印象就是
表象，他需要一種**認識**這種表象的機能，這個機能**判斷**這些表象
而不只是**擁有**它們，如判斷它們存在著，它們是可靠的，它們與
其它表象具有某種關係等等。但是他却不可能找到它，因爲假定
有這樣一種機能就會使幽靈闖入準機器之中，這部機器的作用是
他希望去描述的。他充分保存了亞里士多德的看法，把知識當作
由進入靈魂的物體一類的東西所組成。㉒但却未充分靠攏亞里士
多德去避免有關表象精確性的懷疑論問題或康德有關有「我思」
直觀和無「我思」直觀之間區別的問題。換句話說，洛克視爲當
然的這個笛卡爾的集合物——心，十分近似於亞里士多德的「努
斯」，從而使「印象」觀念染有一種傳統色彩，却又相當地離開
了「努斯」，從而導致了休謨的懷疑論和康德的先驗論。洛克笨
拙地在作爲與客體同一的知識和作爲關於客觀的真判斷的知識之

144

間保持平衡，而且作爲一種經驗的「人的科學」的「道德哲學」的含混觀念只是由於這一傳統的立場才能出現。㉓

描述洛克思想中這種張力的另一方式是把它看成是一方面趨於生理學，另一方面趨於亞里士多德。萊德和格林對此判斷再次表現出一致看法。萊德是這樣談論笛卡爾的：

> 有時他把物質客體的觀念置於大腦之內……，而有時又説，我們不應把大腦中的心像或踪跡看作是被知覺著的，好像在大腦中藏有眼睛似的；這些踪跡只是一些時機，觀念隨著這些時機透過心靈與肉體統一的法則在心內被激起……。笛卡爾似乎在這兩類意見之間猶豫不決，或者從一種意見過渡到另一種意見。類似地，洛克先生似乎在這兩種意見之間搖擺；有時把關於物質事物的觀念表示成存於大腦內，而更經常地是將其表示成存於心本身內。㉔

格林在討論洛克的「反映觀念」時，談到了他把「思想和想像的大腦白板中的東西混淆不分」，並且説：

> 洛克透過不停地改變感受的主體和賦予人印象的物質，把困難對他自己和他的讀者隱蔽起來。我們發現「白板」不斷地退去。最初它是「外在的部分」或身體器官。然後它是大腦……。再後它是知覺的心，它具有一個對感覺的印象或具有對感覺的觀念。最後，它是反思的心……。㉕

萊德和格林所批評的這種混亂的理由是，如果人們（像亞里士多德和洛克那樣）企圖按感覺——知覺來模塑**一切**知識，那麼他將在直接的方式和隱喻的方式之間被分裂，按前一方式，身體的部分（如視網膜）作爲一種外部客體可以具有同一的性質，按後一方式，作爲一個整體的人在具有對（例如）蛙的看法時，就「在心中」有了蛙性。有關「非物質的白板」的概念在簡單的生

145

146

理學事實和思辨的隱喩之間劃出了區別，因此任何使用這一概念
的哲學都將被分裂爲二。正是作爲一種模式的感覺——知覺的選
擇，特別是視覺形象詞的選擇，促使亞里士多德和洛克企圖
把「……的知識」（表現於命題中的被證明的眞信念）歸結爲被
解釋成「心中所有的」「關於……的知識」。由於洛克把自己看
作不落後於時代的科學家，他或許喜愛根據生理學來鑄造「白
板」的隱喩。由於他不能如此做。摻混（shuffling）就是他唯一
的選擇了。當他回頭向亞里士多德摻混時，他開始談論「反思的
心」，後者確實非常不像是一面白板。

　　然而洛克在研究知識問題時最重要的摻混不是發生於大腦和
「努斯」之間，而是如我曾說過的，發生於作爲某種由於簡單地
具有一種觀念而無需判斷即可發生的知識，與作爲從形成合理的
判斷而產生的某種知識之間。這就是康德揭示爲經驗主義基本錯
誤的那種摻混，在他批評把「諸悟解的一個系列，與對系列的一
個悟解」相互混淆時，這個錯誤被最極端地表示出來，但它也與
在單純具有兩個「並置的」觀念（蛙性與綠性）和把它們「綜合
爲」「蛙通常是綠色的」這判斷之間的相互混淆有關。正如亞里
士多德沒有明確的途徑使理解普遍概念與形成判斷聯繫起來，沒
有辦法使心對形式的接受性與命題的建立聯繫起來一樣，洛克對
此也無能爲力。這是任何把「……的知識」歸結爲「關於……的
知識」的企圖以及根據「看」來形成認知的企圖所具有的主要缺
欠。

147　　　格林和多數十九世紀認識論作家都認爲，洛克的這個缺欠已
爲康德所彌補。格林在下面一段話中總結了他本人對英國經驗論
的基本批評：

　　　洛克經驗論成爲不可抵擋的，只要人們承認有效的事物是「在自
　　　然中發現的」，它無需任何心的構成作用。正如研究洛克的唯

一有效的方式是（在抽離了一切他本人承認是思想創造的東西之後）去問，還有什麼東西仍然僅僅只是被發現的一樣，休謨也必須一開始就面對這樣的問題，即除了按照他自己的說明，像關係這樣一類觀念不是簡單的印象外，單個命題是否也有可能成立呢？如果不可能，這類命題的單獨性就不在於任何感覺呈現單獨性了。㉖

「心的構成性行爲」這個短語，是格林本身對這個問題看法的提示，它可歸結爲英國唯心主義的如下口號之中：只有思想使諸物發生關聯。他們把這一學說看作康德「無概念的直觀是盲目的」口號的一種簡化說法。康德的發現被認爲是，在「心的構成性行爲」之前不存在「有效的事物」（客體）。因此一個客體（其若干謂詞爲真的東西）永遠是一種綜合的結果。

對康德來說，提出一種「知識論」概念的企圖，只是向這樣一種知識概念前進了一半，即那種基本上是「……的認知」（Knowing　that）而非「關於……的認知」（Knowing of）的概念，也就是達到朝向不以知覺爲模型的認知概念的中途。然而不幸的是，康德進行這種轉變的方式仍然停留在笛卡爾的框架內；它的措詞仍然像是對我們如何從內部空間達到外部空間這個問題的回答。他的自相矛盾的回答是，外部空間是由棲於內部空間的**觀念**（Vorstellungen）所構成的。十九世紀企圖在避免康德的矛盾時保留知識是對命題而非對客體的關係這一觀點，仍然圍於笛卡爾的框架之內，因此仍然是「唯心主義」。他們所能設想的唯一客體是由洛克的觀念綜合所構成的客體，因此他們致力於使這類客體的集合等同於物自體。所以，爲了理解二十世紀從其繼承來的「認識論」觀念，我們須從洛克在說明與證明之間的混淆轉向康德在述謂（關於某客體說些什麼）和綜

148

合（將諸表象聚集在內部空間）之間的混淆。

3. 康德在述謂和綜合之間的混淆

使某人形成一述謂式判斷，就是使其相信某語句爲真。使某
一康德的先驗自我相信某語句爲真，就是使其令諸表象（諸觀
念）彼此相互關聯：一方面是兩類根本不同的表象、概念，另一
方面是直觀。當康德說「萊布尼茲使顯相具有理智的形式，正如
洛克……使一切理解的概念具有感性的形式」時，他提供了一個
理解令人困惑的十七世紀思想界的框架❷，從而創立了標準形式
的「近代哲學史」，按此，前康德的哲學就是在「唯理主義」和
「經驗主義」之間的一種鬥爭，前者想把感覺歸結爲概念，後者
想把概念歸結爲感覺。倘若康德說唯理主義者打算找到一種辦
法，用以某種方式起同樣作用但被確知的命題，來取代關於第二
性質的命題，並且說經驗主義者反對這一構想，那麼以後兩個世
紀的哲學思想就會完全不同了。因爲如果「知識問題」是根據命
題和附著於命題的確定度之間的關係來陳述的，而不是根據命題
的假定成分來陳述的，我們大概就不會承襲目前的「哲學史」概
念了。按照標準的新康德哲學史編纂學，從《斐多篇》和《形而
上學》Ζ，中經阿貝拉爾和安瑟倫，洛克和萊布尼茲，直到奎因
和斯特勞森，專門哲學的思考所關心的都是普遍項與特殊項間的
關係。如果沒有這樣一個統一的主題，我們大概就不能看到一個
連續的問題系統，它由希臘人所發現，並不斷使人們困擾，一直
到我們的時代；因此大概也絕不會有一種綿延二千五百年之久的
「哲學」概念。希臘思想和十七世紀思想可能彼此看起來頗不相

同，而且都與我們當前的關切不同，正如印度神學與瑪亞數術學不同一樣。

然而不管是好是壞，康德並未採取這個實用性的方向。他談論內在表象而不是談論語句。他既爲我們提供了一個課題史，固定了其問題系統，又使其專業化（除非掌握了第一《批判》，否則就不可能被認眞地看作一名「哲學家」）。他是透過以下的方式辦到這一點的，即把C. I. 劉易斯稱作「最古老的和最普遍的哲學洞見之一」的東西注入我們的「知識論」概念之中：

> 在我們的認知經驗中有兩種成分：直接材料，如感覺材料，它被
> 呈現於或給與心，以及一種形式、構造或解釋，它表示思想的活
> 動。㉘

然而這個「洞見」既不古老也不普遍。它並不比如下概念更古老，即我們具有某種所謂「認知經驗」的東西。**經驗**這個詞成 150
爲認識論學家標示他們主題的名字，即標示笛卡**爾思想**集合和洛克觀念的名字。在此意義上，「經驗」是一個表示哲學藝術的詞（它十分不同於日常用法，如在「工作經驗」的意義上，對後者來說，它相當於e'μπε'τρτα）。劉易斯主張，當我們關注這個集合體時發現它可歸入兩類，似乎像是，未受哲學訓練的普通人也可被直接要求將心的目光向內轉，並注意這一區別。但是人們如果不瞭解洛克使用「經驗」一詞時只令其包括「感覺和反思的觀念」，却排除判斷，並且不瞭解康德用它包括「對象和知識方法二者，後者按思維律即一切知識功能的結合」㉙，他可能會爲他應去關注什麼而困擾，更不必說他應當注意什麼區別了。

斯特勞森重複了劉易斯的主張，當他說道「普遍概念……和在經驗中遇到的普遍概念的特殊事例的二重性」，是「一種基本的二重性，這是任何有關經驗或經驗知識的哲學思考中所不可避

免的。」❸斯特勞森的說法比劉易斯的說法較少引致誤解，只因
爲它包含了**哲學的**一詞。這種二重性之所以在關於經驗的**哲學**思
考中是不可避免的，正在於那些未發現此二重性的人不稱自己爲
「哲學家」。我們只能參照康德所做所爲來說明「關於經驗的哲
學思考」是什麼。心理學家可以不停地談論刺激和反應，但這是
純自然主義，不被看作是「哲學的」。常識可以用最平凡的方式
談論經驗，例如思考著我們對某事物是否有充分的經驗去對其進
行判斷，但這也不是哲學的方式。思想是**哲學的**，如果像康德那
樣，它尋找著經驗知識主張的原因，而不只是尋找其理由，而且
如果最終的因果說明與心理學研究可能提出的任何東西相容的
話。❸認爲這種二元性是不可避免的那種哲學思想，應當不只是
告訴我們，當我們證明了真實信念後，並使我們訴諸常識和共同
實踐來求得證明的細節，一般而言我們就有了知識。它應當說明
知識如何可能，同時，在這樣做時要按照某種先驗方式，即既超
越了常識，又避免了爲神經細胞、老鼠或問題表去操心的必要。

假定存在著這些瑣細的需要而且我們沒有哲學史的知識，我
們就會爲需要什麼和從何處開始這類問題所困惑。這種困惑只能
在搞懂下列一些詞語後才得以緩解，如「存在對生成」，「感覺
對理智」，「明晰知覺對含混知覺」，「簡單觀念對複雜觀
念」，「觀念與印象」，「概念和直觀」等等。我們將因此而進
入認識論的語言遊戲和被稱作「哲學」的那種專門化的生活形式
之中。當我們開始進行哲學沉思時，並不像劉易斯和斯特勞森提
出的那樣不可避免地要闖見直觀與概念的二分法。反之，我們不
會知道什麼被當作是「經驗」，更不知道什麼是**哲學的**經驗，除
非我們掌握了這一區別。因爲一種「知識論」的概念只有當我們
按洛克的方式把因果與證明混淆了時才有意義，而且即使如此，

它似乎也是模糊不清的，直到我們在內部空間內抽離了某些實體，此內部空間內的因果關係似乎是令人費解的。「概念」和「直觀」正好是所需要的實體。如果康德直接從「單一命題」不應與「呈現於感覺的單一性」等同（就此而言也不應與呈現於理智的單一性等同）這一觀點，達到作爲人與命題之間關係的知識觀，他就不會需要「綜合」概念了。他就會把一個人看作發出語句的一個黑箱，這些發出物的證明是他在相對於其環境（包括他的同伴們的黑箱的發出物）的關係中發現的。於是「知識如何可能」的問題就會類似於「電話如何可能」的問題了，後者的意義似乎是「人怎樣能建造電話這種東西？」於是生理心理學，而非「認識論」似乎就會是《論靈魂》和《人類理解論》的唯一合法的後繼者了。

　　然而在離開康德以前，重要的是問一下他**如何**設法使概念與直觀的區別看起來既有可能成立，又極其微妙地可疑。爲了理解這個問題，我們必須注意，一個判斷所需要的康德的「綜合」與休謨的「觀念的聯想」之不同在於，綜合是只能成立於兩種不同觀念（一般觀念和特殊觀念）之間的一種關係。因此「綜合」概念和概念——直觀這一區別，是彼此適合的，二者都是被發明出來以使貫穿於第一《批判》中的矛盾而未被質疑的假定可被理解。這個假定就是：雜多是「被給予的」，統一是被造成的。這一假定在如下的主張中被詳細說明了，這就是，內部空間包含了某種類似於休謨在其中發現的東西，「向感覺的諸單一呈現」的集合，但是這些「直觀」不可能「被引入意識」，除非被（休謨未注意到的）第二套表象（概念）加以「綜合」，這些表象進入了與一次次直觀的——多關係之中。當然非正式地說，提出這一假定的理由是，哥白尼革命的策略需要它來確保客體將符合我們

的知識，而不是能夠向我們要求相符性。㉜但正式地說，它被用作「先驗演繹」中的前提以論證「哥白尼的」策略是行之有效的。「演繹」應當指出，我們只能意識到由我們自己的綜合活動所構成的客體。於是正式地說，我們應當只**理解**：

> 在一切表象中**結合**（combination）是唯一不能經由客體給與的
> 表象……因爲在理解力沒有事先去進行結合之處，結合不可能消
> 解，因爲只有在**被理解力**結合以後，容許分析的東西才能受再現
> 機能的支配。㉝

但是如果我們沒有讀過洛克和休謨，我們怎能知道心靈中呈現出多種多樣事物呢？我們何以應當認爲「在其原初可感受性」㉞中的感性供給我們一種雜多，而這種雜多「不可能被再現爲一種雜多」㉟，直到理解力使用概念將它加以綜合以後？我們不可能內省並理解它是這樣的，因爲我們永遠不會意識到未經綜合的直觀，也不會意識到概念，除非當這些概念被應用於直觀時。關於我們並不這樣去意識的學說，正是康德沿著把知識當成是關於命題而非關於客體的這一方向上的前進，也離開了亞里士多德和洛克企圖使認知基於知覺的立場。但是如果存在著關於這樣一種雜多不是一個顯然的前分析的事實，我們怎能使用有關感性將一種雜多提供給我們作爲前提的主張呢？換言之，我們是否知道，不可能被再現爲一種雜多的雜多**是**一種雜多呢？更一般地說，如果我們繼續論斷說，我們只能意識到被綜合的直觀，那麼我們怎樣在綜合之前得到我們關於直觀的消息呢？例如我們怎樣知道存在有不只一種直觀呢？㊱

這最後一個問題可以這樣來回答，如果只有一種直觀，那麼綜合就是不必要的。但這只是引導我們陷入一個小的循環。我們想要知道的是概念是否**是**綜合者，但是如果我們被告知說它們不

可能是，除非存在有有待綜合的大量直觀，那是没用處的。我想在這個問題上我們必須承認，「直觀」和「概念」按其康德的意義只能由語境來定義。像「電子」和「質子」一樣，它們只有作爲希望說明某對象的一種理論的成分才具有意義。但是承認這一點後，當然，我們就突然中斷了與洛克和笛卡爾訴諸那種特殊確定性的最後聯繫，我們以這種確定性認識到「什麼最靠近我們的心」和「最易於爲我們所知。」關於多樣性是被發現的而統一性是被造成的這一假設，最終在這樣的主張中有其**唯一**的證明，即只有這樣一種「哥白尼式的」理論可說明我們的先天綜合知識的能力。**㊲**

但是如果我們把全部康德的綜合理論只看作是用以說明先天綜合知識的假定，如果我們接受有關「演繹」中描述的唯心理學事件無內省基礎的主張，我們就不再被「哥白尼式的」策略所引誘了。因爲關於被造成的（被構成的）對象的必然真理知識，比有關被發現的對象的必然真理知識更可理解的主張，取決於笛卡爾的下述假設：我們對構造活動有特殊認識通道。但對於剛才提出的康德的解釋，並不存在朝向我們構成性活動的這種通道。與我們必然真理知識相聯繫的這種神秘性將依然存在。因爲在內部空間內，被假定的理論實體不會因爲是內在的而比外部空間的那類實體更有助於說明這類知識怎樣得以出現。

4. 作爲需要「基礎」的知識

我對康德的論述可能會招致如下的反對意見，即實際上在直觀與概念之間存在著一種前於分析的區別，這種區別早自柏拉圖

時代即已被人們看出。人們會爭辯說，感性直觀首先被確認爲偶
然真理知識的來源，而概念則被看作是必然真理知識的來源。按
此觀點，唯理主義與經驗主義之間的衝突，就如我一直主張的那
樣，並非是康德根據他自己的新區別去描述其前人的、惹人反感
的方式，而是很久以前就已發現的在數學真理和更平常的真理之
間的戲劇性區別。我所做的論述似乎表明，在感覺和理智、混沌
觀念和清晰觀念等等之間的習常對立，都是所謂「知識論」這種
近代人爲產物的部分。但是即使人們承認，「經驗」的「哲學
的」意義是一種近代的人爲產物，希臘人在感覺和理智之間所做
的區別肯定是一種真正的發現嗎？就像與幾何真理的嚴格可證明
性相同的那種發現一樣嗎？而且當康德問必然（如數學）真理是
否可能時，他是否真地在詢問一個有價值的問題呢？

　　這個反對意見使我有機會提出最後一個論點，以便更充分地
說明「處理人類知識的起源和性質的思想部門」這樣一種觀念的
起源和性質。在我看來，柏拉圖並未發現內外兩種實體間的區
別。反之，如我早先說過的，他是第一位表述喬治·皮奇爾所說
的那種「柏拉圖原理」的人，這個原理就是：確定性的區別必定
與被認知客體中的區別相符。㊳這個原理是按照知覺來建立知識
並把「關於……的知識」看作「……的知識」之基礎那種企圖的
自然結果。如果假定我們需要不同的機能來「把握」像磚石和數
目這類不同的客體（有如我們有不同的器官來對應於顏色和氣
味），那麼幾何學的發現將似乎是被稱作「努斯」的這一新機能
的發現。反過來這將引起在第一章中討論過的理性問題。

　　由於「哲學式思考」充滿了數學真理的特性，以至於很難擺
脫柏拉圖原理的支配。然而如果我們把「合理的確定性」看作是
一個論證中獲勝的問題，而非與一被知客體的關係的問題，我們

在說明這個現象時就將面對我們的談話者，而非面對我們的機能
了。如果我們把關於畢達哥拉斯定理的確定性看作是以對這類問 157
題的經驗為基礎的我們的信心，從而沒有人對我們從中推出此定
理的前提表示反對，那麼我們就不會試圖按照理性與三角性的關
係來說明它了。我們的確定性就將是人與人之間對話的問題，而
不是與非人的現實相互作用的問題。這樣，我們在「必然的」真
理與「偶然的」真理之間將看不到性質上的區別。我們至多將看
到的是在反對我們信念方面的容易程度上的區別。簡言之，我們
將停留在柏拉圖推行其原理和發明「哲學思考」之前智者派的立
場上：我們將尋找一個無懈可擊的事例，而非尋找一個不可動搖
的基礎。我們將處在塞拉斯稱作的「理性的邏輯空間」內，而不
是對事物的因果關係空間內。❸❾

　　關於必然性與偶然性之間的區別問題，我想提出的主要之點
正在於，「知識基礎」的概念（由於其原因而非由於為其提供的
理由而具有確定性的那些真理），乃是希臘人（特別是柏拉圖）
在知覺與認知間進行類比的結果。這種類比的基本特點是，認識
一個命題為真，就相當於被一對象促動去做某件事。與命題相關
的這個對象**強行賦予**命題以真理。「必然真理」的觀念正是這樣
一個命題的觀念，人們相信它，乃是因為對象對我們的「控制」
是無法避免的。這樣一種真理在這種意義上是必然的：有時必須
相信在我們眼前的東西看起來是紅的——有一種力量，而不是我
們自己，在迫使我們相信。數學真理的對象將不**讓**自己被錯誤地 158
判斷或錯誤地報導。像幾何公理這類典型的必然真理不應需要證
明、理由、討論，它們的不可討論性有如宙斯呼雷喚雨或海倫示
意入其閨房一樣。〔被假定為合理的ἀνάγκη（必然性），可以
說，只是粗暴的βτα（力）的一種昇華形式〕。

　　如果人們願意的話，「概念」可被看成是，「必然眞理知識
的源泉」，但這並不意味著劉易斯和斯特勞森認爲的概念與直觀
的區別是先於分析地給予的這種看法是正確的。它只是一系列可
供選擇的隱喩之近代形式而已，這些隱喩爲柏拉圖所選擇，它們
已成爲從「哲學思考」的定義中得出的隱喩了。柏拉圖的主要區
分並非是在內部空間內的兩種實體之間、兩種內部表象之間提出
的。雖然他玩弄著「內部空間」的隱喩（如在《泰阿泰德》的飛
鳥形象中和他使用的「在靈魂中」〔ἐν τῇ ψυχῇ〕），而且有時
接近了笛卡爾的審視各種（具有某種程度的必須接受性的）內部
圖畫的心的目光的比喩，但他的思想基本上是「實在論的」。由
數學眞理所引起的這種柏拉圖的區分是形而上學的而非認識論
的，這是一種在存在世界與生成世界之間的區別。與《理想
國》VI中的「分界線」的形而上學區分對應的東西不是在非命題
的內在表象之性質間的區分，而是在命題確定性程度之間的區
分。柏拉圖並未專注於有關非命題的內部實體的思想上，而是專
注於有關靈魂和身體的各個部分的思想上，它們都被各自的對象
以各自的方式強制人們接受。柏拉圖像笛卡爾一樣把人的模型建
立在兩種眞理的區分上，但兩人的模型非常不同。然而更重要的
是，有關數學眞理的存在要求這樣一種說明模型的觀念，並不是
在哲學思考開始時給予的某種前於分析的東西。它是供談論知識
用的某一系列隱喩的選擇的產物，這是一些知覺性隱喩，它們潛
存在柏拉圖和近代的討論之中。❹

　　我在本節開始討論的這些反對意見就談到這裏。現在我想詳
細論述一下這樣一個觀點，即「知識基礎」的觀念是在諸知覺性
隱喩間進行選擇的產物。爲了扼要說明，我們可以把知識看作對
命題的一種關係，因此就是把證明看作是在所討論的命題與其可

從中被推出的其它命題之間的一種關係。或者，我們可以把知識
和證明都看作對那些命題所針對的客體的特殊關係。如果我們按
第一種方式思考，我們將看不到有必要去終止「爲維護其它命題
而提出命題」這一程序的潛在的無限倒退性。一旦每個人，大多
數人或明智的人都滿意之後，再不斷把某個主題談論下去是愚不
可及的，但是我們當然**可以**這麼做。如果我們以第二種方式思考
知識，我們將要繞過理由而達到原因，越過論證而達到來自被知
客體的強制性，即達到這樣一種情境，在其中論證不止是會變成
愚蠢，而且變成不可能了，因爲每一位被該對象以所需方式所掌
握的人將**不可能**懷疑或理解一種替代性的東西。達到這種觀點就
是達到知識的基礎。對柏拉圖來說，這個觀點是通過逃避感覺和
使理性機能（靈魂的眼睛）向存在世界敞開來達到的。對笛卡爾
來說，這是一個使心的眼睛從含混的內在表象轉向明晰表象的問
題。對洛克而言，這是一個顛倒笛卡爾的方向並把「對感覺的單
一呈現」看作應當「掌握住」我們的那種東西，這種東西我們不
可能也不應當希望擺脫。在洛克以前，任何人都不會在感覺領域
中去尋找知識的基礎。當然，亞里士多德說過，我們不可能搞錯 160
事物如何對我們顯現的問題，但是把知識建立於顯相之上的想法
卻會使他和柏拉圖都認爲荒謬無比。我們希望將其當作知識對象
的東西，正是本身不是顯相的東西，而且關於某一種客體（顯
相）的命題是關於另一種客體（實際存在物）的命題的**證據**的看
法，對他們兩人中任何一位都是不可理解的。

　　然而在笛卡爾之後，顯相與實在的區分開始逐漸離開了注意
中心，而被內部與外部的區分所取代。「我們如何能够逃脫顯相
領域？」的問題，爲「我們如何能從觀念紗幕背後逃脫？」的問
題所取代。對此問題洛克提出一種回答：使用你關於事物如何向

你的感覺顯現的確定性，正像柏拉圖使用幾何公理一樣，即把它
們當作推出任何其它東西的前提（只是以歸納方式，而非像柏拉
圖那樣以演繹方式）。這個回答只是在休謨對其加以研究之後才
顯得有效，但它曾經具有某種素樸的魅力，它滿足了柏拉圖曾感
覺到的那種被控制、被掌握和被强制的同樣需要，然而「簡單的
感覺觀念」似乎不像柏拉圖的形式那樣高不可攀，而且它也更現
代化一些。因此到了康德時代，似乎有了兩種可供選擇的知識基
礎，人們必須在內在化了的形式、笛卡爾的明晰觀念這一邊和休
謨的「印象」那一邊之間進行選擇。在兩種情況下人們都在選擇
被强制接受的對象。康德把這些假定的客體看作基本上是不足以
和無力量去進行强制的東西而加以拒絕，除非使它們彼此結合在
「綜合」之中，他是第一位把知識基礎看作命題而非看作客體的
人。在康德以前，探究「知識的性質和根源」，就是尋求獨特的
內在表象。到了康德，這成爲探求心爲自身建立的規則了（「純
粹知性原理」）。這正是人們何以把康德看作是把我們從自然引
向自由的理由之一。康德不是把我們看成準牛頓式的機器，希圖
被正確的內在實體所强制，從而按照自然爲我們做的設計而行
動，而是讓我們把自己看作在決定（從本體上，因此即是無意識
地）什麼性質應被容許如其所是。

　　然而康德並未使我們擺脫洛克在證明和因果說明間的混淆，
這是包含在「知識論」觀念中的基本混淆。因爲，關於我們的自
由依賴於唯心主義認識論的看法（即爲了把我們自己看作「超出
機械論」，我們就必須走向先驗論，並聲稱我們已經「構成了」
原子和虛空），正是洛克一再犯的錯誤。這就是去假定，提供理
由（證明我們的陳述和我們其它行爲）的邏輯空間，須得與因果
說明的邏輯空間處於某種特殊的關係中，從而保證二者之間的一

致（洛克）或一者不能干涉另一者（康德）。康德正確地看到，一致是無意義的，干涉是不可能的，但他却錯誤地認爲，確立後一觀點需要一種由認知主體對自然進行「構成」的觀念。康德沿知識的命題觀而非知覺觀方向的前進半途而止了，因爲它被包含在因果性隱喻的框架之內，如「構成」、「造成」、「形成」、「綜合」等等。

在二十世紀哲學中，益格魯·撒克遜「主流」傳統和德國「主流」傳統之間的區別，表現出對待康德的兩種對立的立場。溯源於羅素的傳統把康德關於先天綜合真理的問題看作是誤解了數學的性質而放棄了，從而把認識論主要看作是一個使洛克現代化的問題。在這個現代化過程中，認識論與心理學區分了開 162 來，前者被看成是有關基本命題和非基本命題間證明關係的研究，而且這些關係被看作是一個「邏輯」的而非經驗事實的問題。另一方面，在德國傳統中，透過「構成」概念來維護自由和精神性，被保存爲哲學家特有的使命。邏輯經驗主義和稍後的分析哲學被大多數德國（以及很多法國）哲學家看作不是「先驗的」，因此既沒有方法論的可靠性又沒有獨特的啟迪性，從而棄之不顧。甚至那些强烈懷疑康德大部分學說的人也從不懷疑像他的「先驗的轉向」這類概念是重要的。在益格魯·撒克遜哲學家一邊，所謂語言的轉向被認爲是從事著使哲學與科學劃界的工作，同時使人擺脫「唯心主義」的任何殘餘或誘惑（這被看成是大陸哲學最易重犯的惡習）。

然而在海峽兩邊，大多數哲學家仍然是康德主義者。甚至當他們自認爲「超越了」認識論時也同意，哲學是這樣一門學科，它把我們信念的「形式的」或「結構的」方面作爲自己的研究目標，而且哲學家在對這些方面進行檢驗時，還履行著使其它學科

靠得住並對它們聲稱什麼可能有正當「基礎」的主張施以限制的
文化職能。對這一新康德主義的一致認識的重要例外，仍然是杜
威、維特根施坦和海德格。就本節這個題目而言（知識「基礎」
觀，它以與注視客體時的強制信念的類比爲基礎），海德格特別
重要。因爲海德格企圖指出，「客觀性」的認識論概念，如他所
說，來自「 $\phi\bar{y}\sigma\tau s$（自然）與$i\delta\tilde{\epsilon}\alpha$（理念）的同一性」，即事物
的實在與其在我們面前的出現的同一性。❹他熱中於探討西方如
何執迷於我們與類似於視知覺的物體的首要關係概念，因此提出
可能存在著我們與事物的關係的其它概念。亞里士多德—洛克的
知識與知覺的類比觀的歷史根源超出了本書範圍，但我們至少能
從海德格那裏獲得這樣的觀念，對一門「認識論」的願望只是最
早選擇的一系列隱喻的辯證發展中的最近的產物。❹

　　把這種發展描繪爲一個直線序列當然是過於簡單化了，但這
或許有助於把早先占支配地位的隱喻，看作是使我們的信念透過
將其直接面對信念對象來決定的那種隱喻（例如可證明定理的幾
何圖形）。下一個階段則是認爲，理解怎樣認識得更好，也就是
理解怎樣改進一種準視覺機能（即自然之鏡）的活動，因此也就
是把知識看作一種準確表象的集合。於是又出現了這樣的看法：
獲得準確表象的方式就是在這面鏡子裏發現一種特殊的、具有特
權的表象類，它有如此強制人接受的力量，以至於這些表象的準
確性不可能被懷疑。這些具有特權的基礎，將成爲知識的基礎，
而引導我們朝向它們的學科（知識論），將成爲文化的基礎。知
識論將成爲對那樣一種東西的追求，這種東西一旦顯現，就強制
著心靈去相信它。作爲認識論的哲學將成爲對某種不可改變的結
構的追求，知識、生活和文化必然包含在其內，這些結構是由哲
學研究的特殊表象所建立的。因此新康德主義的共識似乎是一種

原始願望的最終產物，這種願望即用**對照**（confrontation）取代**對話**以作爲我們信念的決定因素。

在本書第三部分中我企圖指出，如果對話被看作是充分的，而對照的追求被放棄的話，亦即如果知識不被看作是自然之鏡中的表象的話，情況會是怎樣。然而在下面三章中我將先試圖（在第四章中）勾勒新康德主義的共識在二十世紀哲學中的形成，以及這種共識的一種形式（「分析哲學」）後來所陷入的思想混淆。這將涉及到描述及維護奎因和塞拉斯對特殊表象概念的批評。而第五和第六章我討論認識論哲學兩個假想的「繼承性主題」（它們分別是心理學和語言哲學），這些主題由於把哲學當作是對再現作用的研究而仍然逗留於新康德主義的共識之內。

164

注　解

❶托馬斯·霍布斯:《論物體》,第一章,第二節。

❷關於在康德之前和康德之後所寫的哲學史之間的區別問題,參見M. 曼德包姆的＜論哲學的歷史編纂學＞,載於《哲學研究文要》,1976年第2卷;J. 帕斯摩爾的文章＜哲學的歷史編纂學＞,載於《哲學百科全書》,紐約,1967年;L. 布勞恩:《哲學史的歷史》,巴黎,1973年,特別是第五章;V. 柯辛:《哲學史導論》,巴黎,1868年,第十二講「論哲學史」。曼德色姆談到(第713頁)在德國十八世紀最後十年中哲學史的概念被頻繁討論的情形,他說,「我相信實際情況是(雖然我所搜集的資料還不足以使這一看法超出猜測的程度),這種討論必定是由於那一時期康德工作的影響而激發的;意思是說,他的體系在同一時期既是一種結束,又是一種新的開始。」所有這些作者都強調指出布魯克爾的《哲學批評史》(1742～1767)和提德曼(《思辨哲學的精神》,1791～1797)與坦尼曼(《哲學史》,1789～1819)的哲學史的對立。布魯克爾用幾乎十分之一篇幅談論近代「綜合哲學家」(即那些不適於歸入某一古代學派中去的哲學家),並(在目前由培根、笛卡爾、霍布斯、斯賓諾莎等人組成的標準系列之外)納入了二十幾位其他人物(如馬基雅弗里、開普勒、波伊爾)。提德曼首先提出了「近代偉大哲學家」的一份經典的簡短清單;他對讀者說「哲學史就是對哲學發展中諸連續階段的展現,對理性多次努力實現一種有關最終基礎和自然法則與自由的科學觀念的展現」;稍早時他還說,理性以「統一千差萬別的表象」的功能開始,並由此繼續達到科學思想的最終統一化。(《哲學史》第一卷,萊比錫,1798年,第XXIX,XXVI頁)。他的哲學史已經具有了我們使其與黑格爾的哲學史聯繫在一起的那種「戲劇化的」性質。他既給我們提供了一份那些被看作哲學家的人的清單,其根據是他們的研究與康德的研究接近到什麼程度,又提供了一種從古代到近代的哲學進步觀。

❸參見E. 柴勒爾:＜知識論的意義和任務＞,載於《講演與論文集》第二輯,萊比錫,1877年,第495頁。柴勒爾的論述是康德以來一長串論述之一,他們宣稱業餘哲學家的時代已經過去,現在該由專業哲學家來接管了。關於後來的這類看法,參見G. J. 瓦納克:《1900年以來的英國哲學》,倫敦,1958年。他在第171頁上說:「……哲學只是晚近

才獲得專業化的身份」，在第172頁上說：「……只是在十分晚近的時候，哲學的主題，或準確些說，哲學的任務才得以明確地與其它學科的主題明顯地區分開來。」（瓦納克所談的是1900年到1958年時期）。我不瞭解這類看法何時最早出現，但注意到E. 萊因霍得使用「專業哲學家」一詞來與「所有科學文化人」相對比，他的《哲學通史手冊》就是供後者使用的。（《手冊》，第一卷，戈塔，1828年，第Ｖ頁）對萊因霍得歷史的這篇**導論**有助於證實曼德包姆的下述論斷（參見前面的注❷），他指出了康德思想與用近代意義的「哲學史」取代「哲學家意見編年史」的關係。

❹正如我將在下面，特別在第六章中，更詳細地論辯的，作爲「第一哲學」的現代語言哲學概念與認爲認識論是「第一哲學」的較早的主張並無多大改變，前者只是後者的一個較小的變種。康德以來哲學的中心主張是，「再現現實的可能性」是須待說明的東西，爲此在心理再現與語言再現之間的區別，相對來說就不那麼重要了。

❺參見H. 維易辛格的＜論『知識論』一詞的起源＞，載於《哲學月刊》，第十二卷，萊比錫，1876年，第84～90頁上有關這個詞的歷史。維易辛格的觀點似乎是大多數新康德主義者共同具有的，我在此也採取這個觀點，他認爲，洛克是第一位「對一切形而上學和倫理學討論必須以認識論研究爲前提具有明確認識」的人，而且笛卡爾和斯賓諾莎沿此路線所做的論述僅僅是偶發的和非系統性的（第84頁）。我很感謝I. 哈金論述認識論作爲一門學科興起的一篇未發表的論文，它提到了維易辛格（和其他人，並提出了很多有啓發性的想法）。

❻F.毛茲奈爾：《哲學詞典》，慕尼黑和萊比錫，1910年，「知識論」詞條，第一卷，第296頁：「一個純德語詞，由（艾思勒之子）小萊因霍得提出，但首先是由於柴勒爾而提高到它目前的尊嚴性的」。維易辛格對柴勒爾也有同樣的診斷，＜論『知識論』一詞＞，第89頁。維易辛格的文章既是對新康德派哲學家正在創造的新「專業化了的」自我形象的報導，又是這一自我形象的一個例證。

❼柴勒爾：＜知識論＞，第494～495頁。

❽同上，第496頁

❾W.詹姆士：《書信集》，亨利·詹姆士編，波士頓，1920年，第228頁（1905年5月2日致喬治·桑塔亞那的信）。

❿洛克：《人類理解論》第一卷，第一章，第一節。

⓫同上書＜致讀者的信＞。

⓬參見《純粹理性批判》，第BXVI～XVII頁：康德説，「對象必須符合我們知識」的假定「與應當能够先驗地具有知識，即在對象被給予之前來確定有關它們的某些東西的假定更好地相互一致。」我們怎樣知道它們必須符合什麼條件（如何證明由先驗觀點提出的知識主張）的問題，在第一《批判》中的任何段落中均未加以討論。

⓭人們常常評論康德對司法學隱喩的偏愛。在新康德主義者那裏也可看到這種偏愛。例如參見柴勒爾的＜論哲學的任務和它對其它科學的態度＞（《講演與論文集》，第二輯，第445～466頁）。在描繪哲學家作爲文化監督者的抱負時，他談到了每門學科都應從哲學中獲取**合法頭銜**，並且説「沒有任何一個人類知識的分支其根源不下及哲學領域的，因爲一切科學都産生於認知精神並從該精神的程序中借用其法則」。（第465頁）

⓮休謨的《人類理解研究》一書第十二節「論學院的或懷疑論的哲學」曾説明了這兩類懷疑論之間的緊張關係。休謨想使笛卡爾《沉思錄第一篇》中的懷疑論（他認爲這種懷疑論是誇張的和不能成立的），既與以「除心像或知覺外心中別無它物」觀點爲基礎的他本人的觀念紗幕懷疑論相區別（休謨：《哲學著作集》，波士頓和愛丁頓，1854年，第4卷，第173頁），又與比羅主義或**極端**懷疑論相區別（第183頁）。他急於區別第二種和第三種懷疑論，並堅持説，不應認眞看待「新思想方式」的純「專業性的」和「技術性的」懷疑論。休謨並不認爲自己發現了支持塞克斯都的新論證；反之，他急於指出，洛克構想的懷疑論後果並未表明（像康德和羅素會相信的那樣）需要一種新的、更好的認識論，而是需要理解認識論的不重要性和情感的重要性。關於笛卡爾以前時期比羅主義的問題，參見R. 波普金的《從伊拉斯摩到笛卡爾的懷疑論史》，紐約，1964年。

⓯T. H. 格林：《休謨和洛克》（格林對休謨的《人性論》的「導論」），R. 萊莫斯編，紐約，1968年，第19頁。

⓰W. 塞拉斯：《科學、知覺和實在》，倫敦和紐約，1963年，第169頁。

⓱同上書第131頁。關於塞拉斯觀點的一種發展及其對近來現象主義的應用，參見M. 威廉姆斯：《無根據的信念》，牛津，1977年，特別是第二章。

⓲T. 萊德：《人的理智能力論》，重印版附有B. 布洛迪一篇導論，麻省劍橋，1969年，第100頁。

⓳格林：《休謨和洛克》，第11頁。

⑳W. 塞拉斯：《哲學展望》，斯波林費爾德，1967年，第211頁。

㉑洛克：《人類理解論》，第一卷，第二章，第V節。

㉒萊德認爲亞里士多德在其幻象學説中開始了導向休謨的那條逐漸下滑的斜坡。參見《人的理智能力論》，第133頁。

㉓I. 哈金在其開創性的《概率的出現》（劍橋，1975年）一書中指出，作爲一種在命題間的證實關係的證據（evidence）只是在十七世紀才開始出現。如果哈金正確的話，那麼這一事實將對英國經驗論者著作中命題的知識和（被意指的）非命題的知識間的種種不協的混合性充分加以闡明。特別參見第十九章中哈金對洛克、貝克萊和休謨的論述。

㉔萊德：《人的理智能力論》，第147～148頁。

㉕格林：《休謨和洛克》，第11頁；同樣參見第163頁。

㉖同上書，第185～186頁。

㉗《純粹理性批判》，第A271頁，B327頁。

㉘劉易斯：《心和世界秩序》，紐約，1956年，第38頁。

㉙H. 拉特克：《康德純粹理性批判系統小詞典》，漢堡，1929年，第62頁："Erfahrung bezeichnet sowohl den Gegenstand als die Methode der Erkenntnis, den denkgesetzlichen Zusammenhang aller Funktionen der Erkenntnis"（經驗既描述對象又描述知識的方法，即知識的一切功能的合乎思維律的整體。——中譯者）康德的用法的確使得任何定義都像拉特克可能爲其辯解的同樣模糊和含糊。關於「經驗」的哲學含義，參見杜威的《經驗與自然》，紐約，第11頁。

㉚P. F. 斯特勞森：《感覺的限制》，倫敦，1966年，第20頁。

㉛把康德的論述稱作「因果的」似乎會使人驚異，但是「先驗構成」概念完全寄生於笛卡爾－洛克的內部空間力學的概念上，而且康德對「基礎」而非對「原因」的自欺式的用法，不應被容許來使此問題模糊不清。如果我們從康德學説中刪除斯特勞森所謂的＜先驗心理學的神秘主體＞，我們就不可能弄懂哥白尼革命的意思。我在「斯特勞森的客觀性論證」中曾討論過，斯特勞森對一旦人們忘記了哥白尼革命後，康德哲學中還存留下什麼的看法，參見《形而上學評論》，1970年第24期，第207～244頁。

㉜《純粹理性批判》，第BXVII頁。

㉝同上書，第B130頁。

㉞同上書，第A100頁。

㉟同上書，第A99頁。按照「先驗美學」篇，雜多當然一開始就是時空

性的。但「先驗分析篇」與此相對立（例如參見第A102頁，第B160頁注），而且除非美學篇的原理被放棄，「類比篇」的論證就不會完成。關於這個問題參見R. P. 沃爾夫：《康德的心的活動的理論》，麻州劍橋，1963年，第151頁以下。

❸❻假定一個神秘主義者告訴我們，直觀提供給我統一性（永恆的白色光輝），而概念的思考（像是一個雜色玻璃的屋頂）將其分裂爲雜多性。我們怎能判定，關於統一性是與感受性還是與自發性相關聯，他或康德是否正確呢？這可能什麼關係呢？

❸❼換一個方式闡明這一點，康德本人的先驗唯心論使「先驗演繹」失去根據，因爲被描述在「演繹」中的機器（綜合）和原料（概念、直觀）或者是實體性的，或者是現象性的。如果是現象的，那麼與「演繹」的前提相反，我們可以瞭解它們。如果是實體的，那麼我們就不可能知道有關它們的任何東西（包括「演繹」所説的東西）。

❸❽參見第二章注❶❺。

❸❾關於與這一觀點一致的、對智者派和一般前柏拉圖思想的一種同情的論述，請參見L. 維爾塞尼的《蘇格拉底的人本主義》（紐黑汶，1963年）。同時參閱海德格關於普羅塔格拉的討論，載於《技術問題和其它論文集》，W. 羅維特譯，紐約，1977年，第143～147頁。

❹❶也許容易看出，我對柏拉圖視覺隱喻的討論得助於杜威和海德格兩人。

❹❶海德格：《形而上學導論》，R. 曼海姆譯，紐黑汶，1959年，第185頁。

❹❷海德格：《哲學的終結》，J. 斯坦姆堡（編譯），紐約，1973年，第88頁。

第四章
特殊表象

1. 必然真理、特殊表象和分析哲學

在十九世紀末，哲學家們不無道理地對哲學這門學科的前途感到擔憂。一方面，經驗心理學的興起提出了這樣的問題：「我們需要知道心理學不能告訴我們的哪些知識？」❶自從笛卡爾企圖透過明晰的觀念來保證世界的可靠性和康德企圖透過先天綜合真理來保證世界的可靠性以來，本體論一直爲認識論所支配。於是認識論被心理學所「自然化」就意味著，一種簡單而不嚴格的物理主義可能是唯一所需要的那種本體觀。另一方面，德國唯心主義傳統在英美降爲可恰當地稱作「新教以某種方式的延續」的東西。唯心主義者打算透過援引貝克萊的論證來擺脫物質實體和援引黑格爾的論證來擺脫個人自我（而又斷然忽略黑格爾的歷史主義），以拯救物理主義似乎忽略了的「精神價值」。但是很少有人認真看待這些抱負不凡的努力。貝恩和穆勒的最熱心的還原論以及羅伊斯的同樣最熱心的浪漫主義，都驅使詹姆士和布拉德雷一類美學的嘲諷家以及青年杜威一類的社會改革家宣稱傳統認

166　識論的問題和解決是不真實的。他們都被激發去對「符合真理
說」和「精確表象知識論」進行徹底的批評，從而威脅著作爲各
專門學科之批判的整個康德的哲學概念。同時，像尼采、柏格森
和狄爾泰這些各式各樣的哲學家，也在顚覆著某些相同的康德的
前提概念。一時間似乎哲學可能一勞永逸地離棄認識論，離棄對
確定性、結構和嚴格性的尋求，以及離棄使自身成爲理性法庭的
企圖。

　　然而，在1900年左右似乎正要進入哲學的那種遊戲精神，
却在萌芽狀態中被消除了。正如數學曾激發柏拉圖去發明「哲學
思考」一樣，嚴肅的哲學家們也轉向數理邏輯以逃避他們的批評
者的紛至沓來的譏諷。這類企圖重新抓住數學精神的典型代表人
物就是胡塞爾和羅素。胡塞爾認爲哲學陷於「自然主義」和「歷
史主義」之間，二者都未提供康德封爲哲學家天賦權利的那
種「必然真理」。❷羅素也與胡塞爾一起譴責在數學哲學中瀰漫
的心理主義，並宣稱邏輯才是哲學的本質。❸爲找到某種必然爲

167　真的東西的需要所驅使，羅素發現了「邏輯形式」，而胡塞爾發
現了「本質」；世界的這些「純形式的」方面在非形式的方面被
「放進括號」時依然存在。對這些特殊表象的發現，再一次開始
了對嚴肅性、純粹性和嚴格性的追求，❹這種追求延續了四十年
左右。但是最終，胡塞爾的嫡傳（沙特和海德格）和羅素的嫡傳
（塞拉斯和奎因）又提出了有關必然真理的可能性這類問題，正
如黑格爾提出了有關康德的問題一樣。現象學逐漸演變爲胡塞爾

168　不無輕蔑地稱作「僅只是人類學」的東西，❺而「分析派的」認
識論（如「科學哲學」）逐漸增加了歷史主義和減少了「邏輯
性」（如漢森、庫恩、哈爾和黑斯）。於是在胡塞爾的「作爲嚴
格科學的現象學」和羅素的「邏輯作爲哲學之本質」兩文發表了

七十年之後的今天，我們又回到這些宣言書作者所面對的同一假想中的危險：如果哲學變得太自然主義化，講求實效的實證學科將把哲學擠到一邊；如果它變得太歷史主義化，那麼思想史、文學批評以及「人文科學」中類似的軟性領域將把它吞併。❻

　　關於現象學和分析哲學的榮耀與不幸之全部歷史，顯然遠遠超出了本書的範圍。本章中我想講述的僅只是，在分析哲學運動的晚近時期，兩種表象（直觀與概念）觀如何陷入聲名狼藉之境。我一直主張，康德關於概念和直觀共同產生知識這幅圖畫，對於理解作爲不同於心理學的專門哲學學科的「知識論」觀念是需要的。這等於說，如果我們沒有「所與」物和「心增添的」東 169
西之間的區別，或者沒有在「偶然性」（因爲被所與物所影響）和「必然性」（因爲完全在心內並爲其所控制）之間的區別，那麼我們將不知道什麼可被看作是我們知識的一種「理性的構造」。我們將不知道認識論的目標或方法可能是什麼。這兩種區別在分析運動的整個歷史過程中不時遭到攻擊。例如紐拉特曾懷疑卡爾納普對所與物的依賴，而羅素的「習得的知識」觀和劉易斯的「表達的語言」也常常受到懷疑。然而這些懷疑只是在五十年代初由於維特根施坦的《哲學研究》、奧斯丁對「感性雜多本體論」的嘲諷以及塞拉斯的＜經驗主義和心的哲學＞等著作的出現而趨於成熟。在必然性與偶然性之間的區別（由羅素和維也納學派作爲「意義真」和「經驗真」之間的區別而重新獲得活力）通常未受到挑戰，並形成了「理想語言」和「日常語言」分析之間的最小公分母。然而，也是在五十年代初，奎因的＜經驗主義的兩個教條＞一文對此區別提出了挑戰，而且，哲學之於經驗科學的關係有如結構研究之於內容研究的關係這種（康德、胡塞爾和羅素共同具有的）標準觀念也隨之受到了挑戰。假設奎因的懷

疑（有維特根施坦《哲學研究》中的類似懷疑爲支持）——怎樣
才能知道何時我們是在對「語言」的强制而非「經驗」的强制作
出反應——可以成立的話，那就很難說明在什麼意義上哲學有一
個分離的「形式的」研究領域，因此也難以説明其結果如何可能
具有所希望的必然真的特性。因爲這兩種挑戰都是對「知識論」
觀念本身的挑戰，因此也就是對被看作是以這一理論爲中心的哲
學這門學科本身的挑戰。

170　　　下面我將只限於討論對分析哲學的康德基礎所做的兩種徹底
的批評方式：塞拉斯對「所與性的整個構架」所做的行爲主義批
判和奎因對必然性與偶然性區分所採取的行爲主義路線。我將把
二者都當成整體論的形式。只要知識被看作是準確的再現（看作
是自然之鏡），奎因和塞拉斯的整體論學説似乎就是矛盾和無意
義的，因爲這種準確性要求一種特殊的表象（再現）論，這些表
象是自動而內在地準確的。於是對塞拉斯關於所與性和奎因關於
分析性討論的反應往往是認他們「走得太遠了」，即他們允許整
體論使自己暈頭轉向並離開了常識。爲了替塞拉斯和奎因辯護，
我將論證説他們的整體論是他們對下述論題承諾的產物，即證明
不是在觀念（或字詞）和對象之間關係的問題，而是談話和社會
實踐的問題。可以説，談話性證明是天然整體論式的，而囿於認
識論傳統的證明觀是還原論的和原子論的。我將試圖指出，塞拉
斯和奎因援引了相同的論點，即既反對所與與非所與的區別，又
反對必然與偶然的區別。這一論點的重要前提是，當我們理解對
信念的社會性證明時就理解了知識，從而沒有必要把知識看作再
現準確性的問題。

　　一旦用談話取代了對照，作爲自然之鏡的心的觀念就可予以
擯棄了。於是作爲這樣一門學科的哲學概念就變得無法理喻了，

它在組成這面鏡子的諸表象之間尋求特殊的表象。一種徹底的整體論不能容許這樣的哲學概念，如「理智的」、「必然真確的」、從知識的其餘部分中挑出「基礎」的、說明哪些表象是「純所與的」或「純概念的」，提出一種「標準的符號系統」而非提出一種經驗的發現，或抽離出「通貫構架的啟發式範疇」。如果我們把知識看作有關談話和社會實踐的問題，而不是看作去映現自然的企圖，我們大概就不會去設想一種**元實踐**（ metapractice ），後者是對一切可能形式的社會實踐的批判。於是正像奎因詳細論證的和塞拉斯順便說到的那樣，整體論產生了一種哲學概念，它與確定性的探求毫無關係。

171

然而不管是奎因還是塞拉斯都並未詳細地發展一種新哲學概念。奎因在論證科學和哲學之間不存在分界線以後傾向於假定說，他因此而表明了科學可取代哲學。但是我們並不清楚他要求科學去履行什麼樣的任務。也不清楚為什麼是由自然科學而不是由藝術、政治或宗教，去接管空下來的領域。此外，奎因的科學概念仍然令人難以理解地是工具主義的。它是以「刺激」和「假定」間的區別為基礎的，這一區別似乎為老的直觀—概念區別提供了幫助和安慰。但是奎因由於承認感覺器官的刺激與任何其它東西同樣都是「假定」，從而超越了這兩種區別。似乎奎因在放棄了概念—經驗、分析—綜合和語言—事實各組區別之後，仍然未能放棄在所與和假定之間的區別。反之，塞拉斯在克服了後一組區別之後卻不能完全放棄前幾組區別。儘管合乎禮貌地承認了奎因對分析性概念的克服，塞拉斯的寫作仍然充滿著對各種詞語或語句「進行分析」的觀念，並且處處悄悄利用以下諸項間的區別：必然與偶然、結構與經驗、哲學與科學。兩人中的每一位都傾向於對另一位已超越了的區別不斷予以非正式的、默默的和啟

發式的使用。似乎如果没有兩大康德區別中至少一種的存在，就不可能寫作分析哲學，而且似乎無論是奎因還是塞拉斯都不想切172 斷把他們與羅素、卡爾納普和「作爲哲學本質的邏輯」結合起來的最後聯繫。

我懷疑，如果没有這些區別中的一種或另一種，分析哲學就不能成其爲分析哲學。如果根本不存在可以把概念分解的直觀（按卡爾納普的構造的方法），也不存在形成「語法發現」的概念間的任何內在關係（按牛津哲學的方式），那麼確實難以想像一切「分析」可能是什麼。十分明智的是，很少有分析哲學家企圖再去說明提供一種分析是怎麼一回事。雖然在羅素和卡爾納普的主持下三十年代和四十年代期間出現了大批形而上學文獻，五十年代期間又出現了另外一大批這類文獻，《哲學研究》和《心的概念》爲其代表，❼現在却很少有人企圖透過說明如何區分成功的分析和不成功的分析而使「分析哲學」具有自意識。我想，在分析哲學運動內部目前欠缺形而上學的反省一事標誌了這樣一個社會學事實：現在在幾個國家之中，分析哲學都是根深蒂固的思想流派。因此在這些國家中由應用某種風格或論及某些主題的哲學家所做的任何事情，都被看作（可以說，按其職責而言）是繼續著由羅素和卡爾納普所開創的工作。一旦一種激進運動接替了它所反叛的既定體系，就更不需要方法論的自意識、我批評，或在辯證空間或歷史時間中的一種位置感了。

我並不認爲還存在有任何可被判定爲「分析哲學」的東西，除了是在這類風格學或社會學的方面。但這並不是一種輕蔑之173 談，好像某種合法的期待已消失了似的。哲學中的分析運動（正像任何學科中的任何運動一樣）用完了一系列假定產生的辯證結果，現在則無甚可爲了。羅素和卡爾納普與康德分享的那種樂觀

主義信心（哲學、它的本質及其最終發現的正確方法，最後都被
納入可靠的科學之路上去），並不是某種惹人嘲笑或悲嘆的東
西。這種樂觀主義只是在那些具有高度想像力和勇氣的人、各自
時代中的英雄身上才可能產生。

2. 認識論的行爲主義

　　要描述奎因和塞拉斯攻擊邏輯經驗主義時共同特點，最簡單
的方式就是指出，這兩人都提出了關於認識優先性的行爲主義問
題，這種優先性在邏輯經驗主義那裏被看作是某些作爲特殊表象
報導的論斷所具有的。奎因問道，一位人類學家應該怎樣把土著
人經常地和甘心情願地公認的語句，區分爲偶然的經驗常識和必
然的概念真理。塞拉斯問道，對於（例如）事物如何向我們顯
現、我們遭受的痛苦和我們心中浮現的思想等等所做的第一人稱
報導的權威性，如何與有關（例如）金屬應力、鳥類交配行爲或
物體顏色的專門報導的權威性相區別。我們可以將兩個問題合在
一起簡單地問道：「我們的同伴怎樣知道我們的論斷中哪一些應
當相信，哪一些有待進一步證實？」對土著人來說，知道了哪些
語句是無可懷疑地真的，而不知道它們是「靠著語言」而爲真
的，這似乎就已經足夠了。對我們的同伴來說，相信不可能有比
我們的報導更好的方式來發現我們的內部狀態，而無須知道什麼
東西存於我們做出報導的「背後」，這似乎已經足夠了。對**我們**
來說，知道了我們的同伴具有這種默認的態度，似乎也已經足夠
了。單只這一點對於有關我們內部狀態的內在確定性來說似乎已 174
足夠充分了，傳統對這些內部狀態一直是用「直接呈現於意

識」、「明證感」，以及其它的說法（均假定了在**自然之鏡**中的反映內在地就比自然本身被認識得清楚）來解釋的。對塞拉斯而言，「我感到一次痛苦」的確定性是這樣一種事實的反映，即無人想對它質疑，反之則不然。對奎因來說，「一切人都是動物」和「有某些黑狗」的確定性情形也是一樣。奎因認爲，「意義」的脫出正如不是機械一部分的機輪一樣，❽而塞拉斯對「自行證實的非語言片段」的看法也是一樣。❾更廣泛地說，如果論斷是由社會來證明而非由人們所表達的內部表象的特性來證明，那麼就無必要企圖抽離出**特殊的**表象來。

參照社會使我們能說的東西來說明合理性與認識的權威性，而不是相反，這就是我將稱作「認識論的行爲主義」的東西之本質，這也是杜威和維特根施坦共同具有的態度。我們最好把這種行爲主義看作一種整體論，但它不需要唯心主義形而上學的基底。它聲稱，如果我們理解語言遊戲的規則，也就理解有關在該語言遊戲中爲何要完成某些步驟所應理解的一切了（這就是除了從無人會稱之爲認識論的研究中所獲得的專門理解中的一切，例如那些關於語言史、大腦結構、物種進化和遊戲者的政治與文化環境的研究）。如果我們是在這個意義上的行爲主義者，那麼我們將不會想到援引傳統的康德式的區分。但是我們能夠一味向前並成爲行爲主義者嗎？還是像奎因和塞拉斯的批評者所提出的，行爲主義難道不是只在用未經證明的假定來辯論嗎？❿是否有任何理由認爲，基本的認識概念**應當**根據行爲主義說明呢？

最後這個問題導致：我們能否把有關「人類知識性質」的研究正好處理成有關人們相互作用中的某些方式的研究呢，或者說，它是否需要一種本體論的基礎（涉及描述人類的某種哲學的專門方式）呢？我們應當把「S知道P」（或「S非推論地知道

P」，或「S不可改變地相信P」，或「S關於P的知識是確定
的」），看作關於S在其同伴間的報導的性質呢，還是看作有關
主體與客體之間、自然與其鏡子之間關係的論述呢？第一種選擇
導致實用主義的真理觀和對本體論的一種治療性的研究（按此哲
學可以糾正在常識與科學之間的無意義的爭執，但並不爲某對象
的存在或不存在提供任何獨立的證據）。因此對奎因來說，必然
真理只是這樣一種陳述，任何人都未曾向我們提出任何有趣的替
代性陳述，後者會導致我們懷疑該陳述。對塞拉斯來說，認爲關
於某一一時出現的思想的報導是不可改變的，就是認爲任何人還
未提出預測和控制人類行爲的一種好辦法，這種辦法不從其表面
上來看待誠實的第一人稱的即時性思想報導。第二種選擇導致對
以下諸種關係的「本體論說明」，即那些在心與意義、心與直接
認識材料、普遍項與個別項、思想與語言、意識和大腦等等之間
的關係。對齊思霍姆和貝格曼一類哲學家來說，必須設法進行這
類說明，如果要保留常識的實在論的話。所有這類說明的目的在
於使某事爲真的含義，多出於杜威稱作的「有保障的可斷言性」
的含義：即多出於我們的同伴將（如果其它情況相同）讓我們得
以安然說出的東西，這類說明如果是本體論的，通常都具有重新
描述知識客體的形式，這樣才得以「溝通」它與認知客體間的裂
隙。在這些方法間進行選擇，就是在作爲「適於我們去相信的東
西」的真理和作爲「與實在接觸」的真理之間進行選擇。

176

　　因此，在我們對知識的態度方面我們能否成爲行爲主義者的
問題，不是一個有關對知識主張或心理狀態進行行爲主義「分
析」的「適當性」問題。認識論的行爲主義（它可以被簡稱
爲「實用主義」，如果不嫌這個詞含義過多的話）與華特森或賴
爾沒有任何關係。它的主張却是，哲學只不過提供有關知識和真

理的常識（以生物學、歷史學等等作爲補充）。問題不在於是否可爲「S知道P」提供必要充分的行爲條件；人們不再夢想他們可以辦到這一點。問題也不再是，是否可爲「S看到P」、「在S看來P成立」或「S正在思索P成立」提供這類條件。在塞拉斯和奎因是行爲主義者的這一較廣的意義上，成爲行爲主義者就不是提供還原論的分析，而是拒絕嘗試某種說明：即這樣一種說明，它不只是在環境對人的影響和人對這種影響的報導之間插入「認識意義」或「認識感覺現象」一類概念，而且利用這類概念來說明這類報導的可靠性。

但問題仍然是，我們應怎樣決定這類概念是需要的呢？人們傾向於根據人性的一種先前的決定來回答，這種決定是，我們是否需要像「心」、「意識流」這類概念去描述人。但這或許是錯誤的回答。我們可能一面採取塞拉斯－奎因的知識態度，一面愉快地「贊同」純感覺、先天概念、固有觀念、感覺材料、命題以及一種人類行爲的因果說明可能覺得有用的任何其它被假定的東西⓫。我們所**不能**做的事情是，把有關這些「內在的」或「抽象的」實體的知識當成是一些**前提**，我們關於其它實體的知識通常可從這些前提中推出，而如若沒有這些前提，後一種知識就會是「無基礎的」。區別表現於兩種說法之間，一種是，認知一種語言即認知其詞項的意義，或者，看見一張桌子即有一種長方形的感覺印象，另一種是，依據有關意義或感覺印象的知識的優先的（內在的、私人性的、非社會的）權威性去說明「一切人均爲動物」或「它看起來像一張桌子」等符號表達的權威性。認識論的行爲主義不是一個形而上學的思維節約的問題，而是這樣一個問題，權威性是否可因爲在人與（例如）思想、印象、普遍項和命題之間的「認識」關係，而附著於論斷句之上。在奎因－塞拉斯

和齊思霍姆－貝格曼對這些問題的看法上的區別，不是在豐富的
風景和貧瘠的風景之間的區別，而更加像是在兩類道德哲學家之
間的區別，一類認爲，權利和責任是有關社會所賦予的東西的問
題，另一類認爲，在人的內部存在著某種東西，當社會在進行賦
予時，可將它「識認」出來。這兩個道德哲學學派之間的區別不
在於人是否有值得渴望的權利，而在於，一當我們理解了這些權
利何時和爲何被認可或否認，正如社會和思想史家所理解的那
樣，是否還有更多的有待理解的東西。簡言之，他們的區別在 178
於，是否存在有「人權的本體論基礎」，正如塞拉斯－奎因的方
法與經驗主義和唯理主義傳統的區別在於，一旦我們理解了（正
如知識史學家所理解的）何時和爲何這些信念被採取或被拋棄了
時，是否還存在著某種有待去理解的所謂「知識與現實的關係」
的問題。

　　與道德哲學的這種類比使我們再次集中於認識論行爲主義的
問題：這個問題不與事實說明的正當性有關，而與一種證明的實
踐能否實際上被賦予一種「基礎」有關。問題不在於人類知識實
際上是否有「基礎」，而在於當提出它有基礎時是否有任何意
義，以及有關認識的或道德的權威性具有一個「基礎」的觀念是
否具有一致性。對於道德的實用主義者而言，關於某一社會的習
俗是「以人性爲基礎」的主張，不是他知道如何去加以討論的問
題。他是一位實用主義者，因爲他不能理解一種習俗有這種基礎
會是什麼意思。對於奎因－塞拉斯的認識論研究來說，認爲真理
和知識只能依現時代的研究標準來判斷，並不等於認爲人類知識
的崇高性或重要性比我們一向所想的有所降低，或更多地「脫離
了世界」。它只是說，任何東西，除非參照我們已經接受了的東
西，都不能被看作是一種證明以及說，沒有辦法越過我們的信念

和我們的語言去找到一致性以外的某種檢驗標準。

指出**真實**與**正確**是一個社會實踐的問題，似乎把我們宣判爲一種相對主義者，這種相對主義把一種行爲主義方法應用於知識或道德。我將在第七、八兩章討論歷史主義時論述這一指責。在

179 這裏我只簡單指出，只有這樣一種學科（哲學）的形象才認爲這種相對主義自動地排除了有關思想的實踐的證明的一致性理論，這個學科將透過訴諸某種可爲一切研究和一切歷史建立一永久的中性構架的東西，來把一組科學的或道德的觀點理解作比其它可替代的觀點更「合理」。職業哲學家何以會從認爲知識可以無基礎或權利和義務可以無本體論根基的主張退縮，其原因是，這種摒棄基礎的行爲主義會導致摒棄哲學本身。因爲，認爲不存在人類研究和歷史的戲劇可在其中扮演角色的那種永久中性構架的觀點，導致這樣一個必然結論，即對某一文化的批評只可能是零敲碎打地和局部地進行的，絕不可能「參照永恆的標準」。這就威脅了有關哲學對科學和對文化之關係的康德派的形象。有一種衝動要求被稱作哲學特有的衝動，它斷言，論斷和行爲一定不只是與其它論斷和行爲一致，而且「符合」某種人們所說和所做之外的東西。正是這種衝動驅使柏拉圖說，蘇格拉底的言與行儘管與當下理論和實踐不一致，却符合某種雅典人幾乎不能領悟的東西。奎因和塞拉斯所反對的那種殘餘的柏拉圖主義，不是非物質實體的實體化作用，而是作爲試金石的這類實體的「符合」概念，人們根據這種試金石去衡量當前實踐的價值。⓬

180 簡言之，我所主張的是，奎因—塞拉斯對康德的兩類表象觀（「賦予」一種機能的直觀和「賦予」另一種機能的概念或意義），並非企圖用一種人類知識的論述來取代另外一種，而是企圖擺脫「對人類知識的論述」這個概念本身。它相當於堅決反對

一種原型式的哲學問題：怎樣把規範、規則和證明歸結爲事實、概括和說明的問題。⑬因此我們將不去找尋中性的元哲學基礎，根據這種基礎去討論奎因和塞拉斯提出的問題。因爲他們並非在提供一種有待證實其「適當性」的「論述」，而是在指出：提出一種「論述」是徒勞無益的。正如他們兩人所做的，拒絕根據按行爲主義不可證實的事件（在這類事件中，心直接確認一個藍色的例示物或確認「藍」的意義）去證明論斷，就等於說，證明應當是整體論的。如果我們不想有一種爲我們提供基礎的「習得的知識」，而且如果我們不簡單地否認存在有證明這類作用，那麼我們將同意塞拉斯的下述看法：「科學是合理的，不是因爲它有一個**基礎**，而是因爲它是一種自我糾正的活動，這種活動能使**任何**主張岌岌可危，雖然不是使**一切**主張同時遭此厄運。」⑭我們將同意奎因的看法，知識並不像是一種體系結構，而像是一種力場，⑮並不存在可免於以後加以修正的論斷。我們是整體論者，不是因爲我們編好整體，我們是行爲主義者，也不是因爲厭惡「靈魂實體」，而只是因爲證明永遠**是**行爲主義的和整體論的。只有專業哲學家幻想著它或許是另外的什麼東西，因爲只有他才懼怕認識論的懷疑論者。整體論的知識研究法不是一種反基礎論的論辯，而是對整個認識論活動的不信任。對「直接認識」事件的行爲主義研究法，不是一種反心理主義的論辯，而是對柏拉圖尋求與視知覺相聯繫的特殊確定性的努力的不信任。自然之鏡的形象（這面鏡子比它所映照之物更容易、更清楚地被看見），暗示著作爲這樣一種追求的哲學的形象，並爲後者所暗示著。

　　如果我迄今爲止所說的是站得住腳的，那就無法爲塞拉斯和奎因辯護，除非是對批評他們的人作出答辯。根本不存在中性的

基地使人可以立足並據以指出，在公允的論辯中他們已分別克服
了「所與性」和「分析性」。我們所能做的至多只是，使他們對
傳統進行批評的純粹部分擺脫他們的批評者（而且在一定範圍內
包括奎因和塞拉斯本人）所引出的各種外在的問題，從而或許可
以緩和他們學說的矛盾性。在下一節我將討論塞拉斯對所與性神
話的攻擊，並試圖使它脫離認爲不存在前語言認識所包含的「對
幼兒不公的」意義。接下去我將討論奎因對語言和事實間的區分
所做的批評，並試圖使它脫離奎因不幸的還原論的看法，後者是
與轉譯和**精神科學**的「不定性」有關的。**⓰**當我們使塞拉斯和奎
因的理論純化後，它們似乎是單一論斷的互補表述：「關於知識
本性的論述」不可能依賴於一種與現實處於特殊關係中的再
現（表象）論。這兩位哲學家的研究使我們最終得以揭露洛克在
說明和證明之間的混淆，並闡明「關於知識本性的論述」何以至
多只能是對於人類行爲的描述。

3. 前語言的認識

　　塞拉斯在＜經驗主義和心的哲學＞一文中把「心理學的唯名
論」表述爲這樣一種觀點：

> 對各**種類**、**相似性**、**事實的一切**認識，簡言之，對抽象實體的一
> 切認識（甚至連關於個別事物的一切認識），是一種語言現象。
> 按照這一看法，甚至對那些屬於所謂直接經驗的那些種類、相似
> 性和事實的認識，也不以習得語言運用的過程爲必要條件。**⓱**

　　純感覺（痛苦，當幼兒注視彩色物體等等對象時所產生的任
何感覺）的存在是對這一理論的明顯反駁。爲了反對這種反駁，

182

塞拉斯引出了在作爲區別行爲的認識和作爲塞拉斯稱作處「於證明和能够證明所說事物的理性邏輯空間內」（該書第169頁）的東西的認識之間的區別。第一種意義上的認識是由老鼠、阿米巴和計算機來表示的；它僅只是可靠的記號傳達活動。在第二種意義上的認識只是由人來表示的，我們將人的行爲解釋爲對這類語句的表達，其目的在於證明其它語句的表達。按照後一種意義，認識被證明爲真信念（知識），而按前一種意義，認識是對刺激進行反應的能力。<經驗主義和心的哲學>一文的大部分内容在於論證，這種能力是知識的因果條件而不是知識的**基礎**。這種觀點產生的一個必然結論是，關於個別事物或概念的知識，在時間上並不先於關於命題的知識（而永遠是從後者得出的一種抽象），從而，對語言學習和對命題知識的非命題的基礎的經驗主義論述，不可避免地是錯誤的。這一論證的關鍵前提是，不存在非命題性的被證實信念這類東西，而且不存在本身不是諸命題間關係的這類證明。因此說我們對紅色或紅色的例示的認識是我們有關「這是一件紅色的物體」或「紅是一種顏色」這種知識的「基礎」（與該知識的因果條件相對立），永遠是一種錯誤。

183

　　兒童和光電元件都能分辨紅色物體，但人們認爲前語言階段的兒童「知道紅色是什麼」，其意義與光電元件知道的意義不同。但是孩子怎能知道痛苦是什麼，如果對任何事物的全部認識都「是一種語言的問題」？在這裏塞拉斯需要另一種區別，這就是在「知道X像什麼」與「知道X是一種什麼東西」之間的區別。後者涉及到能够把關於X的概念與其它概念聯繫起來，以使得人們能够證明關於X的論斷。按照塞拉斯所採取的維特根施坦的觀點（具有一個概念就是使用一個字詞），這兩種能力之間沒有區別。結果，我們不可能具有一種概念而不同時具有很多概

念，我們也不可能「對某對象具有一個概念，因爲我們注意到了那種對象」；因爲「具有注意一種對象的能力已經是具有對該對象的概念了」（第176頁）。但是，「注意一種事物」就是在一種描述中的注意，不只是對其做出有區別性的反應。於是，知道痛苦像是**什麼**而不知道或注意到它是何**種**事物，這是什麼意思呢？

184　　這只是**有**痛苦。在這裏要躲避的圈套是這樣的看法，有某種內在的光亮，它只出現於孩子的心靈爲語言、概念、描述和命題點燃的時候，而不出現於孩子不以語言方式去哭泣和扭動的時候。孩子**感覺**相同的事物，在語言學習之前和之後，對他來說感覺是**相同**的。在學習語言之前，他被說成是**知道**他感覺的東西，假如它正是那樣一種東西，即在以後的生活中他將能對其做出非推論性報導的東西。這種潛在的能力，而不是他的較大的感受性，才是使其不同於光電元件之處。因此他可以直接對空氣缺氧、分子高速運動、大腦中複雜的伯吉爾氏節律等等直接做出反應，但他不被說成是「知道它們是什麼」，除非和直到他最終瞭解了有關的詞彙。但是窒息、熱、陶醉、痛苦、火、紅、雙親敵意、母愛、餓、吵鬧等等是在語言之前被「知道」的，或者日常言語會這樣認爲。它們被知道，正是透過被**具有**或被感覺。它們被知道而不可能被置於類屬中，或以任何其它方式與任何其它東西相關聯。

塞拉斯並無理由反對「知道痛苦（或紅色）像什麼」的觀念，因爲這只會支持所與的神話，並與心理學唯名論衝突，如果在知道痛苦有何感覺和知道痛苦是什麼東西之間有某種聯繫的話。但是，唯一的聯繫是，前者是後者的不充分和非必要的條件。其不充分性的明顯理由是，我們能够知道紅色是什麼而無須

先知道它不同於藍色，它是一種顏色等等。其非必要性在於，我們更加知道關於紅色的一切，即使生來目盲、**不知道**紅色是什麼樣子。說我們不能談論和知道我們對其未曾有感覺的東西，這是錯的，同樣錯誤的是說，如果我們不能談論它們，然而我們證明了關於它們的真信念。語言所特有的東西不是它「改變了我們經驗的性質」，「展開了新的意識圖景」，「綜合了先前未意識到的雜多」，或產生了任何其它種類的「內部」變化。語言習得所完成的一切是讓我們進入一個社群，其成員在彼此之間交換對論斷的證明和其它行為。**⑱**

於是塞拉斯可被認為是在對傳統的經驗主義說：知道事物是什麼樣子不是一個在陳述命題時被證明的問題。對此，經驗主義者大概會回答說（象R. 弗茲和其他人說過的那樣），這樣一種觀點混淆了概念和字詞。**⑲**「誇大了」語言重要性的塞拉斯、維特根施坦和其他人被說成是用未經證明的假定來論證，以有利於心理學的唯名論，他們假定說，有一個概念就是有一個對詞語的用法。塞拉斯可以以下述兩難法回答說：或者將概念賦予任何能有分辨力地對事物類別進行反應的東西（如自動唱片裝置），或者說明你何以在概念式思想和在其之前的原初的東西之間劃出分界，而劃界的位置不同於在習得了一種語言和尚在訓練該語言之間分界的位置。這個兩難問題強調了這樣的事實，傳統的所與概念使感覺和區別能力結合起來，運用前者的欠缺來排除掉機器和容納進嬰兒，然後運用後者的存在來使嬰兒所有的東西類似於命題知識。在塞拉斯和他的批評者之間關於這個問題的論爭可歸結為：我們將把概念化當作一個分類的問題，還是當作一個證明的問題？塞拉斯可以說，他將把**概念**這個詞讓給那些希望賦予自動唱片裝置或與其功能類似的原生質以概念的人，只要他能有另外

185

186

某個詞來表示我們所有的東西，當我們能使分類法與其它分類法
相互聯繫，就如語言使用者在爭論某一詞項應歸入哪一類時所做
的那樣。塞拉斯再一次求助於這樣的說法，即證明是一個社會實
踐的問題，而且任何不屬於社會實踐的東西都無助於理解對人類
知識的**證明**，不管它可能多麼有助於理解知識的**獲得**。塞拉斯認
爲，在傳統經驗主義中自然主義的和發生學的謬誤共同導致這樣
的觀點，我們或許會處於較好的地位去慶幸自己有進行準確地反
映的天性（或感嘆我們的失敗），只要我們能瞭解我們幼年發展
187　的諸階段的話。經驗主義者由於笛卡爾把思想和感覺合併起來感
到困惑，由於洛克的塗臘白板概念的單純性而感到茫然，此外又
驚異於這樣的事實，即如果真理是完整的，那就找不到確定性，
所以他們堅持說「紅色感覺像是什麼」乃是我們對自然世界知識
的關鍵。對塞拉斯說，這就像是堅持說嬰兒在被終止餵乳時所感
覺的東西，是一般道德意識的關鍵一樣。

　　總之，塞拉斯的心理學唯名論不是一種有關心如何活動的理
論，也不是一種有關知識如何誕生於嬰兒依偎的乳部的理論，更
不是有關任何其它事實的理論。它是有關事實與規則之間區別的
論述，這種論述的大意是，當我們進入社會，在其中遊戲的進行
是由認識的規則所支配時，我們只能被這些規則所左右。我們對
這樣的主張可能猶豫不決，即知識、認識、概念、語言、推論、
證明和邏輯理性空間都突然降臨到四歲左右的聰穎兒童的肩上，
而在此之前甚至都不曾以最原初的形式存在過。但我們不會對下
述看法遲疑不決，即一大串權利和義務將在他十八歲生日時突然
降臨，它們在此之前從不曾以哪怕最原初的形式出現過。當然，
後一情境比前一情境更明確，因爲除了成年人的漫不經心的談話
外（如「這個孩子知道他在談什麼」），不存在前一情境的標

誌。但在兩種情況下所談的都是人與其他人的關係的改變，而不是在人的內部的改變，這種改變使其**適合於**進入這樣一種新關係。問題並不在於我們認爲四歲幼兒有知識而一歲幼兒無知識時，我們可能會搞**錯**；更不在於，我們在把法律語言理解作十八歲青年可自由結婚而十七歲青年不能時，可能會搞**錯**。認真看待四歲幼兒的聒聒絮語可能是**不明智的**，正如把法定責任年齡定得如此之低可能是不明智的一樣，但對知識（或責任）如何「活動」將決定這類問題一事的理解，也並不更明智。

　　因此我們不應期待塞拉斯會提供一種「語言與思想的關係理論」，因爲思想是內部事件，它可能或可能不（取決於經驗心理學的需要）被看作必然地與語言、大腦狀態或種種其它事物聯繫起來。作爲一名**認識論者**，塞拉斯並未提供一種關於內部事件的理論。反之，他注意到，傳統的、非行爲主義的「認識論」概念，是把對這類事件的論述與對提出某些論斷的權利的論述混淆起來了。這就是採取如下的觀點，即哲學（而且特別是「心的哲學」）不可能由於提出了一種玄虛的批評觀而加強或削弱我們的同伴給予認可的、我們對自己論斷的信心。塞拉斯的心理學唯名論並非產生於作爲一種有關心是什麼或不是什麼的論題的行爲主義。它只產生於按上面規定的意義來理解的認識論行爲主義，這個意義與認識論的整體論幾乎無別。做一名這個意義上的行爲主義者，就是「徹底區分」心理事件和機能，並把我們證明論斷的實踐看作無需經驗的或「本體論的」基礎的。㉑

　　再次回到作爲認識權威性之根源的社會以後，在結束本節時我將再次強調，甚至關於感覺是什麼樣子的非概念的、非語言的知識，也歸予在此社會中其潛在成員身份爲基礎的人。嬰兒和更使人發生興趣的那類動物是被認爲「有感覺的」，而非（像光電

188

189

元件和人們對其無情感可言的動物，如比目魚和蜘蛛）「僅只對刺激進行反射」。這個問題應該根據一種社會感情來說明，這種感情把我們與類似於人的動物聯合在一起。類似於人，即有人的面貌，而人的面貌的最重要部分是嘴，我們可以把嘴發出語句的行爲想像成是與整個面貌的適當表情同時出現的。㉑當我們按常識說，嬰兒和蝙蝠知道痛苦和紅色是什麼，但不知道分子運動或季節變化是什麼時，只是說我們不難適當地想像他們在張開嘴時所談的是前者而非後者。當我們說一個小裝置（由一個光電元件組成，聯結到一個錄音機上）在說「紅！」時，當和僅當我們使它閃出紅光時，這個裝置不知道紅是什麼，這就等於說，我們難以想像與該裝置繼續談話。當我們說，我們真不知道由細胞質製成的機器人（他們都可行走，但欠缺尚待安裝的言語中心）是否知道紅色是什麼，這並非是在坦率表示有關主體性性質的科學的和哲學的困惑。㉒這只等於說，某些大致具有人的面貌的事物，似乎有朝一日會成爲我們的談話同伴，人們往往賦予這類事物以「感覺」，但是如果我們過多地瞭解到這些事物是如何被裝配起來的，我們就會極其不願把它們看成哪怕是潛在的同伴了。㉓

190 　　這種有關前語言認識行爲的歸屬問題（如蒙允許可擴大到我們語言潛在的或想像的說話同伴）的看法所導致的必然結果是，反對傷害嬰兒和相貌較好的動物的道德禁令，並非以他們具有感覺作爲「本體論的基礎」。即使有的話，作用方向也正好相反。道德禁令表現了一種社會感，後者是以想像中的談話可能性爲基礎的，而且感覺歸屬問題幾乎只不過是這類禁令的一種提示而已。對此可理解如下，除了心的哲學家外沒有任何人關心人與考拉（koala）的痛感和紅色感有何不同，但當我們看見一頭考拉在打滾時，都關心它。這一事實並不意味著，我們的或考拉的痛

苦「只不過是其行爲」；它只意味著，考拉打滾對於我們想像向我們求援的考拉的能力，比考拉內部發生著什麼更爲重要。在智力測驗時豬比考拉成績高，但豬不是按類似於人類的方式打滾的，而且豬的臉形極不適宜於與普通談話相配合的面部表情。所以我們心安理得地送豬去屠宰場，而教育社會去保護考拉。這並非是「非理性」的，把公民權擴大到包括低能兒（胎兒、土著部落或假想的火星人）或否認他們有公民權也不是「非理性的」。當把合理性看成這樣一套三段論的形成，它以發現「事實」和發現「應將痛苦減至最小」或「有智慧的生命永遠比美麗而無智慧的生命更可貴」一類原則的應用爲基礎時，這不過是一種神話而已。只有那種柏拉圖式的衝動才使我們認爲，我們對待考拉、白人或火星人的態度是一種「道德原則的問題」，這種衝動認爲，每一種道德情感、甚至任何一類的情緒都應以接受者身上一種客觀性質的承認爲依據。因爲對考拉或白人的「感覺」而言，人們必須去發現以便據以應用該原則的那些「事實」，不是可獨立於情感被發現的。❷我們對於兩可情況所具有的情緒，依賴於我們的想像活力，反之亦然。只有認爲在哲學中我們有一門學科，它可爲我們憑本能相信的東西提供好的理由這種看法，才使我們相信「更精心的哲學分析」會有助於我們在心的冷酷和愚蠢的感傷之間劃出界線。

　　認爲動物對某些事物像是什麼的瞭解與被證明的真信念毫無關係，而與道德甚有關係的看法，自然地來自塞拉斯的如下觀念，即人與類似人的生物的內部應以外部發生的事物（而且特別以它們在我們社會中的位置）來說明，而不是相反。自從笛卡爾使方法論的唯我論成爲嚴格的和專業化的哲學思考的標誌以來，哲學家們一直想爲認知、道德、審美和任何其它在個人之內有重

191

192

要性的東西找到「基礎」。因為在社會中怎能有任何東西不是由
個人創造的呢？只是自黑格爾以來哲學家們才開始玩弄這樣的觀
念，即個人離開了所處的社會不過是另一類動物而已。這種觀點
的反民主含義，還不談它的歷史主義和相對主義的含義，使黑格
爾式的思想很難對分析哲學的核心部分（認識論、語言哲學和心
的哲學）產生任何影響。但是塞拉斯的「經驗主義和心的哲
學」（他自己描述為「萌芽的**黑格爾沉思**」㉕）成功地使感覺與
被證明的真信念分開，並使感覺不具有其作為特殊表象的性質。
因此它表明認識論中的行為主義如何能避免說明與證明之間的混
淆，正是這種混淆使經驗主義認識論似乎必然得以成立。在第七
和第八章我企圖指出，由於摒棄了經驗主義而產生的對公共性優
先於私人性的強調，為進一步的黑格爾式和海德格式的解構論構
想鋪平了道路。

4.「『觀念』的觀念」

　　在論證了塞拉斯對所與性神話的批評可以與對嬰兒和動物的
仁慈、從而與通常道德意識相互一致以後，現在我想說明，奎因
對「『觀念』的觀念」以及語言與事實之間的區別所作的批評，
是與**精神科學**的理智崇高性相容不背的。奎因的「轉譯不定性」
與「指稱的不可解性」學說導致他宣稱，在意義對語言、信念對
人，以及抱負對文化的各種歸屬關係中並不涉及「事實」的問
題。我想在這個問題上也有一些區分將關涉到認識論行為主義的
193　假想的反直觀的結論，讓我們將這種行為主義看作是在為道德性
和高級文化掃清地盤，而不是旨在除去它們的「客觀真理性」

奎因所説的「『觀念』的觀念」是這樣一種觀點，即語言是
某種「內部」事物的表達，它必定在我們能説出語句意味著什麼
之前，或我們能解釋説話者的語言行爲之前（如將信念、慾望和
文化歸予他們之前）先被發現。放棄這種觀念就是既放棄邏輯經
驗主義的「意義性真理」觀，又於棄以前牛津學派的「概念性真
理」觀，因爲並不存在可以從中獲悉真理的意義或概念。對
待「概念」的概念的這種態度使人們有可能放棄康德在必然真理
〔單只注意概念（分析真理）或單只注意直觀的純概念和純形式
（先天綜合真理）就可判定的那類真理〕和偶然真理（須涉及經
驗直觀的那類真理）之間所作的區別。但是奎因把概念和意義僅
只看成一種意向，而且他希望除去**一切**意向。因此奎因在承
認（例如）「意味」、「相信」和「慾望」等等沒有行爲主義的
對應物後（如布倫塔諾和齊思霍姆在試圖保留傳統心身二元論真
理觀的某種核心內容時也企圖指出的），得出結論説，這一點證
明，「信念」和「慾望」的概念（對於「科學的」目的來説）正
如「概念」和「直觀」的概念一樣是可免除的：

> 人們可以把布倫塔諾的命題或者看成是證明了意向性語言的不可
>
> 避免性和一門自主的意向科學的重要性，或者看成是證明了意向
>
> 性語言的無根據性和意向科學的空洞性。我的態度與布倫塔諾的
>
> 不同，是屬於第二類的。我們看到，從其表面價值去理解意向性
>
> 的用法，就是把轉譯關係假定作客觀上正當的，但相對於言語傾
>
> 向整體來説原則上是不確定的。這樣一種假定從科學觀點看好處
>
> 甚微，如果其根據僅只是，所假定的這種轉譯關係是以語義學和
>
> 意向的專門用語爲前提的話。㉖

194

奎因認爲，這種反意向主義是與他反分析性的論辯一致的。
但並非如此。「經驗主義的兩個教條」的作者**應當**説，概念和意

義是無害的，如果假定它們爲我們的行爲提供解釋的話，而只是當人們把它們當成某種特殊真理的源泉，它們才變成有害的。尤其是我們會期待他說，爲以某種方式轉譯語言而不以另一種方式轉譯語言（或者爲歸因於某一些信念和慾望而不歸因於會預測同樣語言行爲的另一些不尋常的信念和慾望）通常所提出的理由，只是由於它們的內在一致性而被認爲是正當的，以及說，這類轉譯和意向狀態歸屬的實踐是由於它們的社會用途而被認爲正當的。奎因承認功用概念，但他認爲從哲學上看重要的是堅持，在「"Hund"是德文字『狗』」和「魯濱遜相信上帝」這類語句中提出的那種真理，不是表達「事實」的那種真理。❷❼因此可以說，他提供了方便性真理和符合性真理間的區別，而不是實證主義在約定性真理和由感性經驗確證的真理之間所做的舊的區別。

195 關於意義、信念和命題的真理，從某方面說不是在該詞完全意義上的實在真理，這正如實證主義者以前慣常說的那樣，必然真理不是真地「關於世界的」。

「兩個教條」的整體論和實用主義，似乎使兩類真理之間的這種區別，正像奎因加以批評的舊的區別一樣難以維持。奎因的許多批評者注意到了這個問題，並把他堅持這種區別斷定爲傳統經驗主義的一種殘餘。❷❽我同意大多數這類批評，但我不打算綜述或綜合它們（除了指出，這些批評家共同認爲我們在轉譯中可能發現的任何一種「不定性」都將同樣無害地出現於**精神科學**中）。但是透過考察「指稱的不可解性」概念，我們可以對「經驗主義的」直觀獲得某種理解，這種直觀使奎因堅持談論「符合」觀，並阻止了他自己的行爲主義和整體論具有的黑格爾含義。

196　　奎因是這樣綜述他的「本體論相對性」的論點的：

有意義的事情不是去談論，絕對地說一種理論的對象是什麼，而
是去談論，關於對象的某種理論如何在另一種理論中是可解釋的
或可重新解釋的……。我們目前的思考引導我們去理解的東西
是，關於看顛倒的東西或在互補色中看東西的猜謎，應當認真加
以看待，而且其含義有普遍適用性。我們獲得的相對主義命題就
是如此。再說一遍，談論一理論的對象是什麼，而不是談論如
何在另一種理論中解釋或重新解釋該理論，這是毫無意義
的……。談論各個從屬的理論及其本體論，只有相對於具有其本
身最初被採取而最終不可理解的本體論的背景理論時，才是有意
義的。㉙

　　人們會認爲這個相對主義命題是奎因和塞拉斯共同贊成的那
種知識與科學研究法的自然的和幸運的結果，如果不是由於那句
令人困惑的短語「最初被採取而最終不可理解的本體論」的話。
按照一種完全的整體論觀點看，「我們**實際**在指兔子還是兔子成
長階段？是公式還是哥德爾的數？」㉚這樣的問題當僅只相對於
一種背景語言時既不會被看成無意義又不會被看成有意義，而是
被看成與下述語句類似：「我們實際是在談論民族呢？還是在談
論個人組成的集團？」或者「我們實際是在談論巫婆呢？還是在
談論幻覺精神病患者？」後兩個問題的意義是由我們賦予它們
的，這就是，如果某種東西進一步取決於回答的話。我們不難想
像意義在其中被賦予的這些問題的情境；但對於兔子與兔子成長
階段相對比的例子就較難想像了，但並非不可能想像。但是奎因
對於**這種**賦予意義的方式不感興趣。㉛他關於不定性和不可理解
性的論斷並不與科學和實踐的需要相聯繫。奎因承認，語言學家
從未夢想利用不定性去轉譯通常說出的短的語句「另一個兔子成
長階段！」當兔子跳出時，他說道：

197

引導他（語言學家）去選擇「兔子」的隱含準則……是，一個持續存在的、相對類似的東西，相對於一個與其相對比的背景整個地在運動著，它是一個針對一個短語句的恰當的指示者。……這個準則是他自己強加予的，以便確定客觀上不確定的東西。它是一個十分合理的強加的準則，因此我不會推薦其它的準則。但我是在提出一個哲學的論點。㉜

　　在此意義上的「哲學論點」，最低限度與判定世界究竟如何沒有關係。奎因在較早的實證主義觀（這類論點是貶意上「形而上學的」）和較接近哲學作爲治療的牛津派觀點（這類哲學特有的論點可用作對「『觀念』的觀念」一類的 $\pi\rho\hat{\omega}\tau o\nu$ $\psi\varepsilon\hat{v}\delta o s$〔虛假第一原理〕的解毒劑）之間搖搖擺擺。然而我們或許可以把這種特殊的哲學論點理解爲提供著一種反對（如果有的話）「本體論」和「指稱」概念的解毒劑。這就是說，我們可以求助於一種較老式的觀點，即正如＜兩個教條＞一文中行爲主義的「意義真理觀」的方法沒有使我們得到「意義同一性」概念，除了（如哈爾曼所說）是常識的和與哲學無關的概念以外，例如在「總統到越南去了」和「約翰遜到越南去了」意味著同一件事，＜本體論的相對性＞一文中的行爲主義「本體論」方法也沒有使我們得到「指稱同一性」，除了常識的和與哲學無關的概念以外，例如關於兔子成長階段的談論與關於兔子的談論是關於同一件事的談論（但以不同的方式）。㉝在奎因看來，「指稱」的哲學觀與意義觀正相對立，因爲：

指稱，外延是堅實的東西；意義、內涵是非堅實的東西。然而，現在面對著我們的轉譯的不定性，涉及外延與內涵二者。像「兔子」、「未分離的兔子的部分」和「兔子成長階段」這些詞彼此的不同不只在於意義；它們適用於不同的事物。指稱本身表明在

行爲上是不可理解的。㉞

　　但是這種相對的堅實性本身僅只是奎因如下主張的產物，即內涵（對它來說不存在同一性判準）比起外延（對它來說存在著同一性判準）來是較不堅實的。奎因認爲，內涵同一性條件的問題可歸結爲這樣的問題，即「兩個永真語句應怎樣聯結以便當『p』和『q』代表二語句時，我們有根據說，〔p〕是與〔q〕相同的一個命題，而不是另一個命題。」㉟但是，奎因說，認爲這個問題可予以回答，就等於認爲存在著某種同義關係，它使一種語言的一個語句成爲另一種語言的一個語句的正確轉譯。㊱

　　然而我們現在繞了一圈又回到原位。指稱的堅實性的成立是因爲與一種意義的不堅實性做了假想的對比之故。但是這種不堅實性只出現在當轉譯是不確定的情況下，其不確定性的意義應參照物理學是確定性的來理解。這樣，如果我們接受對奎因的「雙重」轉譯不定性的標準批評（這種不定性與物理理論的不定性的區別在於，對於前者而言不存在「事實」）那麼我們沒有理由對指稱的情況也並不更好一事感到驚異，而且沒有理由認爲，指稱的行爲不可理解性（behavioral inscrutability）導致了任何結論，除了「對指稱來說太糟了」或「兔子成長階段和兔子是完全一回事」以外。因爲在這裏「指稱」的意思是指一種專門哲學概念，其不可理解性是一種專門哲學論點，後者依賴於使兔子和兔子成長階段的分離比任何科學的或實際的需要所容許的更大，我們會覺得有權利對這個不可理解性採取與奎因相同的那種不過於關心的態度，這就是他對同義語的專門哲學概念和對布倫塔諾的意向性事物不可還原性論點所採取的態度。

　　我們的確應當採取這個態度，㊲但應在更仔細地考察奎因在本體論問題上的搖擺之後。正如奎因會贊同的那樣，認爲指稱的

199

哲學概念是一種我們沒有它也行得通的概念，就是認爲對本體論來說也一樣。因爲正是出於對本體論的關切，奎因才認真看待指稱，這將有助於理解，他是多麼難於使這種關切與他下述的整體論主張協調一致，這種主張認爲，在普通科學探討之上和之前並無「第一哲學」❸。後一觀點似乎使他傾向於塞拉斯的一種觀點，即「科學是萬事的度量，是什麼是存在物和什麼不是非存在物的度量。」❸然而奎因主張，意向性語言的實際不可免除一事，不應使我們看不到這樣的事實：

> 如果我們在描繪真正的和最終的實在結構，我們的標準圖式是這樣一種嚴格的圖式，它除了直接引語外不知道任何其它引語，除了有機體的物理構造和行爲外不知道任何命題態度（proposition-al attitude）❹❹

200

他斷言，這種構想是科學構想的延伸，因爲：

> 透過用更明晰的成分去進行解釋，把我們沒法達到的那些含混的理論構造或概念刪除，這就是科學概念圖式所做的一種闡明工作。促使科學家去不斷尋求適合於其專門學科的更簡單、更明確的理論的動機，也就是使所有科學共同具有的更一般的構架簡單化、明晰化的動機。……對於標準符號系統❹的一種最簡單、最明確的普遍模式的尋求，不應當區別於對最終範疇的尋求，後者即對最普遍的現實特徵進行描述。不容反駁的是，這類理論構造都是約定性事物，而不是由現實強加予人的；因爲對於一種物理理論難道不也是一樣嗎？的確，現實的性質就是如此，一種物理理論會比另一種物理理論使我們對其更爲信服；但對於標準符號系統來說情況也是類似的。（第161頁）

當然，困難在於知道什麼是「含混」和「清楚」。奎因認爲，精神科學使用的概念如此之不清楚，以至於我們在描繪現實

結構時應當清除這些概念。然而在自然科學中一切都是清楚的，除了當它們涉及數、函數、性質時，在這種情況下我們把後者解釋爲集合，自然科學家可以異常冷淡地看待這種解釋。但是「信念」、「意義」、「譯作……」等是不可救藥的；在集合論中沒有現成的東西來替換它們；它們只能由於實用方便而存在。❸

　　然而爲什麼「相信……」和「譯作……」比「是與……相同   201
的電子」和「是與……相同的集合」更多地歸於實踐的必須呢？爲什麼**自然科學**描繪現實，而**精神科學**僅只使我們能够對付自然呢？使它們區別開來的是什麼呢，假定我們不再考慮任何那種具有特殊認識論性質的陳述，而只考慮一切這樣的陳述，它們在整體論的逐步調節（因「經驗主義的兩個教條」而聞名）過程中共同致力於人類福祉？爲什麼經驗探索的單位不應當是整個文化（包括**自然科學的**和**精神科學**文化），而只應是整個自然科學呢？

　　企圖回答這些修辭學的問題，把我們引向（按奎因看來的）一個真正的矛盾。結果十分清楚，在某一段落中他企圖論證説，轉譯的實際支配性沒有認識論含義：

　　「除了邏輯真理」這個短語是約定性的，因爲轉譯具有不定性……。欠缺確定性本身，助長了堅持作爲部分決定因素的這種嚴格而簡單的規則……。「除了邏輯真理」既是一種約定，又是一種明智的約定。而且我們也看到，它並未賦予邏輯真理以不同於任何所謂事實的明顯真理的認識論性質。❹

　　但是如果約定性依賴於一種**特殊的**轉譯不定性，那麼我們可   202
以**不像**奎因在前引段落中所認爲的那樣説，物理理論是一種「並非由現實決定的約定性事物」。如果邏輯真理的永恆性僅只是一種實用規則，而不是對現實性質的洞見，那麼如果物理理論**是**這

樣一種洞見，它就不能也是一種實用規則。

　　讓我們把他的理論搖擺性總結一下，現在可以指出，奎因想肯定的是下列各點：

　　（1）存在著本體論這樣的事物，它是由「對人們可以假定什麼對象的這種關切」所支配的，而且是以「不承擔責任的具體化㊺和其對立面」之間的區別爲基礎的。㊻

　　（2）不存在任何一個語句都有的一種特殊的認識論性質，除了它在維持某種「力場」中的作用以外，這個力場即人的知識，其目的是處理感覺擴散。

　　（3）因此不存在直接認知感覺材料或意義這類事情，後者會由於符合現實而提供報導的不可改變性，除了它們在總的信念構架中的作用以外。

　　（4）因此認識論與本體論從不結合，因爲我們對於應假定什麼對象所有的關切，不是由我們直接認知普遍項和個別項來支配的。

　　（5）然而在那些表達事實的信念網部分和不表達事實的信念網部分之間仍然應當做出區別，而且本體論保證説，我們可以發現這種區別。

　　如果奎因要既肯定（5）又肯定（1）-（4），他就必須解釋「事實」與「約定」之間的區別，這一區別與通常工具論——現象論的區別没有聯繫，後一區別存於我們實際認知的東西和我們「假定」來對付刺激的東西之間。就我觀察所及，他能這樣做的唯一辦法只是選擇現代物理學的基本粒子作爲典型的事實性的例子，並説明，所謂不存在關於意義或信念的事實，其意思是，對於不涉及那些粒子運動而談到一個語句意謂著什麼或一個人相信什麼可以有不同意義。這一研究策略使他偏好物理學勝於心理

學，因此他對「不承擔責任的具體化」的關心是純美學性的。何
況這個策略也行不通。因爲（例如）生化的以及心理學的替代理
論，將與同一種粒子的完全相同的運動協調一致。除非和直到從
物理學法則中可真正地導出一切真的法則性語句（沒有人認真期
待會如此），否則將不會對線粒體不可能有意圖一事產生抱
怨❹。

　　我想，奎因之所以陷入這些困難，是由於企圖保留他和塞拉 204
斯從卡爾納普以及最終從維特根施坦的《邏輯哲學論》中吸收來
的觀點，這就是，世界可在一外延性語言中被「完全描述」。真
正的怪物是「內涵性」（intensionality）而不是意向性，因爲
只有意向性話語的非真值函項性，使其所假定的主題比（例如）
不可還原的生化學的有關線粒體的論述更名聲不佳。向粒子語言
的可還原性，只是向真值函項論述的可還原性的藉口。粒子無足
輕重，邏輯形式却至關重要。欠缺明確的意向同一性條件是後果
嚴重的，不是因爲隨之發生的某種心靈性，而只是因爲這種欠缺
使一些語句成爲非外延性的了。但果真如此的話，我們就可以不
使用奎因的手段而達到他的目的。爲此，我們可以假定世界**能够**
完全用一種真值函項的語言來描述，雖然同時也假定世界的各個
部分也可以用外延的語言描述，並乾脆防止在這些不同描述形式 205
之間進行令人不快的比較。我們說它可被**完全地**描述，即使用一
個按照時空範圍，而不是按照說明力或實際方便性來定義的完全
性概念。如果我們不能涉及意向（意念），就會覺得難於應付世
界，但我們將（不管有何價值）仍然能够描述現實的每一部分，
而且甚至對具有任意精細性的任何時空領域的內容進行準確的預
測。

　　戴維森指出了把這一觀點應用於信念和慾望的詞彙的方法，

他根據同域性的和異域性的概括之間的區別來處理這個問題：

一方面有這樣一類概括，它的肯定例子使我們有理由相信，概括
本身可這樣來加以改進，即增加其它附帶的條件，這些條件是以
和最初概括相同的一般語彙來表示的。這樣一種概括是指向已完
成的法則的形式和語彙的；我們可以說，它是一種**同域性
的**（homonomic）概括。另一方面有這樣一類概括，當被例示
時，它可使我們有理由相信存在有一種精確的法則，但這種法則
只能透過轉換到不同的詞彙才能表述。我們可以稱這類概括是**異
域性的**（heteronomic）。

我想我們大多數實用知識（和科學）都是異域性的。因爲一個法
則可以希望是精確的、清晰的和盡可能無例外的，只有當它從一
種可理解的封閉理論中引出概念時才成。……相信一個語句是同
域性的，在其本身概念範圍內可改正的，這要求它從一種具有牢
固組成成分的理論中引出它的概念來……。

正如我們不可能合理地賦予任何對象以長度，除非一種可理解的
理論含有那類對象，我們也不可能合理地賦予行爲者任何命題態
度，除非在有關他的信念、慾望、意向和決定的可行理論的框架
之內。**❹**

戴維森繼續說道，所提出的心理－生理法則就像是「一切祖
母綠都是可怕的。」（All emeralds are grue）這句話那樣，
我們可以談論emeroses**❹**和grueness（可怕），或談論祖母綠
和綠色（greenness），但不能同時談二者（至少當我們想有一
種有用的可理解的理論時不這樣談）。即使如此，我們可以談論
行爲和信念，或談論運動和中子，但不（令人可理解地）同時談
二者。但是在前一例子中有一種明顯的意義，我們可按照該意義

來談論**相同的事物**，不論我們選擇那一組謂詞。戴維森說，即使在後一例子中情形也如此。在詞彙選擇中的區別，不是在實在性和本體論缺欠性之間區別的標誌，也不是在事實性和神秘性之間區別的標誌，而是完全近似於談論國家本身的活動和談論部長與將軍的活動之間的區別，或近似於談論線粒體本身和談論線粒體包含的基本粒子之間的區別。我們可以合理而有益地說出下面一些話，如「如果阿斯基茲當時還是首相的話，英國就要戰敗了」，「如果那兒有更多一些中子的話，線粒體就不會存活了」，「如果我們在皮質正確位置正好插入一個電極，他就絕不會斷定自己是拿破崙了」，或者「如果我們能抓住一個emerose，我們就會獲得那種綠的色澤」。但是我們不能（至少就我們現在所知）將這些異域性話語發展為一些屬於諸可理解的理論中的法則。另一方面，我們也不必將這些異域性論斷看作是越過了諸本體論領域間的界線，特別是事實性領域和非事實性領域。按照戴維森的不同說明性詞彙之間關係的觀點，沒有**任何**理由認為，這些有助於真值函項表述的詞彙，以內涵性詞彙不可能有的方式「描繪了真正的和最終的現實結構」。外延與內涵的區別所具有的哲學興趣，正與國家與人民間的區別所具有的哲學興趣一模一樣：它可以引動還原論者的情緒，但不能為從事還原論的方案提供一種特殊的理由。

207

戴維森所做的區別提供給我們一個機會去理解，一種意向性詞彙只是談論世界各個部分的種種詞彙中的另一套詞彙而已，沒有這套詞彙世界當然也能夠被充分描述。我們可以贊同卡爾納普的下述直觀看法，即任何東西的運動都能根據基本粒子的運動來預測，以及如果我們一直追溯所有這些粒子的話，我們或許就在追溯（雖然**沒有**說明）一切存在物，並像奎因一樣不討論「意向

性語言的無基礎和意向性科學的空洞」。一套詞彙（粒子物理學
的詞彙） 可供世界的每一部分之用， 而關於線粒體、emero-
ses、內閣大臣和意向的談論，只是在某一場合才需要。但是普
遍性與特殊性之間的區別不是事實性與「空虛性」之間的區別，
更不是實在性與顯相性、理論性與實踐性或自然與約定間的區
別。

然而戴維森以一種令人誤解的方式將自己的構想與奎因的構
想聯繫了起來，因爲他說「把心理與物理聯繫起來的一般語句的
異域性特徵，可溯源於在描述一切命題態度中轉譯的這種中心作
用和轉譯的不定性，」❺同時他贊成地引述奎因的話說，「布倫
塔諾的意向性語言不可還原性論點，是與轉譯的不定性論點完全
一致的。」❺這兩種看法指出，在提供轉譯的陳述和行爲之間的
關係是特殊的，與此對照，在關於線粒體的陳述和關於基本粒子
的陳述之間的關係則不是特殊的。二者都指出了奎因關於轉譯的
「雙重」不定性的奇特學說。但是如果我到此所說的一切正確的
話，不可還原性永遠只是不可還原性，而絕不是對「本體論」區
別的提示。在語言中有很多詞彙系統，在其中人們可以期待去獲
得在同域性概括中表述的一種可理解的理論，而科學、政治理
論、文學批評和其它等等學科，如上帝允許的話，還將繼續創造
越來越多的這類詞彙系統。要放棄那種在哲學中我們有一個學
科，它會防止「不負責任的具體化」，並將我們「對有關人們會
去假定的那些對象的關切」系統化的看法，或許就是去輕鬆地對
待不可還原性概念，從而只根據實用的或審美的理由來判斷每一
套這類詞彙。奎因對卡爾納普企圖區分哲學和科學領域所做的嚴
厲批評，恰足幫助我們理解不存在這樣一種學科，並恰恰使我們
理解，精神科學不會變得更科學化或在本體論上更值得尊重，如

果布倫塔諾和狄爾泰對精神科學的不可還原性最終搞錯了的話。然而不幸，奎因認爲符號邏輯必定在某方面具有「本體論含義」的持久信念，導致他產生了超過必要性之上的轉譯、意向性和「『觀念』的觀念」。

　　我用這長長的一節來討論奎因對作爲假想必然真理之說明的「意義性真理」的批評，不應與他對作爲心中之觀念的「意義」的批評相混，這種觀念以語言行爲不可能辦到的方式決定著轉譯的精確性。前者肯定是一種僞說明；由於在＜兩個教條＞一文中提出的整體論理由，不存在**特殊的**表象。但是奎因對特殊表象的不信任導致他不信任**一切**表象，不信任「『觀念』的觀念」本身。然而心中的觀念的靠不住程度，正與大腦中的神經細胞、細胞中的線粒體、心靈中的激情或歷史中的道德進步的情形完全一樣。在近代哲學中「『觀念』的觀念」所造成的損害是由對認識的權威性的虛假說明所致，這種說明是透過「心之眼」的「直接認知」概念提出的，心則包含著感覺材料和意義一類心的實體。但是這種損害是認識論的，非本體論的。如果我對奎因一直在進行的（而且沿著我在本書中採取的路線來進行的）批評正確的話，人們可能造成**本體論**損害的唯一方式，就是去堵塞研究之路，以犧牲一個好的新理論爲代價去堅持一個環的舊理論。可以說，十九世紀內省派心理學的確一時堵塞了研究之路，但即使如此，這或許也與下述說法完全不同，即認爲**精神科學**阻礙我們明白地看清現實，或認爲它們可疑的本體論必須爲了實用目的而被容忍。認識論行爲主義的教訓正在於，對於轉譯或意向性以及任何其它「本體論」主題來說，都不存在應予完成的「哲學觀點」。反之，它有助於我們看清，說明的效力正存於我們發現它之處，以及使我們看清，在「科學的」和「非科學的」說明之間

209

企圖做出哲學性區別，是毫無必要的。

5. 認識論的行爲主義、心理行爲主義和語言

　　在前一章中我曾説過，認識論的傳統把獲得知識的因果過程與它的證明有關的問題混淆不分了。在本章中，我已論述了塞拉斯對所與性神話的批評和奎因對意義性真理概念的批評，以作爲這種更一般的批評的兩種具體的發展。如果我們承認這些批評，並因而抛棄由笛卡爾首創的認識論概念（即把認識論看作探索在意識領域內那些作爲真理檢驗標準的特殊項目），我們就有可能去問是否仍然有某種認識論一類的東西。我想提醒人們注意，這種認識論不再存在了。爲了理解笛卡爾想去理解的問題（如新科學高於亞里士多德，新科學和數學之間的關係，常識、神學和道德），我們須要向外轉而非向內轉，須要朝向證明的社會環境，而不是朝向諸內部表象間的關係。這種態度近幾十年來爲很多哲學發展所支持，特別是那些產生於維特根施坦的《哲學研究》和庫恩的《科學革命的結構》的哲學發展。這些發展中的一部分將在第七和第八章中討論。然而在討論之前，我將討論從笛卡爾傳統中保存某種東西的兩種企圖，這兩種企圖似乎對我們完全抛棄自然之鏡形象能力頗爲懷疑。

　　第一個企圖是反抗心理學哲學中的邏輯行爲主義，這導致根據內部表象，而不一定與信念和行爲的證明有任何聯繫地、對行爲進行説明的理論的發展。我已説過，一旦説明和證明分離開來，就無理由去反對根據表象去説明獲得知識的過程，而且提供這種説明並不須要去復活傳統的「心身問題」。但我認爲，維護

這種說明以反對賴爾和斯金納，會極易被歪曲以致恢復傳統的十七世紀哲學問題系統，因此我將用第五章來討論這類維護的觀點。我的目的將是透過為其辯護而反對維特根施坦的批評和喬姆斯基的贊同，以使經驗心理學與認識論殘餘脫離。 211

　我將討論的從笛卡爾傳統中保留某些東西的這第二種企圖，是在晚近語言哲學範圍內的一種努力，它詳細說明「語言怎樣與世界掛鈎」，因此創造了一種與笛卡爾的思想怎樣與世界掛鈎問題類似的東西。企圖利用詞項指稱概念和語句真理觀以有助於理解曾困擾過笛卡爾的問題，在我看來是注定失敗無疑，但這樣一種方案是很有誘惑力的。因為語言是一種「公共的」自然之鏡，正如思想是一種「私人的」自然之鏡一樣，似乎我們將能够用語言學詞語重述大量的笛卡爾與康德的問題和回答，從而恢復許多標準的哲學爭論（例如在唯心論和實在論之間的選擇）。我在第六章討論種種進行這種恢復工作的努力，並主張語義學正像心理學一樣應擺脫認識論。

　一旦心理學說明中所需的內部表象和語義學為產生自然語言意義理論所需的語詞—世界關係，被看成是與證明問題無關，我們就可以把放棄追求特殊表象，看作放棄「知識論」的目標了。十七世紀朝向這樣一種理論的衝動，是從理解自然的一種範型向另一種範型改變的產物，也是從宗教文化向世俗文化改變的產物。作為能給予我們「尋求真理的正確方法」的學科的哲學，有賴於找到適用於一切可能探討的某種永久性構架，理解這一點將使我們能看清（例如）何以無論亞里士多德還是貝拉爾敏都未正確地相信他們所相信的東西。作為自然之鏡的心靈，是笛卡爾傳統對需要這樣一個構架所做出的反應。如果在這面鏡子中沒有特 212
殊的表象，那麼它將不再適合對一種檢驗標準的需要，這一檢驗

標準是供我們在對信念的正當的和不正當的判斷間進行選擇之用
的。除非能找到某種其它這類構架，放棄自然之鏡將導致我們放
棄作爲一門學科的哲學概念，這門學科的目的是對科學和宗教、
數學和詩歌、理性和情感的各種主張進行評判，並使其中每一項
各就自己之位。在第七和第八章中我將進一步闡發這個論點。

注　解

❶這個問題一直迴響於本世紀，其情況將在下章描述。心理學產生於具有如下含混希望的哲學，即我們也許能向回越過康德，並重新抓住洛克的素樸性。自那時以來心理學家們徒勞地抱怨著他們被新康德主義哲學家們（分析的和現象學的這兩種）忽略了。

❷參見E. 胡塞爾：〈作爲嚴格科學的哲學〉，載於《現象學與哲學的危機》，Q. 勞爾（編譯），紐約，1965年，第120頁。在這篇發表於1910年的長文中，胡塞爾把自然主義和歷史主義分析爲一種懷疑主義和相對主義。例如參見第76～79頁，第122頁。他開始透過重複他在《邏輯研究》中對心理學的邏輯概念提出的批評來批評自然主義。（參見第80頁以下論述自然主義由於將規範還原爲事實而否定了自身一段）。

❸羅素在其《我們對外部世界的知識》中的〈作爲哲學本質的邏輯〉一章以下面一段話來結尾：

> 舊邏輯禁錮思想，而新邏輯給思想增添了羽翼。在我看來，邏輯導致的哲學進步正如伽里略在物理學中導致的進步一樣，使人們最終有可能理解哪些問題可加以解決，而哪些問題由於超出了人類能力而必須棄而不顧。而且在似乎有可能提出解答之時，新邏輯提供了一種方法，它使我們能夠獲得的結果不僅僅是體現著個人的特質，而且必須強制一切有形成意見能力的人都接受。

就我目前的目的而言，（例如由達美特和安斯柯姆伯提出的）標準責難說，羅素混淆了的確從新邏輯中產生的弗雷格和維特根施坦的專門語義學說和不是從新邏輯中產生的認識論學說，這無關緊要。這種責難十分公允，但若沒有這種混淆，分析運動將或者不能起飛，或者變成了完全不同的東西。只是在過去二十年中，在「語言的哲學」（linguistic philosophy）和「語言哲學」（philosophy of language）之間才開始劃出了明確的分界。關於二者區別的詳細論述，參見第六章第一節。

❹參見羅素：《我們對外部世界的知識》，第61頁（紐約美國版，1924年）和胡塞爾：《現象學》，第110～111頁。

❺參見H. 斯皮格伯格：《現象學運動》第二版，海牙，1965年，第一卷第275～283頁，以及D. 卡爾對胡塞爾的《歐洲科學的危機和先驗現象學》（艾萬斯頓，1970年）一書寫的「譯者導言」，第xxv～xxxviii頁。另外參見賴爾對《存在與時間》的反應，他舉例說明了受羅素影

響的盍魯—撒格遜方案與胡塞爾創始的方案間的類似性:「我個人的看
法是,作爲第一哲學的現象學目前正趨於瓦解和面臨災難,它將或以自
我毀滅的主觀主義終結,或以空虛的神秘主義終結」(載《心》,1929
年;轉引自斯皮格伯格一書的第一卷,第347頁)。賴爾的有先見之明
的觀點是,「存在論現象學」的到來,意味著作爲「嚴格科學」的現象
學的終結。

❻我認爲,在英美國家,哲學已經在其主要文化功能方面被文學批評所取
代,文學批評有如青年對本身與過去的不同進行自我描述的源泉。參見
H. 布魯姆:《錯誤讀解的地圖》,紐約,1975年,第39頁:

　　　　今日美國文學教師遠比歷史、哲學或宗教學教師更加被譴責爲
　　去教導過去的現在性(presentness of the past),因爲歷史、哲
　　學和宗教作爲推動因素已離開了教育舞台,把目瞪口呆的文學教師
　　留在祭壇上,爲其究竟應當是祭物還是教士而困惑不已。

　大致而言,這是由於盍格魯·撒克遜哲學的康德的和反歷史主義的一般
趨向所致。在黑格爾未被忘記的國家裏,哲學教師的文化功能完全不
同,它更接近於美國文學批評家的地位。參見拙文<專業化的哲學和先
驗主義的文化>,載於《喬治亞評論》,1976年第30期,第757~769
頁。

❼在我編選的《語言的轉向》(芝加哥,1967年)一書的導言中我企圖綜
述直至1965年爲止的這類文獻。

❽關於把奎因解釋成在攻擊「哲學的意義概念」的說明效力,參見G. 哈
爾曼:「奎因論意義和存在,I」載於《形而上學評論》1967年第21頁,
第124~151頁,特別是第125、135~141頁。

❾W. 塞拉斯:《科學、知覺和實在》,倫敦和紐約,1963年,第167頁。

❿對於奎因的行爲主義的這種批評,參見H. P. 格賴思和P. F. 斯特勞森:
<爲一種教條辯護>,載《哲學評論》,1956年第65期,第141~156
頁。對塞拉斯的這類批評,參見R. 齊思霍姆對塞拉斯意向性主張的批
評,載於《明尼蘇達科學哲學研究2》(1958年)第521頁以下刊出的兩
人的通信中。

⓫在第五章討論經驗心理學時,我將維護這一看法。十分遺憾,塞拉斯和
奎因本身並未如此安然地看待這個問題。關於對奎因擺脫意向概念的批
評,參見下面第三節。這一批評在細節上加以必要調節之後可用於塞拉
斯堅持的下述主張:「科學形象」排除了意向;但是塞拉斯的論點更精
細,並涉及他對反映論的原教旨態度,對此將在第六章第五節中加以批
評。

⓬不幸，他們兩人都傾向於用與物理實體，特別是與物理科學的「基本實體」（基本例子或其後發現的各種粒子）的符合來取而代之。塞拉斯（和J. 羅森伯格）企圖從作爲反映準確性的柏拉圖知識觀中拯救**某種東西**，對此我將在下面第六章第五節中加以批評。我本人態度與斯特勞森（及海德格）的相同：「符合論需要的不是純化而是刪除」。（P. F. 斯特勞森：＜真理＞，重印於《真理》，G. 皮奇爾編，伊格伍德·克里夫斯，新澤西，1964年，第32頁）。或者説得更温和一些，它要求與認識論分離，或被委諸與語義學（參見R. 布蘭多姆：＜真理和可論斷性＞，載於《哲學雜誌》，1976年第73期，第137～149頁）。鉽鉽鉽鉽

⓭參見塞拉斯的論斷：「有關認識的事實可以毫無保留地（哪怕「在原則上」）被分解爲非認識的事實的看法，不管是現象的還是行爲的事實，公共性的還是私人性的事實，不管使用了多麼豐富的虛擬式或假定式的表達，我相信它都是一個根本的錯誤（一個與論理學中所謂的「自然主義謬誤」類似的錯誤」）。（《科學、知覺和實在》，第131頁）我要論證説，塞拉斯對認識論研究的重要性在於，他把這一領域中的真正的和有趣的不可還原性，不是看作存在於一種個體（心理的、意向的）和另一種個體（物理的）之間，而是看作存在於描述與規範、實踐和價值之間（參見下面注⓲。）。

⓮塞拉斯：《科學、知覺和實在》，第170頁。

⓯奎因：《從邏輯觀點看》，麻州劍橋，1953年，第42頁。

⓰奎因和許多其他分析哲學家認爲，正像將一種數學語言（如數論）轉譯爲另一種數學語言（如集論）時，可存在若干互不相同而同等有效的轉譯圖式一樣，在自然語言間的轉譯（如英語和法語）情況也相同。一切取決於方便和考慮的角度。奎因稱不相對於具體情況而存在的一般轉譯圖式爲根本的（radical），他認爲根本的轉譯圖式是不確定的。實際上，各種具體轉譯圖式都與全部「言語傾向」相容。——中譯者。

⓱塞拉斯：《科學、知覺和實在》，第160頁。

⓲參見上書，第169頁：「重要之點是，在描述像**知道**這樣一個事件或狀態時，我們並未對該事件或狀態給予一種經驗的描述；我們在把它置放到證明和能去證明説東西的理性邏輯空間中去。」

⓳參見R. 弗茲：「一致性、確定性和認識優先性」（重印於《經驗的知識》，R. 齊思霍姆和R. 斯瓦茲（編），茵格伍德·克里夫斯，新澤西，1973年）。弗茲企圖解決由「概念一致論」創造的問題：即，因爲「我們不能充分理解『看似紅』，除非我們具有對比的概念——『是紅

的』，於是情況似乎是，在邏輯上不可能有『看似紅』的概念（如C. I.
劉易斯的『感覺意義』理論會要求的），如果我們不先有『是紅的』概
念的話」（第461頁）。弗茲說道：

> 如果我們不把概念與用於表達概念的字詞相混淆，這個基本的
> 矛盾就不難解除。一個具有哲學含義的發生學事實是，當一個兒童
> 首次開始一貫地使用「紅」這個詞時，他把它用於在他看來是紅的
> 東西上……。將其稱作「看似紅」概念的「原初形式」就是承認，
> 在某種意義上孩子還不能將充分理解成年人的用法，直到他有朝一
> 日能夠區分僅只看來像紅的東西和實際上是紅的東西；但我們不應
> 假定說，孩子在習得了更複雜的概念後就以某種方式失去了他的原
> 初概念。（第461～462頁）

關於反對賴爾－維特根施坦－塞拉斯把具有概念和使用字詞等同化的更
詳細的論爭，參見B. 布蘭沙德的《理性和分析》（拉·薩爾，III，1962
年），第九章。類似於弗茲的「原初概念」的東西又出現於W. S. 羅賓
遜對塞拉斯的批評中：＜所與性的傳說＞，載於《行為、知識和實
在》，H. N. 卡斯塔涅達（編），印第安那波利斯，1975年，第83～108
頁。

⑳在第八章我將主張，對待心的哲學和認識論之間（或更一般地說，在對
人的任何科學的或形而上學的描述和關於人的語言行為或其它行為的證
明的任何論述之間）關係的這種態度，是維特根施坦在《哲學研究》中
最重要的部分。我想，正像塞拉斯本人運用描述人和判斷人之間的區別
一樣，這也是《邏輯哲學論》中嚴格區別事實陳述與一切其它（如倫理
的）語言用法的一個自然結果。

㉑關於對維特根施坦認為人體是人的靈魂的最佳圖畫看法的實質和結果的
清楚說明，參見V. 阿爾德里希的＜論做一個人究為如何＞載於《探
究》，1973年第16期，第355～366頁。也參見S. 罕姆波合爾的《思想和
行為》，倫敦，1959年，第一章。

㉒參見H. 普特南：＜機器人：是機械還是人工創造的生命？＞重印
於《近代唯物論》，J. 歐康納（編），紐約，1969年，尤其是第262
頁：「……關於機器人是否有意識的問題，要求我們決定是把機器人當
作我們語言社會中的同伴成員呢，還是不這樣對待它們。」

㉓這並不意味著我們在表示討厭時是對的或錯的。我只想引起人們對這樣
一種傳統式恐懼的注意，即生物學家或心理學家在對待自己的族類時可
能會「為解剖而謀殺」。當我們特別善於根據某對象的內部結構去預

測其行爲時，**被誘使對其「客觀」**，即把它當作一種**自在**，而非當作**自爲**和**「我們中的一員」**。我想。哲學家們對這種誘惑有無道理並無高見。而小說家和詩人却能優而爲之。

㉔道德哲學家們是聲譽不佳的，他們極少有助於判定應當把什麼看作是道德行爲者，看作是具有尊嚴而不是具有價值，看作屬於那些應最大限度增加其幸福的人之列，看作這樣一類人之一，即人們必須千辛萬苦將自己造就成功儘管始終不明所以的那種人，諸如此類，不一而足。根據一個進行認識的社會中一切成員是否都是一個倫理社會中成員的問題，即「促進認識的利益這種主體間的意圖是否直接地包含著促進福祉的主體間意圖」這個問題，塞拉斯簡要而未有結論地討論了上面的主題。（《科學和形而上學》，倫敦和紐約，1968年，第225頁）。關於整體論對元倫理學和柏拉圖式的衝動的影響，參見J．B．施尼溫德：「道德知識和道德原則」，載《知識和必然性》，G．A．維色（編），倫敦和紐約，1970年。

㉕塞拉斯：《科學、知覺和實在》，第148頁。

㉖W．V．O．奎因：《語詞與對象》，麻州劍橋，1960年，第221頁。

㉗參見《語言和反駁：論奎因的研究》，D．戴維森和J．辛提卡（編），多爾得萊希特，第303頁。在這一頁上奎因說：

> 試考慮一下……已知和未知的、可觀察和不可觀察的、過去和未來的全部自然真理。關於轉譯不確定性的要點在於，它甚至抵制所有這些真理，關於自然的全部真理。這就是我說下面一段話的意思，凡適用轉譯不定性之處，就不存在關於正確選擇的實在問題；就不存在甚至**在內部**公認的有關一種自然理論不足決定論（underdetermination）的問題。

㉘這類批評中最有名的是《語言與反駁》一書中喬姆斯基的＜奎因的經驗主義假定＞一文。然而這個問題由H．普特南在＜反駁約定論＞一文中做了最有說服力的論證，該文載於《努斯》，1974年第8期，第38頁：「如果採用分析假定的一個系統而不是另一個系統，可導致使神經生理學、心理學、人類學等學科大大簡化，那麼爲什麼我們不應說，『轉譯』的意思是**按照具有這一性質的手册進行的轉譯呢？**」普特南正確地把奎因關於轉譯的特殊不定性學說斷定爲是由一種本質主義中產生的。大致來說其意思是，我們預先知道，那些不可能用今日物理學語彙表達的東西是不重要的，它們只是「觀看者心目中的東西」，一種主觀上方便的東西。另外請參見C．布爾斯：＜不定性命題的起源＞，

載於《哲學雜誌》，1975年，第72頁，第369～387頁，以及R. 羅蒂：＜轉譯和真理的不定性＞，載於《綜合》，1972年第23期，第443～462頁。

㉙奎因：《本體論相對性和其它論文集》，紐約，1969年，第50～51頁。

㉚奎因在《語詞與事物》和《本體論的相對性》兩書中均談到了語詞詞義同一性問題。他借用由齊思霍姆提出的英語rabbit和土語Gavagai二詞詞義比較的例子，指出應當區別這兩個詞在句子中的同義性問題和作爲單詞的同義性問題，並詳細區分了兔子的某成長階段，兔子群和兔性（rabbithood）等等。因此指稱的可解性必須相對於語境來確定。──中譯者。

㉛參見注㉙，奎因的書，第47頁以下。H. 菲爾德指出，奎因的「針對背景語言的相對化」概念和「按表面意義理解指稱」，是與他的總的論證路線不相容的。參見其＜奎因和符合論＞，載於《哲學評論》，1974年第83期，第207頁以下。但是這一困難與我目前的目的無關。

㉜奎因：《本體論的相對性》，第34頁。

㉝意義的常識同一性的例子取自哈爾曼的＜奎因＞一文，第142頁。關於「談論」或「意指」的常識意義和哲學意義的不同的進一步討論，參見我的＜實在論和指稱＞載於《一元論者》1976年第59期，第321～340頁，以及本書第六章第四節。

㉞奎因：《本體論的相對性》，第35頁。

㉟奎因：《語詞與對象》，第200頁。

㊱同上書206頁。

㊲在第七章中我還將討論這樣做的理由。

㊳參見奎因的＜論卡爾納普的本體論觀點＞，載於《詩論的方式》，紐約，1968年，和＜自然化的認識論＞，載於《本體論的相對性》。

㊴這句話引自塞拉斯的《科學、知覺和實在》，第173頁。

㊵「命題態度」一詞首先由羅素在《意義和真理的探求》（1940）中提出，如通過「相信」、「說」、「希望」等詞表示的命題的一種性質，它們實即布倫塔諾的「心理態度」，但直接相關於命題來表示。辛提卡後來對這一概念做了較多發揮，他認爲命題態度的使用，標誌了論說者在提出命題時考慮到不只一種世界的可性能，因此涉及到意義與所指的區別等指稱論與語義學的問題。他的基本假定是，將命題態度歸屬於某人時，涉及到把語言中一切可能世界區分爲二大類，即與該命題態度一致的可能世界和與該命題態度不一致的可能世界。例如，在談到某人的記憶中的話題時，與命題態度相容的可能的世界，即他記憶中的一切

事物。——中譯者。

㊶奎因：《語詞和對象》，第221頁。

㊷奎因在《語詞與事物》一書中指出，現代邏輯所發明的人工符號系統大大簡化了日常語言表達，使它們可轉化爲「標準形式」（canonical form）。日常語言向標準形式的轉化導致了研究的分工，即一方面是日常語言向形式理論的轉譯的問題，另一方面是理論推導的問題。奎因説「尋求最簡明的全面的標準符號系統，不應有別於對最終範疇的尋求或對現實最一般特徵的描述」，從而表明了他對標準符號系統的重視。——中譯者。

㊸哈爾曼在＜奎因＞一文（第126頁）中對奎因對這些問題的看法提出了一種更寬容的解釋。哈爾曼説：

> 他並非認爲意向性的客體、命題或意義是一類**奇特的**實體（如人們可能認爲電子一定是一種奇特的實體一樣）。他的抱怨不是説，作爲某種抽象東西的意向性客體觸傷了他的情感，正如它們無疑觸傷了N. 古德曼的情感一樣……。奎因的論證……在於，在〔引起這類實體的〕這套東西中的種種觀點是這樣一些理論，即它們沒有説明它們打算説明的東西。因此他對意向性客體的態度類似於他對燃素或以太（或巫婆）的態度。

奎因在《語言與反駁》中似乎溫和地認可了哈爾曼的解釋。但我不認爲這種解釋能與《語詞與對象》和其它論著中的許多論點一致，雖然我同意，它表示了奎因**應當**採取的態度

㊹《語言和反駁》，第318頁。

㊺奎因提出，在使用抽象詞時不必考慮其存在性的問題，即免除對特殊實體域的形而上學承諾，從而擺脫了在承擔（本體論）責任的和不承擔責任的（抽象名詞的）具體化（reification）之間的區別。——中譯者。

㊻《語詞與對象》，第119～120頁。

㊼D. 弗萊斯達爾在＜意義和經驗＞（載於《心和語言》，S. 古坦普蘭（編），牛津，1975年）一文中提出一種解釋奎因不定性命題的方法，目的在於指出，「奎因的立場會更引人注意，如果他對物理主義的本體論偏見被看成是對經驗主義的更根本的認識論偏見的結果的話。」（第33頁）他建議：

> ……存在有各種真理，它們都包含在關於自然的理論之中。如我們先前指出的，在我們的自然理論中我們企圖説明我們的**一切**經驗。而且我們所正確假定的唯一實體，是在闡述所有這些證明的最簡

單理論中所依賴的那些實體。這些實體，它們的性質和相互關係，都是這個世界所有的，都是可論其對錯的。關於這些實體的一切真理都包括在我們的自然理論中。在轉譯中我們並不描述其它現實領域，我們只是使兩種涉及一切存在實體的無所不包的理論相互關聯起來。（第32頁）

然而我並未看到，當我們終止描述和開始使不同描述相互關聯時，能夠說出什麼道理。或者換句話說，我並未看到我們怎能使「自然」與其它東西劃分開來，除了通過發現「說明我們一切經驗」的某種意義外，按此意義某種少於全體文化的東西可說明我們的全部經驗。

追溯不定性命題至經驗主義的另一種方法，是由J. 麥克道爾提出的（＜真理條件，二值性和證實主義＞，載於《真理和意義》，G. 艾萬斯和J. 麥克道爾（編），牛津，1976年）。麥克道爾認為，奎因可以堅持＜在一種意義理論中提出一種表述不很恰當的、對實在論的嚴格證實主義的反對。＞（第65頁）這個反對是，把某一斷言的真理性解釋為「不被可觀察物決定的」，就會（如果我們「實在論地」解釋這句話）要求我們歸與說話者「一種獨立於可觀察物的真理概念」。（第64頁）由於對證實論者來說後者是荒謬的，這就表明我們不應當「實在論地」解釋該語句。然而這個策略似乎牽涉到發現「由可觀察物來決定」的意義問題，它保留住生物學而排除了轉譯，而且我仍然不理解怎能辦到這一點，於是我的結論是，在（4）和（5）之間的張力仍然存在，儘管奎因的友善批評者們企圖以下述方式改述他的論點，即使他免受喬姆斯基的這樣的批評：在此領域中唯一的不定性是習知的觀察對理論的不足決定性（under-determination）。（這個批評弗萊斯達爾和麥克道爾兩人都提到過，並企圖加以克服。）

㊽D. 戴維森：＜心理事件＞，載於《經驗和理論》，L. 佛斯特和J. 斯萬森（編），麻州阿姆赫斯特，1970年，第94～96頁。

㊾此字為N: 古德曼用emerald和rose二字拆拼而成的自造詞。——中譯者。

㊿同注㊽中，D. 戴維森的書，第97頁。

51同上書，第97頁注，引述奎因《語詞與對象》，第221頁。

第五章

213

認識論和經驗心理學

1. 對心理學的懷疑

　　我稱作「認識論行爲主義」的這一思想路線，產生了一種反對「心理實體」和「心理過程」概念的偏見。笛卡爾和洛克共同贊成的一幅有關人的較高機能的圖畫，逐漸地被杜威、賴爾、奧斯丁、維特根施坦、塞拉斯和奎因這些作家的工作磨蝕殆盡。然而這幅圖畫（它引起了十七世紀的「觀念紗幕」概念，並因而引起了認識論懷疑主義）並未被一幅較清楚的新圖畫所取代。相反地，在反笛卡爾者中間關於心是什麼（如果有心的話）的問題存在著一種廣泛的自相爭戰的分歧。賴爾魔術般的詞「傾向」（disposition）不再受人喜愛，結果代之以一類更新的「功能狀態」概念。任何浮泛著斯金納方法論行爲主義或賴爾「邏輯」行爲主義的東西都遭人白眼，但人們同意，應當有某種辦法去避免這類還原論的努力，而不致倒退到曾產生過傳統的「近代哲學問題」的那種二元論去。經由還原論解釋的行爲主義反直觀的結果，由麥爾柯姆反對心理學家們晚近研究的論辯加以說明

了：

> 因此，正是事實和圍繞著行爲的環境，給予它表達認知的特性。
> 這種特性不是由於在內部發生的什麼東西而產生的。

214 在我看來，如果這一觀點被哲學家和心理學家所理解，他們就不再有理由要爲認知、記憶、思維、解決問題、理解和其它「認知過程」構造理論和模型了。❶

如果我們貫徹這條思想路線，那就可斷定，整個經驗的心理科學是建立在錯誤之上的，而且在常識的行爲說明和神經心理學說明之間沒有中間的研究領域。按此觀點，認爲有研究心理學的中間領域的看法將是麥爾柯姆的「有關認知過程和結構的神話」的產物，賴爾稱這個神話是「笛卡爾神話」。麥爾柯拇（例如）在他把喬姆斯基的「內在化的規則系統」觀描述爲「傳統的觀念理論」的典型的根本錯誤時，似乎傾向於將問題引到這一點上來，即：

> 關於一個人在說話時必定被引導著的假定……。必定有現成的東西指示他怎樣說話，怎樣使字詞合乎語法地結合在一起並有連貫的意義……。被說明的東西即知識——知道什麼和知道如何。語言結構或其規則系統在他心中的出現，應當說明這個知識，即說明他怎樣知道。（第389頁）

麥爾柯姆認爲，如果我們一旦理解「我們對人的認知力的理解不是由於用一種內部引導系統的神話取代刺激－反應神話而被提高的」（第392頁），那我們就不會認爲在此領域中存在著應去尋找的任何說明。

無庸置疑，導致笛卡爾和洛克去建立「傳統哲學問題」的心的模型，被牢牢納入年輕的心理科學的術語系統中去了。❷如果

215 抛棄了這個模型而未對該科學內的研究產生某種影響，這就令人

驚異了。然而如果一門學科現已離開其哲學起源若干世代，竟仍未能站穩腳跟，這也同樣會令人驚異。我們覺得必定有一些心理學研究規劃，它們不會由於對這些規劃設計者使用的詞彙進行哲學批評而受到威脅。

維特根施坦對這類規劃的批評（像麥爾柯姆的批評一樣）似乎往往是建立在一種錯誤的觀點改變的基礎上的，即從

1. 指示心理事物的詞語的意義，應根據行爲（在這裏「行爲」是「使環境和行爲刺激相關的函數」之簡稱）而非依靠**內在的直指**（interior ostension）加以説明

轉變到

2. 心理學只能關心行爲片斷與外部環境之間經驗的相互關係。

這個推論，正如賴爾的一系列批評者指出過的，並不比操作主義的科學哲學家對物理學所做的類似推論更有效力。❸例如，佛多爾説，心理學家欣然承認，行爲和社會環境中的某些特點是思想、認知、情緒等等出現的必要條件，但他提醒注意，也可能有許多同樣必要的「內部」條件。❹於是，如果心理學研究者足夠明智地去避免根據純內部事件來**定義**（例如）「認知行爲」，他就多半能利用行爲和環境來確定其材料。除此以外還能需要什麼以避免神話化之譏呢？當然，結果會是，沒有值得去假定的「**中間變元**」（intervening variables），而且這大概只可能透過試錯法後驗地去發現。正如P. C. 多德維爾在回答麥爾柯姆時説的：

> 按照麥爾柯姆的觀點，心理學家將必須只限於研究簡單的經驗關係，如在記憶和睡眠喪失之間可能出現的那類關係，但極難看到這種限制如何能是正確的。心理學家在人的記憶中所研究的

216

那類因素是經驗的關係，雖然它往往比剛提到的那種關係更爲複雜。於是什麼人應當對什麼樣的經驗關係要在研究中予以闡明做出決定呢？肯定不是哲學家。❺

這個回答在我看來是非常令人信服的，但是我們仍然可以從這樣的考慮中獲益，即何以一種還原的操作主義對心理學比對物理學似乎更有吸引力。爲什麼哲學家嫉妒心理學家有權去虛構什麼理論實體和過程會有助於他們說明我們的行爲？這樣一種理由已被給予了：即在上述斷言（1）和斷言（2）之間的混淆。這種混淆基於在胡塞爾、狄爾泰以及温奇和坎尼一類維特根施坦主義者中可看到的那種擔憂，即根據「心理過程」使人的行爲屈從於機械說明，這會模糊了人與物之間、**精神科學**所研究的人類現實與**自然科學**所研究的其它現實之間的界限。在以後幾章中還將進一步討論這種界限，但現在我們滿可以安於多德維爾的回答。擔心機械論和人格的喪失是懷疑**一切**行爲科學的一個理由，但這還未說明哲學家對心理學特別覺得可疑的緣故。更直接相關的懷疑理由是這樣一種理由，它提出心理學家應當**更多地**而非更少地採取機械主義，他們應當直接越過心理領域進入神經生理領域。

第一個理由就是朝向統一科學的迫切要求，這種要求如其說是將多還原爲一的衝動，不如說是這樣一種信念，即十七世紀的科學發現，萬物均可由原子和虛空加以說明，而且哲學具有維護這種觀點的道德義務。然而這種信念爲一種對量子力學的朦朧意識所沖淡，於是對無感物質的本體論敬意，爲一種對物理學教授的社會學敬意所取代。哲學家談及「物理事物」時現在通常伴以一種注釋，它說明任何實體只要是由「自然科學」產生的均將被目爲「物理的」。在奎因以前，當「還原」尚爲邏輯經驗主義規劃的核心時，哲學家們認爲自己能夠透過對在社會學、心理學等

學科中使用的術語「進行意義分析」來對科學統一的工作做出實
際貢獻。然而自從奎因對意義加以抨擊以來，將一切事物還原爲
物理學家將支持的事物的需要，爲一種更爲模糊的看法所取代，
這就是非物理學的各門科學將「更科學化」，如果它們能用對理
論實體的結構描述（如「DNA分子」）取代功能描述（如「基
因」）的話。這種看法在社會學和經濟學等領域中已歸於消失，
在那裏沒有人想要求使假定的理論實體物理化，但這種看法仍固
存於心理學中，其理論實體大致來說都含有某種具體性，這就吸
引人們以神經生理學來取代心理學。即便承認奎因認爲應用一門　218
學科中詞語的重要的充要條件不可能透過另一門學科中的詞語來
給出的理由，我們爲什麼要對這種學科詞語替換如此不耐其煩
呢？沒有人曾認爲遺傳學牽扯到運用可疑的實體，因爲DNA的
產生歷時甚久。因此如何去說明心理學家正在堵塞研究之路這種
直覺的看法呢？

　　爲了對此做出回答，我們必須回到懷疑假定的心理實體和過
程的第二個理由。我們可以按照賴爾的說法稱其爲「幽靈恐
懼」。認爲哪怕只是暫時地支持心理事物我們就會失去科學精神
的這種思想有兩個來源。我在第一章中討論過的第一個來源是後
笛卡爾的「意識」概念與認爲靈魂在死亡時離開身體而去的前哲學
觀念的混淆。第二個來源是這樣的認識論觀點，即內省性稟賦其
特殊認識通道，而且既然這種認識論特權必須建立在某種本體論
的區別之上（比起任何物理東西可以爲任何人所認知來，心理實
體內在地即更易爲其所有者所認知），我們就必須否認作爲可內
省的心理事物的存在，並以使我們對於現實的部分知識依賴於不
可證實的報導爲代價。這樣一種論點很少如此公然提出，但某些
類似的觀點存在於大多數實證主義派和維特根施坦派對心理事物

的敵意之中。❻然而正如作爲一種哲學研究規劃的「科學統一」概念不可能在奎因批評「意義」以後存在一樣，這種認識論的論點也不能在塞拉斯處理「所與性」之後存在。按照塞拉斯對直接知識的論述，內省是一種習得能力，而且對下述説法的一種隱約的懷疑大致來説是有道理的，即主體最終將對實驗者告訴他應當能去內省的任何東西加以內省。因爲按照塞拉斯的説法，我們對心理事件的直接知識，並非是特殊本體論性質的標誌，而且第一人稱報導的不可改變性正像一切與認識的性質有關的事物一樣，是一種社會學的而非形而上學的關切。但是放棄了被認爲是使特殊通道得以成立的心靈特有的性質，也就恢復了訴諸內省方法論的可敬地位。因爲現在我們可以看到，教人們去內省思想，懷鄉病，血壓或古怪的阿爾發腦波，就只是把在機體內的各種聯繫（多半是言語中心與神經系統其它部分之間的聯繫）當作科學工具來使用的問題。這類訓練必須以在諸主體間存在的環境爲其出發點，這就足以確保不會發生不爲人知的事情。因此內省報導的「主觀性」和「非科學」性，正如波譜鏡的缺欠一樣在哲學上無關緊要。一旦「主觀報導」被看作一個説明方便的問題，而非允許人們以無根無據的言語去拒絶成果豐富的科學假設的問題，我們就可清除內省派心理學與唯理主義對明晰觀念的要求和新教主義對個人良知的要求之間的不幸聯繫了。

我的結論是，我在前一章描述的奎因和塞拉斯的論點，也有助於爲心理學澄清經驗主義和物理主義哲學家加予它的那些通常的懷疑。來自其它方向的懷疑（來自須要保持人的獨特性、自由意志和**精神科學**完整性的那些懷疑），將在第七和第八章中加以討論。在目前這一章裏我將盯住這樣一個問題：在經驗心理學研究的實際的和所期待的結果中我們能否發現與關於**知識**的傳統哲

學問題的任何關聯？由於我希望表明，這些「哲學問題」應當被 220
解除而不是被解決，讀者可以預料，我將給予的回答是否定的。
但是這一否定的回答需要認眞的辯護，因爲很多哲學家們都對由
奎因和塞拉斯所歸結的那些反對特殊表象的論證印象深刻，但他
們仍然想透過運用產生內部表象一般理論的心理學結果去取代傳
統的「基本主義」認識論。我將力申，這樣一種「新認識論」不
會提供與證明問題有關的任何東西，因此它與導致十七、八世紀
認識論出現的文化要求也無關聯。結果，它也無助於維持作爲一
門學科的哲學形象——這門學科脫離開經驗研究，並說明著經驗
研究結果與文化中其它部分的關聯。

　　爲了證明這一點，我將討論最近哲學文獻中流行的兩種建
議，它們都賦予心理學一種比我認爲它應獲得的更大的哲學重要
性。第一個是奎因的如下建議，心理學可研究「理論和證據之間
的關係」，過去曾是認識論的主題。在第二節中我將論證，這類
關係不可能用心理學術語重述。第二個是這樣的主張，在計算機
程序狀態和人的心理狀態之間，以及在計算機的「硬件」狀態和
人體的神經生理狀態之間的類似性，賦予有關人類知識由對於世
界的「內部表象」所組成的看法以一種有趣的新意。這一主張爲
佛多爾極其詳盡地加以發揮了；在第三和第四節中我將論證，佛
多爾把兩種「表象」的意義混爲一談，在第一種意義上表象可判
斷爲準確或不準確，而在第二種意義上則否。我主張，這兩種意
義劃分出了認識論和心理學的各自領域。

2. 認識論的非自然性

221

奎因在一篇題爲＜自然化的認識論＞中回顧了提供一個「科學基礎」的活動所面臨的種種麻煩問題，最後他論述了維特根施坦對這類活動所持的譏諷態度：

> 卡爾納普和維也納小組的其他邏輯實證主義者們已經硬把「形而上學」一詞在貶意上使用了，並認爲它是無意義的；而下一個詞就輪到「認識論」。維特根施坦和他主要是在牛津的同事們認爲，哲學殘留的使命在於進行治療：醫治哲學家們以爲有認識論問題的妄念。

但我認爲，在這個問題上可能更有助益的是說，認識論仍然繼續存在著，雖然它具有了新的背景和被澄清的性質。認識論或某種類似的研究，乾脆處於作爲心理學的、因而也就是自然科學的一章的地位上。它研究自然現象，即一種物理的人主體。這個人主體被賦予某種在實驗上可控制的「輸入」（例如某些具有種種頻率的傳導型式），而且在適當的時候，主體將提供對三維外在世界及其歷史的描述作爲「輸出」。在較少的輸入和源源不絕的輸出之間的關係是促使我們去研究的關係，其理由大致與永遠促動認識論研究的那種理由相同。這就是，爲了瞭解證據如何與理論相關，以及人們關於自然的理論以什麼方式去超越任何可獲得的證據。❼

我們先來考慮奎因的主張，即認識論背後的動機永遠是「瞭解證據與理論如何發生關係，以及人們關於自然的理論以什麼方式去超越任何可獲得的證據。」大多數思想史家驚奇地發現，我們現在稱作「知識論」的東西在十七世紀以前的思想家思想中只起著微不足道的作用。按照奎因對認識論的論述，很難理解情況何以會是如此。我們可以指出，在關於行星和彈道火箭的各種極其不同的理論之間進行選擇的需要，在伽里略和笛卡爾時代變得

十分强烈，因此西方的思想重新震驚於「人們關於自然的理論超越任何可獲得的證據」的方式。但是這種提示過於單薄了。在古代和中世紀有大量關於天體的相互爭辯的理論，但是我們必須仔細尋找以便在柏拉圖和亞里士多德的著作中發現任何可稱作「認識論」的東西，如果認識論意味著注意理論與證據之間的裂痕和比較跨過這些裂痕的種種方式的話。我們可以興高彩烈地專注於《泰阿泰德》和《論靈魂》中的某些段落；新康德派的希臘哲學史家如柴勒爾等往往這麼做。但是在公元前四世紀的其它著作中幾乎未出現過這類討論，實際上在《後分析篇》中就全然沒有（在這部著作中亞里士多德討論了科學的性質和方法論，他熟悉在各種相互爭論的科學理論中的分歧並與其中最好的理論進行辯論）。當笛卡爾主義在十七世紀突然來到並使世人震驚之際，並非因為提出了一種有關涉及理論和證據之間關係的長期爭論問題的新觀點，而寧可說是因為問題被認真地對待了，正如吉爾松憤憤不平地說的，經院哲學家由於過於敏感以至未能提出這些問題。❽

　　為了理解十七世紀為什麼變得對理論與證據之間的關係感興 223
趣，我們須要問為什麼笛卡爾的暢想俘獲了歐洲的想像力。如奎因所說：「認識論學者夢想著一種第一哲學，它比科學更堅實，並可用於證明我們對外部世界的知識。」❾但是為什麼每個人都突然開始做同一種夢想呢？為什麼知識論變成某種遠不只是擬就一篇對塞克斯都·恩玻里柯做出回答的令人厭倦的學院活動呢？對一門比科學更堅實的第一哲學的夢想，就像《理想國》一樣久遠，而且我們可以同意杜威和弗洛伊德的看法，同一原始衝動潛存於宗教和柏拉圖主義之內。但這並未告訴我們為什麼每個人都應認為第一哲學首先就是認識論。

這樣來緊逼奎因的用語似乎過於嚴格了。然而這樣做是因爲我認爲，要理解近代哲學，就必須對傳統採取比奎因企圖做的或爲他的目的所需要做的更徹底的決裂。如果我們的目的是要指出，一旦抛棄了教條，我們可從經驗主義中保留下什麼東西，那麼，奎因溫良的「別讓我們抛棄認識論——讓我們把它當作心理學」的路線就是完全合理的；但是如果我們想知道爲什麼人人認爲值得（更不必説令人興奮或有道義必要）做一名經驗主義者，我們就必須從整個問題後退，並追問奎因竟能心安理得地忽略掉的一些問題。爲了有助於保持這一距離，現在我轉談奎因論述心理學的一些問題。我想指出，他所考慮的任何心理學發現，何以會如此遠離對科學基礎及理論與證據之關係的關切。

　　我想，在知覺經驗心理學和經驗主義認識論之間的聯繫，大致是由鬆散地使用「證據」（evidence）、「信息」（information）和「證言」（testimony）這類字詞來提供的。這種用法使奎因能夠説出這樣的話，如「神經末稍……是有關世界的未經處理的信息的輸入處所」❿和「正是我們感官接受器的刺激最好被看作是對我們認知機制的輸入」⓫。假定我們問：心理學能否發現，信息開始被處理的地方不是視網膜（被光線擾動的第一個神經細胞）？心理學能否發現，信息處理正好在晶狀體內，或者説正好只在視神經與視覺皮質交匯處？心理學能否發現，直到這一部位以前，一切東西都不是信息而只是電流？也許不能，因爲很難瞭解什麼可被看作是「信息」或「處理」的實驗判準。然而奎因的著作表明，似乎**能够**有這樣的判準。他注意到，心理學永遠爲兩種有關「材料」成立的判準所分裂：「在因果關係上靠近物理刺激物的程度」和「意識的中心」。但他説道：

　　當我們放棄了有關一種比科學更堅實的第一哲學的夢想時，這

個兩難問題就被解除，而且這個緊張關係就得到緩解了。如果我
們只尋求我們對外部世界知識的因果機制，而不尋求用科學以前
的語言來證明這種知識，最終我們只能滿足於一種貝克萊風格的
視覺理論，它是以二維視野上的顏色爲基礎的……。我們可以把
人看作一個物理世界內的黑箱，它向可從外部決定的作爲輸入的
刺激力敞開，並滔滔不絕地發出可從外部決定的關於作爲輸出的
外部世界的證言。正是黑箱內那些具有意識性的內部活動可能使
情況如此。**⓬**

　　但是如果我們忘記了證明，而去尋求因果機制，我們肯定不 　225
會去談論二維視野內的顏色塊。我們將無需區別被給與物和被推
斷物之間的區別，並且將無需「視野」概念以贊成前者。我們可
以談論二維視網膜上的被射光片和視神經上的脈動，但這將是一
個選擇黑箱的問題，而不是發現研究的檢驗條件的問題。奎因只
是通過改變研究動機來解除一個兩難問題。如果人們只關心因果
機制，就不會操心意識的問題。但是懷有奎因所描述的那種夢想
的認識論學者，還不只是關心因果機制。他們還關心（例如）在
伽里略和拒絕看他的望遠鏡的教授之間做出可憎的區別。

　　如果的確不存在真正材料來自何處的實驗判斷，那麼奎因關
於我們放棄「感覺材料」概念、從因果方面談論神經末梢、並從
認識論上談論觀察語句的建議，**⓭**就未解除一個折磨過認識論的
兩難問題。反之，這個建議使認識論枯萎了。因爲如果我們用心
理生理學來研究因果機制，並用社會學和科學史來注意在建立和
解除理論時觀察語句被引述和被避免的時機，那麼認識論就無事
可爲了。我們會認爲，這一結果似乎與奎因的旨趣類似，但實際
上他拒絕這一結果。當他指責波拉尼、庫恩和漢森這些作者想要
完全拋棄觀察概念時，這種拒絕態度最爲明顯。**⓮**奎因認爲這是

一個極好的概念，並想根據主體間性概念將其重新建立。他把一
個「觀察語句」定義作「這樣一種語句，對於它，當同時出現同
226　樣的刺激時，該語言的一切說話者都給與相同的判斷。如果否定
地表示這個論點，一個觀察語句是這樣一種語句，它在言語社群
之內不受過去經驗中的區別的影響。」**⑮**奎因認爲，除去盲人、
精神病患者和一些「臨時異常者」以後（第88頁注），我們可以
判定哪些語句是這樣的語句，它們「取決於當前的感官刺激，和
取決於儲存的信息，除了對理解該語句有關者外」（第86頁）。
這就等於根據某些語句的無爭議性來定義「當前的感官刺激」。
奎因認爲，這就保存了經驗主義觀點的效力，而同時又放棄了與
「『觀念』的觀念」相聯繫的意義概念。

　　我想，奎因正確地採取了這條路線，以便保持經驗主義中真
實的東西，因爲這樣做使人們瞭然，如果有任何東西「取代」了
認識論，它就是歷史和科學社會學，而一定不是心理學。但這並
不是奎因的理由。讓我們看一下關於「材料」的另一段：

　　　應當把什麼看作觀察，現在可以根據感覺接受器的刺激來決定，
　　　讓意識待在它可能待的地方吧。
　　　在反心理主義的舊時代，關於認識論優先性的討論爭議未決。什
　　　麼在認識論上先於什麼呢？格式塔是先於感覺原子嗎……？既然
　　　我們被容許訴諸物理刺激，這個問題就解決了；A在認識論上先
　　　於B，如果A在因果上比B更接近感覺接受器。或者說，在某些
　　　方面更適合的是只根據對感覺接受器的因果接近性來清楚地論
　　　述，而放棄關於認識論優先性的論述。(第84～85頁)

　　令人困惑的是，我們是根據**共同意見**來定義「觀察語
句」的；我們可以將觀察與理論分離而不知道或不關心我們身體
227　的哪些部分是感覺接受器，更不必說在神經之下多遠開始信

息「處理」了。我們無需對因果機制做出任何心理生理學的描述，以便抽離出在諸主體間一致的東西，我們只是在日常談話中這樣做而已。因此，或許心理學關於因果接近性問題對我們無可奉告，這種因果接近性值得被那些希望「在心理學背景中繼續搞認識論」的人所認識。換言之，一旦我們以日常語言而非以神經學語言來選擇觀察語句，進一步研究「證據如何與理論相關」，對波拉尼、庫恩和漢森來說似乎就有了重要性。心理學對於他們有關科學家怎樣形成和放棄理論的論述，又能補充些什麼呢？奎因是這樣談到他們的：

> 某些立志更新的科學哲學家喜歡質問觀察這個概念，只是當它不
> 再呈現為一個問題之時。我認為，他們的做法是對舊材料概念的
> 可疑性的一種過遲的反應。既然我們拋棄了關於第一哲學的舊夢
> 想，讓我們寧肯為我們對不成問題的概念的新理解而喜悅吧。神
> 經的輸入是一回事，而作為剛剛定義的觀察語句則是另一回事。
> ⓰

但是這些不成問題的概念不是新的。作為電流的神經輸入不是新的；作為「信息」，它是成問題的。奎因所定義的「觀察語句」概念，像問證人「但你實際看見什麼了？」的第一位律師一樣古老。如果我們應當為什麼事情感到喜悅，這就是，我們不再問某些問題了，而不是因為我們發現了可做的新事情和我們藉以進行思考的某些新詞語。奎因告訴我們，當我們放棄了理性化的構造時，我們也就放棄了意識的困擾。但是他似乎透過根據主體間來說明觀察性而又重新回到這個問題上來了。於是他將或者讓波拉尼、庫恩和漢森說，「觀察」只是一個有關我們目前能夠同意的東西的問題，或者他將指出，心理學的發現怎樣能從這個概念中得到更多的東西。如果它們不能，那麼根據主體間性來定義

228

「依賴於當前的感覺刺激」，將只是在引用一種對心理學並無益處的往昔認識論的敬語而已。

我對奎因的討論，過於刻板地考究了他的字眼。奎因或許並不關心「認識論」一詞的命運。他實際上關心的也許是他所持的杜威立場，即科學和哲學是連續相通的，不應被看成具有不同的方法或課題。他反對牛津學派關於「作爲概念分析的哲學」的鬆散的論述，並使維特根施坦和「治療派實證論」與這類論述聯繫起來。我一直在指出，我們寧可強調杜威和維特根施坦的共同之處，即他們的這樣一種觀點，近代哲學家們把對理解的自然性尋求與對確定性的不自然性尋求搞到一塊去了。按此觀點，心理學在和個時代對哲學家激起的希望和恐懼，同樣都被誤導了。**⓱**贊同維斯多姆和包斯馬而說，「認識論」是一套對確定性的執著的關切，它應當透過治療加以解除，以及贊同奎因而說，認識論的衝動應當由心理學的成果來滿足，這二者都可被看作是用不同方式來說這樣的話：我們可以要麼有心理學，要麼就什麼也沒有。

229　　如果在本書中我的關切之一不是去問爲什麼我們在自己的文化中有這樣一種「哲學」現象，問題討論就可到此爲止了。但是對於這個歷史性的問題，在什麼也不要和心理學之間的區別是重要的。杜威強調指出，在哲學的非「科學」方面存在著宗教的和社會的動機，這種看法使他對哲學和科學之間連續相通性的堅持，與哲學所是和哲學應是之間易於引起惡感的區別，結合了起來。奎因不情願輕率地對待發生學的謬誤，並友善地傾向於把自己和洛克看作探究「理論和證據之間關係」的同志：他認爲洛克被一種壞的意義論引入歧途，而我們現代人可被一種好的意義論正確引導（向心理學）。但是這種善意正好掩蔽了對於歷史理解來說是重要的東西：洛克關心懷疑論者的如下意見，即我們的主

觀領悟方式可能使現實對我們隱蔽起來，以及奎因根本拒絕對懷
疑論操心。

　　奎因對懷疑論關切的疏遠，由其使經驗因素和知識因素加以
類比和使說明與證明加以類比表明了出來。心理學由於發現了經
驗的因素而說明了知識。認識論透過（假想地）發現知識的因素
而證明了非基本的知識。沒有人會想使「人類知識」（它與某種
特殊的理論或報導相對）被證明，除非懷疑論使其驚恐不安。沒
有人會使認識論類似於心理學，除非他對懷疑論毫不畏懼，以至
於把「基礎的人類知識」看作一則笑談。於是，儘管我們可能衷
心同意奎因說，如果有關於人類知識的發現應予完成，這些發現
多半來自心理學，我們也可以同情奎因歸與維特根施坦的這一觀
點：與認識論有關的事情是「治療哲學家以爲有認識論問題的妄　230
念。」這種治療並未使哲學與科學分離：它把哲學只當作這樣的
常識或科學，它們被動員起來以提供「對特殊目的的提示」。**⓲**

3. 作爲真正說明的心理學狀態

　　爲了得到一種會談及理論和證據之間關係的心理學理論，我
們至少需要這樣一種理論，它將「內在地」重新產生由環境和其
它斷言所做出的關於斷言的通常「公共性的」證明。換句話說，
我們需要一些心理實體，它們對公共斷言和對彼此之間的關係，
能夠像言談中的前提和結論的關係一樣，像法庭上證人的證詞對
指控的關係一樣，如此等等。但是一旦滿足這個需要的一種心理
學理論被提了出來，大概就會發出「無限倒退」的呼叫了。因此
我們發現麥爾柯姆說道：

如果我們說，某人知道在他前面的東西是狗的方式，是透過看見
那個動物「適合」他對狗的觀念，那麼我們就需要問「他怎麼知
道這就是適合的一個例子？」什麼東西在這裏引導著他的判斷？
難道他不需要一個二級觀念來指示他某物適合一個觀念是什麼意
思嗎？就是說，他將不需要一種**適合**的模式嗎？……一種無限的
倒退產生了，而且什麼都未獲得說明。**⑲**

231　　由賴爾使其為人熟悉的這個困難是，如果我們不滿足於
把「他看見它」看作人知道在他面前有一條狗的充分證明，那麼
我們也將不可能把任何其它東西當作證明。因為就一種內省式的
論述僅只提供了一種視覺認知的因果說明而言，它似乎沒有回答
「他怎樣知道？」的問題。它並未告訴我們關於某人對其觀看的
證據的任何東西，而只告訴了他正持有這個證據。另一方面，就
其的確對最初公共的知識主張提出了證據而言，它提供了去進一
步追問證明的時機。

　　佛多爾批評了賴爾的如下斷言，即沒有任何「準機械的」東
西能改善我們對知覺認知的理解，並論述道，「賴爾立場的有吸
引力的簡單性，是以用那種正在討論的問題為論據的代價來得到
的，這個問題正是知覺和學習理論傳統上企圖回答的。」**⑳**他進
而斷言，「關於習得性聯想的某些簡單的論述」將不會真地回答
這些問題：

　　但是如果表演「利利布萊羅」的種種方式共同含有的東西，是某
　　種抽象的東西，那麼結果似乎就是，構成人聆聽歌曲方法的那種
　　預期系統，也必定在同一意義上是抽象的……
　　……這種有關的期待必定是複雜而抽象的，因為知覺同一性令人
　　驚奇地獨立於刺激的物理統一性。因為正是這種知覺「恆定
　　性」，被心理學家和認識論學者傳統上認為是無意識的推論

和其它準機械性的處理過程將須要加以說明，這樣說似乎是適當的，賴爾的處理是以知覺恆定性提出的一切問題作爲討論的論據了。（第377～378頁）

　　我們可以同意佛多爾這樣的看法，如果有「恆定性提出的問題」，那麼賴爾就是以這些在討論的問題作爲論據了，但是賴爾可以容易地回答說，「複雜的和抽象的期待」（例如一系列涉及某些規則的無意識推論或某些抽象的範式）是使得這些問題似乎存在著的原因。也許只有「心中小人」的圖畫使我們問「怎樣辦到的？」，這幅圖畫運用著以非語言的、但仍然是「抽象的」詞項所擬定的規則。賴爾可以說，如果我們沒有加予我們的這幅圖畫，我們就會這樣回答，「只是由於具有一個複雜的神經系統它才有可能，毫無疑問，某些生理學家有一天將告訴我們它怎樣活動。」換句話說，非生理學「模型」的概念是不會出現的，如果我們不是手邊已經有了一整袋笛卡爾策略的話。

　　我們可以把這個回答更精確一些地加以改述。假定我們同意佛多爾說的，在諸潛在無限的區別之間的類似性的認知，就是對某種「抽象的」東西（如「利利布萊羅」性）的認知。「人聆聽歌曲的機制必定在同一意義上是抽象的」，這究竟說的是什麼意思呢？大概它必定能夠在潛在無限的各種區別中辨析出類似性來。但這樣一來，「非抽象的機制」的概念就無用了，因爲**任何**機制都必定能做到這一點。供一爐巧克力甜餅用的原料在性質上的可能差異，也是潛在上無限的。於是，如果我們畢竟要談論「複雜的預期系列」（或「程序」，或「規則系統」），我們將永遠在談論某種「抽象的」東西；實際上其抽象性正如那種特性一樣，我們想對這種特性的認知加以說明（或如那種任務一樣，我們想對該任務的完成予以說明）。但是這樣一來我們就處

232

於兩難境地了：或者，獲得這些預期系列和規則系統需要假定幾套新的預期系列和規則系統；或者不需要它們。如果握住前一端，麥爾柯姆的無限倒退實際上將由佛多爾的如下原則所產生，233　這個原則是：抽象的認知需要抽象的使用，因為適用於認知的，也應當適用於習得。如果我們握住後一端，那麼我們似乎又回到了賴爾，認為人們具有在無限多區別中認知類似性的非習得能力，幾乎未說出能說明「恆定性提出的問題」的任何東西。

於是賴爾可以得出結論說，這些問題或者是與日常運用「認知」這類詞的充分條件有關的「概念」問題，或者是與生理機制有關的問題。後一種問題並不涉及倒退問題，因為沒有人認為「恆定性」要求假定光電元件或音叉中的「抽象」機制。在中央C和「利利布萊羅性」之間有任何區別嗎？除了我們稱前者為「具體聲學性」，稱後者為「抽象類似性」以外，我們可以規定音叉忽略了的上千個偶然特徵（音色、音量、光的出現、發聲物體的顏色），正如利利布萊羅認識者所做的那樣。因為抽象與具體的區別正如複雜與簡單的區別一樣是相對於所與的材料基礎而言的，當我們說心理學說明要求提及抽象實體時，似乎只是在斷言，說明哺乳動物能做的那類事情，要求提及與說明阿米巴、音叉、鉈原子和星體能做的事不同的（**在類別上**不同的）那類事情。但我們怎樣知道這一點的呢？而且在這裏「在類別上」意味著什麼呢？賴爾可以再一次說，如果我們不是已經有笛卡爾（有關一隻肉眼注視著貼在心理舞臺牆壁上的規則）的圖畫，我們不會知道這個斷言是什麼意思。

關於無限倒退的論證的效力就談這麼多。現在來看一下多德維爾一類人可能對它做出的回答，他說，非生理學的模式建構，先驗地來看，不好也不壞，而只應依其結果來證明。多德維爾注

意到大腦和計算機間的類似性：「目前對心理學家的認知過程觀　234
唯一最有力的影響，就是爲計算機程序設計而發展出來的一套概
念。」㉑然而他承認：

> 人們或許爭辯說，計算機的類比是膚淺的，因爲一個程序僅只是
> 把一組操作編碼化，這些操作像是認知性的操作，它既不**說明**思
> 維，也未寫下一組解算術問題的規則……。我們說計算機程序
> 能「說明」思維，於是就與說一組邏輯公式「說明」正確推演證
> 明的法則具有相同的效力。（第371～372頁）。

　　針對這一論點他回答說，計算機類比只有在人們區分出層次
之後才有效力：

> ……在用計算機解決問題時所出現的情況，可以在幾個不同層次
> 上來說明……。一種程序的**履行**必須根據計算機的硬件來說明，
> 這或許正如思想的履行在某種意義上必須借助於實際發生在中樞
> 神經系統中的過程來說明一樣。個別計算藉以完成的子程序可參
> 照藉以找到解答的「機器語言」和逐級算法來說明。……子程序
> 操作原則本身不應只透過檢驗硬件而被理解和說明，完全同樣
> 的，乘法表的意義不能透過檢查大腦來把握。同樣，對子程序本
> 身怎樣工作的理解，並不根據一個步驟序列去說明解答問題的原
> 則……。爲此必須觀察實行過程，這個過程在機器中體現著該程
> 序的整個組織和目標，而在人體內它體現著更未被清楚理解
> 的「目標趨向性」。（第372頁）

　　層次的重要性是被（例如）這樣的事實所闡明的，實驗活動
可使我們有理由說，我們是通過模板匹配（template　mat-　235
ching）過程而非特性抽取過程來認知視覺圖式的。（第379頁）
這樣說既不是（關於「實行過程」的）一種「概念」論述，也不
是一種（關於硬件的）「生理學」論述，然而它可能仍然具有說

明性。「子程序」概念似乎正好給予我們心理學所需要的東西，
即對常識和生理學之間中間地帶可能對其適用的東西所做的說
明。

　　但是這一概念怎能幫助我們避免一種無限倒退的論證呢？或
許麥爾柯姆和賴爾會極力主張，「模板」或抽取出的特徵的抽象
觀念（取決於人們選取的模型）本身，產生了與它們應予說明的
「恆常性」相同的問題。但是多德維爾可以回答，它們會這樣
做，只要它們被認爲是對「抽象（認知、恆常性）如何可能？」
這類一般性問題的回答。他可以說，這類問題沒有回答，除了這
236　樣的無意義說法，如大自然演化出適當的硬件以使這個工作完
成。因爲多德維爾模式中的任何一種將肯定是擬人式的，意思
是，看到大腦中一個小推論者在檢查著他的（或它的）模板或列
舉著特徵。這個推論者的抽象和認知能力，將像其主人的能力一
樣是成問題的，而且說他（或它）是一架小機器而不是一個小人
也無濟於事。㉒在這裏擬人式並不比下述說法更引人誤解，即程
序設計者的這樣的擬人式論述：「計算機將不理解問題，如果你
使用波蘭記法的話，因爲它只懂……」。抱怨「模板」（像洛克
的「觀念」一樣）是被說明物的一種複製品，就如斷言構成波爾
原子的粒子是它們有助於說明其行爲的彈子球的複製品一樣。結
果證明十分有益的是，假定小彈子球在大彈子球之內，那麼爲什
麼不假定小人在大人之內（或小老鼠在大老鼠之內）呢？用塞拉
斯的話來說，每一個這種「模式」都伴隨以「注解」，它列舉著
在該模式中「被抽離的」模式化實體的特徵。㉓似乎合理的是指
出，在心理學中對一切擬人式模式的隱含評論都多少類似於下述
說法：

　　　只要我們停留在子程序層，就將隨意地以擬人化方式談論由人

「無意識地」完成的、或由被說成好像它們本身就是人的大腦中
樞或其它器官（既非「意識地」也非「不意識地」）所完成的推
論和其它操作。使用這類說法並不使我們一定要把理智和性格歸
屬於大腦中樞，談論作爲種種幻覺中共同因素的「紅色感覺印
象」也並不責成我們肯定某種「內部的」和紅的東西的存在。但
一當我們離開「子程序」層而踏上硬件層，擬人式方法就不再合
適了。

237

　爲了明瞭這種評論的效力，讓我們假定某種特殊的神經流穿
過視神經，當且僅當心理學理論預測一種紅色感覺印象的出現時
（對一切其它知覺情境亦然）。如果我們知悉這一事實，就將乾
脆跳過「子程序」層說明，而徑直達到硬件層。「感覺印象」概
念將不再起作用（除非存在有心理學理論所假定的其它理論實
體，它們需要這個概念來闡明自己）。如果情況表明果真如此簡
單，那麼「計算機」類比似乎將不再是特別適當的了，對單細胞
動物它也不再適當，對後者而言從行爲跨到生理學這一步短到似
乎不能使「層次」概念有意義了。

　這就是說，如果生理學比其實際情況更簡單、更顯明，就沒
有人覺得還需要心理學了。這個結論似乎有些奇特，特別是考慮
到多德維爾的（上引）論述，「子程序運作的原則本身不應只透
過檢查硬件來理解和說明，完全同樣，乘法表的意義不能透過檢
查大腦來掌握。」❷❹但是這一論述是使人嚴重誤解的。它體現了
顯明事物：

238

　如果我們不知道乘法是什麼，觀察大腦將絕不會告訴我們什
麼
與可疑事物：

　如果我們知道乘法是什麼，我們也不可能說某人透過注視他

的大腦在做一些乘法

二者之間的混淆。

後者是可疑的，因爲我們不知道是否有與某種心的運作相聯繫的極簡單的神經生理學參量。大概極不可能有；但並不存在先驗的理由說明何以某種附有顯微鏡的大腦探測器不可能顯示某種東西，訓練有素的觀察者會將其報導爲「噢！你在用25乘47」（而且每次都對）。更一般地說，最好用硬件語言說明還是最好用程序語言說明的問題，完全取決於特定硬件適巧是什麼樣子，以及它設計得是否明確。特定性和明確性顯然與語彙和抽象層次的選擇有關，而且硬件與軟件的區別本身也是如此。㉕假定有合適的那種硬件和合適的參量，當然就有可能「只透過檢查硬件理解和說明子程序的原則」。的確，我們可以想像一種機器，在這種機器中透過打開來查看，比透過閱讀程序或許更容易發現機器在幹什麼。

239 因爲大腦幾乎肯定不是這樣一部機器，所談的問題就是一種原則的問題，但是這個原則具有哲學的重要性。因爲它表明，心理學與生理學的區別不是這樣兩種不同主題間的區別，即比化學和物理間的區別更強的那種區別。結果本來應該是，像化合物組成這類化學現象與所談元素的顯微鏡以下水平的結構無任何關係。但實際上，它們却有關係，於是我們究竟用物理學家詞語還是用化學家詞語去說明一種反應，就是一個方便性或教學法的問題了。如果情況是，生理學與乘法的關係像電子與爆炸的關係同樣地密切，那麼生理學與心理學的區別將也是實用性的。於是以前提出的那個矛盾的結論（如果生理學更精確些，心理學就不會產生了）可重新加以肯定。的確，我們可以再加強這種說法並表明，如果身體更易被理解，就無人會認爲我們有一個心了。㉖

現在到了把這種處理無限倒退概念的方式總結一下的時候了。中心之點正是，當所要說明的問題不管怎樣都是壞問題——例如「認知如何可能」——時，心理學家所假定的說明性實體只是重複著說明項中的問題。像麥爾柯姆和賴爾這類哲學家都對壞的哲學問題的壞的哲學回答習以爲常了：「運動如何可能？——由於作爲潛能的潛能的實現」；「爲什麼大自然遵循法則？——因爲神的慈愛和萬能。」因此他們傾向於認爲這類問題隱藏在甚至很特殊和有限制的研究方案背後。他們並非總是錯的，既然連心理學家仍然有時提出他們最新的「模式」，用以解決古代哲學的問題。❷❼但是假定多德維爾設想的這類「模式」（即關於子程序的那些建議，它們既不可被內省〔像「實行過程」〕，又不可從生理學上被破譯〔像「硬件」〕），既不被看作有助於解決笛卡爾的僞問題，又不被看作有關某種非物理實體的發現。於是無限後退的論證是沒有效力的。因爲不管這些子程序的硬件相關物是否出現，透過這些子程序的實驗的發現而成立的成功的行爲預測和控制，或許足以顯示心理學研究對象的實在性。❷❽多德維爾的意見是，這根本不算是一種成功，如果它是一個爲某人的課題建立非神秘的和「科學的」性格的話，而且這非常可能是關於這個問題的最後看法。

當把這一觀點施用於我概述過的賴爾有關習得的和非習得的能力的二難點時，我們可欣然承認，任何這類建立模式的工作必須假定大自然已經輸入了某些非習得的能力去實行較高級次的心理運作。至少有一些在各個大腦中心實行子程序的小人將必定自人誕生起就存在在那裏。但爲什麼不呢？如果人們放棄了這樣的看法，即經驗心理學打算做英國經驗主義者未能去做的事（指出一塊白板如何透過對外周感覺器官的作用而變爲一架複雜的信息

240

241

處理裝置），那麼人們將不會驚奇，半數成人的子程序已在染色
體的指令下接入嬰兒大腦了。此外，去發現**哪些**是當時接入的、
哪些是後來才出現的，這對於我們理解人或人心的性質也將無關
緊要。㉙最後，似乎不會令人奇怪的是，某些「抽象」的東
西（如識別異中之同的能力）是非習得的，正如對升C音做出不
同反應的那種「具體的」能力是非習得的一樣。因爲我們可以乾
脆提醒自己，後者本身是「抽象的」，正如一種能力滿可以是抽
象的一樣，而且它也不是抽象的，正像任何能力不一定是抽象的
一樣。佛多爾和康德毫無批評地接受的具體能力與抽象能力對立
的整個觀念，是與「不可還原的物理性」與「不可還原的心理
性」對立的觀念一致的。人們不可能說出如何劃出二者間的界限
來，除非相對於當時的研究目的。但是笛卡爾想一勞永逸地劃出
界線的企圖和「經驗主義者」與「行爲主義者」將其一「還原」
爲其它的企圖，引生了這樣一種觀點，使哲學家困擾的某些隱約
的神秘性却可由心理學來穿透。我相信，麥爾柯姆和賴爾不謹慎
地使用無限倒退論證，應被看作是對如下觀點的一種可理解的反
作用，這種觀點是，心理學可成功地解決哲學家提出的問題。

　　透過指出作爲內部表象的心理學狀態的概念是不可反駁的，
但也是極無意思的，於是我就能够把考察「無限倒退」論的結果
與上一節的結論結合起來了。我們說心理學狀態是被設定來說明
行爲的狀態的，這種狀態我們還不知如何使其與生理學狀態等
同，這並不是要發現心的真正性質，而只是爲了再次強調不存在
可被認知的「性質」。由多德維爾和佛多爾提出的心與計算機的
類比，要優於柏拉圖在心與鳥舍之間的類比，原因只在於前者避
免了關於作爲觀察我們內心的內省作用的那幅**在認識論上**（而非
在形而上學上）引致誤解的圖畫。由這類類比產生的說明是對哲

學家的關切的回應的問題，他們一方面關心統一科學，另一方面
關心「主體性」。如果我們同意，假使我們的硬件被表達得更清
楚一些，心理說明就不會發生了，這將足以使心身區別更具實用
性而非本體性。反過來這也足以使我們與這樣的事實協調一致，
即我們**決不會**獲得有關在我們內部發生的東西的一種神經生理學
的論述，這種論述清楚地與心理學狀態相關，正如工程師對硬件
如何「實現」計算機程序的論述一樣。一旦由於奎因的理由，我
們不再認爲這樣一種論述可能或不可能由「哲學分析」來決定，
我們就會明瞭，科學的統一只是受到幽靈的危害，而並未受到未
知事物或不可還原事物的危害。正如說德謨克利特的原子和牛頓
的光線，僅只是幾何動力學碰撞的看法並未干擾任何人的「物理
主義」本能一樣，普特南認爲，我們永不會對方釘圓洞爲何不相
配做出微粒子說明的觀點，也不會干擾這種本能。對心理式談論
的永恆需要，對於那些認爲「心理事物」涉及到靈魂的哲學家們
似乎只是有害而無益，而塞拉斯對心理事物所與性的處理就是要
將幽靈清除掉。塞拉斯指出，當我們進行內省時，沒有非物理項
對一個非物理的觀察者呈現。因此他防止了被威脅的「科學客觀
性」的喪失。形而上學問題的種子再一次出現於認識論困難之
中，而且尤其是在這樣的看法中，那就是爲理解我們何以有權如
此肯定我們是富有懷舊感的，我們必須在懷舊感和神經細胞之間
建立一種本體論的區別。

4. 作爲表象的心理狀態

244

　　然而我們必須謹防這樣一種企圖，即打算沿著區分抽象和具

體、表象和非表象的界線，而非沿著或大或小確定性的界線，去
建立一種新的心理－物理屏障。爲明瞭這樣一種企圖是什麼，可
考慮佛多爾是如何恢復傳統經驗主義對知覺的論述的：

> 我認爲，心理過程是否是計算的過程乃是一個經驗的問題。但如
> 果確是如此的話，那麼在知覺中必定發生的是，**未**隱含在一種詞
> 彙（其詞項指示物理變量值）中的一種環境描述，是以某種方式
> 根據隱含在這樣一套詞彙中的一種描述來計算的。㉚

　　佛多爾正確地説，如果我們要獲得任何「心理學的知覺問
題」一類的問題，我們必須在心中有某種這一類的模式。他對吉
伯森的下述看法頗持異議，吉伯森認爲我們可以透過「區分對**感
覺傳導器**的刺激（即物理能量）和對**知覺器官**的刺激（即抽象不
變項）」來避免「如何發覺（假定的）刺激不變項的問題」。佛
多爾説：

> ……這類通俗化的説法是不真實的。如果人們被允許使用刺激概
> 念以區別對視網膜的輸入（光能）和對視覺系統的輸入顯示著與
> （例如）知覺恆常性説明相關的不變項的光能量型式，爲什麼不
> 也允許談論對**整個機體**（即可知覺者）的刺激？因此，對「我們
> 怎樣知覺瓶子？」的回答可以是：「發現不變的**瓶子**這個刺激物
> 的存在，是知覺一個瓶子的必要和充分條件。」……我想這並非
> 表明，心理學的知覺問題是一團亂麻，而表明**陳述**這個問題要求
> 選擇（和促使建立）適用於輸入之表象的一套專門詞彙。我主
> 張，物理參量值的詞彙**是**適當的，它所根據的可能假設是，感覺
> 傳輸系統發現著物理參量值，而且一切知覺知識都是以感覺傳導
> 器的活動爲中介的。（第49頁注）

　　在這裏佛多爾面對著我在討論奎因企圖把心理學看作自然化
的認識論時所提出的問題：如果對何者爲材料的選擇，是一個比

各觀察者之間可用日常語言表達的共同意見更深刻的問題，那麼
心理學家可以使用什麼樣的標準來抽離「對我們認知機制的輸入
呢？」奎因在這個問題上搖擺不定，但佛多爾堅決而合乎情理地
告訴我們，除非我們將我們的主體不須要知道的某種東西當作其
輸入，我們將使「認知機制中的處理」概念庸俗化。對於我先前
提出的修辭學問題「心理學能否發現，對認知機制的輸入不存在
於視網膜上，而是存於視神經的中途？」，佛多爾大概會這樣回
答：是的，這樣做而不那樣做取決於怎樣一種圍繞黑箱畫線的方
式最適於將機體分爲傳導器和處理器兩部分，對它們的描述構成
了認知處理的一般的和豐富的理論。

　　請注意，這個回答取消了以下兩個問題之間的聯繫，一個問
題是「我們怎樣識認瓶子？」，另一個問題是「必定賦予心的是
什麼，它可用作推論的正確無誤的檢驗？」因爲問題「主體無需
自覺的推論即有權相信的東西是什麼？」，或者更準確些說「他
僅只靠『我曾清楚地看到它，就如我現在看到你一樣』或『我懂
英語』一類話能够證明哪一類事物」，與下面的問題没有任何關
係，即「機體的哪個部分應被挑選出來作爲與世界的交接部
位？」，或更準確些說「我們應選擇什麼來構成『輸入表象的專
門詞彙呢』？」在這個問題上佛多爾的看法是極其清晰的：

　　但是在有機體的狀態和其神經系統的狀態之間的區別對**某些**目的
　　而言可能有某種關聯性，却無特殊理由去假定，這種區別是適切
　　於認知心理學的目的的。（第52頁）
　　……在認知理論中假定的機體狀態不會被看作適用於（例如）法
　　律或道德責任的理論的機體狀態。但這又怎麼樣呢？它們應被看
　　作適合**某種**有用目的的有機體狀態，這有何的機呢？尤其是，它
　　們應被看作適用於建立正確心理學理論關係體狀態，這又何妨

246

呢。（第53頁）

我們只須補充説，適合於道德或法律責任的東西也適合於認識的責任，有機體可以正當地信此或信彼。從對有機體與世界的種種交接面的發現無路通向對有機體世界觀的批評，或者更普遍地説，從心理學無法通向認識論。經驗主義者對知覺的正確看法是，感覺器官必須被看成是具有這樣一種詞彙，它與「其中隱含著諸假設的詞彙」相比是貧乏的，這些假設或者是被處理單元或者是被主體本身所隱含著。他們當然也正確地讚揚了伽里略，後者相信自己的眼睛甚於相信亞里士多德，但是這種認識論的判斷與他們的知覺理論没有特殊聯繫。

現在我們可以明瞭，佛多爾把心看作一個内部表象系統的這幅圖畫，與我一直在批評的自然之鏡形象毫無關係。關鍵在於，247　對於佛多爾的「思想語言」没有辦法提出這樣一個懷疑論的問題：「主體的内部表象如何清楚地再現現實？」尤其是没有辦法去問，自發性理論的結果在何處或如何再現感受力證據的根源，因此也没有辦法對顯相與實在的關係加以懷疑。關於感受力所提出的證據和自發性所形成的理論二者之間的裂隙，也不存在任何一般性的論述。一種不同的裂隙是由如下的要求所溝通的，即一種感覺機制的詞彙須由「某種（理想上完成的）自然科學中的物質性詞項」組成（第45頁）。這種詞彙將比「處理器」的詞彙「更貧乏」，其意義是，在種種物理參量和處理器在其假設中使用的詞項之間將存在一與多的關係。因此這種關係將類似於科學和常識之間的關係。於是奎因的「證據不足以決定理論」的概念被納入了模式，因爲很多常識的談話方式將與自然科學對世界的一種真實的（理想上完成的）描述相容不悖，而在它們之間可介入許多可能的「處理器」語言。透過瞭解「思想語言」的特性

去發現某種認識論的東西，或許只是在這種情況下才有可能，即如果在感覺機制使用的科學詞彙和由主體自覺使用的種種詞彙之間存在有一種處理器使用的詞彙，對後者的知識將有助於主體發現關於一般事物的真理。只有這種「心理學的現實」才可能把「不經解釋而呈現於心的東西」看作證明的認識論檢驗。但很難理解何以有關某些顏色、語法或道德原則的心理學實在，將符合人們在說明或判斷非心理學實在時對它們的用法。我們將期待這種符合成立，只有當我們把心理學理論所抽離出來的處理單元（processing units）在某種意義上當作「我們較好的部分」，把接替理性的東西當作對靈魂其它部分的自然統治者或看作我們真正的自我。佛多爾和認知心理學對內部代碼的任何這類光榮地位均無興趣；這種代碼，像公式翻譯或數的二項表示法一樣，只是一種代碼，而不是能區別真偽的一種輔助物。 248

　　為根據前幾章的背景來理解這個問題，試回想這樣的主張：認識論傳統把獲得信念的因果說明與對信念的證明相混了。當因果說明是以內部代碼來表示的時候，關於這種代碼可被用於發現真信念的獲得的假定，就相當於關於「產生真理的心理過程」在心理學理論內部是自然性的那種假定一樣。但佛多爾或許同意，沒有任何理由認為，這類評價性詞語標示出了這類自然性質。他是這樣來談論創造性的：

　　情況可能是，我們認為是創造性的那類過程並未形成供心理學說明之用的一種自然性質，然而，這類過程的每一**實例**都是某種事物的由規則支配的計算活動⋯⋯。**創造性——天生性**這些範疇可能只是對心理學使用的分類法進行交叉分類而已。

　　然而我的主要觀點是，創造性的心理過程是**心理的**過程一事並不保證，在對它們的**任何**描述中都有用心理學語言做出的說明。

　　情況可能是，好的觀念……是那類不具有心理原因的心的狀
　　態。（第201～202頁）

　　　我們把作爲一種正確排列內部表象問題的知識觀的產生，歸
之於這樣的看法：在具有真信念的人和具有僞信念的人之間的區
別是一個「他們的心如何活動」的問題。如果把這句短語理解作
249「在談話中它們會說什麼」，這是對的，却不免淺陋和不具哲學
意味。爲了使其深刻和具有哲學性，人們必須與笛卡爾和洛克一
樣地相信，一種心理實體和過程的分類法將導致這樣的發現，即
它們將向人們提供一種發現真理的方法，而不只是關於心的真
理。❸但是佛多爾所設想的心理學分類法不是一種認識論分類
法。它使構成文化的種種其它學科的方法和實體自由沉浮。只有
這樣的假定，即有一天由（例如）喬姆斯基、皮亞惹、列維—斯
特勞斯和弗洛伊德聚集起來的種種分類法將匯流爲一，並清楚地
闡明一種普遍的自然語言（這種假設有時被歸於結構主義），才
會提出認知心理學具有認識論的意義。但是這種建議仍然會像下
面的建議一樣令人誤解，即由於我們可以透過充分瞭解運動物質
而預測每一事物，一種完善的神經生理學將有助於我們指出伽里
略優於他的同時代人。在說明我們自己和證明我們自己之間的裂
隙，其寬闊正如在說明中使用程序語言或硬件語言之間的裂隙一
樣。

　　　然而可以認爲，如果我們不把認識論解釋爲擔保成功地發現
真理，而寧肯解釋爲發展出**合理性**的規條，那麼一種有關內部代
碼的知識將給予我們去繼續研究的某種東西。當佛多爾談到發現
這種代碼就是指出「合理性是怎樣被結構的」之時，或許無意地
250提出了一種觀點。但是他給予這種「合理性」概念的唯一內容是
由下面一段話所提供的：

如果本書主導線索正確，那麼思想的語言爲內在地再現有機體環
境具有的心理學上突出的特徵提供了媒介：在它可以用這種語言
來說明的限度上（而且只是在這個限度上），這種信息的確可歸
入組成有機體全部認知潛能的計算程序。……但現在我想補充
說，至少某些有機體在決定這種再現系統如何被運用時擁有相當
大的自由，而且這種自由一般是被合理地運用的。……如果主體
真地**計算**內部表象是如何排列的，那麼這些計算也必須在表象上
被規定；即在表象的表象上。簡言之，某些思想語言的性質是再
現於思想語言之內的，因爲再現表象的能力或許是合理地操縱表
象的前提條件。❷

在這裏，「合理性」意味著手段與目的的調節性，而且有機
體運用表象來辦到這一點的能力不同於用荷爾蒙來辦到這一點的
能力之處僅在於，描述前一種能力要求一種元語言學的詞彙。但
去把握有機體用於此目的的元語言學詞彙，並不是去把握任何普
遍性的東西，如「合理性結構」短語可能暗示的那樣，而是某種
特殊的東西，正如程序設計者所運用的一些方案，其目的在於保
證計算機將從一種子程序轉換到另一種子程序以增強效能。關於
從理解這類方策中去理解一個合理的探求者或行動者應當是什
麼，並不多於從理解什麼使垂體分泌這種荷爾蒙而非另一種荷爾
蒙中所獲得的相類似的理解。批評主體對其環境的**有意識的**再現
（即他藉以陳述其觀點的詞彙）也是無意義的，因爲它並不再現
這些狀態以及完成「組成有機體全部認知潛能的那種計算程
序」。「合理的」並不比「真的」（或「誠實的」、「純潔
的」、「好的」）更適用於一種評價概念，我們透過瞭解我們的
心如何活動可以更好地理解這個概念。因爲我們關於進化如何合
理地設計了我們或合理的進化如何設法造就了我們的判斷，必須

251

參照我們要追求的目的觀來完成。關於我們的心如何活動的知識
並不比關於我們的腺體或分子如何活動的知識更適切於這類觀點
的發展或修正。

　　如果我們要在內部表象學說中找到認識論的適切性，那麼它
將必須存於喬姆斯基和佛多爾共同擁有的「內在論」觀點的唯理
主義基調中，而不存於他們的清楚的反還原論目的中。萬德勒爾
提供了從喬姆斯基－佛多爾的一種接入的（wired-in）思想語言
（和元語言）觀向一種唯理主義認識論的推論。試考慮下列反維
特根施坦的一段引起爭議的話：

　　……最合理的說明是，兒童必須以人們學習第二語言的類似方式
　　來學習母語。換言之，他必須擁有一種天賦資質，它爲任何可能
　　的人類語言的基本的言動式的、句法的和語義的特徵……。這樣
　　一種天賦的「觀念」提供了一個框架，它於是透過一種表現母語
　　特徵的更專門代碼的影響而被逐步地充實。……至於這種天賦的
　　概念存儲的內容，我們目前只能進行一些有知識根據的猜測。然
252　　而我認爲，詳盡闡述它並非不可能之事；亞里士多德、笛卡爾、
　　康德和晚近的喬姆斯基都成功地勾劃出了必定屬於這一框架的各
　　個領域。……於是這些領域就成了向其它領域提供可理解性
　　的「明晰」觀念。它們在起源上是「先天的」，而在發展上是自
　　足的：經驗不能改變它們的內容。經驗與人應去肯定什麼或要求
　　什麼的觀念無關；也與下述各種想法無關，如應相信或決定什
　　麼；什麼是真理和必然性；什麼是人、物、過程或狀態；什麼是
　　變化、目的、因果、時間、廣延和數。如果這些觀念需要闡明，
　　去闡明的方式就是去思索我們大家隱略知道的和在正確運用語言
　　中所表示出來的東西……。㉝

　　從一種接入的語彙向一組信念的推論，只能被「闡明」而不

能被改變，這與奎因對事實與語言、科學與哲學、闡明意義和改變信念之間的區別所做的批評正相反。但一種更基本的反對意見是，萬德勒爾所要求的不只是關於存在著一種固定的思想語言的假定，而且是關於我們對該語言性質的知識本身是不按照經驗進行改正的假定。這是康德使用的同一種假定，當他在說明我們能理解我們擁有先天綜合真理，當和僅當我們的心智促成了這類真理時。❸但是佛多爾關於思想語言的發現將是一個長期的經驗過程的斷言，所導致的必然結論是，我們可能總會搞錯這種語言是什麼，從而也搞錯先天性是什麼。康德斷言，如果我們知道內部發生了什麼，我們就能在純粹理性的法庭前使我們的斷定合法化，這一主張是笛卡爾下述斷言的回響，即「對於心的認知，沒有什麼比它本身更容易辦到了」。但是雖然認識論是一門純思辨的學科，心理學却不是；這是心理學何以不能為認識論目標服務的理由之一。❸

　　我可以透過再次訴諸說明和證明間的混淆來總結一下有關內部表象的討論。「表象」（再現）概念，正如它為心理學家使用時那樣，是意義含混的，它大致介於圖畫和命題論斷之間，例如在視網膜像（或在視覺皮質深處某部的視網膜像的對應物）和「這是紅的和長方的」一類信念中。只有後者可用作前提，但只有前者是「無中介的」，而且英國經驗主義傳統把二者揉合在一起，其結果是人人皆知的。佛多爾的處理器中的表象是論斷而非圖畫，所以它們不必受到格林和塞拉斯對經驗主義的「所與性」概念的批評。另一方面，它們不必然是主體對其懷有態度的命題。當然，主體對他所認知的那些命題的態度是脫離處理者的觀點而浮動的。正如丹奈特在批評佛多爾時所說，兩個主體可具有相同的信念，即使它們各自的信息處理者甚至不說同

253

254

一種語言。❸於是沒有必要有從信息處理者所持的命題向主體所具有的命題的**推論**，即使將種種命題態度歸與信息處理者可能是**說明**主體如何得以持有具體信念的最好可能方式。與經驗主義者的「觀念」不同，從視網膜像通過種種信息處理者持有的種種命題態度最後達到主體言語中心的輸出，無須符合可證明主體觀點的任何推論後果。說明可以是私人性的，意思是，誰又能知道，生理的怪癖也許會使黃種或紅髮人以與白種人、蹼足人或任何其它什麼人很不同的語言和很不同的方法來處理信息呢。但是證明是公共性的，其意思是在這些各種各樣的人中間有關相信什麼的爭論中，或許將不牽扯到他們古怪的心智如何活動，它也不應當牽扯到。於是有關我們具有一個內部表象系統的主張，在最壞情況下不僅體現著圖畫和命題論**斷**之間的混淆，而且體現著在因果和推論之間更一般的混淆。

　　然而實際上這種混淆只出現在認知心理學的哲學解釋中，而不出現於實際的心理學說明中。當維特根施坦派哲學家批評心理學時，他們的攻擊目標並非真是心理學，而是認識論與心理學的混淆。心理學家，出於想成為「哲學的」這種錯誤的衝動，有時也造成這種混淆。在抗拒行為主義方面，現代心理學家有時喜歡把自己看作「科學地」從事著洛克和康德所從事的閉門造車式工作。但是在以下兩種說法中間畢竟存在有重大差別，一種是：

　　　　我們必須抽離認識中那些作為相信命題的基礎的非命題性項目。

　　另一種是：

　　　　我們可以把神經激動型式這類項目處理得好像它們是信念，以便在構造心理過程模式時使用「從材料推論」這個隱喻。❸

　　心理學家只須談論後者。如果他們只限於這樣做，他們可以

追隨普特南把「大腦過程」和「心理過程」之間的區別看成並不
比「硬件描述」和「程序描述」之間的區別更富哲理性。❸論說
前者的吸引力（「發現心與身之間聯繫」的、有認識論動機的吸
引力）可與提出下列問題的吸引力同等看待，這就是「計算機怎
能表明電線中流過的電荷型式是當日全部現金收入？」關於我們
透過更好地理解我們怎樣工作以便更充分認識我們應當相信什麼
這一整套十七世紀的觀念，可以看作是像下列看法一樣誤入了歧
途，即我們透過更好地理解機器人怎樣工作將知道是否應賦予它
們以公民權。人機類比不只作為有用的機體模型的來源，而且作
為幫助我們記住作為說明對象的人和作為關心證明自己信念和行
為的道德行動者的人之間的區別，對我們大有助益。我將在第
七、八章中主張，它也可有助於我們放棄有關這兩種看待我們自
己的方式須要加以「綜合」的看法。

256

注　解

❶N. 麥爾柯姆：＜關於認識過程和結構的神話＞，載於《認知的發展和認識論》，T. 米舍爾（編），紐約和倫敦，1971年，第387頁。

❷參見，例如，J. 福拉格爾和D. 維斯特的《心理學百年》，倫敦，1964年，第一和第二章。

❸我相信，這個論點首先由A. 赫夫斯塔特在＜賴爾教授的範疇錯誤＞一文中提出，該文載於《哲學雜誌》，1951年第47期，第257～270頁。

❹J. 佛多爾：＜可能有一種知覺理論嗎？＞，載於《哲學雜誌》，1966年第63期，第371頁。

❺P. C. 多德維爾：＜一種概念發展的理論是必要的嗎？＞，載於《認知的發展和認識論》（見注**❶**前引），第382頁。

❻例如參見麥爾柯姆有關第一人稱心理報導的「表達理論」，它以《哲學研究》中的一段爲基礎。

❼W. V. O. 奎因：《本體論的相對性和其它論文集》（紐約，1969年），第82～83頁。

❽「從中世紀哲學觀點來看，笛卡爾起著一種無專業的研究者（indisciplinatus）的作用，這種人以堅持同一種程度的確定性自傲，不管所談的是什麼學科，不管多麼不相宜。一句話，笛卡爾不再承認真與僞之間的中間項；他的哲學徹底刪除了『或然』的概念。」（吉爾松：《中世思想在笛卡爾體系形成中的作用》，巴黎，1930年，第235頁。）

❾W. V. O. 奎因：＜理論性的等級＞，載於《經驗和理論》，佛斯特和斯萬森（編），阿姆赫斯特，1970年，第2頁。

❿同上書，第3頁。

⓫奎因：＜自然化了的認識論＞，載於《本體論的相對性》，第84頁。

⓬奎因：＜理論性的等級＞，載於《經驗和理論》，第2～3頁。

⓭同上書，第3頁。

⓮同上書，第5頁；參見＜自然化了的認識論＞，第87頁。

⓯奎因：＜自然化的認識論＞，第86～87頁。

⓰奎因：＜理論性的等級＞，第4～5頁。

⓱參見L. 維特根施坦的《邏輯研究》（倫敦，1953年）第232頁上關於「心理學的混淆和貧乏」：「實驗方法的存在使我們認爲，我們有辦法解決那些困擾我們的問題；雖然問題和方法彼此忽略了對方。」同

時參見杜威對一種運動的警告，這種運動最終變成爲奎因稱讚的「行爲主義心理學」：「在感覺與觀念之間的較早的二元論在關於外圍的和中心的結構和功能之間的當前二元論中被重複著；身體與靈魂的較早的二元論在刺激與反應的當前二元論中找到了清晰的回聲……」；以及，「……作爲刺激的感覺並不意指任何心理的**存在**。它只意味著一種功能，而且將使其價值隨著需被完成的特殊工作而改變。」（＜心理學中的反射弧概念＞，載於《杜威早期著作選》第五卷，加朋達勒，1972年，第96、107頁）

⑱維特根施坦：《哲學研究》，第50頁。

⑲參爾柯姆：＜認知過程的神話＞，第391頁。試比較賴爾的《心的概念》（紐約，1949年）第七章和維特根施坦的《哲學研究》第213～215頁。還請參見J. 帕斯摩爾的《哲學推理》（倫敦，1961年）第二章＜無限倒退的論證＞，在此他討論了賴爾對這個論證的用法。我在＜實用主義、範疇和語言＞（載於《哲學評論》1961年第49期，第197～223頁）中比較了維特根施坦和皮爾士對這一論證的反笛卡爾式的運用。

⑳佛多爾：「可能有一種知覺理論嗎？」，載於《哲學雜誌》1966年第63期，第375頁。

㉑多德維爾：「概念發展的理論必要嗎？」，第370頁。

㉒某些心理學家會對此表示懷疑。格雷戈里贊同地引述了赫爾姆霍茨與知覺有關的「無意識推論」概念後說道：

　　　我們必須明白，不存在「內部的小人」在進行著論證，因爲這將導致無法容忍的哲學困難。赫爾姆霍茨肯定不這樣想，但他的短語「無意識推論」和他把知覺描繪爲「無意識結論」的做法或許有時的確使那些不熟悉計算機的人聯想到某種如此不可接受的觀念。但是我們這些熟悉計算機的人應當清除趨向這種混亂的誘惑。因爲我們不再把推論看作涉及意識的一種獨特的人類活動了。（《理智的眼》，紐約，1970年，第30頁）

　　　我認爲說小人導致「不可容忍的哲學困難」會引致誤解，因爲我未看到小機器比小人「意識」較少。採取丹奈特稱作對一批半導體或神經元的「意向性立場」，就是把它們當作有意識的東西來談論的，而且加上「但是當然它們不是**真地**有意識的」，似乎僅只是說，我們對其無道德責任。我們既不能問這批半導體中哪一些，用奎因的話說，「有意識的味道」，也不能**發現**推論可由不具有意識味道的生物所完成。熟悉計算機並不導致這樣一種發現；這只是使意向性立場的性質更普通、

更隨意。

❷參見W. 塞拉斯：《科學、知覺和實在》，倫敦與紐約，1963年，第182頁上論「評論」和第192頁以下論紅色感覺印象的部分。

佛多爾也提出，在心理學中的「功能」（或「程序」）分析與「機械」（或「硬件」）分析之間的區別是不能縮小的，這不只是一個方便的問題。參見他的〈心理學中的說明〉，載於《美國哲學》，M. 勃萊克（編），伊薩卡，1965年，第177頁。我在〈功能主義、機器和不可改變性〉一文（載於《哲學雜誌》，1972年第69期，第203～220頁）中反駁了這一看法。

❷關於這種相關性，參見W. 卡爾克的〈佛多爾和普特南的功能主義錯在何處〉一文，載於《努斯》1969年第3期，第83～94頁。有關對卡爾克論文和我自己類似的一篇論文（註❷中引述的）的批評，參見B. J. 奈爾森的〈功能主義和同一性理論〉，載於《哲學雜誌》，1962年第73期，第397頁以下。

❷如我希望第二章已經闡明的，我並非根據這一點說我們不應當認爲自己有信念和慾望以及能看、能推論等等。但我們本來不至於強加予自己「可分離的能動理智」、笛卡爾的「非物質實體」或洛克的觀念等概念。我們的心的概念本來會更接近賴爾的或亞里士多德的概念，而不是接近目前我們所有的笛卡爾的概念。

❷例如參見S. 帕波特爲W. S. 麥卡洛奇的《心的體現者》（麻州劍橋，1965年）所作的〈導論〉。帕波特在說明麥卡洛奇著作重要性時告訴我們，「我們無須再被這個兩難問題纏住了」，這個兩難問題是關於：

> 在心理學和哲學之間……的一種分裂，心理學是以機械論爲基礎的，但它不能觸及思想的複雜性質，哲學認真地看待思想的性質，但能滿足於不能設想的機械論。（第xiv頁）

用於解決這個兩難點的觀點將其「主要的理智步驟」看作

> 這樣的認識：涉及機械的、電的、甚至社會的系統中行爲的整體性調節的大量物理上不同的情境，應被理解作一種基本現象的表現：形成一封閉中心回路的信息回送（第xvi頁）。

帕波特在這裏認爲，困擾哲學家的「思想的性質」是與目的性有關的。但是無論是證明和因果說明間的區別，還是意識和意識欠缺間的區別（這是使認識論與心理學分離的兩種重要方式），都未通過闡明目的性而被闡明。柏格森主義者是爲目的性所困擾的，他們也並不因爲思

考了自動換片裝置而感到安慰。

❷❽人們傾向於把心理學家假定的「中間變元」（帶有根據它們擬出的「子程序」）看作是未被發現的神經過程的純占位符號（place-holders）。的確，我們往往假定，當神經生理學達到某一階段時，它將被用作在諸相互競爭的心理學「心的模式」間進行選擇的檢驗。但重要的是看到，即便我們以某種方式發現神經生理學將永不會達到我們希望它會達到的階段，這種失望不至於使心理學家的研究「從方法論上」或「從形而上學上」更可疑。

❷❾關於重要的是發現什麼是「固有的」這種看法產生於這樣的問題，「一切知識（信息是其現代用詞）都通過感官而來，還是某些知識是由心本身形成的？」（J. J. 和E. J. 吉伯森：＜知覺的學習：分化還是豐富？＞，載於《心理學評論》1955年第62期，第32頁）兩位吉伯森極其認真地看待康德的問題，並要求（由於休謨和赫爾姆霍茨）知覺學習不是從記憶痕跡中來的無意識推論，而乾脆是＜對刺激系統的變元的不斷增加的敏感＞。（第40頁）然而很難想像實驗怎能有助於在這種觀點和（例如）格雷戈里對知覺學習中標準實驗的新赫爾姆霍茨式的解釋之間加以抉擇。參見R. L. 格雷戈里的《眼與腦》，紐約和多倫多，1966年，特別是第11頁上的這樣一段：「感覺並不直接給予我們一幅世界圖畫；反之，它們為檢查有關在我們背後的東西的假設提供了證據。」參見佛多爾關於吉伯森的討論，這一段我將引用，並在第四節中簡單論述一下。

❸❶J. 佛多爾：《思想的語言》，紐約，1975年，第47頁。

❸❶參見H. 卡通：《主體性的起源：論笛卡爾》，紐黑汶，1973年，第53頁：「在亞里士多德方法論和笛卡爾方法論之間的重要區別在於，對笛卡爾而言心是一種科學原則。」試對照在《論靈魂》和《後分析篇》之間的欠缺聯繫與洛克的如下假定，探索「信念、意見和同意的根據和程度」可通過一種「歷史的、素樸的方法」來完成，這種方法開始於「那些觀念、概念或你願稱作的任何東西的根源，這是人所觀察到的和在他心中意識到的，並涉及理解獲得那些觀念或概念的種種方式」（《人類理解論》第一卷，第一章，第ii，iii節）

❸❷佛多爾：《思想的語言》，第172頁。

❸❸Z. 萬德勒爾：《思考物》，伊薩卡，紐約，1972年，第140～141頁。

❸❹《純粹理性批判》，第Bxvii頁。

❸❺G. 哈爾曼在《思想》（普林斯頓，1973年）一書中提出了一種使認識論與心理學聯繫起來的、十分有趣的非喬姆斯基式的設想。他發現

在「蓋梯埃爾（Gettier）例子」討論中二者之間存在著聯繫，在這些例子中被證明的真信念不是知識，因爲，大致來說，一個人被假定在導致他達到所談信念的推論中運用了一個錯誤的前題。

E. 蓋梯埃爾在＜正確的真信念是知識嗎？＞一文中提出了有關「S認知P」命題的三個假設條件推論的定義，並依次證明它們均非認識一命題的充分必要條件. 這三個定義是：a，（i）P是真的，（ii）S相信P，和（iii）S正確地相信P。b，（i）S接受P，（ii）S於P的充分證據，並且（iii）P是真的。c，（i）P是真的，（ii）S肯定P是真的，而且（iii）S有權利肯定P是真的。——中譯者。哈爾曼需要一種有關相信的「真實理由」的理論，而這引導他達到他稱作「心理主義」的東西。（第15頁以下）然而尚不明瞭哈爾曼是否能在經驗心理學研究和空想的無意識推論（涉及到「真實理由」）之間看到聯繫，後者是由我們有關蓋梯埃爾例子的直觀所要求的。參見M. 威廉姆斯：＜推論、證明和知識分析＞，載於《哲學雜誌》1978年第75期，第249～263頁，以及哈爾曼的＜利用關於推理的直觀去研究推理：對威廉姆斯的回答＞，同上，第433～438頁。如果哈爾曼能建立這樣一種聯繫，他將正好在洛克根據內部空間力學處理知識問題的設想中抽取出某種東西。但是在證明和心理過程間的聯繫仍付闕如。

❸❻D. 丹奈特：《思想的語言》一書的「評述」，載於《心》，1977年第86期，第278頁：「如果人們同意佛多爾的如下看法，認知心理學的工作是從心理學方面爲人的實在過程進行描繪，那麼信念與慾望的歸屬只是間接地與這些過程相聯繫，人們可以清楚地說，信念和慾望不是認知心理學研究的適當對象。

❸❼關於這種區別，參見J. O. 烏姆森的嚴屬批評，參見＜認識＞一文，載《亞里士多德學會會刊》，1955～1956年第56期，第259～280頁。

❸❽參見普特南的文章＜心和機器＞，重印於《心、語言和實在》，劍橋，1975年，第362～385頁。（特別是最後幾節）普特南是第一位哲學家這樣明確地指出，計算機與人之間類比的真義並非是「計算機幫助我們理解了心與身的關係」，而是「不可能有任何有關心與身的關係的問題」。

第六章

257

認識論和語言哲學

1. 純的和不純的語言哲學

　　目前稱作「語言哲學」的學科有兩個來源。其一來自由弗雷格提出並由（例如）維特根施坦在《邏輯哲學論》和卡爾納普在《意義和必然性》中討論過的一系列問題。這些問題是有關如何使我們的意義和指稱概念系統化，以便於使我們利用量化邏輯，保持我們對模態的直觀，以及一般地產生一幅清晰的、直觀上令人滿意的關於這樣一種方式的圖畫，按照這種方式，像「真理」、「意義」、「必然性」和「名字」等概念都可彼此協適。我將稱這一系列問題是「純的」語言哲學，它是這樣一門學科，不含有認識論的偏見，當然也與大多數近代哲學傳統的關切無關。某些弗雷格問題的古代根源可溯至巴門尼德、柏拉圖的《智者篇》，以及其他一些古代和中世紀的著作，但這些問題極少與其它標準「哲學問題」交遇。❶

　　現代語言哲學的第二個來源是純認識論的。這種「不純的」語言哲學的來源是企圖保持康德的哲學圖畫，以便爲知識論形式

的探索提供一種永恆的非歷史的構架。我在第四章說過,「語言的轉向」開始於企圖透過重述「邏輯」問題一類的哲學問題,去產生非心理學的經驗主義。人們以爲,經驗主義的和現象主義的學說現在能够作爲「語言邏輯分析」的結果、而非作爲經驗心理學的概括提出來。更一般地說,關於人類知識性質和範圍的哲學問題(例如康德關於上帝、自由和不朽等知識論斷提出的問題)可被說成是有關語言的論述。

258

把哲學當成語言分析的做法,似乎使休謨的優點與康德的優點結合了起來。休謨的經驗主義似乎在本體論上是正確的,但在方法論上是靠不住的,因爲它只根據於獲得知識的一種經驗論。康德對「壞的」哲學(例如自然神學)的批評似乎比休謨的批評更系統化、更有力,但又似乎以一種非經驗的方法論可能性爲前提。語言不像先天綜合,它似乎適於作爲「自然的」研究領域;但與內省心理學不同,語言分析似乎爲先天真理提供了保證。說一種物質實體是透過在先天概念下的多重直觀的綜合而構成的,似乎是「形而上學的」,而說關於這類實體的任何有意義論述可根據現象主義的假設句加以表述,似乎既是必然真的,又在方法論上是非神秘化的。❷康德教導說,先天知識得以可能的唯一方式是,它是有關我們參與(我們自發性能力的參與)知識對象構成的知識。經羅素和C. I. 劉易斯改述後,它變成這樣的觀點,每一種真語句都既包含了我們的參與(以組成項的意義的形式),又包含了世界的參與(以感官知覺事實的形式)。

259

在本書第四章我介紹的對後一種看法的批評,在晚近語言哲學中導致了兩種截然不同的運動。其一以戴維森爲主要代表,另一以普特南爲代表。第一種反應是沿著對語言哲學概念純化和非認識論化的方向。這樣重新安排主題的一個結果是,拋棄了戴維

森所說的經驗主義的「第三個教條」，即「關於圖式和內容、進行組織的系統和有待被組織的對象之間的二元論」；我在第四章討論過的這個教條既是一般認識論的中心問題，又是經驗主義特有的中心問題。❸戴維森區別了組成「適當地稱作意義理論」一部分的哲學構想和由「某種外來的哲學清教主義」推動的哲學構想。❹大致來說，弗雷格和塔斯基追求著第一種構想，而羅素、卡爾納普和奎因卻把純意義理論與不純的認識論考慮混合在一起，這些考慮在不同時間、以不同方式把他們引向各種形式的操作主義、證實主義、行爲主義、約定主義和還原主義。❺其中每一種都表現了一種基本的「哲學清教主義」，它認爲，任何不能從確定事物（感覺材料或語言規則）中被「邏輯地構造」出來的東西，都是可疑的。

按戴維森的觀點，「語言怎樣運作」的問題與「知識怎樣運作」的問題之間並無特殊聯繫。真理是在與這兩個問題的聯繫中 260
加以考慮的這一事實，不應使我們誤認爲，我們可以從

我們對經驗真理的唯一證據是我們感覺場中的特性型式

推出

意義理論將根據指稱感覺特性的表達來分析一切不屬感覺特性表達的那些指稱性表達的意義。

對戴維森來說，意義理論不是對個別詞項意義的「分析」總合，而是對語句間推論關係的理解。❻理解這些關係就是理解英語語句的真值條件，但是對於多數簡單語句（如「橡樹是一種樹」，「俄國是我們的祖國」，「死亡是不可避免的」）來說，無法提出有啓示性的真值條件，正如無法爲「雪是白的」提出真值條件一樣。

然而對於屬於信念或行爲一類的句子或包含著副詞修飾語的

句子，或任何其它類似的語句（在它與鄰近語句之間存在的推論
關係不經分解就不爲量化邏輯的一般工具所揭示），情況就不同
了。在這些情況中，我們獲得了真值條件，這種真值條件不是微
不足道的，而是很難建立的，並且只有透過它們被併入一種適於
其它語句的真值條件理論的可能性才能被檢驗。戴維森説，「所
希望的結果在理論建立中是標準的：透過將一種形式結構强加予
證據的衆多的部分，然後從極少的證據部分（在此即語句的真
值）中抽引出一個豐富的概念（在此就是相當接近轉譯的某種東
西）。」❼這一程序不僅與認識論毫無關係，而且它的「本體論
結果」也必定是貧乏的。按照戴維森的理論，我們多半不得不繼
續下去並對人進行量的描述，而不是將他們「還原」爲物，以便
獲得一種適用於行爲語句的真理理論，這種認識並不符合（例
如）形而上學體系建立中任何通常的情感性目的。當然這一綱領
的哲學意義一般來説是否定的：它透過指出一旦擺脱了模仿康德
和休謨的企圖之後語言哲學會成爲什麽樣子，而使早先綱領中的
「外來的清教主義」更形突出了。有關副詞修飾等問題的困難研
究的實際結果，或許源於人們貫徹戴維森主張的一致努力，這對
於任何標準哲學問題的任何解決方式來説，或許都既無助益也無
妨礙。

　　戴維森的研究最好被看成是在貫徹奎因消除對意義問題和事
實問題之間區別的主張，奎因曾批評將康德在感覺容受和自發先
天概念之間做出的區別加以語言學再解釋的做法。戴維森説，如
果我們認真放棄意義的先天知識，那麽意義理論將成爲一種經驗
理論。因此對於這樣一種理論而言，大致來説除了語法學家的傳
統領域（即企圖找到描述語句的方式，以有助於説明這些語句是
怎樣使用的）以外，不可能有任何特殊的領域。根據這一看法，

261

奎因的「標準符號系統」不應被看作是企圖「描繪真實的、最終的實在結構」，❽而寧可看作是企圖發現描述現實的某一極小部分（語言的使用）的最清楚的方式。建立一種「英語真值理論」的意義，不在於使哲學問題能被表述於一種形式的言語方式中，也不在於說明字詞與世界的關係，而只在於清楚地展示一種社會　262
實踐的某些部分（使用某些語句）和其它部分（使用其它一些語句）之間的關係。

　　在晚近語言哲學中與戴維森對立的研究出現於達美特和普特南的著作中。達美特仍然堅持維也納學派和牛津學派共同接受的口號，這就是「哲學首要的、如果不是唯一的任務，即意義分析」。就我所能瞭解的而言，戴維森對於「分析意義」並無此類眷戀。達美特繼續談論戴維森所不談的一些東西，而且就我所能瞭解的而言，戴維森也無理由要談，這就是「意義理論尋求的是這樣一種模式：它是一切哲學的基礎，而非如笛卡爾誤使我們相信的那樣，是認識論。」❾按照我在本書中堅持提出的觀點，這一主張是多方面使人誤入歧途的。因爲認爲笛卡爾誤使我們相信認識論是一切哲學的基礎，這是易使人誤解的。寧可說，他所完成的工作是使洛克和康德有可能發展一種取代經院哲學設問方式的認識論設問方式。他創立了一門學科，在這門學科內，形而上學是一種使世界對於明晰觀念和道德義務來說成爲可靠的事務，而道德哲學的問題成了元倫理學問題和道德判斷證明的問題，這與其是使認識論成爲哲學的基礎，不如說是發明了帶有「哲學」名稱的某種新東西——認識論。關心**事物**的古代和中世紀哲學，　263
關心**觀念**的十七世紀到十九世紀的哲學，以及關心**語詞**的現代開明的哲學舞臺等所組成的這幅圖畫，似乎是極其言之成理的。但是這個哲學觀序列不應被看作是對何爲首要或何爲基本的問題提

出了三種對立的觀點。情況並非是，亞里士多德認爲我們最好根
據事物來說明觀念和語詞，而笛卡爾和羅素又重新安排了說明的
次序。正確的說法或許是，亞里士多德沒有（不感到有需要）一
種知識論，而笛卡爾和洛克則沒有一種意義論。❿亞里士多德關
於認知的論述並未對洛克的問題提供好的或壞的回答，洛克關於
語言的論述也未對弗雷格的問題提供任何回答。

　　達美特把語言哲學看作基本的，因爲他把現在終於獲得正確
表述的認識論問題當作意義理論內部的問題。他贊同笛卡爾所說
的這個問題的重要性產生於「觀念的方式」，但他認爲，只是晚
近以來我們才能正確陳述它們。正如斯賓諾莎和萊布尼兹認爲他
們在完美地進行著經院形而上學家曾笨拙地完成的工作（例如研
究實體的性質）一樣，達美特和普特南也認爲他們在完美地進行
著認識論者笨拙地完成的工作（研究實在論與唯心論之間的爭
端）。但是我們可以事後地認識到，笛卡爾是自欺的；到了康德
的時代已很顯然，如果我們從笛卡爾關心的問題出發，我們將不
能提出好的形而上學的老問題。在這方面，戴維森對羅素、普特
南和達美特的關係，正相當於康德對笛卡爾、斯賓諾莎和萊布尼
兹的關係。戴維森在提出一種意義理論和「外來的哲學清教主
義」之間所做的區別，是康德在合理的和不合理的使用理性所做
區別的現代翻版。

　　如果我們採取這種新的哲學範式觀，把老的問題擠到一邊，
而不是對其提供一種新的表述和解決方式，那麼，我們將把第二
種（「不純的」）語言哲學看作是打算把一種新哲學活動與一套
舊問題掛鈎的最新一次懷舊式的企圖。我們將把達美特的作
爲「第一哲學」的語言哲學觀，看作是錯誤的，這並非因爲某種
其它領域是「第一位的」，而是因爲作爲擁有基礎的哲學觀與擁

有基礎的知識觀一樣都是錯誤的。按此理解，「哲學」不是這樣一種學科的名字：它面對著一些永恆的問題，却不幸不斷錯誤地陳述它們，或依靠笨拙的論證工具批評它們。寧可說是一種文化樣式，一種「人類談話中的聲音」（借用 M. 奧克紹特的話），它在某一時期專注一個話題而非另一個話題，不是由於論證的需要，而是由於發生於談話中其它領域的種種事物（新科學、法國大革命、現代小說）的結果，或提出了新事物的個別天才人物（黑格爾、馬克思、弗雷格、弗洛伊德、維特根施坦、海德格）的創造，甚而或許是若干這類力量合成的結果。有趣的哲學變化（我們可以說「哲學進步」，但這或許是在用有待證明的假定來辯論）之產生，不是當人們發現了一種新方法去處理舊問題之時，而是當一套新問題產生而老問題開始消褪之時。（在笛卡爾時代和我們的時代的）誘惑在於，認為新的問題是正確被看待的老問題。但是考慮到庫恩和費耶阿本德在批評研究活動歷史的「標準」方法時所舉出的一切理由，這種誘惑必須加以抵制。

　　在本章中我將主要提出在語言哲學和傳統哲學問題之間關係中這一「庫恩式的」概念，以反對達美特關於這種關係的更為人熟悉的（而且我想是廣為接受的）觀點。我的做法將透過批評「不純的」語言哲學及其從認識論到語言哲學的不合法的問題轉換來完成。顯然我不可能概觀整個領域，因此我將集中於一個主題，它對下述看法提供了最大的誘惑，即對語言如何運作的說明，將也幫助我們理解「語言如何聯繫於世界」，因此還有，真理和知識如何可能。正是圍繞著這個所謂概念轉變的問題，大多數關於「實在論」、「實用主義」、「證實主義」、「唯心主義」和「約定主義」等晚近的爭論產生了。我認為戴維森正確地說道，「概念轉變」這個概念本身是前後不一致的，而且我們須

265

要透過這個概念以認識為什麼關於它的爭論似乎既是如此重要，又如此不大可能加以解決。

因此在下一節我將討論據說透過一方面向認識論、另一方面向語言哲學理論轉變所提出的問題。於是在接下去的幾節中我將較詳細地討論普特南對這些問題所做的「實在論的」反應，因為在我看來，普特南的工作是對一種「不純的」綱領所做的最明確的表述。我將使它與一種「純的」、「實用主義的」或「語言遊戲」的語言觀加以對照，後者我認為是由塞拉斯、維特根施坦以及戴維森來闡明的（儘管有些區別似乎使他們三人看起來彼此對立）。因此我希望指出，這兩種方法之間的爭論，不是哲學作為認識論時代將實在論與唯心論和實用主義區分的那種爭論的重演，甚至實際根本也不是關於語言的爭論。我將主張，如果我們把奎因和戴維森對語言與事實和圖式與內容的區分所做的批評推進得足夠遠，我們就不再有論辯的餘地去陳述「實在論」和「唯心論」（或「實用主義」）之間關於「語言如何與世界相聯繫」的爭論了。構成這樣一種爭論的需要，在我看來，再一次表現了康德式的對一種凌駕一切之上的永恆中立模式的需要，人們按照這個模式可去「處置」和批評過去與未來的研究活動。對作為一種結構的和無所不包之學科的哲學的懷舊病，一直存留於現代語言哲學中，這只是緣於「語言」與「先天」和「先天」與「哲學」之間的那種含混不清的聯繫。由於在現代語言哲學中存在著「實在論」和「實用主義」之間的實在爭論，這個爭論在我看來是形而上學的，它討論，一旦放棄了作為先天知識來源的語言概念之後，哲學是否能保持其康德式的自我形象。在這個問題上，我將無疑站在「實用主義者」一邊。但我希望我的討論會有助於以比通常這類談論中為少的伊索式語言，來論述這個形而上學爭

論。

2. 我們的祖輩在談論什麼

　　亞里士多德把運動區分爲自然的和被迫的兩類是錯了嗎？或
者說，他所談論的東西不同於我們關於運動所談論的嗎？牛頓是
否對亞里士多德給予錯誤答案的問題提供了正確的回答呢？還是
說他們在談論不同的問題呢？這類疑難問題在近年來科學哲學和
語言哲學中激發了大量優秀的研究。然而像大多數哲學謎團一
樣，它的動機和前提條件比提出的種種解答更有趣。歸根結柢，
我們爲什麼應當認爲對於這些問題的回答比對提修斯船是否經受
住了它的每塊木板的改變的問題更有趣。爲什麼我們應當認
爲，「它們意味著什麼？」或「它們指稱著什麼？」將會有一個
確定的回答呢？爲什麼以兩種方式中的任何一種去回答它都是不
可能的，而是要取決於什麼樣的説明性的考慮是適合於某些特殊
的歷史編纂學的目的呢？

　　我們認爲，在這個問題上應有確定答案的理由大致是，我們
認爲追求真理的歷史應當不同於詩歌、政治或服裝的歷史。我們
會清楚地覺得，像「希臘人是用$\sigma\omega\phi\rho o\sigma\grave{v}\nu\eta$指『節制』嗎？」
和「努厄爾人是稱靈魂爲kwoth嗎」這類問題可透過説，並無特
殊理由認爲一種文化中的單個詞語表達可與一完全不同文化中的
某一單個詞語表達相符，而加以消除。的確我們會覺得，甚至較
長的詞意解釋也無濟於事，而且覺得我們必須深入異國語言遊戲
的活動中去。⓫但就科學而言，這樣一種態度似乎是不正常的。
在這裏我們傾向於説，的確存在著某種東西（例如運動及其規

267

律），人們或者打算指稱它，或者至少**在**指稱著它而對此並不理解。科學研究應當去發現世界上存在有哪些種對象以及它們有哪些屬性。任何進行嚴肅研究的人只能詢問什麼謂詞應附著在什麼東西上。當我們覺得難以説出亞里士多德所談論的東西時，我們總覺得在某些地方必定有正確的回答，因爲他應當談論**我們**在談論的**某些**東西。即使他在想像不真實的對象和無例示的屬性，他也必定透過有關**真實**存在物的某種相關的談論或透過與真實存在物的其它相互作用，而賦予不真實的對象與屬性以意義。這種感覺是一種工具主義論述的根源，如「關於運動種類及法則的所有這類談論都只是對感性經驗加以分類的一種複雜方式」。認爲關

268 於我們不認識的東西的談論，「真地」是關於我們認識的東西的談論的這種需要，過去往往是僅只透過這樣的假定來滿足的（以「輝格派的」方式），這就是，我們誤入歧途的祖先「其實」在談論我們最受讚許的現代研究者聲稱在談論的任何東西。因此我們被告知，當亞里士多德談論自然下降運動時其實是在談論引力作用，當無知的海員談到獨角獸的角時，其實是指獨角鯨的角，「熱流」是描述活躍分子間能量傳遞的一種引人誤解的方式，克爾凱郭爾在談到亞伯拉罕對上帝的關係時是在描述我們對生身之父的關係。

有兩項發展近年來使哲學家們對這種「他們其實在談論什麼」的方略頗感不安。大致來説，這些發展就是由奎因確認出來的兩個「經驗主義教條」中每一個教條的瓦解。第一個教條把奎因説的「本質主義」奉爲神聖，這個概念是，人們應該區別人們所談論的東西和當他們透過發現所談對象的本質後所談論的東西。這種學説的語言學形式是，我們可以發現我們語言中的哪個詞轉譯了古代科學家語言中的某一個詞，從而透過區別表述詞意

的分析語句和表達關於該所指物的可能錯誤的信念的綜合語句，來發現兩個詞的所指物的本質。第二個教條主張，這樣一種轉譯總是**能**被找到。而且這類分析語句總是**能**被表述，因爲人們爲了確定任何指稱性表達的意義只須發現在一種「中立觀察語言」哪些報導會證實、哪些報導不證實一個斷定有關所指物存在的語句。

關於科學不同於較軟性的論述之處在於，它有對「在那兒」的事物的「客觀指稱」的信念，在前奎因時代曾爲這樣的思想所支持，這就是即使不存在可非物質地呈現於理智中的亞里士多德的本質這類東西，在感覺呈現中也肯定有與世界的接觸點。這種接觸，再加上操作主義的「意義分析」根據應當來自所指物的呈現對其本質進行刻畫的能力，似乎賦予了科學以在宗教和政治中所欠缺的東西，這就是把與現實的接觸用作真理檢驗的能力。由奎因拋棄了兩個教條和庫恩及費耶阿本德有關觀察的「理論負荷」的例子所引起的恐懼，乃是因爲擔心可能不存在這種檢驗了。因爲，如果我們一旦承認牛頓優於亞里士多德不是因爲他的語言更符合現實，而只是由於牛頓使我們更能去應付現實，那麼使科學區別於宗教或政治就無關宏旨了。在我們和「非理性主義」之間的一切區別似乎只在於那種區分分析與綜合、觀察事物與理論事物的能力。

在前幾章中我指出過，這種把合理性等同於今日哲學教條的情況反映了這樣的事實，即自康德以來哲學一直以爲文化提供一種永恆的中立框架爲己任。這個框架是圍繞著探討現實（那些處於「科學穩妥之途」上的學科）和文化的其餘部分間的區別來建立的。這種區別也就是我們在休謨的《人類理解研究》最後一段中，在《純粹理性批判》二版前言的第一段中，以及在第四章引

述過的羅素和胡塞爾的宣言中所發現的。如果哲學本質上是科學
與非科學之間區別的表述，那麼目前那些危險的表述似乎在危及
哲學本身，並隨之危及著合理性（哲學被看作合理性的守護神，
270　它不斷抵禦著黑暗勢力。）假定承認奎因所推翻的教條概念，那
麼許多哲學家的反應就會去尋找某種表述可取的區別的方式，
這種區別將（ａ）使語言哲學處於哲學圖畫的中心地位，一如維
也納小組時代以來它所處的中心地位一樣；（ｂ）不再依賴作為
先天領域的語言概念；（ｃ）為有關牛頓和亞里士多德是否有共
同的所指物（如果有，是什麼）提供一個回答。這種願望就是被
稱作「指稱理論」的這種東西的根源，這個詞大致與我一直稱作
「不純的語言哲學」的東西同其範圍。

　　然而在這種願望變得明顯之前存在著一種預先的混亂階段，
在這個階段上哲學家們在要求一種「意義轉變」理論。這種要求
主要產生於對費耶阿本德下述主張的反應，他說，傳統的經驗主
義觀點以一種「意義不變性條件」為前提，即假定「一切未來的
理論將必定以這樣一種方式來表述，以使得它們在說明中的運用
不影響其它理論所說的東西或要被說明的事實報導」。**⑫**費耶阿
本德像庫恩一樣熱心於指出，語言中大批語句，包括觀察語句的
意義，在一種新理論出現時就要改變；或者至少是，承認發生了
這種改變會使科學史的事實比標準教科書的觀點更可理解，後一
觀點使意義保持不變而只讓信念改變。許多哲學家對這類歷史事
實的反應都是承認意義**可能**隨著新的發現而改變，這就是在其中
可進行合理研究的這種意義的永恆的中性框架。並不如原先設想
的那麼永恆了。但他們說，必定存在有作為一種合理的、原則上
271　的意義改變的東西，而且我們作為自然科學家固有的合理性守護
者和闡釋者的任務，並不是去說明有關的原則是什麼。費耶阿本

德本人滿足於指出，每當用法的任何特徵改變時，意義就改變
了，但是較冷靜的人認為，在「意義不變信念改變」和「信念改
變意義改變」之間應當有某種中間觀點。這導致了這樣的看法，
應當有某種辦法去劃分庫恩的「正常科學」內信念的改變和
在「科學革命」中出現的規範的改變。哲學家們說，假定理論轉
變的標準論述是使人誤解的，哲學仍能提供科學史家需要的某種
東西。我們將著手發現那樣一些條件，在這些條件下信念的連續
改變所導致的東西，將不僅是信念的改變，而且是「概念圖式」
的改變。⓭

　　這樣一種看法是頗有誘惑力的，即將意義、客觀性和真理的
同一性相對於一種概念圖式來描述，只要存在著某種標準使人們
認識何時和為何採取一種新的概念圖式是合理的。因為現在作為
合理性守護者的哲學家，變成了告訴你何時你可以開始使用某種
不同的意義的人，而不只是告訴你所說的是什麼意思的人。但是
這種企圖保持哲學家傳統作用的做法是注定失敗的。奎因何以不　272
能做前者的理由，也正是他不能做後者的理由。自從「語言的轉
向」開始以來，哲學家被描繪為這樣一種人，他透過瞭解字詞的
意義去瞭解概念，因此他的工作超越了經驗事物。但一旦承
認「經驗的考慮」（如對月亮上有斑點的發現，對法國議會不中
用的發現）引起了、但並未要求「概念的轉變」（例如關於不同
的天和國家的概念），哲學家和歷史家的分工就不再有道理了。
一旦人們說，由於這一或那一發現而放棄亞里士多德的概念圖式
是合理的，那麼「意義的改變」或「概念圖式的改變」就只不過
意味著「主要信念的改變」。歷史家可以使舊圖式向新圖式的改
變成為可以理解的，而且使人們明瞭他們何以從一種圖式被引向
另一種圖式，如果他們是當時的知識分子的話。哲學家不能為歷

史家已完成的事情增加任何東西以表明這種可理解的和或許成立的過程是「合理的」。如果没有費耶阿本德稱作「意義不變項」的東西，就不存在哲學家可運用的特殊方法（意義分析）。因為「意義不變項」只是以「語言學的」方式陳述康德如下的判斷，即研究要想是合理的，必須在可先驗認識的永恆框架內來進行才成，這個框架是這樣一種圖式，它既限制了可能的經驗內容，又說明了處理任何出現的經驗內容是合理的。一旦圖式成為暫時性的，圖式與內容的區別本身就岌岌可危了，康德的哲學概念亦因此處於危殆之中，這種哲學是由關於我們自己參與研究一事所具有的先天知識（如圖式的、形式的成分，例如「語言」）建立起來的。

273

3. 唯心主義

哲學家們終於很快地理解到，尋求一種意義改變的標準，對於作為意義分析的哲學概念是災難性的，正如進行反抗的權利觀對於作為主權研究的政治哲學是災難性的一樣。於是他們認識到，當費耶阿本德談論「意義改變」時，他錯誤地表述了自己的觀點。對此普特南提出了最有力的批評：

> 費耶阿本德不可能逃避使實證主義者大感煩惱的同一困難。……
> 為了明瞭這是實際情況，只須回憶，對費耶阿本德而言一個詞的
> 意義依賴於包含著該詞的整個**理論**。……人們自然或許會採取這
> 樣的極端路線，即理論上的**任何**改變都是詞義的一個改變。……
> 但我想費耶阿本德不致採取這種極端路線。因為說我們關於X的
> 經驗信念中的任何改變都是X一詞意義的改變。

就是放棄了意義問題和事實問題之間的區別。我們說英語的語義
規則根本不能區分於說英語人的經驗信念，就正是拋棄了英語語
義規則的概念……如果費耶阿本德採取了這條路線，感覺的一切
顯現都將消失。因為在這裏「感覺」依賴不通常的意義概念和通
常的意義概念間的來回滑動。❶

　　對這個問題的理解導致哲學家們達到關於我們與祖傳的理論
和外族文化關係的辯論的第二階段。人們承認，如果在對待「意
義」概念的態度中衷心地採取奎因的立場，甚至就不想去問「他 274
們用『——』意指同一對象嗎？」那麼爭來爭去究為何故呢？或
許是為了我們怎樣能將真值賦予各種陳述。我們想知道是去
說「關於運動，亞里士多德所說的大部分是假的」，或準確些說
「關於他稱作『運動』的東西，亞里士多德所說的大部分是真
的，但我們不相信存在著這種東西。」此外，在某些情況下我們
想說，「在這兒甚至按他自己的理論來看，亞里士多德也搞錯
了」，而在另一些情況下說，「在這兒我們有一個陳述，它或許
是真的，如果亞里士多德物理學中任何東西都是真的話，但可惜
它所指的東西不存在，因此是假的。」或者再換另一種方式說，
我們想把因他所談論之物不存在而發生的虛假性與因他誤用了他
自己的理論工具而發生的虛假性加以區別，正如我們想把「福爾
摩斯曾住在貝克街」的虛假性與「福爾摩斯結過婚」的虛假性相
區別一樣。為了在內部問題（對這類問題的回答是在文化、理
論、故事、遊戲中給予的）和外部理論（回答的方式是，它是否
是我們為其成員之一的文化，我們接受的一種理論，我們相信的
一個故事，我們從事的一個遊戲）之間加以區別，我們可以接受
「指標」概念而省略「意義概念」。意義的重要性似乎只因為它
提供了在世界上挑選一個對象的方式，然後我們可以確定這個對

象與我們自己的文化、理論、故事或遊戲所認可的某個對象相同或不相同。一旦我們放棄了意義概念，我們也就放棄了由意義決定的指稱概念，這就是透過挑選一個詞的所指者來「規定該詞屬性」的概念。

　　哲學家們認爲，不藉助於詞的定義、本質和意義而去挑選對象的需要，產生了對一種「指稱理論」的需要，這種理論將不運用奎因使其成爲靠不住的弗雷格方法工具。對一種指稱理論的這種要求被併入對一種「實在論的」科學哲學的要求，後者或許會恢復庫恩之前的和費耶阿本德之前的那種看法，即科學研究是透過對同一些對象不斷做出新的發現而取得進步的❶。實際情況並不是庫恩或費耶阿本德否認這一點，而寧可說是，他們關於各替代性理論之間無共同性的觀點表明，我們實際理解的「真理」和「指稱」的唯一概念，是那些相對於一個「概念圖式」被規定的概念。如費耶阿本德和庫恩所指出的（而且奎因和塞拉斯進一步提供理由使人相信的），如果無必要要求對所有相互取代的理論來說都存在著它們共同具有的一個單一的觀察語言的話，那麼經驗主義者所説的人們永遠能提出理論詞語操作性定義的觀點就必須拋棄。奎因對第一個教條的攻擊使「定義」這個概念靠不住了，而他從整體論觀點對第二個教條的批評，再加上塞拉斯所主張的「感覺所與性」是一個文化適應的問題，就使得「操作性定義」的概念加倍地靠不住了。所有這些反經驗主義的論辯的反還原論涵義就是，似乎很像唯心主義的某種東西開始在思想生活中受人尊敬了。似乎有可能説，什麼是實在的或真實的問題，不應獨立於某種概念構架來解決，反過來這也似乎指出，實際上任何東西或許都不能離開這類構架而存在。❶因此，認爲我們**能够**找到一種共同的研究模式（即凌駕一切實際的和可能的「概念構

架」的東西）的想法，對那樣一些人頗富吸引力，他們覺得，認爲在自然之鏡中看到的、不斷增加其準確性的自然表象這種奎因和庫恩以前的老式觀點，必然包含有**某種**真實的**東西**。

然而實際上關於「唯心主義」的這種吵嚷是件不相干的轉移注意力的事。（荒謬地）說用字詞構成對象，非常不同於說，我們不知道如何找到描述過去和將來研究自然的一種持久性模式的辦法，除非是按照我們自己的主張，因此這就是在反對「替代性的概念圖式」時，用未經證明的假定去進行論證了。幾乎沒有人會希望接受前一說法。而接受後一說法，當脫離開有關「失去與世界的接觸」這類嚇人的修辭術時，就只是相當於說，我們關於自然的當前觀點，是我們談論自然與我們語言關係時的唯一指導的另一方式而已。認爲我們必須根據我們對世界上存在什麼的最好認識來使所指物歸予語詞，而將真值歸予語句，不過是一句老生常談。說真理和指稱是「相對於一個概念圖式的」，聽起來像是說出了某種更多的東西，但實際不然，只要「我們的概念圖式」，只被看成是指稱我們現在相信的東西，即構成我們當前文化的各種觀點總合的話，這就是奎因、塞拉斯、庫恩或費耶阿本德提出的任何論證會使人們用「概念圖式」來意指的一切。然而普特南在清除了費耶阿本德有關意義改變所造成的混亂之後，却不幸地進而把費耶阿本德和他本人之間的區別，不是當成認真看待「意義」和將其放棄這二者之間的區別，而是寧可看作「唯心主義的」和「實在主義的」意義理論之間的區別了。 277

要明瞭這個僞爭論是怎樣發展的，就要去理解從所謂概念改變問題中產生的「指稱理論」發展的最後階段是什麼。例如，普特南說：

實證主義科學理論的錯誤之處是，它所根據的是一種唯心主義

的或唯心主義傾向的世界觀，而且那種世界觀不與現實相符。然
而當代實證主義中的唯心主義成分正是透過意義理論出現的；因
此對實證主義的任何實在論的批判的研究必須至少包含著對一種
相對立的理論的描述。**⑰**

　　普特南用「唯心主義傾向的世界觀」，大致指這樣一種觀
點，它「把『堅實的事實』只看作或傾向於只看作有關實際的或
潛在的**經驗**的事實，而一切其它談論都只是有關實際的和潛在的
經驗的高度派生性的談論。」（第209頁）因此他把實證主義要
求有操作性定義的願望，看成是並非由於保證分析－綜合區別、
從而保證一固定的研究框架的需要（按我前面論述過的方式），
而是由於想要避免有關經驗和獨立現實間關係問題的那種貝克萊
式的願望。我想這種願望正像歷史一樣地頑固偏執，但它並不特
別重要。重要的是普特南堅特說，「今日實證主義者像貝克萊一
樣沒有權利去接受科學的理論和實踐，這就是說，他自己的描述
並未使其有理由認爲科學理論是真的或科學實踐總會發現真
理。」（第209頁）普特南認爲，一般而論哲學家們或者具有强
烈的「反實在主義的直觀或者具有强烈的實在主義的直觀」：

　　……反實在論者並不把我們的理論和阿基米德的理論，看作對由
　　獨立於理論的實體組成的某種固定領域所做的兩種近似正確的描
　　述，而且他傾向於對科學中的「會聚」觀念發生懷疑，就是說他
　　並不認爲我們的理論是對阿基米德描述的**同一**實體的一種**更好的**
　　描述。但是如果我們的理論只是我們的理論，那麼使用它來判定
　　X是否存在於$\chi\rho\upsilon\sigma\acute{o}s$（金子）外延中，其任意性正如使用舊石器
　　時代尼安得塔人的理論去判定X是否存於$\chi\rho\upsilon\sigma\acute{o}s$外延上一樣。唯
　　一不是任意性使用的理論，就是說話人本人遵從的那種理論。
　　麻煩在於，對於一個强烈的反實在論者而言，**真理**除了作爲一種

理論內部的概念之外沒有意義……。反實在論者可在「冗餘性理論」的意義上在理論內使用真理概念；但他**在理論之外**並不具有真理和指稱的概念。但是**外延是與真理概念聯繫在一起的。**一個語詞的外延正是該詞**所適用的**某種東西。反實在主義者不是企圖保持作為一種應用不便的操作主義的外延概念，他應當像他拒絕真理概念一樣地拒絕外延概念（在任何理論以外的意義上）。例如像杜威一樣，他可訴諸「有保證的可肯定性」概念而非真理概念……。這樣他可以說「X是金子（$\chi\rho\upsilon\sigma\acute{o}s$）」在阿基米德時代是有保證地可肯定的，但今日就不是有保證地可肯定的了……。但是有關X是在（$\chi\rho\upsilon\sigma\acute{o}s$）的外延上的斷言，正像「X是金子（x$\rho\upsilon\sigma\acute{o}s$）」是真的斷言一樣，將被當作無意義而予拒絕。（第236頁）

　　很難發現一位會符合普特南所說的成為一個「反實在主義者」的標準哲學家。庫恩偶爾暗示說，他覺得「對同一實體的更好的描述」這個概念是可加以反駁的，但是大多數受到他對實證主義科學哲學批評影響的哲學家，均無必要走得如此之遠，那些懷疑關於語言和世界之間聯繫的理論概念的哲學家，以及那些像塞拉斯一類的傾向於使「真」相對於概念框架來規定的哲學家，却仍然絕不會把普特南認為應稱作無意義的那兩類論斷稱作無意義的。塞拉斯會把「在我們概念構架中有保證地可肯定的、但不是真的」概念，解釋作隱含地關涉到另一個（或許尚未發明的）概念構架，在其中所討論的陳述，不會是有保證地可肯定的。像詹姆士、杜威和斯特勞森這類哲學家們是懷疑「真理符合論」的，然而並不同情那種自然適應於思想的概念，或同情於從「人們不可能對一事物給予一種獨立於理論的描述」到「不存在獨立於理論的事物」這種推論。正如「唯心主義者」和「實在論

者」之間爭論的通常情形那樣，兩方都希望對方去承擔證明的重負。所謂的唯心主義者揚言能够對常識以及甚至對語言哲學想要說的每種東西都賦以令人滿意的意義，並詢問道，實在論者還能再增添什麼呢？實在論者堅持説，唯心主義觀點產生了反直觀的後果，這只有一種稱作「思想（或語言）和世界符合」的關係論才可使我們對此加以防範。

　　普特南採取了三條論證路線，每一條都意在指出實在主義者和其對手之間存在著重要的爭論，並指出實在主義者是對的。第一條是反對把「真」解釋爲「有保證地可肯定的」意義或任何其它必須處理證明關係的「軟性」概念。它應當指出，只有一種關於語言和世界之間關係的理論才可提出一種令人滿意的解釋。第二條是這樣一種論證，某種須待說明的社會學事實（科學研究標準方法的可靠性，或者作爲與世界鬥爭工具的我們的語言的功用性），只能根據實在主義的理由加以説明。第三種論證是，只有實在主義者才能避免從「在過去科學中使用的許多詞語均無所指」推論出，「極其可能的是，我們科學家使用的任何詞語都無所指」，這個結論他覺得是可以反駁的。⓲我認爲，這些論證中只有第三條實際介入了與實際反對者的爭論。我對這個論證的考察詳述於以下三節關於指稱、真理和相對主義的討論中。然而在本節餘下的篇幅中我將在充分批評普特南的頭兩條論證時指出，何以只有第三條才需要認真對待。

　　普特南認爲「有保證地可肯定的」（Warranted　assertible）一類概念將與「真」無共同的句法特徵，這種斷言是正確的。但並不清楚的是，這與任何哲學家的主張有何關係。提出「真」意味著「有保證地可肯定的」哲學家們，往往是（a）相對於一種語言、理論、研究階段或概念圖式來規定真理概念；或

者（b）說明，一旦我們有了「有保證地可肯定的」概念，我們就不需要一種「真」的概念了。換言之，他們或者在我們通常對「真」的用法中建議予以修正，或者建議完全放棄這個詞。正如普特南本人指出的，反對作為「真」的**分析**這類概念的論證，就像摩爾反對企圖為「善」下定義的論證一樣輕易，理由也極其相似。「真的而非有保證地可肯定的」之意，與（例如）「善的而不導向最大幸福的」或「善的而被迄今一切文化不認可的」意思相同。那些熱心於（猶如塔斯基和戴維森不熱心於）告訴我們某種關於真理的東西（它將說明或強調我們追求真理的成功）的哲學家們，與這樣一類哲學家相像，他們想告訴我們比人們一向讚許的更多的關於「善」的東西，即那種將說明或強調道德進步的東西。但是關於這類東西大概可談甚少。讓我們再一次借用與道德哲學的類比，在理解為什麼「善」是不可定義的或善如何被使用方面它無助於說明，一個善的行為是符合**善之形式**或**道德法則**的行為。同樣無意義地是被告知，真的陳述符合世界的實際。❿

「反實在主義者」的適當立場正在於承認，沒有什麼將說明「獨立於理論的真理」，正如沒有什麼將說明「非工具性的善」或「非功能性的美」一樣，而且其目的還在於把證明的負擔推回給普特南。大致來說，應該將其推回去的方式就是去問「如果我們沒有非歷史的、獨立於理論的真理觀，我們會失去什麼呢？」這個問題似乎正像下面這個問題一樣合理，即「如果蘇格拉底曾教我們這樣來使用『善』一詞，以使得『對我是壞的，但却是善的』，「對雅典人是壞的，但却是善的」，甚至『神厭惡的，但却是善的』有意義，我們將有何收益呢？」我們有這類真理和善的概念（這些概念免除了一切證明的問題）是不成問題的。同樣不成問題的是，這個真理概念具有的某些性質，是可肯定性或證

明的概念將不會具有的（例如，試引普特南指出過的一些例子：
如果一個陳述是真的，那麼它的邏輯結論也是真的；如果兩個陳
述是真的，那麼它們的合取式也是真的；如果一個陳述現在是真
的，那麼它將永遠是真的）。這種概念不會比蘇格拉底和亞里士
多德的時代早多少，在此之前「邏輯結論」概念還不會爲人們所
理解。但不管其起源如何，我們具有這一概念的事實本身，並不
保證關於它將有一種有趣的哲學理論。被當作哲學著作中關
於「真理」討論的大部份內容，實際上是關於證明問題的，正如
被當作「善」的討論的大部分內容是關於快樂和痛苦的一樣。嚴
格區分**先驗物**與其常識對應物所付的代價，可能使人們無材料去
進行理論構造和無問題去加以解決。

　　然而，普特南十分清楚，存在著有待解決的問題，它們與證
明毫無關係，而且我提到過的他的第二個論點就是對「我們需要
與證明對立的真理概念，是爲了什麼呢？」這個問題的直接回
答。普特南的回答是，我們需要藉助它以說明我們研究程序的可
靠性。更有科學性的回答是，我們需要它以說明科學中「會聚
性」的事實，這個事實是，舊的壞理論，當它們接近我們的時代
時，越來越表現出與我們當前理論的近似性。❷對這一出發點的
明顯反駁是，這種「會聚性」是歷史學的不可避免的人爲產物。
似乎很明顯，將永遠有一種自然的方式去講述理論嬗遞的故
事（或者宗教、政府形式嬗遞的故事），它表明我們的前人一步
步地、曲折艱難地走向我們今日所處的階段。沒有理由認爲，反
實在主義者關於我們目前理論所談論的對象。所施予我們祖先的
因果作用無話可說。他也可描述這些對象如何有助於導致已證明
了的、但却是錯誤的對它們的描述，繼之以同樣已證明的、與前
一描述不相容而略有改進的描述，如此等等，以至當代。然而如

果「會聚性」不被看作關於種種學科史的事實，而被看作關於新
理論檢驗結果的事實，那麼實在論者似乎會處於較好的地位去利
用這種事實。博伊德與普特南合作發展了這一論證路線，他
把「會聚性」解釋作這樣一種原則的「可靠性」，如：

> 應當根據現有的理論知識去問一下，在什麼情況下由該理論做出
> 的因果斷言會有可能發生錯誤，不論是因爲根據現有知識可能成
> 立的替代性因果機制而非由該理論指出的機制會起作用，還是因
> 爲已知的那類因果機制或許有可能被認爲以該理論不能預料的方
> 式干擾了該理論所要求的那些機制」。㉑

很難想像任何人能對這樣一個原則提出例外，於是直到博伊
德做了如下論斷後辯論才發生。他說我們只有「根據對適當的相
關理論的實在論的理解」才能說明這個原則導致的有用結果：

> 假定在承認當前接受的法則表示著可能的因果知識這一前提下，
> 你總是透過詢問理論在何處最有可能成爲錯誤的因果關係的報
> 導，去「猜測」理論在何處最有可能在實驗上出錯。而且假定，
> 你的猜測程序只在實在論者估計理論會〔有效〕……的地方奏效
> （因爲理論事實上最容易出錯，即產生錯誤的實驗預測）。那麼
> 除了科學實在論外還能有什麼別的說明嗎？單只是約定地或任意
> 地被接受的科學傳統肯定**不能**對此加以說明……。除非，如沒有
> 一位經驗主義者會這樣提出的，世界是由我們的**約定**所形成的，
> 這一原則的可靠性就絕不可能僅只是一個約定的問題。（第12
> 頁）

博伊德在這裏把有關程序的兩種意義混淆了，一種是程序在　284
一個獨立的檢驗中是可靠的（如溫度計是外部不舒服程度的可靠
的指示者），第二種是，一個程序是可靠的，因爲我們不可能想
像一種替代的程序。用舊的理論去檢驗新的理論不是一種可供選

擇的程序。我們還有別的辦法來檢驗它們嗎？新的理論往往正好在舊的理論說新理論會犯錯誤之處發生錯誤一事，並非什麼需要說明的現象。只有當它們在其它什麼地方發生了錯誤時才會需要說明。情況似乎只能是，「非實在論者」不知該如何說明用舊理論檢驗新理論的適當性問題，如果我們認爲這個假想中的人在主張，新理論的產生是充分配備著它們自己的同樣新的觀察語言、檢驗程序和調節原則的話。但是一個「新理論」在一個龐大的信念網中只是一種極小的變化。正如詹姆士所說，它的真理性一般來說是在舊真理的沉澱和顯示出自己突出地位的「反常物」之間實行「聯因作用」的能力問題。只有費耶阿本德的某些相當不自然的奇想才會提出，我們應使一個新理論免除任何以某一舊理論結果爲基礎的檢驗。這樣一種建議，與我們除了「有保證地可肯定性」之外是否還需要一種「真理」概念，沒有任何關係。

4. 指　稱

爲了指出我們**的確**需要這樣一個指稱概念，需要轉談普特南的第三個論點，這個論點具有提供我們一個比迄今討論過的一切更有可能成立的「反實在主義」觀的效力。這個論點圍繞著普特南所說的對於「斷言『沒有任何理論詞語曾指稱過』這種災難性的元歸納法」加以防止的需要。㉒

285
倘使我們接受了這樣一種理論，按其觀點電子像**燃素**一樣，那會怎麼樣呢？

於是我們將必須說電子實際不存在。假使不斷發生這類事會怎麼樣呢？倘使由一代人假定的一切理論實體（分子、基因等等，以

及電子）從以後一代科學的觀點看始終都「不存在」，那又怎麼樣呢？當然，這是一種老式的懷疑論的「歸謬論證法」，你怎麼知道你現在不是錯的呢？但它是這樣一種論點，按照它，歸謬論證法對於今日很多人而言都是一種嚴重的憂慮，而不只是一種「哲學的懷疑」。

之所以是一種嚴重的憂慮，理由之一是，下述的元歸納法最終成爲必須被普遍接受的：正如五十多年（或任何其它年數）前科學中使用的任何詞語都無所指，於是結果是，現在使用的任何詞語（也許除了觀察詞語，如果存在有這類詞語的話）都無所指。（第183～184頁）

普特南説，阻止這種元歸納法，「顯然是指稱理論迫切需要的東西。」由於兩點理由，這一説法是令人困惑的。首先，並不清楚什麼樣的哲學立場可以表明，科學中的革命變化已告終結，就是説我們與子孫後代的關係將不同於我們原始泛靈論祖先與我們的關係。我們應當如何跨出我們自己的文化並參照最終研究結果來評估其位置？其次，即使存在有這樣一種哲學立場，我們仍不清楚指稱理論如何有可能支持它？假定我們的這一類問題有明確的直觀。如「如果瓊斯未完成被歸予他的豐功偉績，但史密斯（以前不爲歷史所知）完成了其中大部分，那麼「瓊斯」是指瓊斯呢？還是指史密斯呢？」假定，在可能性較少的程度上，我們關於這類令人困惑的事例的直觀強到足以把我們引至一種一般的理論，這種理論不依直觀而告訴我們，我們和道爾頓用「分子」一詞指同一事物，而「熱流」從不用來指分子。❷❸這樣一種理論可能會把所提出的元歸納法的前提推向過去，因爲現在我們可能 286 必須倒回五千年而不是五十年去尋找一種科學，其任何理論詞語均無所指。但這仍然很難令這樣一位懷疑論者滿意，他對相對於

（例如）未來銀河系文明來說我們自己的科學究竟地位如何深感
憂慮。這樣一位懷疑論者或許只會被一種指稱理論所滿足，這種
理論表明，在一切時代和地區的科學家們大多指稱著同一些事
物，因此使所討論的元歸納法失去了**任何**有趣的前提。

於是在一種明顯的意義上我們徹頭徹尾地明白了（在任何理
論之先），他們一直在指稱著同一些事物。他們都曾企圖應付同
一個宇宙並指稱著**它**，雖然毫無疑問地往往要經過欠缺成效的和
愚蠢的描述。由於下一輪科學革命，人們發現沒有了基因、分
子、電子等等，而只有時空碰撞，或銀河系催眠師產生的催眠暗
示，這些催眠師從伽里略時代起就操縱著我們的科學家們，如此
等等，這也仍然不會使我們脫離與世界或與我們祖先的接觸。因
爲我們會從在講述古希臘時代凱爾特人科學興起時所進行的錯誤
的、混亂的、無成效的世界描述，進而講述對世界的較好描述如
何出現的同一種故事。在兩種情況下都將是有關理性勝利的故
事，而且在兩種情況下都將是理性被運用於同一個世界。一般而
言，不存在人們關於世界最終可能是什麼樣子所能提出的可理解
的看法，這種看法似乎是「嚴重憂慮」的基礎。（認爲或許有某
種**不**可理解的世界描述——它在一種不可轉譯的概念圖式內加以
287 說明——的看法，完全是另一種憂慮，它無須、而且不可能得到
歸納性的支持。我在有關戴維森批評「概念圖式」的下一節中將
討論這另一種憂慮）。

然而「對同一事物的壞的描述」這個概念似乎可能是在杜撰
一個問題。「指稱」似乎成了全或無的問題。說「熱流」指稱或
不指稱分子的運動，似乎比說「熱流」和「分子運動」是對同一
現象的（或好或壞的）兩種描述的簡稱更好，不管這個現象最終
究竟是什麼。我們可能覺得，指稱分子運動應當像是指稱個別人

或中等大小物體一樣──我們或者挑選**它們**或者不。如果我們最近在讀塔斯基的書，這種感覺就會增加，而且如果我們不情願將以塞拉斯那種準工具主義方式表示的理論陳述，看作容許其它陳述表達的重要推論原則，這種感覺還會繼續增加。於是我們將希望，「熱是分子運動」這類句子的真確性直接「符合於」「白色是雪的典型顏色」的真確性。於是爲了理解「語言怎樣運作」，重要的似乎是按照「挑選實體」這樣的表達法去思想，而不是簡單地習慣於「描述現實」這類表達法。就讓它這樣吧。然而仍然難以瞭解爲什麼我們需要去安慰懷疑主義者，而不只是在我們的歷史學中做「輝格派」。我們可以只是詳細描述事物，以便使哪怕最原始的唯靈論者去談論（例如）分子運動、鐳、基因等等。我們並**不**因此去撫慰他對分子可能不存在的恐懼，但另一方面也**沒有**關於語言怎樣相關於世界的任何發現會去撫慰他。因爲被該理論所認識的那個「世界」，只是被今日科學所認識的那個世界。

　　於是到此爲止我們面對著如下的兩難問題：或者需要指稱論去強調現代科學的進步，或者指稱論只是有關如何去寫科學史的一種決定（而非爲這種歷史學提供「哲學基礎」）。一個任務對於要求「理論」的稱號，似乎是太大了，另一個任務對於承受「理論」的稱號又似乎太不足。在這一點上似乎最好先去問「指稱理論」來自何處。它應當承擔阻擋懷疑主義的重負，從而履行我們總是希望認識論會履行的那種任務，這究竟是什麼意思呢？在我看來，認爲有這樣一種理論的看法，產生於把兩種很不同的考慮混爲一談了，即：

　　　　一種是由克里普克、多奈蘭和其他人所指出的這樣的事實，存在著塞爾－斯特勞森指稱標準的反例，即S在用「X」指任何實

288

體時，會使他關於X的大多數主要信念爲眞。❷另一種是這樣的
事實，通常（弗雷格、塞爾、斯特勞森）有關在信念或意向的意
義上（或更一般地，在語言使用者頭腦中的實體）的意義決定著
指稱這種假設指出，我們的錯誤信念越多，我們「與世界的接
觸」就越少。

　　這兩種認識合在一起表明，關於語詞怎樣與世界掛鉤的通常
「意向主義的」概念，在個別事例上是錯的，而在哲學上是災難
性的。因此在晚近「不純的」語言哲學中，幾乎成爲一種教條的
是，奎因、維特根施坦、塞拉斯、庫恩、費耶阿本德（以及本書
提到的其他人物）的有「唯心主義」味道的學說，應當透過如下
方式加以拒絕，即訴諸語義學的首要原則，推翻弗雷格的「意向
主義的」指稱理論而代之以某種更好的理論。❷這種想法是，如
果世界在事實的（即因果的）關係中觸及和聯住語言，那麼我們
將永遠「與世界接觸」，而按弗雷格的舊觀點，我們却處於失去
世界的危險中，或可能本來就從未與它聯繫在一起。

　　然而我們應該對舊的（意向主義的）和新的「因果的」（或
者更一般地說，非意向主義的、因此即「實在主義的」）指稱理
論之間的衝突感到懷疑。這種衝突是因「指稱」（refer）一詞
的意義含混而產生的。這個詞可以指（ａ）在一個詞語表達和現
實某個其它部分之間存在的一種事實性的關係，不管是否有人知
道這種關係的存在；或者指（ｂ）在一個詞語表達和一種非存在
的對象之間能够成立的一種純「意向的」關係。讓我們把前者叫
作「指稱」（reference），而把後者叫作「談論關於」（tal-
king about）。我們不可能**指稱**福爾摩斯，但我們可以**談論**他，
對燃素來說亦然。「談論關於」是一個常識概念；「指稱」是一
個有哲學味道的詞。「談論」涉及虛構和現實二者，而對實在主

289

義的目的却毫無用處。關於人們的信念決定著他們談論的東西的
假定，對存在的事物和不存在的事物或多或少都適用，只要不發
生關於什麼存在的問題。如果在一個社會中不存在相互衝突的理
論（物理的、歷史的、「本體論的」或其它什麼的），但在其中
人們知道實際所談論的一些人和事存在著，而另一些人和事爲虛
構物，那麼在這個社會中我們就可以使用塞爾－斯特勞森的標
準。我們當下在談論大多數我們的信念所適用的東西。令人困惑
的情況（在其中直觀告訴我們，人們没在談論使他們大多數信念
爲真的任何東西）只是當我們知道他們所不知道的什麼東西時才
發生。因此如果我們發現有一位迄今不爲人知的叫作史密斯的
人，他完成了歸予一位虛構的瓊斯的功績的百分之九十九，但
關於瓊斯的故事實際上是圍繞著一位叫羅賓遜的人發生的，我們
可能想說，當我們談瓊斯時，實際在談羅賓遜而不是在談史密
斯。

　　如果這個「實際談論關於」概念與指稱相混了的話，就很容
易認爲（像普特南和克里普克那樣）我們有對指稱的「直觀」，
這種直觀可能成爲一種非意向的和「獨立於理論的」「指稱理
論」。但這就等於認爲下述問題

　　a.　什麼是表達通常關於瓊斯的信念的虛假性的最好方式
　　　　呢，是說它們根本與一切事物無關，是關於虛構的真
　　　　理，還是關於實在的虛假呢？

應當根據對下述問題的回答來回答

　　b.　在世界上是否有一個實體，它透過「指稱」關係與我們對
　　　　「瓊斯」的使用相聯繫？

　　按照普特南和克里普克採取的觀點，（b）是一個合理的問
題，而且是在（a）之前的問題。按此觀點，回答（a）不是一個

在說明上或在歷史學上方便的問題。而是一個純粹事實的問題，這個事實由對（b）的回答來確定。按照我所建議的觀點，（b）並不發生。在社區內唯一的事實上的爭論是關於被談論的種種實體的存在或不存在的。一旦我們決定了後一個事實的問題，我們對於有關的人在其中（按常識的塞爾－斯特勞森標準）談論非存在的實體的信念，可採取四種態度，我們可以在以下四條中加以選擇：

1. 宣稱它們都是偽的（羅素）或無真值的（斯特勞森）

291

2. 把它們分爲二類，一類是偽的或無真值的，因爲它們與一切無關，另一類是「真正有關」某實在事物，因此可能是真的

3. 把它們分爲二類，一類是偽的或無真值的，因爲它們與一切無關，另一類是「實際關於」虛構事物的，因此或許可能是真的

4. 把第（2）和第（3）種選擇結合起來。

在「實際關於」中的「實際」標誌了我們與塞爾－斯特勞森的「關於」（aboutness）判準的區別，但它不標誌我們援引對事實問題的直觀。這就像是「完成了一種真正的好事」的觀念，這是當（雖然某人的行爲表面上可恥）對這個問題的一種更廣泛、更有根據的觀點提出了應當撇開常識的道德標準時所使用的。在道德事例中，我們關於在行爲和善的形式之間的事實聯繫並無直觀：我們只是這樣來改變我們對情況的描述，以求避免矛盾和擴大前後一致性。在決定關於誰在真地談論什麼的事例中情形也類似。

在我所建議的觀點和普特南－克里普克的觀點之間的爭論似乎可能是針對「梅農主義」的問題的，即人們是否可指稱虛構的

事物的問題。但並非如此。在**指稱**一詞的用法由從

　　「Ｎ」指稱而且Ｎ是φ

到

　　Ｎ存在（不是一個虛構）

的推論所支配的意義上，人們當然不可能指稱虛構。這是使用**指** 292
稱一詞的通常方式，而且我無意改變其用法。但我從這一條件定
義著「指稱」概念的事實中引出的寓意是，「指稱」與「談論關
於」或「實際談論關於」沒有任何特殊關係。只有當人們對於用
以表達在世界上發現的錯誤的種種方法做出決定時，「指稱」才
出現（即在上述（１）到（４）之中的決定），然後才想將決定的
結果納入「規範的」形式中，即納入一種語言中，這種語言使用
標準的量化邏輯作爲模型。這就是我在說「指稱」是一個關於藝
術的詞的真義。這也是它何以不是我們對其懷有直觀的東西的理
由。於是我的結論是，塞爾－斯特勞森判準與其發生衝突的「直
觀」僅只是這樣一種直觀，即當關於什麼東西存在著有爭論之
處，可能有關於什麼「被實際談論著」的爭論，而且「實際關
於」的判準並不是塞爾－斯特勞森的判準。

　　那麼它是什麼呢？對這個問題沒有回答，沒有這種「判
準」。決定上述（１）－（４）方法選擇的考慮如此紛歧，要求一
個判準是無意義的。我們會傾向於說，「實際談論」是存在於一
個詞語表達和**我們**認爲其存在的東西之間的一種關係，它與「談
論」對立，後者是在一個詞語表達和其使用者認爲存在的東西之
間的關係，它也與「指稱」對立，後者只存在於一個詞語表達和
真正實際存在的東西之間。但這或許不對，因爲情況仍然是，我
們不僅能談論不存在的東西，而且我們可被人們發現**實際**在談論
不存在的東西。實際談論Ｘ不等於談論一個真的Ｘ。在這裏「**實** 293

際」只是將所談某人的相對無知,「置」於談話人自認爲具有的相對多知的語境中去的問題。辦到這件事的方式之多,猶如話語環境之多一樣。例如試考慮「你以爲你在談論泰勒斯,但你實際是在談論希羅多德講的一個故事」;「你以爲你在談論你的精神分析醫學,但你實際是在談論你自己」;「你以爲你在談論叫作阿特米斯的一個虛構的神,但你實際是在談論公元前九世紀住在底比斯的一個真的女人」;「你以爲你在談論鋰,但你實際在談論的是氫。」㉖

於是我認爲,對指稱理論的追求,表現了在對有關人們「實際談論」的東西的一般理論的、無可救藥的「語義學」追求,和對拒絕懷疑論並贊同我們自稱在談論非虛構物的一種途徑的、同樣不可救藥的「認識論」追求之間的混淆。對於戴維森的「純」語言哲學的目的來說,兩種要求都無須予以滿足。第一種要求大致說來即對解決在歷史學、人類學描述等方面困難問題的決定程序要求,在這些問題中只有策略和想像才會適用。後一要求是針對在我們目前的表象系列之外的某種先驗觀點的,我們從該表象系列可以檢查這些表象與其對象之間的關係。(這是貝克萊告訴我們的,我們無法滿足的要求,康德只是透過把世界叫作「顯相」才予以滿足,而且自然之鏡的形象使我們認爲我們應當能予以滿足)。「什麼決定指稱?」這個問題含混地介於兩個問題之間,一個是關於將大量一致的僞信念系列(其它時代和文化的)與我們的信念系列相比較的最佳程序問題,另一個是關於如何駁倒懷疑論的問題,關於各指稱理論的爭論,由於企圖回答問題的第一部分而成爲具體性的問題,同時由於它們可能以某種方式回答問題的第二部分而取得了它們的哲學意味,但二者都不能駁倒懷疑論,都不能做認識論希望去做的事。因爲我們只在目前關於

語言以外世界其它部分的理論的内部，去發現語言如何運作，而且人們不可能使用自己目前理論的一部分去贊同它的其它部分。指稱理論無助於這個目的，正如「對象先驗構成理論」無助於這個目的一樣。

　　普特南（在本章大部分内容寫完後才發表的一次講演中）在相當程度上放棄了他的「形而上學實在主義」，後者是這樣一種構想，即藉助某些並不預料其一定成功的手段去説明成功的指稱。在這次講演中他提出了我一直在提出的有關「因果理論」的論點。他説，形而上學實在主義希望但未能獲得的東西是「作爲徹底非認識性的真理」的觀點，它是這樣一種觀點，按照它，「作爲從操作有效性、内在美和精緻觀點看來是『理想』、『似乎合理』、『簡潔』、『保守性』等等的理論，**可能是假的。❷⑦**形而上學的實在論者**認爲**他須要這樣説，因爲這似乎是明確區分「真」與「有保證地可肯定」的唯一辦法。但正如普特南所説，即使人們按照塔斯基觀點根據滿足關係來定義「真」，我們仍將可能根據這種關係構思出**任何**一套信念加於世界之上。再者，將有大量**不同的**完成這件事的方式，而且**並不存在不同於一般理論限制的對完成這件事的方式的限制**。關於我們正在指稱的東西的最佳理論，僅只是從我們關於一般事物的最佳理論中得出的毫無爭議的結果。正如普特南所説：「……一種『因果的』指稱論在此並無（不會有）任何助益：因爲按照形而上學實在主義的圖畫，『原因』如何能唯一地指稱，正如『貓』如何能唯一地指稱一樣令人費解。」❷⑧同理，在我們論述事物的内容如何達到和如何決定組成圖式的表象的指稱時，不論用什麽樣的非意向性關係來取代「原因」，我們關於世界由何組成的理論都將產生（從表面上看）一種關於那種關係的自行證明的理

論。

5. 無鏡子的真理

　　普特南對形而上學實在主義理論的放棄可歸結爲這樣一種看
法，即沒有辦法使某種經驗學科完成先驗哲學不可能去完成的
事。這就是説，關於我們所應用的表象圖式將不會闡明它與我們
希望去再現的內容的聯繫。但是如果沒有這種辦法，那麼我們可
以贊同戴維森的如下主張，即我們必須完全放棄圖式－內容的區
分。我們可以承認，沒有辦法使「圖式」概念完成傳統上哲學家
想用它來完成的事，這就是，闡明「合理性」施予的某些特殊限
制，這些限制説明了我們的理想理論何以必須「與實在相符」。
現在普特南贊同了古德曼和維特根施坦的説法：把語言想成一幅
世界圖畫（一套表象，哲學需要將它們顯示爲處於對表象所再現
的東西的某種非意向性關係中），無助於説明語言怎樣被學習或
怎樣被理解。但是至少在他放棄這一理論之前的寫作中，他曾認
爲我們仍然可將這幅語言圖畫用於一種自然化認識論的目的：作
爲圖畫的語言對於理解人們怎樣使用語言不是一個有用的形象，
但它對於説明研究的成功是有用的，正如「一幅地圖是成功的，
如果它以正確的比例符合於地球上某個特殊部分的話。」在這裏
296
普特南採取著和塞拉斯與羅森伯格採取過的同一步驟。這些人的
確把「真」等同於「被我們有保證地可予肯定的」（因此容許了
關於非存在物的真理的存在），但之後他們就進而把「映
現」（picturing）描繪成一種提供了一個阿基米德點的非意向
性的關係，參照這個基點我們可以説，我們目前關於世界的理論

儘管肯定是**真的**，却未能像某種後繼的理論那樣把世界映現得如此充分。術語上的區別並不重要，因爲這三位哲學家所希望的只是使人們能够回答這樣一個問題：「什麼能保證我們關於世界的各種變化著的理論是越來越好而不是越來越壞呢？」這三個人都需要一種維特根施坦式的意義作爲用法的理論以處理我所謂的「純」語言哲學的問題，並需要一種「邏輯哲學論」式的圖畫關係論以處理認識論的問題。

　　普特南對他自己先前闡釋這樣一種先驗保證的企圖所做的批評，同樣適用於塞拉斯和羅森伯格。他說道：

> 形而上學的實在主義正是在它自稱可與皮爾士的實在主義（即主張存在有一種理想的理論）相互區別之處瓦解的……。因爲皮爾士本人（以及證實主義者們）總是**說**形而上學的實在主義**正是**在該處崩潰而成爲前後不一致的，而像我這樣的實在主義者認爲他們**錯**了，不可能避免令人不愉快的這種承認，在至少是一個實質的爭議上「他們對了，我們錯了」。㉙

試比較一下這一段與塞拉斯關於皮爾士的討論：

> ……雖然「理想真理」和「真正存在的東西」的概念是根據皮爾士的概念結構定義的。它們並不要求存在著一個皮爾士式的社區團體。皮爾士本人陷入了困境，因爲他既然未考慮「映現」這個方面，因而在實際的和可能的信念系列之外沒有阿基米德點，根據這個點才能去定義這個系列的諸成分可以向其逼近的理想或界限。㉚

㉙

㉚

　　塞拉斯在這個問題上的觀點是，皮爾士使「真理」與「注定最終要爲大家同意的意見」等同的做法似乎是說，真理和現實的存在本身取決於一些偶然現象，如種族和合理研究這種啟蒙時代概念的延續。於是塞拉斯想要取代一種看待人類研究的方式，它

把「注定被同意」看作對這樣一種因果過程的描述，後者導致宇
宙的自我再現的創造活動。因此我們看到了羅森伯格對後期皮爾
士關於進化之愛的唯心主義形而上學所做的回應：

> 我們只能透過根據一種**整體的**宇宙理論概念重新描述我們的再現
> 活動的方式來理解後者，這個宇宙是這樣一種物理系統，它自然
> 地發展出一些子系統，子系統反過來又必然不斷投射出整體的適
> 當表象。粗略地說，我們必須最終把物理宇宙看作一個完整的物
> 理系統，後者必然「養成了認知者」，並從而在自身之內映現出
> 自身來。㉛

塞拉斯和羅森伯格都正確地把自然之鏡的成立歸因於心的存
在，但他們堅持説（像普特南一樣）心性與意向性都與理解鏡子
如何映現無關。這種重要的再現活動（它有助於我們説我們何以
和爲何優越於我們的祖先）不是相對於一種約定圖式、不是相對
於意向而發生的：「映現是一種復合的事實性的關係，因此屬於
和指示（ denotation ）及真理概念完全不同的一類」。㉜

因此，如果普特南的放棄是對的，那麼這將直接與塞拉斯和
羅森伯格認爲重要的那個問題有關。普特南説，獲得一系列非意
向性關係的企圖（如由因果的指稱理論或由塞拉斯的「更適當的
映現」概念所提出的那類關係）總是受這樣的事實干擾，即這些
關係是當前關於世界的理論的其它部分。普特南認爲，對任何可
能的認識論自然化的批評都給我們留下了他所謂的「內在實在主
義」；這種觀點説，我們透過説「不是語言映現世界，而是**説話
者**映現世界（即他們的環境），意即**對該環境構造一個象徵的表
象**」。可以説明「這樣的日常事實，使用語言有助於達到我們的
目的，獲得滿足或任何其它事情」。㉝在此意義上，內在實在主
義正是這樣一種觀點，按照我們自己的再現規約，我們比以往更

好地再現著宇宙。但反過來這就正是由於我們（比如說）發明了
鋰這個詞去再現一直未被再現過的鋰而洋洋自得。在被放棄
的「形而上學」實在主義和無爭議的內在實在主義之間的區別，
就是以下兩種說法之間的區別，一種是我們按照自然本身的再現
規約成功地進行著再現，另一種是我們按照我們自己的再現規約
成功地進行著再現。大致說來，這是作爲自然之鏡的科學和作爲
應付自然的一系列工作圖式的科學之間的區別。認爲我們按照自
己的智能完美地應付著自然，這種說法是真的，但太簡單化了。　299
認爲我們在正確地進行映現，這種說法「只是一幅圖畫」，而且
我們從來未能搞懂它。就我們所知，自然可以必定養成再現著它
的認知者，但我們不知道，自然覺得我們的再現規約變得更像它
本身的規約究竟意味著什麼，因此也不知道今日它比過去更適當
地被再現著是何意思。或更確切說，只有當我們一直與絕對唯心
主義一同前進，並假定認識論的實在主義必須以人格主義泛靈論
爲基礎，我們才能理解上述意思。

　　普特南的一種簡單而非常有力的觀點是，非意向性關係正如
意向性關係一樣，是相對於理論而成立的，在本節中我企圖把這
種觀點看作是對如下全部構想所做的總批評，即企圖透過先把認
識論轉化爲語言哲學，然後再對意義和所指做一種自然主義描述
的辦法，來使認識論自然化。奎因的「自然化的認識論」，D.
丹奈特對「進化的認識論」的暗示，克里普克和費斯克對亞里士
多德的本質與自然必然性的概念的恢復，種種因果的指稱論以及
塞拉斯的映現理論等等的共同動機在於，使認識論非先驗化，而
又使它履行我們永遠希望它可能履行的事：告訴我們何以我們成
功研究的標準不只是**我們的**標準，而且也是**正確的**標準、自然的
標準、將引導我們達到**真理**的標準。如果最終放棄了這個動機，

那麼語言哲學就只成了「純」戴維森式的語義學，這種語義學並不依賴於鏡喻（mirror-imagery），而是相反，它使提出哲學上使人發生興趣的意義和指稱的問題變得極為困難。

　　因此，現在讓我們進而說明戴維森在其關於真理的討論中，如何配合他對「圖式－內容」區別和鏡喻的總批評。首先他想說，關於語句為真因其符合（「映現」、「適當地再現」）現實的看法，對一切其中不存在哲學爭議的事例均適當，如像「雪是白的」這類事例。這甚至也適合這類事例，像「堅毅使榮譽生輝」、「我們關於世界的理論符合物理現實」，並適合「我們的道德哲學與善的觀念一致」。這些陳述也是真的，當且僅當世界包含著各種適當的事物，並按照這些陳述所暗示的方式布局。按照戴維森的觀點，不存在「哲學清教主義」的誘因，後者會使榮譽、物理現實或善的理念的世界荒蕪。如果人們想說沒有這類東西，那麼他們可提出一種替代的關於不包含那些東西的世界的理論，但它將不是一種**語義學**理論。關於真理符合現實的方式的討論，擺脫了關於天地間存在著什麼的討論。從賦予英文語句以真值條件的構想（作為實際被說的英語，包含著關於一切事物的各種各樣的理論），無法通向理論選擇的標準或通向一種標準符號系統的建立，後者「描摹著實在的真實的和最終的結構。」對戴維森而言，符合是一種關係，它並無本體論的偏好，它可使任何一種語詞與任何一種事物相聯繫。這種中立性表現了這樣一個事實，按戴維森的看法，自然對自己被再現的方式並無偏好，因此對標準符號系統並不關心。自然也不可能被較好地或較差地符合，除了在我們可以有較多或較少的信念這樣一種簡單的意義上。㉞

　　其次，戴維森認為，「再現性圖式」、「概念構架」或「預

期的符合」等概念，企圖使「真理」概念與「意義」概念脫離，因此必然失敗。他表述這一點的最有效方式是這樣一種主張，一個「替代的概念圖式」概念（例如這個圖式將不包含我們所使用的指稱性表達）是這樣一種語言概念，它是「真的但不是可轉譯的。」在持續批評了若干種傳統鏡喻的變體（作爲或好或壞「適合」現實，或彼此不同地爲現實「分類」的概念圖式）之後，戴維森的結論是：

> 麻煩在於，適合全體經驗的概念，正像適合事實或忠於事實的概念一樣，並未對真這樣一個簡單概念增添可理解性。談感覺經驗而不談證據，或只談事實，表達了有關證據來源或性質的觀點，但它並未對據以檢驗概念圖式的宇宙增加新的實體。

於是他說：

302

> 我們根據適合某實體的概念去刻畫語言或概念圖式的企圖，於是歸結到了這樣一種簡單的思想，即某物是一可接受的，概念圖式或理論，如果它是真的話。或許我們最好説**一般地**爲真，以便容許一個圖式的運用者在細節方面不同。於是與我們自己的概念圖式不同的概念圖式的標準現在就成爲：一般地是真的，但是不可轉譯的。是否存在有一個有用標準的問題，正是我們對那種應用於語言的、獨立於轉譯概念的真理概念的瞭解有多充分的問題。我想，回答應是，我們根本不獨立地瞭解它。㉟

　　戴維森説我們不理解這個問題的理由來自他所説的「某種整體論的意義觀」：

> 如果語句的意義依賴於其結構，而且我們把該結構中每一項的意義只理解作從它在其中起作用的全體語句中的一種抽象，那麼我們只能透過賦予語言中每個語句（和字詞）意義的方式來賦予任何語句以意義。㊱

303

這種整體論的意義觀相當於這樣一種觀點，語言的一種意義理論必須**僅只**「論述語句的意義如何依賴於字詞的意義」（第304頁）。關鍵性的步驟是説，我們不需要認爲「個別字詞必定有意義，其意義可超出如下事實，即它們對自己在其中出現的語句的意義具有一種系統的影響」（第305頁）。傳統的觀點是，我們透過以直示法（或某種其它非意向性的方法，某種不需「語言背景」的方法）賦予某些個別字詞以意義，然後再以整體論方式由此繼續下去，從而將語言固定在世界上。戴維森的新維特根施坦觀是，甚至連「紅」和「媽媽」都只在語句的、因而是整個語言的環境內使用（可有助於使真理的陳述成立）。（參見第308頁）不論直示法（或神經通路，或任何其它非意向性的方法）在語言學習中起什麼作用，人們根本不需要瞭解這些方法，也不需要知道怎樣轉譯該語言以便認識這種語言。戴維森指出，對於塔斯基的英語語句真値條件來説情況也一樣，因此結果就是「對語言L的一種意義理論表明『語句的意義如何依賴於字詞的意義』，如果它包含著L中真値的一個（遞歸的）定義的話」；因爲：

> 我們對語言L的一種意義論所需的東西就是，它無須訴諸任何（其它的）語義概念就對謂詞「是T」施以足够的限制〔按照這樣的推論圖式：S是T，當且僅當P〕，以蘊涵一切得自圖式T的語句，當「S」爲對L的一個語句的結構描述所取代和「P」爲該語句所取代時，……〔於是〕我們加予意義滿足理論的條件基本上是塔斯基的約定T。（第309頁）

304

於是戴維森促使我們斷言：

> 因爲約定T體現了我們有關真理概念怎樣被使用的最佳直觀，似乎就沒有希望獲得這樣一種檢驗，即一個概念圖式根本不同於我

們的圖式，如果該檢驗依存於我們可使真理概念脫離轉譯概念這
樣一種假設的話。㊲

　　讓我設法透過指出戴維森意義整體論和他輕視「圖式」概念
這二者間的聯繫，來重述這一論證的要點。不是一個在此意義上
的整體論者的人將認為，理解一種語言涉及到兩種不同的過程：
透過直示法使某些個別字詞與世界相聯繫，然後讓其它字詞在被
使用過程中圍繞著這個中央的核心形成意義。他也將認為，理解
「真理」的意思涉及到「分析」每個真的句子，直到會使其為真
的直示法被人們理解為止。這幅整體論的圖畫在指稱最無疑問之
處（在語言和世界的這樣一個交界處，在此指示詞可起作用）不
再適用了，這一事實是使圖式和內容的區分繼續起作用的一種方
式。如果我們這樣來看待語言，我們將會對這樣一種想法感到驚
奇，其他某些人（例如銀河星系的人）在其最初的直示行
為（ acts of ostension ）中以不同方式「切分」世界，因此對其
語言「核心」中的個別字詞給予不同的意義。他們語言中的其餘
部分因此將受到與我們賦予英語「核心」意義的方式的這種差異
性的影響，於是我們將沒有辦法去進行交流——即沒有共同的參
照點，沒有轉譯的可能性。戴維森對這些隱喻的批評，類似於
M.勃萊克對所謂逆光譜問題所做的維特根施坦式的批評，即某
些人可能（對於顏色以及或許對於一切其它知覺的「性質空
間」）從錯誤的基點開始的可能性。勃萊克指出，對於一切交流
的目的來說，我們可以用區別來「進行劃分」；當然語言將仍然
暢通無阻，不論我們直示著什麼。㊳㊴同樣，戴維森可以說，如
果在原初直示中的一個區別在整體的水準上未出現（在對包含著
該詞的句子的使用中），那麼語言的意義理論可以由該區別來進
行劃分。

305

　　然而我們或許仍然想強調，戴維森的論證只關心提出一種意義**的理論**和一種真理**的理論**究爲何意。我們可以斷言，他所能做的一切就是指出，我們不可能**證實**一種對世界做出了真實描述的語言的存在，除非它可轉譯爲我們自己的語言，我們並可斷言這種情況並不表明不可能**存在**那樣一種語言。這一論證路線或許類似於把勃萊克討論「逆光譜」問題的方式以及類似的維特根施坦反懷疑論策略批評爲「證實主義」。❹我將以對這一反對意見的回答來結束本章。

306

6. 真理、善和相對主義

　　爲了獲得對有關證實主義爭端的一種更寬廣的觀點，讓我們考慮下面的意見：

　　我們的一切語詞均不指稱

　　我們的一切信念均非真

　　在英語和再現世界狀況的那種語言之間無轉譯的可能

　　我們的道德直觀均不正確（參與善的理念，反映道德律等等）我認爲最後一條是諸意見之間最無可能性的。理由在於，我們認爲是道德的東西（甚至是參與善的理念的一種備選者），就是大致說來滿足，或至少不太不相容於，我們目前道德直觀的東西。我們是否過於輕率地把「道德上正確」看成意味著「很像我們自己的道德理想，非常像是如此」。這是否是只因爲一種證實主義的直觀而忽略了一種真實的可能性呢？這種直觀即我們不可能承認任何不訴諸我們直觀的人會談論什麼道德性？

　　我想我們最好這樣來回答這些問題，即透過區別哲學意義的

「善」和日常意義的善的方式，「自然主義的謬誤」是相對於前者而發生的，對後者而言不存在這個問題。如果我們問「什麼是某物爲善的必要和充分的條件？」我們可以像摩爾那樣說，善是否與可能提到的任何條件有關的問題永遠是懸而未決的。像「善」一類語詞，**一旦它們被以哲學傳統的方式加以考慮之後，就相對於此而獲得了一種意義**。它們成爲一種**想像之所**（focus imaginarius）、一種純粹理性觀念的名稱，其全部意義不應與任何一組條件的實現劃等號。　這並不是說αγαθός（人）對於前柏拉圖的希臘人被當成這樣一種無條件者的名字，也不是說**任何**語詞在畢達哥拉斯、奧爾菲克斯和柏拉圖發明了唯心主義（在其兩種意義上）之前均被用於這一目的。但是現在有了一種專門哲學性的「善」的用法，這種用法將不會如其所是的樣子，如果柏拉圖、普羅提諾、奧古斯丁和其他人未曾幫助建立一種有關在永恆性和時空性之間存在絕對區別的純柏拉圖式的理論的話。當摩爾訴諸我們對「善」的意義的感受時，他所訴諸的只不過是這樣一種感受而已，如果不瞭解那種在倫敦西區比在伯明翰更爲普遍接受的西方思想的歷史的話，就很難掌握這種感受。《倫理學原理》正如《尤泰弗羅》一樣應被理解作一部關於啟迪性教育和平靜的道德革命的書，而不應理解作一種描述當前語言的或思想的實踐的努力。

　　然而也有一種通常的「善」的意義，當這個字詞用於讚揚時就具有這種意義，即用於表明某件事物符合某種興趣。在此意義上，人們也將不會發現一組必要的和充分的善的條件，以期這些條件會使人能夠發現善的生活、解決道德的兩難困境、區分蘋果等級，或任何其它什麼。要去符合的不同的興趣種類、予以讚許的事物種類，以及讚揚它們的各種理由都如此之多，以致不可能

找到這樣一組必要和充分的條件。但是這種「善」的不可規定性的理由十分不同於我剛提到的「善」的哲學意義不可規定性的理由。在其樸素和陳舊的意義上，「善」不可規定性的理由不是我們對好人或好的蘋果是什麼可能完全搞錯，而只是**没有**有趣的描述詞具有任何有趣的必要的和充分的條件。在「善」的首先的、哲學的意義上，這個詞是不可規定的，因爲關於什麼是善我們所説的任何東西，可能「在邏輯上」與什麼是善性完全無關聯。使一位平常而守舊的人理解這第一種意義的唯一方式，是使他從柏拉圖或摩爾開始，並希望他會獲得這個理念

308

我提出「善」有兩種意義，目的當然在於使這樣一種看法有可能成立，即關於「真」、「實在」、「對現實的正確再現」來説各自也有兩種意義，而且認識論的大部分麻煩都由於在二者之間搖擺（正像大多數元倫理學的麻煩都是由於在「善」的不同意義間搖擺一樣）。先開始探索善與真之間的類比，試考慮「真」的平常用法，它大致意味著「在一切未來事物前護衛的任何東西。」在此，信念被證明和信念爲真二者之間的界限極爲單薄。因此蘇格拉底在對他的談話者説明這兩個概念間的區別時感到麻煩，這也仍然是我們哲學教授在對一年級新生説明這一區別時感到的同一種困難。當實用主義者把真理等同於「如果我們不斷用我們目前的眼光去研究，我們將相信什麼」，或者「我們相信什麼更好一些」，或者等同於「有保證的可肯定性」，他們把自己看作在步穆勒的後塵，並爲科學做出功利主義者爲道德所做的事情，即使其成爲你可使用的某種東西，以取代某種你只能尊敬的東西，使其成爲與常識一致的東西，以取代某種像神的心智一樣遠離常識的東西。

塔斯基和戴維森所注意的就是這種平常而陳舊的「真」的意

義，而普特南却是把其「自然主義謬誤」的論點應用於特殊的哲學意義上。❹兩種關心各不相伴。戴維森關心的是找到一種展示英語語句間關係的方式的「純」構想，以便闡明何以人們透過把較長語句的真看作人們稱較短語句爲真的函數的方式去稱某些較長的語句爲「真」。普特南關心的則是一種「不純的」構想，它向你表明，對這個問題的最完善的可能的理解，將使你像以前一樣始終面對著這樣的可能性：你根本就沒有真的信念。如果這樣的話，仍然還有一種含混不明之處，它使無關性看起來像是對立性。戴維森無須期待研究的結束和企圖阻止普特南的懷疑論的「元歸納法」，就可以說，我們大多數信念是真的。這個斷言來自他的如下主張，即我們不能理解關於大多數信念是假的看法，這種看法只有當輔以一種「替代性的、不能轉譯的概念圖式」這種僞概念時才有意義。但是這對於反懷疑論者是無效的，除非它逼使他形成這樣的看法：我們完全把它搞錯了。這種構想之困難，大概一如形成下面這種更有限制性的主張一樣，即我們一切使「……在道德上是正確的」完全的語句都是假的。戴維森像康德一樣說，我們不可能從某一中心信念最終爲僞或某一道德直觀爲反常的和偏執的事實，推論出它們全體最終均如此。只有在普遍同意的環境內，對真理或善的懷疑才有道理。懷疑論者和普特南透過轉向「善」與「真」的專門「哲學的」意義從而避開了這個問題，後者正像純粹理性觀念一樣，是特別被設想來代表無條件者的。無條件者逃避了話語和研究在其中進行的環境，並打算去建立一個新的環境。

　　如果我們把戴維森的「大多數信念爲真」的斷言，解釋爲我們在逼近研究的終端、接近於掌握世界的實際狀況、就快達到明淨無瑕的自然之鏡的話，他就似乎是證實論者、約定論者和相對

主義者了。但這就像是把他解釋爲在主張著我們接近了柏拉圖的
分界線的頂端，接近了善的理念的清晰幻象一樣。㊷這樣一種解
310　釋把「真」和「善」二者都看成一個再現圖式與爲此圖式提供內
容的某種東西的準確相符。但正如戴維森所說：

> 這樣去綜括或許是錯的，即認爲我們指出了在具有不同圖式的人
> 之間如何進行交流，這種方式無需一個中性的基礎或一公共的協
> 調系統。這類不可能存在的東西就能行之有效，因爲我們未找到
> 可理解的基礎，在此之上人們可以說諸圖式是不同的。或許同樣
> 錯誤的是去宣布這樣一個福音，即全體人類（至少一切語言的言
> 說者）都擁有一個共同的圖式和本體論。因爲如果我們不能合乎
> 情理地說諸圖式是不同的，我們也就不能合乎情理地說它們是同
> 一的。
>
> 我們在放棄了對某種在一切圖式和科學之外的、未經解釋的現實
> 概念的依賴時，並未取消客觀真理概念，情況正相反。假定存在
> 有圖式和現實的二元論教條，我們就獲得了概念的相對性和相對
> 於某圖式的真理。沒有這個教條的話，這種相對性就失效了。當
> 然，語句的真理仍然是相對於語言的，但它將盡可能客觀的。
> 在放棄了圖式和世界的二元論時，我們並未放棄世界，而是重新
> 建立了與熟悉對象的直接接觸，這些對象的古怪行爲使我們的語
> 句和意見或真或僞。㊸

當我們提出，戴維森由於說我們大多數信念爲真，或說任何
語言均可轉譯爲英語因而是證實論者和相對主義者時，這只是表
311　明他並未使用「柏拉圖式的」真理、善和實在的觀念，這些觀念
爲「實在主義者」所需，以便使他們的實在主義富於戲劇性和引
起爭議（成爲「形而上學的」而非「內在性的」，在普特南的意
義上）。但戴維森也不是透過顯示它們的「前後不一致」而「拒

絕」這些柏拉圖概念。他對這些概念所能做的一切正是康德對純粹理性觀念所能做的一切，即指出這些觀念如何起作用，它們能和不能做什麼。柏拉圖式概念的麻煩不在於它們是「錯的」，而在於關於它們無甚可談；尤其是沒有辦法將它們「自然化」，或者反過來使它們與研究、文化或生活的其它部分聯繫起來。如果你問杜威他何以認爲西方文化對何者爲善認識甚淺，或問戴維森何以認爲我們一向談論著實際存在的東西或爲其真實性進行論斷，他們大概會問你，是什麼使你對這個問題產生懷疑的。如果你回答說責任在他們身上，他們不可能根據如下的事實去論證，即如果懷疑論者認爲自己不可能正確是對的話，我們就永遠不會知道這件事，杜威和戴維森兩人會回答說他們將**不以這種方式進行**論證。他們將不會援引證實主義的論據；他們只須問，他們何以要對懷疑論的選擇論點操心呢，除非他們獲得了某種具體的懷疑理由。把這種企圖稱作是將責任推回到懷疑論的「證實主義」或把知識層次與存在層次混淆，如同把「證實主義者」稱作這樣一種人，他說他將不關心他稱作「紅色」的東西是否真地是紅的，除非有人提出了某種具體的替代物。關於是否有比通常運用「真」、「善」或「紅」一類詞的標準更高的標準的決定，就我所知，不是一個可辯論的問題。但我猜想它是在實在主義者和實用主義者之間唯一殘存的爭端，而且我確信，語言哲學並未給予我們任何有趣的新的論辯基點。

注　解

❶試想使《智者篇》與《理想國》相聯繫，或使《意義與必然性》與《世界的邏輯結構》相聯繫的困難性。

❷參見H. 普特南在《心、語言和實在》（劍橋，1975年，第14～19頁）中對唯心主義和現象主義的討論。普特南在該書中提出了傳統的觀點，這是我一直予以否定的，這種觀點說，「語言的轉向」使哲學家們能對傳統問題提出實質性的解決。

❸參見D. 戴維森：<論概念圖式的觀念>，載於《美國哲學協會會議錄》，1973～1974年第17期，第11頁。

❹D. 戴維森：<真理和意義>，載於《綜合》，1967年第7期，第316頁。

❺普特南在這個問題上尖銳地批評了奎因。參見普特南《心、語言和實在》，第153～191頁。（<對約定論的駁斥>）。然而如我將討論的，普特南本人也捲入了同樣的混淆。

❻參見戴維森：<真理和意義>，第315～318頁。

❼D. 戴維森：<維護約定T>，載於《真理、句法和模態》，H. 萊勃朗（編），阿姆斯特丹，1973年，第84頁。關於該理論的貧乏的形而上學結果，請見戴維森：<形而上學中的真理方法>，載於《中西部哲學研究》，1977年第2期，第244～254頁，特別是結尾幾段。

❽奎因：《語詞與對象》，麻州劍橋，第221頁。

❾M.-達美特：《弗雷格的語言哲學》，倫敦，1973年，第559頁。達美特在其反戴維森整體論的論辯中堅持說，沒有受過奎因和塞拉斯攻擊的兩種康德的區別（所與物與被解釋者和必然與偶然），我們就不可能有一種適當的語言哲學。特別參見<什麼是意義理論>（1），載《心和語言》，S. 加登普蘭（編），牛津，1975年，第97～138頁。對前一區別的辯護在第137頁上特別明顯，對後一區別的辯護在第117頁以下最明顯。

❿參見I.哈金：《語言為什麼對哲學重要？》，劍橋，1975年，第43頁。

⓫參見C. 吉爾茲：「深度描述：通向一種文化的解釋理論」，載於《文化的解釋》，紐約，1973年。

⓬P. 費耶阿本德：<怎樣成為一名好的經驗主義者>，載於《對經驗主義的挑戰》，H. 莫里克（編），加州貝爾蒙特，1972年，第169頁。

⓭F. 蘇佩在其<科學理論的哲學理解的追求>一文（載於《科學理論的結構》蘇佩，（編），烏爾般納，1974年，第3～241頁）中，把這一構想看作是

企圖建立科學理論轉變的「**世界觀分析**」（特別參見第127頁以下）。我認爲，蘇佩所討論的許多作者都對這個詞的涵義以及他的提法的一些細節展開爭辯。但是蘇佩對晚近科學哲學發展的這個時期的論述的總路線，在我看來是準確的和有啓發的。對於理解這一時期的另一份有用的文獻是《概念的改變》（G. 皮阿斯和P. 梅伊納德（編），多爾德萊希特，1973年），它包含了一些有關「意義轉變」問題的極有用的文章，特別是由賓克里、塞拉斯、普特南、巴雷特和威爾遜寫的文章。在本章中我所採取的路線是與賓克里和塞拉斯的文章一致的，但我認爲這兩個人過於認眞看待了賓克里表述爲「我們的認識評價系統怎樣被選用於改變著的意義的環境中的問題」（第71頁）。按我的看法，不存在這樣的系統，沒有君臨一切之上的合理性結構。巴雷特對普特南的批評與費因和我在下面❷❻中引述的文章中所提出的批評一致。

⓮普特南：《心、語言和實在》，第124～125頁。

⓯參見上書，第196頁以下。

⓰實際上這種意見只是奎因和庫恩的**批評者**才有，他們把它攻擊爲一種**復舊**。參見蘇佩：＜尋求哲學理解＞，第151頁：「……如果科學永遠透過一種約制性的模式來看世界……，那麼庫恩就不至於染上某種反經驗的唯心主義嗎？」I. 舍夫勒耳在他的《科學和主觀性》一書（印第安納波里斯，1976年）中譴責了唯心主義，但在以後幾章中他似乎表明，甚至在我們放棄了C. I. 劉易斯的「所與」概念和第四章中討論的大多數經驗主義神話後，我們怎麼能透過觀察來控制理論（透過以較少爭議的信念控制較多爭議的信念的形式）呢？舍夫勒耳的下述看法似乎正是庫恩本人關於這個爭論也許想去說的事，這個看法是「在下述看法中我們乾脆信奉一種錯誤的二分法，這就是，觀察必須或者是與某一未區分的所與物的純粹對照，或者是在概念上如此不純，以至於必定使對一個假設的任何觀察檢驗成爲循環論證的」。正如U. 威廉姆斯對我指出的，庫恩根本不關心懷疑論，不管贊成還是反對，但幾乎永遠被哲學家理解作他是在推進懷疑論的論證。

⓱普特南《心、語言和實在》，第207頁。

⓲普特南：＜什麼是『實在主義』？＞載於《亞里士多德學會會議錄》，1976年，第194頁。（作爲講演Ⅱ～Ⅲ修改後重印於他的《意義和道德科學》一書中，倫敦，1978年，這本書出版時本章已寫畢）。

⓳參見N. 古德曼：＜世界的實際狀況＞，載於他的《問題和構想》（印第安納波里斯，1972年）一書中，第24～32頁，特別是第31頁：「世

界有許多狀況，每一個真描述都捕獲其一。」在我看來，古德曼的觀點
在戴維森處獲得了最好的發展，如後者的「論概念圖式的觀念本
身」（下面將討論）和「心理事件」（在前面第四章第5節中討論
的）。

⑳參見普特南的＜指稱和理解＞，載於《意義和道德科學》，第97～119
頁。感謝普特南教授在出版前惠賜此文，使我獲悉其內容。

㉑R. N. 博伊德：＜實在主義、不是決定論和證據的因果論＞，載《努
斯》，1973年第7期，第11頁。

㉒普特南：＜什麼是實在主義？＞，第194頁。

㉓此例借自R. 哈爾的《科學思想的原則》，芝加哥，1970年，第55頁。

㉔關於這類反例的大多數最近的討論來自K. 多奈蘭的＜專名與識別描述
＞一文和S. 克里普克的＜命名與必然性＞一文，二者均載於戴維森和
哈爾曼所編的《天然語言的語義學》一書中，多爾德萊希特，1972年。
參見S. P. 施瓦茨編的《命名、必然性和自然類》（伊薩卡，1976年）
一書中收入的其它文章，它們都企圖建立一種一般理論來處理這類反
例，並參見編者「導言」中有用的文獻評述。

㉕普特南的＜『意義』的意義＞和他的＜反駁約定論＞二文最充分地表現
了這種態度，二文均收入他的《心、語言和實在》一書中。

㉖我在＜實在主義和指稱＞一文（載於《一元論者》，1976年第59期，第
321～340頁）中更詳細地發展了關於指稱的這個觀點。關於這個問題
上對普特南的類似批評，參見A. 費因：＜怎樣比較諸理論：指稱和變
化＞，載於《努斯》，1975年第9期，第17～32頁。

㉗普特南：＜實在主義和理性＞，載於《美國哲學學會會議錄》，1977年
第50卷，第485頁。（此文現重印於《意義和道德科學》。此段載於該
書第125頁）。

㉘普特南：＜實在主義和理性＞，第486頁（《意義與道德科學》，第126
頁）。

㉙普特南：＜實在主義和理性＞，第489頁（《意義與道德科學》，第130
頁）。

㉚W. 塞拉斯：《科學和形而上學》，倫敦和紐約，1968年，第142頁。

㉛J. 羅森伯格：《語言的再現》，多爾德萊希特，1974年，第144頁。

㉜塞拉斯：《科學和形而上學》，第136頁。

㉝普特南：＜實在主義和理性＞，第483頁（《意義與道德科學》，第123
頁）。

❸❹我不太知道戴維森對於有關虛構事物真實性問題持什麼觀點，以及他是否會同意在「福爾摩斯」和福爾摩斯之間可以有一種「滿足」關係。我希望他會，因為這將突出塔斯基語義學和「實在主義」認識論之間那種我所強調的區別。按照我所提出的觀點，「福爾摩斯與華生醫師同住」就像「雪是白的」一樣真實和幾乎無需哲學分析。這意味著，可以有不包含指稱性表達的真陳述。如果我們記得在「指稱」和「談論關於」之間、而且因此就是在「不指稱」和「不談論什麼」之間的區別，上述結論就不至令人不安了。但是我並未充分明瞭關於圍繞著對塔斯基的「滿足」概念之解釋的爭論，因此未能肯定在這一概念和另外兩個概念中任何一個之間的關係。我想採取的一般路線是，有關於虛構物、價值和數的真陳述，也有關於席子上的貓的真陳述，並試圖展現像「符合」這類關係，根據符合關係來按照後者的模式去「分析」前者的真理是無意義的。塞拉斯是這樣來表述這個論點的，他說，不是一切真陳述都「映現」世界，而只有「基本經驗的」陳述才如此。我寧可說，沒有真陳述映現世界，映現「只是一幅圖畫」，這幅圖畫只用於產生永遠會是更複雜的**語言爭論**（Sprach-streit）。

關於塔斯基的解釋，參見塞拉斯的主張：「塔斯基—卡爾納普類型的語義陳述，並不斷定語言項與語言以外項之間的關係」（《科學和形而上學》，第82頁）以及「『符合』的『映現』意義和塔斯基－卡爾納普的『符合』意義之間的對比」（第143頁）。塞拉斯的觀點是，一切語文陳述都是關於內涵的，而「映現」與語義學毫無關係。關於這種對比的觀點，參見J. 華萊士的＜論參照系統＞，載於《天然語言的語義學》戴維森和哈爾曼（編），和H. 菲爾德的＜塔斯基的真理論＞，載於《哲學雜誌》，1972年第69期。

關於提出一種區別於「可肯定性」概念的「真理」觀，**而不企圖將**其解釋為「處於和語言外事物的一種符合關係中」的構想，參見R. 布蘭多姆「真理和可肯定性」，載於《哲學雜誌》1976年第73期，第137～149頁。布蘭多姆為了我稱作「純」語言哲學的目的，論述了除「可肯定」之外我們為何還需要「真」的問題，即理解語言怎樣運作，以與它怎樣和世界掛鈎相對。我相信他因此診斷出了在對這個語義學概念的需要和在認識論中對此概念的需要之間的混淆，這就是推動著「不純的」語言哲學的那種混淆。

❸❺戴維森：＜論概念圖式這個觀念＞，第16頁，遺憾，戴維森在該文中把庫恩錯誤地解釋為用「不可公度的」表示「不可轉譯的」。（第12頁）

在本書中我的一個重要論點是將這兩個概念嚴格分離。參見第七章，第一節。

㊱戴維森：<真理和意義>，第308頁。

㊲戴維森：<論概念圖式這個觀念>，第17頁。

㊳劉易斯在《心與世界的等級》（1929）一書中說，如果甲說「綠」時乙得到的感覺與甲說「紅」時的感覺相同，反之亦然，那麼甲的整個光譜機制與乙的光譜機制就正相反，劉易斯用上例表明懷疑論者的所謂「內容不可交流性」。勃萊克在《語言和哲學》（1949）一書中對此說明道：「劉易斯告訴我們，實際上另一個人不可能成功地傳達他想說的東西」，如顏色詞對某人為常量，對他人僅只是變量，我們所能理解的僅是顏色的關係的結構而已。因此劉易斯的懷疑論表明：「語言行為的一致性不保證經驗性質的同一性」。——中譯者

㊴參見M. 勃萊克：<哲學中的語言方法>，載於《語言和哲學》，伊薩卡，1949年，特別見第3～8頁。勃萊克把「逆光譜」看作那樣一種懷疑論觀點的典型，他所建議的語言方法有助於對此加以揭露。我想在這一點上他是對的。的確存在有這樣一種觀點，按此，我在第四章稱作<認識論的行為主義>的全部內容，都可以勃萊克此處提出的那種論證推導出來。

㊵關於這種反駁，參見B. 斯特羅德的<先驗論證>一文，載於《哲學雜誌》，1968年第65期，第241～256頁。我在<證實主義和先驗論證>一文中（載於《努斯》，1971年第5期，第3～14頁）曾討論了這一反駁；並在<先驗論證、自我指稱和實用主義>（載於《先驗論證和科學》，P. 比利、R. 霍爾斯德曼和L. 克呂格爾（編），多爾德萊希特1979年，第77～103頁），一文中討論了一些有關的反對意見。

㊶參見<指稱和理解>，載於《意義和道德科學》，第108頁。在此文中普特南闡明了他研究「真」的方法與摩爾研究「善」的方法的類似性。

㊷羅蒂在若干論著中都使用過由奧斯丁在《哲學論文選》中詳細分析過的這個柏拉圖概念。柏拉圖在《理想國》第509d節中將世界分為可見的和可理解的兩大部分，每一部分再一分為二，從而形成了四個區段，可用一條垂直線來表示。直線最低點為形象這種最低的存在形式，最高點為抽象這種最高的存在形式。二點之間的四個區段均由不同的感性成分與理性成分混合而成，分別代表人的藝術、科學、數學、哲學等等不同性質的活動。——中譯者。

㊸戴維森：<論概念圖式的觀念本身>，第20頁。我企圖在放棄（常識所

看待的）世界和放棄（作爲物自體的、我們可能永遠無法掌握的）世界
之間提出一種對比。參見拙文＜完全失去的世界＞，載於《哲學雜
誌》，1972年第69期，第649～666頁，特別是第662～663頁。

第 三 編

哲 學

第七章
從認識論到解釋學

315

1. 公度性和談話

　　在第三章中我曾提出，對知識論的願望就是對限制的願望，即找到可資依賴的「基礎」的願望，找到不應游離其外的框架，使人必須接受的對象，不可能被否定的表象等願望。當我把反對基礎探索的新近的這種相反傾向形容爲「認識論的行爲主義」（在第四章中）時，我並非想暗示，奎因和塞拉斯使我們能够具有一種新的、較好的「行爲主義的」認識論。而是說他們向我們指出，當我們放棄了對照和限制的願望時，事物會是什麼樣子。然而基礎認識論的撤除，往往使人們感到留下了須予填充的真空。在第五和第六章我批評了種種填充它的企圖。因此，在本章中我將談論解釋學時，從一開始我就要聲明，我並非提出解釋學來作爲認識論的一個「繼承的主題」，作爲一種活動來填充曾由以認識論爲中心的哲學填充過的那種文化真空。在我將提供的解釋中，「解釋學」不是一門學科的名字，也不是達到認識論未能達到的那種結果的方法，更不是一種研究綱領。反之，解釋學

是這樣一種希望的表達，即由認識論的撤除所留下的文化空間將
不被填充，也就是說，我們的文化應成爲這樣一種狀況，在其中
不再感覺到對限制和對照的要求。認爲存在有一種哲學能顯示其
「結構」的永恆中性構架，就是認爲，與心相對照的對象或限制
316 著人類研究的規則，乃是一切話語共同具有的，或者至少是在某
一主題上每一種話語都具有的。這樣，認識論是根據這一假設來
進行的，即對某一話語的一切參與活動都是可公度的。一般說
來，解釋學就是爲反對這一假設而進行的一種鬥爭。

　　我用「可公度的」（commensurable）一詞指能被置於一
組規則下，這組規則將向我們表明，關於在諸陳述似乎發生衝突
的每一點上會解決爭端的東西，如何能達到合理的協議。❶這些
規則告訴我們如何建立一個理想的情境，在其中一切其餘的分歧
將被看作「非認識性的」或僅只是口頭上的，或僅只是一時的，
即透過繼續前進可能被解決的。重要的是，對於如果**要**達致一種
解決的話應當去做什麼的問題，應當有一個協議。同時，說話者
可以同意有分歧，即同時滿足於彼此的合理性。通行的認識論概
念是，要想合理，要想充分合乎人性，要想履行我們所應做的
事，我們必須能與其他人達成協議。去建立一門認識論，即去找
到與他人共同基礎的最大值。關於可建立一種認識論的假定，就
是關於存在著這樣的共同基礎的假定。有時這種共同基礎被想像
作存於我們之外，例如存於與生成領域對立的存在領域內，存於
既引導著研究又爲其目標的形式內。有時它又被想像成存於我們
之內，如在十七世紀這樣的看法中，即透過理解我們自己的心，
317 我們應當能理解發現真理的正確方法。在分析哲學內部，它往往
被想像成存於語言中，語言被假定著爲一切可能的內容提供普適
的圖式。指出不存在這種共同的基礎，似乎就危及了合理性。對

公度性的需要發生懷疑，似乎是返回人互爲戰的第一步，因此（例如）對庫恩和費耶阿本德的共同反應是，他們在贊同使用力，而非使用說服。

我們在杜威、維特根施坦、奎因、塞拉斯和戴維森思想中所看到的那種整體論的、反基本主義的、實用主義的知識和意義觀，幾乎同樣地冒犯了許多哲學家，因爲他們都放棄了對公度性的追求，因而是「相對主義者」。如果我們否認存在著被用作調節知識論斷共同根據的基礎，作爲合理性守護者的哲學家概念似乎就遭到了威脅。更一般地說，如果我們認爲不存在認識論這類東西，在（例如）經驗心理學或語言哲學中也不可能找到它的替代物，那麼人們會以爲我們在說不存在合理的協議和歧議這類東西。整體論的理論似乎認可每個人去構造他自己的小整體（他自己的小範型、他自己的小實踐、他自己的小語言遊戲），然後再鑽進去。

我以爲，認爲認識論或某種適當的接替它的學科爲文化所必需的觀點，混淆了哲學家會發揮的兩種作用。第一種是博學的愛好者、廣泛涉獵者和各種話語間的蘇格拉底式調解者所起的作用。可以說，封閉的思想家們在其沙龍中被誘使脫離了他們自我封閉的實踐。在各學科和話語中的紛歧，在談話過程中被調合或超越。第二種是文化監督者的作用，他知曉人人共同依據的基礎。柏拉圖的哲學王知道其他人實際的所作所爲，不論**他們**對此知與不知，因爲他知道他們在其中活動的最終的環境（形式、心、語言）。第一種作用適合於解釋學，第二種作用適合於認識論。解釋學把種種話語之間的關係看作某一可能的談話中各線索的關係，這種談話不以統一著諸說話者的約束性模式爲前提，但在談話中彼此達成一致的希望絕不消失，只要談話持續下

去。這並不是一種發現在先存在的共同基礎的希望，而**只是**達成
一致的希望，或至少是達成刺激性的、富於成效的不一致的希
望。認識論把達成一致的希望看作共同基礎存在的徵象，這一共
同基礎也許不爲說話者所知，却把他們統一在共同的合理性之
中。對解釋學來説，成爲合理的就是希望擺脱認識論（即擺脱這
樣一種思想，認爲存在著一套特殊詞語，談話的一切組成部分均
應表諸於該詞語中），並希望學會對話者的行話，而不是將其轉
譯爲自己的語言。對認識論來説，成爲合理的，即去發現一組適
當的詞語，談話的一切組成部分均應轉譯爲該組詞語，如果要達
成一致的話。對認識論來説談話是含蓄的研究。對解釋學來説研
究是慣常的談話。認識論把參與者看作統一在奧克肖特所謂的一
種universitsas（整體）中，即在追求共同目的中由相互的利益
統一起來的一個團體。解釋學把參與者看作統一在他所謂的一個
Societas（社群）中，社群中的個人的道路在生活中結合起來，
個人是由禮儀而不是由共同的目標、更不是由某一共同基礎聯合
起來的。❷

　　我使用**認識論**和**解釋學**這兩個詞來代表兩種觀念的對立，也
許顯得牽强。我將透過指出整體論和「解釋學循環」之間的一些
聯繫來對其加以證明。作爲準確再現物的知識觀念自然導致這樣
的看法，即某種再現物、某些表達、某些過程是「基礎
的」、「特殊的」和「基本的」。我在前幾章中詳細考察的對這
種看法的批評，是由整體論的形式論證支持的：我們將不可能抽
離基本成分，除非根據這些成分在其中出現的整個構架的先驗知
識。因此我們將不能用「準確再現」（成分對成分）的概念來取
代成功地完成一種實踐的概念。我們對成分的選擇將由我們對該
實踐的理解所支配，而不是説實踐由諸成分的「合理再構造」來

「證明有理」。整體論的論證路線認為,我們將永不可能避免「解釋學的循環」,這就是,除非我們知道全體事物如何運作,我們就不可能瞭解一個生疏的文化、實踐、理論、語言或其它現象的各部分,而同時我們只有對其各個部分有所瞭解,才可能理解整體如何運作。這種解釋概念表明,獲得理解如其說像追隨論證,不如說像熟悉某個人的過程。在兩種情況下,我們都在對如何刻畫個別陳述或其它事件的猜測和對整體情境問題的猜測之間來回擺動,直到我們逐漸地對曾是生疏的東西感到心安理得為止。作為一種談話而非作為建立在基礎之上的一個結構的文化概念,與這種解釋學的知識觀十分符合,因為與生疏者進入談話情境,正像透過依照模型獲得一種新品質或技巧一樣,乃是一個 $\phi\rho\bar{o}\gamma\eta\sigma\iota s$(慎思)的問題,而非一個 $\acute{e}\pi\sigma\tau\acute{\eta}\mu\eta$(知識)問題。

討論解釋學和認識論之間關係的通常方式是指出,二者應將文化一分為二,認識論關心嚴肅的和重要的「認識的」部分(在此部分中我們履行我們合理性的義務),解釋學關心其它各部分。在這一劃分背後的想法是,嚴格意義上的知識($\acute{e}\pi\tau\sigma\tau\acute{\eta}\mu\eta$)必定有一 $\lambda\acute{o}\gamma os$(邏格斯),而且 $\lambda\acute{o}\gamma os$ 只能由發現一種公度性方法來給予。公度性觀念被納入「真正認知」概念中,於是「只是一種趣味的或意見的問題」這類討論不須由認識論照料,凡認識論不能使其可被公度的東西,就被蔑稱為僅只是「主觀的」。 320

由認識論的行為主義提出的實用主義知識研究,將把可被公度的話語和不可被公度的話語之間的分界線,僅只解釋為在「正常」話語和「反常」話語之間的分界線,後一區分將庫恩在「正常」科學和「革命」科學間的區分普遍化了。「正常」科學是在有關被認為是對某現象的好的說明和有關什麼是應該解決的問題這一共識的背景前去解決問題的實踐。「革命的」科學是引入一

種新的説明「範式」，因此引入了一套新的問題。正常科學非常
近似於認識論者關於合理性究爲何意的概念。每個人都同意如何
評價其他人説的每件事。更一般地説，正常話語是在一組被公認
的規約內運行的，這組規約涉及什麼是適當的話語組成部分，什
麼是對一個問題的回答，什麼是對該回答的好的證明或對該問答
的好批評。反常話語就是當某人加入該話語，但他對這些規約或
一無所知，或加以排除時所發生的東西。επτστήμη正常話語的結
果，可被其它參與者認爲是有理性的一切參與者共同視爲真的那
類陳述。反常話語的產物可以是從胡言亂語到思想革命之間的任
何東西，而且不存在可描述它的學科，也不存在致力於不可預測
事物或「創造性」問題的學科。但是解釋學從某種正常話語觀點
看是對一種反常話語的研究，它企圖闡明在這樣一個階段上所發
生的情況，在此階段上我們對該情況還不太肯定，以至不能對其
321 描述，從而也不能對其進行認識論論述。關於解釋學不可避免地
把某種規範視爲當然的事實，迄今爲止使其具有「輝格式的」色
彩。但就其非還原地進行工作並希望選擇一種新的看待事物的角
度而言，它超越了自身的「輝格性」。

於是根據這一觀點，認識論與解釋學各自領域之間的界限不
是一個有關「自然科學」和「人的科學」間的區別的問題，也不
是有關事實與價值之間、理論與實踐之間、「客觀知識」與某種
較可疑的知識之間的區別的問題。這個區別純粹是熟悉性的區
別。當我們充分理解發生的事物並想將其整理以便擴大、加強和
傳授，或爲其「奠定基礎」時，我們的工作就是認識論的。當我
們不理解發生的事物但足夠誠實地承認這一點，而不是對其**公然**
採取「輝格式」態度時，我們的工作就必定是解釋學的。這就意
味著，只有當我們已經有了共同同意的研究實踐（或更一般地

說，話語實踐）時，我們才能獲得認識論的公度性，在「學院派」藝術、「學院派」哲學或「議會」政治中，正像在「正常」科學中一樣容易看到這一現象。我們可以獲得認識論的公度性，不是因爲我們發現了關於「人的知識的性質」的什麼東西，而只是因爲當一種實踐繼續得足够長時，使其可能的（以及使關於如何將其劃分爲諸部分的共識有可能的）規約，相對來說較易被抽取出來。N. 古德曼在談論歸納推理和演繹推理時說過，我們透過發現我們習慣上接受什麼推理來發現其規則；❸一般而言認識論也是如此。在神學、道德或文學批評中，當這些文化領域　322是「正常的」時，不難獲得公度性。在某些時期，決定哪些批評家對一首詩的價值具有「正確的體悟」，正如決定哪些實驗家能進行準確觀察和精密度量一樣容易。在另一些時期（例如在「諸考古層」之間的過渡期，這是福柯在最近歐洲思想史中察覺到的），瞭解哪些科學家實際上在提出著合理的說明，正像瞭解哪些畫家注定要流芳百世一樣困難。

2.庫恩和不可公度性

近年來關於與解釋學對立的認識論可能性的辯論，由於T. S. 庫恩的研究而獲得了新的結果。他的《科學革命的結構》一書在某種程度上得益於維特根施坦對標準認識論的批評，但它使這些批評以新的方式與公認的意見發生了關聯。自從啟蒙時代以來，特別是自康德以來，自然科學一直被看作知識的一個範型，文化的其它領域必須依照這個範型加以衡量。庫恩從科學史中取得的教訓表明，自然科學內部的紛歧，比啟蒙時代所認爲的更像

是日常談話（有關一種行爲是否該受責備，謀求官職者的資格，一首詩的價值，立法的可取性）。庫恩特別追問科學哲學能否爲諸科學理論間的選擇建立一個規則系統。對於這個問題的懷疑，使他的讀者加倍懷疑認識論從科學出發能否透過發現凡可被看作
323 「認識的」或「合理的」人類話語的共同基礎，而被推廣到文化的其它部分中去。

　　庫恩關於科學中「革命性」變化的例子，如他本人所說，正是解釋學總認爲是自己特殊任務的那種例子；在這些例子中一個科學家論述事物如此荒謬，以至於很難相信我們正確地理解了他。庫恩說他向學生提供了下面的格言：

　　當讀一位重要思想家的著作時，先尋找文中顯然誤謬之處，然後
　　問自己，一位明智的人怎能寫出它們來。當你找到一個答案
　　時，……當這些段落可被理解了時，你會發現，一些你先前以爲
　　自己已經理解了的更重要的段落現在已改變了意義。❹

　　庫恩繼續說，這個格言無須告訴歷史家，他們「有意無意都是解釋學方法的實踐家」。但是庫恩引用這樣一個格言令科學哲學家感到困惑，他們都在認識論傳統中工作，勢必根據一種中性格式（「觀察語言」、「架通法則」等）去思考，這個中性格式會使（例如）亞里士多德和牛頓之間是可公度的。他們認爲這樣一種格式可用來使解釋學的猜測活動不再必要。庫恩斷言，在具有不同的成功說明範式，或不具有相同的約束模式，或二者兼有的科學家集團之間，不存在可公度性，❺這種看法似乎使很多這
324 類哲學家認爲危及了科學中理論選擇的概念。因爲「科學哲學」（「認識論」即在這個名字下存在，它潛藏在邏輯經驗主義者之內）認爲自己爲理論選擇提供了一個規則系統。

　　庫恩主張，除了一種在事實以後的（ post factum ）和輝格

式的規則系統（這一系統將一種認識論建立在科學爭論中優勝一邊的詞彙或假設的基礎上）外不可能有規則系統，然而這種看法被庫恩本人有「唯心主義」氣味的附加物弄模糊了。認爲各種理論擁護者可在其中提出自己證據的「中性觀察語言」幾乎無助於在諸理論間進行選擇是一回事，認爲不可能有這種語言，因爲各擁護者「觀察不同的事物」或「生存在不同的世界中」，則是另一回事。庫恩不幸偶然論及後者，哲學家們對他的說法大肆攻擊。庫恩想反對這樣一種傳統的主張，即「隨一個範式而變化的只是科學家對觀察物的解釋，觀察物本身被環境和知覺工具一勞永逸地確定了下來。」❻但是這種論斷是乏味的，如果它僅只意味著，觀看的結果永遠可用雙方都可接受的詞語來表達的話。（「液體看起來色暗」，「指針朝右」，或在緊急時說「現在是紅燈！」）庫恩應滿足於指出，獲得這類乏味的語言似毫無助於在一個規則系統內的諸理論之間做出選擇決定，更無助於在一規則系統下的司法審判中去決定有罪與無罪，理由也是一樣。問題在於，中立語言和在決定眼下問題時有用的唯一語言之間的裂隙過大，很難由「意義公設」（meaning postulates）或任何其它傳統經驗主義援引的虛構事物所溝通。

　　庫恩應該乾脆完全拋棄這種認識論構想。但是他却要求「一種傳統認識論範式的可行的替代方案」，❼並且說「我們必須學會理解那些至少類似於『科學家以後（在革命之後）在一不同的世界中工作』之類語句的意義」。他認爲我們必須也理解這樣的主張，即「當亞里士多德和伽里略望著旋轉的石子時，前者看見的是約束落體，後者看見的是一種擺」，同時「擺的產生是由於某種極類似於導致範式的格式塔轉換（gestalt　switch）所促成的」。這些說法的不幸結果是使這個擺再次在實在主義和唯心主

325

義之間擺動起來。爲了防止傳統經驗主義的混淆，我們無須闡釋
所説的格式塔轉換，也不須説明這樣的事實，人們無須一定依靠
中間的推論就可透過關於擺的論述而對感覺刺激做出反應。庫恩
正確説道：「由笛卡爾創始的，與牛頓動力學同時被發展的一種
哲學範式」應予拋棄，但他讓他的所謂「哲學範式」概念被康德
的如下概念所調整，即對成功的映現的一種實在主義論述的唯一
代替物，就是對被映現世界的可塑性的一種唯心主義論述。我們
的確必須放棄「材料和解釋」概念以及它的如下暗示，即如果我
們可達到未被我們的語言選擇所沾染過的**真實**材料，我們將爲合
理的選擇「奠定基礎」。但是我們可以透過做認識論的行爲主義
者、而非透過做唯心主義者來擺脱這個概念。解釋學不需要一種
新的認識論範式，自由政治思想也不需要一種新的主權範式。反
之，解釋學正是當我們不再關心認識論以後所獲得的東西。

　　把庫恩的偶然的「唯心主義」放在一邊，我們可以只集中於
326 庫恩所説的不可能獲得關於理論選擇的規則系統這一看法。這導
致他的批評家斷言，他容許每位科學家建立自己的範式，然後根
據該範式去定義客觀性與合理性。如我前面所説，這種批評通常
也是針對任何整體論的、非基本性的知識論的。因此庫恩寫道：

> 在學習一種範式時，科學家同時獲得了理論、方法和標準，它們
> 往往存於一種不可分離的混合體中……
>
> 觀察……對於相互競爭的範式之間的選擇何以經常提出不能由正
> 常科學標準解決的問題，提供了我們最初明確的説明……。正像
> 相互競爭的標準問題一樣，這只能根據完全在正常科學之外的標
> 準來回答，而且正是對外部標準的依賴最明顯地使範式辯論革命
> 化了。❽

而像舍夫勒爾一類批評家往往把他解釋爲：

……對相互競爭性範式的比較評價，非常可能被看作一種出現在第二話語層次的一種從容商討的過程……，至少在某種程度上它受到適合於二級討論的共同標準調節。然而剛才引述的一段話指出，共同具有二級標準是不可能的。因爲接受一個範式，不只是接受理論和方法，而且也接受流行的準則標準，後者被用作反對其競爭者的範式……。因此範式區別必然向上反映到第二層次的準則區別上，結果，每個範式實際上必然是自行調整的，而且範式辯論必然欠缺客觀性：我們似乎又被驅回到非理性的轉換概念上去了，這是對科學團體內部的範式變換的最終刻畫。❾

要論證「因此範式區別必然向上層反映」誠然是可能的，但是庫恩事實上沒有這樣去論證。 他只是説， 向元話語 （meta-discourse）的這種反映使解決關於範式轉換的爭議比解決正常科學內部的爭議更爲困難。到此爲止，像舍夫勒爾這樣的批評家不會有異議；如庫恩指出的，甚至「大多數科學哲學家現在會……把傳統上追求的那種規則系統看作難以達到的理想。」❿把庫恩和他的批評者區分開來的唯一的實在問題是，在科學中範式轉換時發生的那種「從容商討的過程」（庫恩在《哥白尼革命》一書中指出，這種過程可延伸一世紀之久），在性質上不同於在（例如）從**古代制度**轉換到資產階級民主，或從奧古斯都時代轉換到浪漫主義時代時發生的那種從容商討的過程。

庫恩説，在諸理論間的選擇準則（甚至在正常科學內部，此時解釋學的問題還未提出）「不是作爲決定選擇的規則，而是作爲影響選擇的價值而起作用」（第331頁）。他的大多數批評者甚至會同意這種看法，但他們會堅持説，關鍵的問題是我們是否能找到一系列將影響這種選擇的特殊**科學價值**，後者與「外在的考慮」（科學對神學的影響，生命前途對地球的影響等等）對

立，他們認爲外在的考慮不應容許進入這個「從容商討的過程」。庫恩把準則本身看作爲「準確性、一致性、範圍、簡明性和富於成效」（第322頁），這是一個大致的標準清單。而且我們會傾向於説，容許這些準則以外的任何價值來影響我們的選擇，都將是「不科學的」。但是在符合這種種準則之間的交替換用，爲無窮無盡的合理的辯論提供了可能。如庫恩所説：

328
雖然歷史家總能找到那些盡可能長久地對一種新理論進行不合理的抵制的人們（如普里斯特里），但他將找不到抵制變成了非邏輯的或不科學的那類問題。⓫

但是我們能找到一種説法，認爲貝拉民大主教（Cardinal Bellarmine）提出來反對哥白尼理論的各種考慮（對天體構造的聖經描述）是「非邏輯的或反科學的嗎？」⓬這或許就是庫恩和他的批評者之間的爭論界限可被鮮明地劃分出來的那一點。十七世紀關於一個「哲學家」應是什麼樣子的很多看法，以及啓蒙時代關於「合理的」應是什麼意思的很多看法，都認爲伽里略是絕對正確，而教會是絕對錯誤的。提出在這些問題上有合理的分歧之可能（不只是理性與迷信間你死我活鬥爭的可能），是會危及「哲學」概念本身的。因爲這危及了這樣一種看法，找到「一種發現真理的方法」，後者將把伽里略和牛頓力學當作典型學科。⓭一整套複雜的相互支持的觀念（作爲區別於科學的、一種方法論學科的哲學，作爲提供公度性的認識論，作爲只有根據形成公度性的共同基礎才能成立的合理性），當關於貝拉民的問題被給予否定的回答時，似乎受到了威脅。

庫恩對此問題沒有給與明確回答，但他的著作爲支持一種否329 定回答的論點提供了一個武庫。無論如何，本書的論證包含著一種否定的回答。至關重要的考慮是，我們是否知道如何在科學和

神學之間劃一條分界線，以使得正確理解天體，是一種「科學的」價值，而保持教會和歐洲總文化結構，則是一種「非科學的」價值。⓮一種看法認爲我們並不以下述看法爲中心，即各學科、各主題、文化的各部分之間的分界線本身受到重要的新建議的威脅。這種論點可根據「範圍」準則的範圍來表述，這個準則是上舉諸理論的標準的必要項目之一。貝拉民認爲哥白尼理論的範圍小於人們所想像的。當他提出也許哥白尼理論對於（例如）航海目的和其它各種實用性的天體計算而言確實是一種巧妙的啟示性工具時，就等於承認理論在其適當的限制內是準確的、一致的、簡明的，以及甚至是富於成效的。當他說不應把它看作具有比上述這些更廣的範圍時，他是這樣來維護自己的觀點的，即透過表明我們具有極好的、獨立的（聖經的）證據去相信天體大致是符合托勒密理論的。他的證據引自另一範圍，因此他提出的範圍限制就是「非科學的」嗎？究竟是什麼決定著聖經不是天體構造方式的極好的證據來源的呢？各種各樣的因素，尤其是啟蒙時代的決定，它認爲基督教大部分內容只是教會權術制度。但是貝拉尼的同時代人（他們大多數人認爲聖經的確是神的語言）對於貝拉民應當說些什麼呢？他們所說的意見之一是，信奉聖經不可能與信奉用於解釋聖經的種種外來的（如亞里士多德的和托勒密的）觀念分離。（十九世紀自由派神學家後來關於創世說與達爾文進化論所說的也是類似的看法）。關於某人的聖經解釋學可以合法地自由化到什麼程度的所有這類論點，都是離題的嗎？這些論點可以說企圖限制聖經的範圍（因此還有教會的範圍），與貝拉民本人企圖限制哥白尼的範圍在方向上是相反的。於是關於貝拉民（以及必然還有伽里略的維護者們）是否引入了外在的「非科學的」考慮的問題，似乎就是關於是否存在有某種決定一個陳

330

述與另一個陳述關聯性的、在先的方式的問題，也就是是否存在有某種「構架」（grid，讓我們用一下福柯的詞），它可決定著**能夠**有什麼樣的關於天體運動陳述的證據。

顯然，我想得出的結論是，在十七世紀後期和十八世紀中出現的這種「構架」，在伽里略受審的十七世紀早期還不存在以供人們依賴。在它被設想出來之前，沒有任何可想像的認識論，沒有任何關於人類知識性質的研究可能去「發現」它。關於什麼應當是「科學」的觀念，留在被形成的過程中。如果人們認可伽里略和康德共同具有的價值（也許或者是相互競爭的諸價值的等級表），那麼貝拉民當然就是「非科學的」了。但是當然，幾乎我們大家（包括庫恩，雖然也許不包括費耶阿本德）都欣然認可它們。我們都是關於重視嚴格區分科學與宗教、科學與政治、科學與藝術、科學與哲學等等的歷時三百年的修辭學的子孫。這種修辭學形成了歐洲的文化。它造成了我們今日的狀態。我們很幸運，在認識論內部或在科學史學內部沒有任何令人困惑的事物足以使其失效。但是宣稱我們忠於這些區分，不等於說存在著接受它們的「客觀的」和「合理的」標準。可以說伽里略贏得了那場爭論，而且我們大家都立足於關於相關性與不相關性「構架」這個共同的基礎上，這是「近代哲學」由於這場勝利的結果而發展起來的。但是有什麼可以指出，貝拉民和伽里略的爭論「在性質上不同於」克倫斯基和列寧的爭論或皇家科學院（大約1910年）和倫敦布魯姆斯伯里區之間的爭論呢？

我可以透過回顧可公度性概念來說明這裏討論的「性質上的不同」是什麼意思。可取的區別是這樣的，它會容許我們說，貝拉民－伽里略爭論的任何通情達理的、不偏不倚的觀察者，在考慮了一切有關問題後，會站到伽里略一側，然而通情達理的人，

對於我剛才提到的其它爭論，仍然各執異見。但是這當然正好把我們帶回到這樣的問題，即貝拉民所援引的價值是否真地是「科學的」，他的態度是否被看作「不偏不倚的」，而他的證據是否被看作「相關的」。在我看來在這一點上我們滿可以放棄飄浮於當時教育的和制度的型式之外的某些價值（「合理性」、「不偏不倚性」）觀念。我們可以只說，伽里略在研究中「創造」了「科學價值」觀念，他幹得極其出色，而他這樣做時是否「合理」的問題是毫無關係的。

　　正如庫恩在對一個較小的、但顯然更有關係的問題上所說的，我們不可能透過「主題」，而只能透過「考察教育和交流的型式」來區分諸科學團體。❶在正常研究時期去瞭解什麼是與對 [332] 某主題的諸理論間的選擇相關的東西，屬於庫恩所謂的「約束性模式」（discipinary matrix）。在相關的研究者團體成為問題的時期，在此時期中，在「學者」、「僅有經驗者」和瘋人之間（或換一個例子說，在「嚴肅的政治思想家」和「革命的小册子作家」之間）的界限，變得模糊不清了，此時相關性的問題又為人爭相考慮了。我們不可能透過專注於主題和說（例如）「別操心聖經上說上帝做過什麼，只去觀察星體，並看看**它們**在做什麼」這類話去決定相關性。**單只**觀看星體將無助於我們選擇我們的天體模型，**單只**閱讀聖經也不行。在1550年，某一組考慮是相關於「合理的」天文觀的，但到了1750年相關的是極不同的一組考慮了。在被認為是相關的事物中的這種變化，在回顧中可被看作是在實際存於世界的東西之間劃出適當的區別（「發現」天文學是一個自主的科學研究領域），或者可被看作是文化氣候中的一種變化。我們以什麼方式去看待它無關宏旨，只要我們瞭解這種變化不是由「合理的論證」產生的，這裏所說的「合理的」一

詞其意義可做如下理解，（例如）關於社會對奴隸制、抽象藝
術、同性戀或受威脅的物種的態度中近來所發生的變化，或許不
被認爲是「合理的」。

現在把我論述庫恩和他的批評者時所採取的路線總結一下：
他們之間的爭議是：作爲對實際存於世界上的東西加以發現的科
學，在其論證型式上是否不同於「符合現實」概念對其更不適當
的那些話語（例如政治和文學批評）。邏輯經驗主義的科學哲學
以及笛卡爾以來的整個認識論傳統一直想說，達到自然之鏡中準
333 確表象的方法，在某些深刻的方面不同於達到關於「實踐的」或
「美學的」事物中一致性的方法。庫恩使我們有理由說，這種區
別並不比在「正常的」話語和「反常的」話語中發生的東西之間
的區別更深刻。這種區別直接涉及到科學和非科學之間的區別。
庫恩的著作所引起的強烈憤怒是自然的⓰，因爲啟蒙時代的理想
不只是我們最珍貴的文化遺產，而且由於極權國家日復一日地吞
噬人性，它有瀕臨消失之虞。但是，啟蒙時代把科學對神學和政
治保持自主獨立的理想，與作爲自然之鏡的科學理論形象混爲一
談的事實，並非可成爲保持這種混淆的理由。我們幾乎完全襲自
十八世紀的這種關於相關性與非相關性的構架，將會變得更有吸
引力，如果它不再與這一形象聯繫在一起的話。陳舊的鏡喻無助
於維持伽里略這份（道德的和科學的）遺產的完整性。

3. 作爲符合和一致的客觀性

庫恩的批評者有助於使這樣一個教條永久化，這就是，只有
在存在著與現實相符合的地方才有獲得合理的一致性的可能，在

此「合理的」一詞的特殊意義是以科學為典範的。這種混淆又為我們對「客觀的」一詞的使用所加深，這個詞既指「對一種觀點的刻劃，這一觀點由於作為未被非相關的考慮所歪曲的論證結果而被一致同意」，又指「如其實際所是的那樣來再現事物」。這兩種意思有大致相同的語義範圍，而且對於非哲學的目的而言，把二者混同也不至造成什麼麻煩。但是如果我們開始嚴肅地看待以下一類問題時，這兩個概念之間的張力就開始出現了。這些問題如「究竟在什麼意義上，存在於那裏的善，由於對道德問題合理論證的結果，而有待於被準確地再現？」，「究竟在什麼意義上存在著現實的物理特性，在人們想到去準確再現它們之前，只有透過微分方程或張量才可準確地再現它們？由於柏拉圖，我們有了第一種問題，而由於唯心主義和實用主義，我們有了第二種問題。無論哪個問題都無法回答。我們自然地傾向於對第一個問題回以一個堅定的「無意義」，而對第二個問題回以一個同樣堅定的「在最可能的和最直接的意義上」，這種做法也將無助於擺脫這些問題，如果我們仍然覺得需要透過建立認識論和形而上學的理論去**證明**對這些問題的回答的話。

自從康德以來，對這些理論的主要運用是要支持與主客區別有關的直觀，這或者是企圖指出，在自然科學以外沒有任何東西被認為是「客觀的」，或者是企圖把這個美稱應用於道德、政治或詩歌。形而上學作為發現人們可對其保持客觀的東西的企圖，被迫去詢問以下各種發現之間的異同，例如（作為最終解決長期存在的道德困境結果的）對某一新道德律的發現，（由數學家所完成的）對一種新的數或一組新的空間的發現，量子不確定性的發現和對貓在席子上的發現。最新一次的發現（作為「與現實接觸」、「作為符合的真理」，和「再現準確性」等概念的一個自

335 然的據點）成爲一個標準，在客觀性問題上其它的發現都按其加以衡量。因此形而上學家必然要爲價值、數和波包等等都與貓相類似的那些方面殫思竭慮。認識論者必定關心那樣一些方面，在其中更令人關注的陳述都具有成功的映現所具有的那種客觀性。所謂成功的映現即如適當地說出「貓在席子上」。按照來自認識論的行爲主義的觀點，不存在去發現是否（例如）有應予符合的道德律的令人關注的途徑。例如，「人性所含蘊的道德標準」，對亞里士多德的質形二元的世界比對牛頓的力學世界更爲適合一事，並不就是認爲存在著或不存在著一種「客觀的」道德律的理由。任何其它事實也不可能是。正如實證主義者所說，形而上學的麻煩在於，無人明瞭在它之內會被看成滿意的論證的東西究竟是什麼，儘管這種說法也完全適用於實證主義者所實踐的「不純的」語言哲學。（例如奎因關於意向性事物的「非事實性」的命題）。按照我所建議的觀點，在一個諸領域中的一致意見幾乎是完全的這樣一個想像的時代中，我們可以把道德、物理、心理學都看成是「客觀的」。然後我們可以把文學批評、化學和社會學這些更有爭議的領域歸入「非認識性的」領域，或者「把它們加以操作主義式的解釋」，或者把它們「還原到」某一「客觀的」學科內。應用「客觀的」和「認識性的」這類敬語，只不過表示了研究者之間一致性的存在或對一致性的期待而已。

　　儘管會對前面說過的東西有所重複，我認爲庫恩和其批評者之間的爭論，在「主客」區分的討論範圍內仍然值得再加以關注，這只是由於，這種區分的控制力是如此強大而又如此充斥著道德情感。這種道德情感又是下述（完全正當的）看法的結果，

336 即保持啓蒙時代的價值是我們最高的希望所在。於是在本章中我將試圖再一次切斷這些價值與自然之鏡形象間的聯繫紐帶。

　　我們從庫恩本人對他的觀點打開了「主觀性」水閘的斷言所做的論述方式開始比較方便。他說道：

> 「主觀的」一詞具有幾種既定的用法，在一種用法中它與「客觀的」相對，在另一種用法中與「判斷的」（judgmental）相對。當我的批評者把我所訴諸的特徵描述爲主觀的時，我認爲他們錯誤地訴諸了第二種意義。當他們抱怨說，我使科學失去了客觀性時，他們是把主觀的一詞的第二種意義與其第一種意義合而爲一了。**⓱**

　　庫恩繼續說，在「主觀的特徵」是非判斷性的意義上，它們成了「趣味的問題」，它們是些無人關心去討論的東西，只不過是對人自身心理狀態的報導罷了。但是當然，在此意義上，一首詩或一個人的價值不是一個趣味的問題。於是庫恩可以說，一種科學理論的價值在同一意義上是一個關於「判斷而非關於趣味」的問題。

　　對「主觀性」責難的這一回答就其本身而言是有用的，但並未達到這一責難背後隱藏的更深的憂慮。這種憂慮是，在趣味問題和能夠以某一可預先陳述的規則系統解決的問題之間實際上不存在中間地帶。我想，認爲無此中間地帶的哲學家的推理大致如下：

1. 一切陳述或者描述人的內在狀態（他們的鏡式本質、可能被蒙遮的鏡子），或者描述外在現實（自然）的狀態。

2. 我們可以透過觀察根據哪類陳述我們知道如何獲得普遍的一致的辦法，來區別兩類陳述。

3. 於是永久性分歧的可能性表示，不論合理的論辯看起來會怎樣，確實不存在任何可爭辯的東西，因爲主體只能是內部狀態。

　　由柏拉圖主義者和實證主義者共同採取的這個推理過程，在後者中間産生了這樣一種看法，透過「分析」語句我們可以發現它們實際是關於「主觀的」事物的，還是關於「客觀的」事物的。在這裏「分析」意味著去發現在健全理性的人中間是否存在著有關會被認爲是確證他們的真理的東西的普遍一致性。在傳統認識論內，這後一種認識極少被看作像它目前被理解的這樣，它是這樣一種承認：我們唯一可用的「客觀性」概念，是「一致性」，而非映現性。例如甚至在艾耶爾使人耳目一新的坦率論述中，他説「我們把合理的信念定義爲透過我們現在認爲可靠的方法所達到的信念，」⓲「可靠性」概念仍然暗示著我們只能透過與現實相符而成爲合理的。他的另一段同樣坦率的承認是，世界上一切特殊的表象將仍然容許一個人「在面對看起來對立的證據時維持自己的信心，如果他準備做出必要的特定假設的話」（第95頁），甚至這也不足以破壞艾耶爾的如下信心，即他在把「經驗的」東西與「情緒的」和「分析的」東西分開時，也把「關於世界的真理」和其它事物分開了。這是因爲艾耶爾像柏拉圖一樣爲上述推理線索增添了另一個基本主義的前提：

　　　4.只有在與外在現實的無可置疑的聯繫爲辯論者提供了共同
　　　　基礎的領域內，我們才能删除持久的、無法決定的合理的
　　　　分歧。

　　認爲在不能發現與應被映現的客體的無可置疑的聯繫（例如特殊的表象）之處就不可能有一種規則系統的斷言，再加上認爲在不可能有一種規則系統之處只可能有合理的一致的**表面現象**的斷言，導致了這樣的結論：欠缺相關的特殊表象一事表明，我們只有「一個趣味的問題」。庫恩正確地説，這與通常的「趣味」概念相去甚遠，但正常作爲應當與一致性毫無關係的某種東西這

類同樣不通常的真理概念一樣，它在哲學中有著漫長的歷史。⑲
這個歷史應當被理解，如果人們要明瞭爲什麼像庫恩所做的這樣
平凡的歷史學暗示，應當擾亂訓練有素的哲學心靈的較深無意識
層次的話。

　　也許對待責難庫恩「主觀主義」的最佳方式是，在「主觀
的」一詞的不同意義間加以區別，這個區別不同於他本人在我所
引述的一段話中所做的區別。我們可以區分「主觀性」的兩種意
義，它們將大致與前面區分的「客觀性」的兩種意義中的每一種
相對立。第一種意義的「客觀性」是理論的一種性質，經過充分
討論以後，它被合理的討論者的共識所選中。反之，一種「主觀
的」考慮曾被、將被或應被合理的討論者所擯棄，這種考慮被看
作是或應被看作是與理論的主題無關聯的。我們說某人把「主觀
的」考慮帶入欠缺客觀性的討論中，大致就是說他所引入的考慮
被其他人視爲文不對題。如果他強行提出這些**外在的**考慮，他就
是在把正常的研究轉變爲反常的話語，就是說他或者是「古里古
怪」（如果他文不對題），或者是革命者（如果他取得進展）。
在此意義上的主觀的考慮就是不熟悉的考慮。於是判斷主觀性像
判斷相關性一樣是冒險的事。

　　另一方面，在「主觀的」一詞的更爲傳統的意義上，「主觀
的」與「符合外界存在物」相對立，因此意味著某種像是「只是
內部存在物之產物」的東西（在心中，或在心靈的「含混」部
分，它不包含特殊表象，因此並不準確地反映外界存在物）。在
此意義上，「主觀的」與「情緒的」或「幻想的」有聯繫，因爲
我們的心和我們的想像是具有個人特質的，而我們的理智至多是
自身同一的外界對象的同一性的鏡子。在這個問題上我們與「趣
味的問題」發生了聯繫，因爲在某時刻上我們情緒的狀態（我們

339

對某藝術作品的未經考慮的即時反應是一個例子），確實是不可辯駁的。我們對在我們內部發生的東西具有特殊的認識通道。這樣，柏拉圖以來的傳統把「規則系統對非規則系統」的區別與「理性對激情」的區別混合了起來。「客觀」與「主觀」的種種含混性說明了這種混淆展開的方式。如果不是由於傳統上這些區別的聯繫性，強調科學家分歧和文學批評家分歧之間類似性的研究史家，就不會被人們解釋作，提升了我們的情感而威脅了我們的心智。

　　然而庫因本人有時對傳統做了過多的讓步，特別當他暗示說，存在著關於科學活動最近爲何如此出色這樣一個嚴肅的和未解決的問題。因此他說道：

340
　　甚至連那些追隨我到這一程度的人也想知道，我所描述的那種以價值爲基礎的活動如何能像一門科學那樣發展，不斷產生出預測和控制的強大的新技術。不幸我對這個問題也根本沒有答案，但這只等於用另外一種方式說，我不認爲解決了歸納法的問題。如果科學藉助某種共同的和有約束力的選擇規則系統取得了進步，我同樣也茫然不知如何說明其成功。裂隙是我尖銳感覺到的，但其存在並未使我的立場與傳統區別開來。❷⓿

　　如我在上一章論述普特南的「形而上學實在主義」時指出的，這個空隙不應被尖銳地感到。我們不應當對我們無能表演一種沒有任何人知道如何表演的技藝感到遺憾。關於我們面對著填充這一空隙的挑戰的觀念，是體現柏拉圖的**想像之所**（作爲與一致性脫離的眞理）的又一結果，而容許在自身與無條件的理想之間的裂隙使人覺得，他還不理解他存在的條件。

　　按照我所主張的觀點，「如果科學僅只是……，爲什麼它產生了供預測和控制用的強而有力的新技術？」這個問題，很像下

面這個問題，「如果1750年以來西方道德意識中的變化僅只 341
是……，爲什麼它能對人類自由做出如此多貢獻？」我們可以用
「信奉以下的有約束性的規則系統」或以「一系列庫恩式制度化
了的約束性模式」來填充第一個空白。我們可以用「把世俗思想
應用於道德問題」，或用「資產階級的罪惡意識」，或用「那些
控制力的槓桿的人的情緒構成中的變化」，以及或者用許多其它
短語，來填充第二個空白。在任何情況下都沒有人知道什麼可以
被看成是好的回答。我們將永遠能以回顧的方式、「輝格派方
式」和「實在主義的方式」，把所希望的成就（對自然的預測和
控制，對被壓迫者的解放）看作對存在物（電子、星雲、道德
律、人權）獲得更清晰的看法的結果。但是這些絕不是哲學家需
要的那種説明。用普特南的話來説，它們是「內在的説明」，這
種説明滿足了我們對我們和世界的相互作用提出一個首尾一致的
因果描述系列的需要，但不是透過指出它如何逼近真理以滿足我
們強調我們的映現作用的先驗需要。按庫恩的意思，「解決歸納
法的問題」將類似於「解決事實和價值的問題」；這兩個問題只
是作爲某種未予清晰表達的不滿足感的名稱而存在。它們是不可
能在「正常哲學」內部被表述的那種問題。所發生的一切只是，
某種技術性的巧妙發明偶爾被貼上對這一問題「解決」的標籤，
以便模模糊糊地希望建立起與過去或與永恆的接觸。

　　我們所需要的不是對「歸納問題」的解決，而是要有能力以
這樣的方式來思考科學，即認科學爲一種「以價值爲基礎的活
動」，而不必爲此大驚小怪。一切妨礙我們這樣做的東西是這樣
一些根深蒂固的看法，即「價值」是「內部的」，而「事實」是
「外部的」，以及我們如何能以價值開始而生産了炸彈，和我們
如何能從私人性內部事件開始而避免遇到事物，這二者都是同樣 342

神秘難解的。這樣我們就又轉到了「唯心主義」這個嚇人的東西，並認爲，尋求一種規則系統是與「實在主義的」科學方法聯繫在一起的，而鬆散地轉入歷史學家的純解釋學的方法，則是投降於唯心主義。不管何時人們提出在理論與實踐、事實與價值、方法與談話之間的區別應該弱化，使世界「順從人類意志」的企圖就受到懷疑。這就再次產生了這樣的實證主義主張，我們應當在「非認識性的」東西和「認識性的」東西之間做出明確區別，或者把前者「歸結爲」後者。因爲第三種可能性（將後者歸結爲前者）似乎使自然像是歷史或文學而將自然「精神化了」，歷史和文學是由人們創造，而非由人們發現的東西。庫恩向他的一些批評者建議的，似乎就是這第三種選擇。

　　然而這種打算重新把庫恩看作趨向「唯心主義」的企圖，是重申像前面（4）一類主張爲真的一種混亂的方式，這就是我們應當把科學家看作「與外在世界接觸」，因而可透過政治家與詩人所不具備的手段來達成合理的一致。這種混亂在於提出了庫恩透過把科學家的方法「歸結」爲政治家的方法，而把神經細胞的「被發現的」世界，「歸結爲」社會關係的「被創造的」世界。在此我們又一次看到了這種看法，凡不能被配有適當算法（規則系統）程序的機器所發現的東西，即不能「客觀地」存在，因此在某種意義上它必定是某種「人的創造物」。在下一節中我將試圖把我關於客觀性的論述與本書前幾部分中的論題結合起來，希望指出認識論和解釋學之間的區別不應被看成是類似於「在那兒」的東西與我們「製作」的東西之間的區別。

4. 精神和自然

343

　　應當承認，認爲存在著適合「軟性」學科（**精神科學**）的一系列特殊方法的看法與唯心主義有著特殊的歷史聯繫。正如阿貝爾指出的，在分析哲學和作爲哲學方略的「解釋學」之間目前存在的對立似乎是自然的，因爲

> 應被看作**精神科學**基礎的十九世紀唯心主義中關於精神和關於主體的形而上學（雖然前者肯定更著重物質性研究），以及西方哲學中一切其它概念，都被後期的維特根施坦看作一種語言的「疾病」。**㉑**

　　認爲經驗自我可交與自然科學，而構成著現象世界和（或許）起著道德行爲者作用的先驗自我不可交與自然科學的看法，與任何其它東西一樣，都使精神－自然的區分具有意義。因此這一形而上學的區別隱伏在精神科學－自然科學關係的每一項討論的背景中。這幅圖景又進一步被如下模糊的看法弄得複雜化了，這就是那些喜歡談論「解釋學」的人是在建議以一種新方法（一種不無可疑的「軟性」方法）來代替另一種方法（例如「科學方法」或「哲學分析」）。在本節中我希望指出，作爲關於至今不可公度的話語的話語的解釋學與下述三件事均無特殊聯繫：（a）笛卡爾二元論的「心」的一側；（b）康德在自發性的構成的和結構化的機能和接受性的被動機能之間所做區分的「構成性」一側；（c）去發現語句真值的一種方法，它與在哲學以外學科所追求的正常方法處於競爭關係。（然而我認爲，我所應用的這種有限制的和純化的「解釋學」涵義，仍然與伽達默爾、

344

阿貝爾和哈貝馬斯一些作家對這個詞的使用**有聯繫**。在下一章中
我試圖說明這種聯繫）。

「墮入唯心主義」的恐懼折磨著那些受庫恩的誘惑而打算拒
絕標準的科學哲學（以及更一般地說，認識論）概念的人，這種
恐懼又爲這樣的想法所加強，即如果關於物理世界真理的科學研
究被施以解釋學的考察，這種研究將被看成是精神的活動（**去創
造**的機能），而不被看成是映現機能的應用，後者乃是去**發現**自
然已經創造了的東西。隱伏在關於庫恩的討論背景中的這種潛在
的浪漫與古典的對立，由於庫恩不幸使用下列表述（在前面第二
章中曾加以反對）而致成疑問，他用了浪漫主義的「被給與了一
個新世界」這樣的短語，以代替古典式的「使用對世界的一種新
的描述」這樣的短語。按照我所建議的觀點，在這兩個短語之
間、在「創造」譬喻和「發現」譬喻之間的選擇上，並沒什麼深
刻的涵義。因此它們類似於我在上一節談過的「客觀的」和「非
客觀的」，或「認識性」和「非認識性的」之間的對立。然而堅
持古典式的概念，認爲對物理學「最好描述已存在的東西」，矛
盾性會少一些。這並非出於深刻的認識論的或形而上學的考慮，
而只是因爲當我們以輝格派的方式談論有關我們祖先逐漸爬上我
們所站立的（可能錯誤的）山頂的故事時，我們須要在整個故事
中維持某些不變的東西。被目前物理理論想像出的自然力和物質
的細小成分，對於這一作用而言是好的選擇。物理學是「發現」
345 的典範，只因爲很難（至少在西方）在一種不變的道德律或賦詩
法的背景前講述變化中的物理世界的故事，但却很容易講述相反
一類的故事。認爲精神理論不可還原爲自然却依附於自然這種硬
心腸的「自然主義的」意義，只不過是認爲物理學爲我們提供了
一個良好背景，在它之前我們可以講述歷史變化的故事。情況並

非如我們對實在性質具有某種深刻的見識，它告訴我們除原子和虛空外萬物都是「依規約」（或「依精神」，或「依被創造」）而存在的。德謨克里特的看法是，關於事物細小成分的故事，爲關於由這些細小成分構成的事物間變化的故事，構成了一個良好背景。接受這種世界故事的樣式（由盧克萊修、牛頓和玻爾等人逐步實現的）可能決定了西方的方向，但它不是一種可以獲得或要求認識論的或形而上學的保證的選擇。

　　我最終看法是，庫恩派的人應當抵制那樣一種誘惑，即透過談論「不同的世界」來挫敗輝格主義者。放棄了這種語言，他們就不至於向認識論傳統做任何讓步了。說研究科學史像研究其它歷史一樣必須遵循解釋學，以及否認（如我而非庫恩所要做的那樣）存在著可使當前科學實踐**合法化**的所謂「合理的重新構造」這類額外之物，仍然並不等於說由自然科學家發現的原子、波包等等是人類精神的創造。根據從某人所處時代的正常科學中獲得的東西以編造有關種族歷史的最可能的故事，並不是說，物理學在政治學或詩歌是非客觀的意義上是「客觀的」，除非他也藉助在前一節中提及的種種柏拉圖式的教條。因爲在創造和發現之間的界限，與不可公度性與可公度性之間的界限毫無共同之處。或者換句話說，人被說成是精神的而不只是自然的存在者這個意義（這個意義是A. 麥金太爾、C. 泰勒和M. 格雷恩這些反還原論者都給予注意的），並非是認爲人是創造世界的存在物這個意義。像沙特那樣說，人創造了自身，因此他區別於原子和墨水瓶，是完全與擯棄任何關於他的自我創造的某個部分「構成著」原子和墨水瓶這類說法並容不悖的。但是在以下三種關於人的概念之間的混淆須要再詳細加以考察，這就是作爲自我創造者的浪漫主義概念，作爲構成著現象世界的康德概念，和包含著一種特

346

殊的非物質的組成部分的笛卡爾概念。這一系列混淆表現於有關
下列問題的廣泛討論中，如「精神性質」，「人的不可還原
性」，行動與運動間的區別，以及精神科學和自然科學的區別。
由於最後一種區別多半與解釋學方法和其它方法間的區別範圍相
當，爲了闡明我所提出的解釋學概念，對其加以考慮是特別重要
的。

　　我將透過討論下面的看法開始揭露這個三重性的混淆，這種
看法認爲解釋學特別適用於精神或「人的科學」，而某種其它的
方法（「客觀化的」和「實證的」科學的方法）則適合於「自
然」。如果我們像我所做的那樣在認識論和解釋學之間劃出界限
（作爲在關於正常話語與關於反常話語之間的對立），那麼似乎
很明顯的是，二者並不彼此對抗，反而相互補益。對於異國文化
的解釋學研究者來説，最有價值的莫過於發現一種在該文化內形
成的認識論了。對於確定該文化所有者是否説出了任何有用的真
理（按照我們自己時代和地區中正常話語的標準，難道還有別的
標準嗎？）來説，最有價值的事情莫過於對如何轉譯它們、又不
至使它們顯得莫名其妙而去進行解釋學的發現了。因此我猜想，
347　關於相互競爭的方法的概念來自這樣的看法，世界被劃分爲兩大
部分，一部分可在我們自己的文化的正常話語（用前戴維森的語
言説──「概念圖式」）中被清晰描述，另一部分則否。這種看
法特別指出，人們總是因某種緣故傾向於如此粘糊和滑溜（沙特
説「粘性」），以至於逃脱了「客觀的」説明。但是再説一遍，
如果人們像我希望的這樣去劃分解釋學和認識論之間的界限，就
不會去要求人應當比物更難於被理解。情況僅只是，解釋學只在
不可公度的話語中才爲人需要，以及，人需要話語，而物則不需
要。形成區別的東西不是話語對沉默，而是不可公度的話語對可

公度的話語。正如物理學家正確指出的，一旦我們能想出如何轉譯所說的內容，就沒有理由認爲，對它何以被說出所做的說明，在性質上應不同於（或在應用的方法上不同於）對運動和消化的說明。並不存在形而上學的理由去說明爲什麼人類應當能夠說不可公度的事物，也沒有任何保證說他們將繼續這樣做。他們在過去這麼做只是由於人類的好運（從解釋學的觀點看）或壞運（從認識論的觀點看）。

關於「社會科學的哲學」的傳統的爭吵一般來說是以如下方式進行的。一方說，「說明」（explanation）（大致說可歸爲預測法則之下）以「理解」（understanding）爲前提，但不可能取而代之。另一方則說，理解不過**是**進行說明的能力，他們的對於所說的「理解」，僅只是摸索某些說明假設的最初階段而已。雙方都很正確。阿貝爾正確地指出

「理解」的（即**精神科學的**）擁護者總是從背後攻擊說明理論的（如客觀的社會科學的或行爲科學的）支持者，反之亦然。「客觀的科學家」指出，「理解」的結果只有前科學的、主觀啟示性的正確性，因此它們至少應當以客觀的分析方法來檢驗和補充。另一方面，理解的擁護者堅持說，在社會科學內獲得任何材料（以及因此獲得對假設的任何客觀的檢驗），都以對意義的……「實際理解」爲前提。㉒

那些懷疑解釋學的人想說，某些生存物會說話這一事實，並不提供理由去認爲他們逃脫了由預測性強而有力的法則組成的那張統一的巨網，因爲這些法則可預測他們將說的、以及他們將吃的東西。那些維護解釋學的人說，關於他們將說的東西的問題有兩個部分——他們造成了什麼聲音或文字（也許透過神經生理學，它們會成爲足以爲人們所預測）和這些聲音文字**意味著**什

348

麼，後者與前者完全不同。在這一點上，對「統一科學」維護者
的自然反應是說，這**並非**不同，因爲存在著把任何有意義的言語
轉譯爲某一單一語言——統一科學本身的語言——的程序。假定
存在有一種包含著人人可說的任何事情的單一語言（如卡爾納普
企圖在《構造》一書中組成這樣一種語言那樣）關於該語言中哪
些語句是由有關的語言使用者在研究中提出的問題，並不比他將
在晚餐時吃什麼的問題更「特殊」。向統一科學的語言轉譯是困
難的，但是進行轉譯的企圖並不涉及與說明飲食習慣的企圖不同
的什麼方法。

　　在對此進行回答時，解釋學的維護者應當只說，按照純事實
而非按照形而上學的需要，不存在「統一科學的語言」這類東
349 西。我們不**具有**一種將被用作表述一切有效說明假設的永久中性
模式的語言，而且我們對於如何獲得這樣一種語言竟無絲毫想像
的餘地。（這與這樣的說法是相容的，即我們**的確**有一種中性
的、儘管無用的觀察語言）。因此認識論（作爲透過把一切話語
轉譯成一組編好的詞語來使它們可被公度的企圖）不大可能成爲
一種有用的方略。理由不在於，「統一科學」只爲一個形而上學
領域，而不爲另一個形而上學領域所用；而在於，認爲我們具有
這樣一種語言的輝格式假設堵塞了研究之路。我們可能永遠須要
改變我們用以進行說明的語言。我們可能這樣做，特別是因爲我
們發現了怎樣轉譯由我們說明的主體所說的語言。但這或許只是
某人具有較好觀念這種永久可能性的一個特例。理解主體所說的
語言，把握他們對何以這樣做所給予的說明，可能有幫助，也可
能沒幫助。對於那些特別愚笨或精神失常的人，我們正確地把他
們的說明甩在一邊。我們用以解釋他們的意圖和行爲的詞語，他
們並不接受，甚至並不理解。有一種熟知的說法完全正確，一位

說話者關於自己的描述在判定他在進行什麼行爲時往往須要被加以考慮。但是那種描述可以完全被撇在一邊。與此聯繫在一起的特殊性是道德的而非認識論的。他的描述和我們的描述之間的區別意味者（例如）他不必受到我們的法則的考驗。這並不意味著我們不可能用我們的科學去說明他。

認爲我們如果堅持把一種異國文化輝格式地解釋爲具有著「過多的」我們自己的信念和慾望，就不可能理解該文化，這種看法只是庫恩下列觀點的一種概括說法，即我們如果堅持對過去的科學家做同樣的事，就不可能理解他們。這種看法本身又可概括爲這樣的論斷，我們不應假定迄今爲止所使用的詞彙將對任何出現的其它事情有效。問題不在於，精神內在地抵制被人們預測，而只在於，沒有理由認爲（而幾乎有理由不認爲）我們自己的精神現已掌握了最好的詞彙以表述那些將用以說明和預測一切其他精神（甚或其他身體）的假設。這一觀點是由C. 泰勒提出的，他這樣表述自己的問題：

> ……我們或許會對這樣一種解釋學科學的前景感到如此驚慌不安，以至於想返回到證實模型去。我們爲什麼不能把我們對意義的理解當成發現邏輯的一個部分，就像邏輯經驗主義者對於我們不可加以形式化的觀點所建議的那樣，並仍然把我們的科學建立在我們預測活動的精確性上？㉓

並透過列舉爲什麼「這種精確預測根本不可能」的三項理由，來對這個問題進行回答。他說：

> 對於準確預測不可能性的第三個、也是最重要的理由是，人是自我規定的動物。他的自我規定改變了，人就什麼也隨之而變了，於是對其理解所根據的語詞也必定不同了。但是人類歷史中概念的變化能夠、並往往實際上產生了不可公度的概念網，這就

350

是說在這張網內，語詞不能相對於一個共同的表達層次來規定。（第49頁）

認爲干擾對生疏文化中居民行爲進行預測的東西就是他們語言的不可公度性的觀點，在我看來是完全正確的，但我認爲當他繼續說出下面一段話時就進而使其自己的觀點模糊不清了：

自然科學中預測的成功是與如下事實聯繫在一起的，系統的過去與未來的一切狀態都可以用同一組概念描述爲（例如）同一些變元的值。所以太陽系的一切未來狀態像過去的狀態一樣均可用牛頓力學的語言來刻畫……只要過去與未來被納入同一概念網，人們就可把未來狀態理解作過去狀態的某種函數，從而可進行預測。

這種概念的統一性在有關人的科學中就不靈了，因爲概念的更新反過來改變了人的現實。（第49頁）

在這裏泰勒恢復了人的這樣一種概念，他由於發現了更好的（或至少新穎的）描述、預測和說明本身的方式，而從內部改變了自己。作爲**自在存在**的非人的存在物，並不從內部改變自己，而只是被人們用更好的詞彙加以描述、預測和說明。這種表述方式把我們引回到那種認爲宇宙是由兩類事物組成的、壞的舊形而上學概念，即人類透過重新描述自身來改變自身這種觀念，正如他們透過改變自己的飲食構成、性伴侶或居住地來改變自己這種觀念一樣，都沒有什麼形而上學的激發力或神秘性。二者的意思相同，即新的和更有趣的語句對他們都適用。泰勒繼續說，「人們如果要正確理解未來將必須藉以刻劃未來的那些詞語，是我們目前完全不具有的」（第50頁），而且他認爲這種情況只適用於人類。但是就我們所知，很可能人類的創造力枯竭了，在未來從我們的概念網中緩緩掙脫出來的將是非人的世界。有可能，一切

未來的人類社會將（或許由於無所不在的技術官僚極權主義）成爲一個個平凡的變體。但是現代科學（它似乎已經對說明針灸、蝴蝶遷徙等等感到無能爲力）可能很快就會像亞里士多德的形質二元論一樣捉襟見肘了。泰勒所描述的界限不在人與非人之間，而在研究領域的兩個部分之間，在一個部分裏，我們對於手邊是否有合適的詞彙感到毫無把握，而在另一個部分裏，則對此感到頗有把握。這的確暫時大致符合精神科學領域和自然科學領域之間的區別。但是這種符合可能僅只是巧合。從足夠長遠的觀點看，人或許證明比索福克勒斯想像的更少δεινós（頑固性），而自然界的力量或許比現代物理學家所想像的更多δεινós。

　　爲理解這一點，記住下面這一事實是有益的，世上有許多情境，在其中我們十分成功，以至於忽略了人類的自爲。例如對於特別枯燥無味和墨守陳規的人就是如此，他們的每椿行爲和言語都如此可加以預測，以至於我們毫無猶豫地將他們「客觀化」了。反之，當我們遇到某種從我們剛剛使用過的概念網中挣脫出來的非人的東西時，十分自然地是開始談論某種未知語言。試想像（例如）遷徙中的蝴蝶具有一種語言，它們用這種語言描述牛頓力學中尚無適用名稱的世界特徵。或者，如果我們不扯得過遠，我們至少自然地滋生這樣的看法，自然這本大書還未被破譯，它既未包含「引力」也未包含「慣性運動」。把非人的世界或其某一部分擬人化是一大引誘，直到我們省悟到我們並未「說同一種語言」，這與我們遇到異國文化中的土著或其言談對我們來說高不可攀的天才時的情況類似。大自然是如此循規蹈矩、爲人熟悉和能予操縱，以至於我們不知不覺地信賴了我們自己的語言。精神是如此之不爲人熟悉和不可操縱，以至於我們開始不解我們的「語言」是否「適合」它了。我們的疑惑，除去其鏡喩之

外，只是關於某人或某物是否不能用這樣的詞語來對待世界，對
於這類詞語我們的語言未含有現成的相當詞語。還可更簡單地
353　說，這種疑惑正是關於我們是否不需要改變我們的詞彙，而不只
是改變我們的陳述。

　　在本章開始時我曾説過，大致而言，解釋學是關於我們對不
熟悉事物所做研究的描述，認識論是關於我們對熟悉事物所做研
究的描述。如果承認我剛剛對「精神」和「自然」所加予的有些
牽強的解釋，那麼我就可以同意傳統的觀點説，解釋學描述我們
對精神的研究，而認識論描述我們對自然的研究。但我認爲最好
完全抛棄這種精神－自然二分法。我已説過，這種區分把三種不
同的東西混爲一談，這就是：（a）在我們目前説明和預測事物
的方式中適用的東西和不適用的東西間的區別；（b）在統一著
某一時期被認爲是人所特有的種種特徵（在第一章第三節中曾加
以列舉）的東西和世界其餘部分之間的區別；（c）在自發性機
能（先驗構成活動）和接受性機能之間的區別（在第三章第三節
中我曾予以批評）。（這種混淆是由於把我們的先驗感覺接受機
能與構成「經驗自我」的感覺顯相領域合併所致，這種合併是康
德本人不可能去避免的）。把作爲浪漫主義自我超越創造性的精
神（永遠易於用與我們目前的語言不可公度的方式去開始談話）
與作爲與人的鏡式本質等同的精神（具有其不受物理説明約束的
全部形而上學自由），以及與作爲現象實在「構成者」的精神混
爲一談的結果，導致了十九世紀德國唯心主義形而上學。這是一
系列頗富成效的同化，但其不那麼可喜的結果是導致了這樣的看
法：哲學具有十分不同於科學的、獨立的專門範圍。這種同化有
354　助於維持作爲一門以認識論爲中心的學科的哲學概念的生命力。
只要作爲先驗構成者（在康德的意義上）的精神概念爲笛卡爾二

元論和浪漫主義者的要求所加強，被稱作「認識論」或「先驗哲學」這一主導學科的概念（既不可歸結爲自然科學，如心理生理學，又不可歸結爲精神科學，如知識社會學）就可無庸置疑地存在下去。另一不幸的遺產是，對非機械性轉譯的（以及更一般地說，對想像的概念形成的）需要，與「構成性先驗自我的不可還原性」的混淆。這一混淆使唯心主義－實在主義爭論在其早應結束以後繼續存在著，因爲解釋學的朋友們認爲（如本節開始時所引阿貝爾的話說明的），唯心主義這類東西是他們活動的憲章，而其敵人則假定，任何公然實行解釋學的人必定是「反自然主義的」，而且必定欠缺對物理世界純外在性的正當理解。

於是，爲了總結我關於「**精神科學**不可還原性」的看法，讓我提出下述論題：

物理主義或許是正確地說，有一天我們將能夠參照人體內部的微觀結構去「在原則上」預測人體的每一次運動（包括他的喉頭和寫字的手的運動）。

這種成功對人類自由的威脅是極小的，因爲「在原則上」這個條件考慮到了這樣的或然性，即最初條件（微觀結構的在先狀態）的決定將太難完成了，除了作爲一種偶爾發生的教學活動以外。嚴刑拷打和洗腦無論如何已占據著可恣意干涉人類自由的有利地位；科學的繼續進步不可能再改善它們的地位。

在自然與精神的傳統區別背後以及在浪漫主義背後的直覺 355 是，我們可以預測什麼樣的聲響將從某人口中發出而無須明瞭它們的意義。因此即使我們能預測公元四千年時科學研究者集體所發出的聲音，我們將仍然不能加入他們的談話。這種直覺是完全正確的。㉔

我們能預測聲音無須知曉其意義的事實，正是這樣的事實，

產生聲音的必要而充分的微觀結構條件，將極少類似於用於描述
該微觀結構的語言中的語句和由該聲音表達的語句之間實質的相
同。這不是因爲任何事物在原則上都是不可預測的，更非因爲自
然與精神之間的本體論區分，而只是因爲在適於對付神經細胞的
語言和適於對付人的語言間的區別。

我們可以知道如何回答一種不同語言遊戲中的某一語義不明
的話語，而無須知道或關心在我們習常的語言遊戲中什麼語句實
356 質上等同於該話語。㉕透過發現從不同語言遊戲中引出的語句之
間的實質性等同去產生可公度性，只是對待我們同類的各種方法
之一。當它不起作用以後，我們就訴諸任何會起作用的東西，例
如去獲得一種新語言遊戲的要義以及可能忘記我們舊的語言遊
戲。當非人的自然顯示出很難以傳統科學的詞彙加以預測時，我
們也將使用這同一種方法。

解釋學不是「另一種認知方式」——作爲與（預測性）「說
明」對立的「理解」。最好把它看成是另一種對付世界的方式。
如果我們只是將「認知」概念給與預測性科學，並不再考慮「替
代性的認知方法」，它就會傾向於哲學的闡明。如果不是由於有
康德的傳統和柏拉圖的傳統的話，**知識**一詞本來似乎不值得人們
去爲之鬥爭，前者指，做一名哲學家就是去獲得一種「知識理
論」，後者指，不以命題真理知識爲基礎的行爲是「非理性
的」。

注　解

❶請注意「可公度的」一詞的意義不同於「賦予諸詞以同一意義」。這個意思（在討論庫恩時往往會使用的一種意思）在我看來没什麽用，因爲「意義相同」這個概念過於脆弱。説爭議諸方「以不同方式使用語詞」在我看來是一種無啓發性的描述下列事實的方式，即他們不可能就會解決爭端的東西找到達成協議的方法。參見第六章，第三節對這一問題的討論。

❷參見＜論近代歐洲國家的特徵＞，載於M. 奥克肖特著《論人類行爲》，牛津，1975年。

❸古德曼對邏輯的實用主義態度，清楚地總結在再一次令人想到＜解釋學循環＞的一段論述中：「這看起來顯然是循環性的……。但這個循環是一個良性循環……。一個規則被修正了，如果它産生了一個我們不想接受的推論；一個推論被拒絶了，如果它違反了我們不想去修正的一個規則。」（《事實、虚構和預測》，麻州劍橋，1955年，第67頁）

❹庫恩：《基本張力》，芝加哥，1977年，第xii頁。

❺參見＜關於範式的第二種思想＞（同上書）一文中庫恩在兩種「主要的」「範式」意思間所做的區别，這兩種意思在《科學革命的結構》中被混爲一談，現在才加以區分，這就是作爲取得的結果的「範式」和作爲「約束性模式」的範式。

❻庫恩：《科學革命的結構》第二版，芝加哥，1970年，第120頁。

❼本段中這一部分和其它部分的庫恩的引文選自同書，第120～121頁。

❽庫恩：《科學革命的結構》，第一版，芝加哥，1961年，第108～109頁。

❾I. 舍夫勒爾：《科學和主觀性》，印第安那波里斯，1967年，第84頁。

❿庫恩：《基本張力》，第326頁。

⓫庫恩：《科學革命的結構》，第二版，第159頁。

⓬貝拉民對各種哥白尼理論的精細反駁所起的歷史作用，德·桑拉那在《伽里略的罪行》（芝加哥，1955年）一書中予以論述了。M. 波拉尼在《個人的知識》（芝加哥，1958年）一書中討論了貝拉民立場的意義。

⓭「近代哲學」奠基者們在雙重意義上把力學看作典型科學。一方面，「發現真理的方法」必須是牛頓所遵循的那種方法，或至少是會與牛頓的結果相符的方法。另一方面，對洛克一類作家來説，牛頓力學是「内部空間」力學的模型（萊伊德和賴爾都諷刺過的「準力學的」心理活動）。

⓮同樣性質的另外一個例子是由反對傳統的文化領域分界的馬克思主義批評

家提出的關於「客觀性」的問題。例如參見H. 馬爾庫塞：《單面的人》，波士頓，1964年，第6～7章。我們可以更具體地問，是否存在有在獲有理智承繼性的「科學」價值和阻止種族主義的「政治」價值之間進行區分的明確方法。我認爲馬爾庫塞正確地說，啓蒙時代大多數（資產階級）思想工具對於完成這種區分來說都是必要的。然而與馬爾庫塞不同，我希望即使在拋棄掉這些工具中的一種——以認識論爲中心的「基本的」哲學之後，我們仍可保留這種區分。

⑮庫恩：《基本張力》，第xvi頁。

⑯然而這種狂怒主要出現在職業哲學家中間。庫恩對於科學如何運作的描述並不令科學家吃驚，而科學家的合理性卻是哲學家熱中於去保護的。但是哲學家們把對鏡喻的職業性的依附與對這些隱喻在啓蒙時代所起的主要作用的理解結合了起來，從而爲近代科學形成了制度性的基礎。他們正確地看到，庫恩對這一傳統的批評是深刻的，從而那種保護了近代科學興起的意識形態處於危殆之中。他們錯誤地認爲，制度仍然需要意識形態。

⑰庫恩：《基本張力》，第336頁。

⑱A. 艾耶爾：《語言、真理和邏輯》，紐約，1970年，第100頁。

⑲康德使這一關於現實的真理觀深深嵌入德國哲學之中（而且進而嵌入作爲一種職業化學科的哲學之內，這一學科把德國大學作爲自己的楷模）。他是透過區分單純複制現象和理智上直觀本體來完成這個任務的。他還把認識性判斷和審美性判斷之間的區別以及審美性判斷與單純趣味之間的區別嵌入歐洲文化之中。然而對於目前爭論的目的而言，主要是他在「美感判斷」和「趣味」之間所做的區別，前者可以對或錯，後者則不能消除。庫恩的批評者可以更慎重地（但按他們自己的見識，也咄咄逼人地）批評他把科學中的理論選擇當成了一個美感判斷，而非認識判斷的問題。

⑳庫恩：《基本張力》，第332～333頁。我將指出，在該書中還有其它一些段落，庫恩在那些段落裏過多地承認了認識論傳統。在第xxiii頁的一段中他表示希望對「指稱決定和轉譯」的哲學理解將有助於澄清這個問題。在第14頁的一段中他提出，科學哲學具有與科學史家的解釋學活動十分不同的使命：「哲學的任務在於合理的重新構造，而且它只須保持對於作爲正確知識的科學來說重要的那些主題成份。」這一段在我看來完全保留下來了這樣的神話，即存在著供哲學家描述的所謂「正確知識的性質」的東西，這種活動極不同於對所謂在組成當時文化的

種種約制性模式內的證明所做的描述。

㉑ K.－O. 阿貝爾：《語言的分析哲學和精神科學》，多爾得萊希特，1967年，第35頁。同時參見第53頁。

㉒同上書，第30頁。

㉓ C. 泰勒：「解釋和人的科學」，載於《形而上學評論》，1971年第25期，第48頁。

㉔這是在奎因關於精神科學不包含「事實」這一論斷中被隱蔽的真理核心。R.高斯在對奎因的一篇討論中對此表示得很清楚：「甚至當我們掌握一種自然理論，它能使我們永久預測某人的語言意向，我們也不會因此而明瞭他的意思是什麼。」（＜奎因和本體論的不確定性＞，載於德文《哲學新雜誌》，1973年第8期，第44頁注）

㉕一切語言（由於第六章中提到的戴維森的理由）都可互相轉譯一事，並不意味著這種等同性可以被找到（哪怕「在原則上」）。這只是意味著我們不可能闡明這樣的斷言，即存在著一種對於我們的方法的不只是暫時的障礙，這就是所謂「不同的概念圖式」的東西，使我們未能了解怎樣與另一位語言使用者談話。它也未曾消除認爲偉大詩歌不可翻譯這一虛假的浪漫主義看法的背後所隱藏著的直觀。它們當然是可翻譯的；問題在於，翻譯作品本身並不是偉大的詩歌。

第八章

357

無鏡的哲學

1.解釋學和教化

我們目前對於哲學家應當是什麼形象的觀念,與康德使一切知識論斷成爲彼此可公度的企圖聯繫得如此密切,以至於難以想像,不含認識論的哲學會是什麼樣子。更一般地說,很難想像任何一種活動如果與知識毫無關係,如果在某種意義上不是一種知識論,一種獲得知識的方法,或至少是有關在何處可找到某種最重要知識的暗示的話,能有資格承當「哲學」的美名。這一困難來自柏拉圖主義者、康德主義者和實證主義者共同具有的一個概念:人具有一個本質,即他必須去發現各種本質。把我們的主要任務看成是在我們自身的鏡式本質中準確地映現周圍世界的觀念,是德謨克里特和笛卡爾共同具有的如下觀念的補充,這就是:宇宙是由極簡單的、可明晰認知的事物構成的,而對於其本質的知識,則提供了可使一切話語的公度性得以成立的主要語彙。

在棄置以認識論爲中心的哲學之前,先須棄置有關人類的這

幅經典圖畫。作爲當代哲學中一個有爭議的詞的「解釋學」，是達成這一目的之企圖的名稱。依此目的使用這個詞，主要來源於伽達默爾的《真理和方法》這本書。伽達默爾在該書中闡明，解釋學不是一種「獲得真理的方法」，這個真理適用於古典的人的

358　圖畫：「解釋學現象基本上不是一個方法的問題」。❶反之，伽達默爾問，我們可以從我們不得不從事解釋學這一事實中得出什麼結論來，即從作爲有關認識論傳統企圖將其撇在一邊的人的事實的「解釋學現象」中，得出什麼結論來。他說道：「本書所發展的解釋學不是……一種人文科學的方法論，而是理解除了其方法論的自我意識之外、人文科學究竟是什麼的一種企圖，它並探討將人文科學與我們世界經驗整體聯繫在一起的東西。」❷他的書是對人的一種再描述，企圖將古典的人的圖畫置入一幅更大的畫面中去，從而將標準的哲學問題「置於一定距離之外」，而非對其提供一套解答。

　　就我目前的目的而言，伽達默爾一書的重要性在於，他設法使哲學的「精神」概念中的三個潮流之一（浪漫主義的、作爲自我創造者的人觀）與另外兩個與它纏結在一起的潮流區分了開來。伽達默爾（像海德格一樣，他的某些研究即得力於海氏）既未向笛卡爾的二元論讓步，也未向「先驗構成」（在可賦予一種唯心主義解釋的任何意義上）概念讓步。❸因此他有助於使我在前章中企圖提出的「自然主義」觀點（即「精神科學的不可還原性」不是一個形而上學二元論的問題）與我們的「存在主義直

359　觀」相調和，後者是說，重新對自己進行描述，是我們所能做的最重要之事。爲此他以Bildung（教育，自我形成）概念，取代了作爲思想目標的「知識」概念。認爲當我們讀得更多、談得更多和寫得更多時，我們就成爲不同的人，我們就「改造」了我們

自己，這正相當於以戲劇化的方式説，由於這類活動而適用於我
們的語句，比當我們喝得更多和賺得更多時適用於我們的語句，
往往對我們説來更重要。使我們能説出關於我們自己的新的、有
趣的東西的事件，比改變了我們的形態或生活水準的事件（以較
少具有「精神性」的方式「改造」我們），在這種非形而上學的
意義上，對我們（至少對我們這些住在世界上一個穩定和繁榮地
區的、相對有閒的知識分子）來説更「基本」。伽達默爾發展了
他的**效果歷史意識**（那種對改變著我們的過去的意識）概念以形
容一種態度，它與其説關心世界上的存在物或關心歷史上發生的
事件，不如説關心爲了我們自己的目的，我們能從自然和歷史中
攫取什麼。按照這種態度，正確獲得（關於原子和虛空，或關於
歐洲史）事實，僅只是發現一種新的、更有趣的表達我們自己、
從而去應付世界的方式的準備。按照與認識論的或技術的觀點相
對立的教育的觀點看，談論事物的方式，比據有真理更重要。❹

　　由於「教育」一詞聽起來有些太淺薄，而Bildung一詞有些　360
過於外國味，我將用「教化」（Edification）一詞來代表發現
新的、較好的、更有趣的、更富成效的説話方式的這種構想。去
教化（我們自己或他人）的企圖，可能就是在我們自己的文化和
某種異國文化或歷史時期之間，或在我們自己的學科和其它似乎
在以不可公度的詞彙來追求不可公度的目的的學科之間建立聯繫
的解釋學活動。但它也可能是思索這些新目的、新詞語或新學科
的「詩的」活動，並繼以（譬如説）與解釋學相反的活動：用我
們新發明的不熟悉的詞語，去重新解釋我們熟悉的環境的企圖。
無論在哪種情況下，這種活動都是（儘管兩個詞在字源學上有關
係）教化的，而不是建設的，至少是説，如果「建設的」一詞指
在正常話語中發生的那種完成科研規劃時的協作的話。因爲教化

性的話語**應當**是反常的，它藉助異常力量使我們脫離舊我，幫助
我們成爲新人。

　　對伽達默爾來說，在教化的願望和真理的願望之間的對立，
並不表現須加解除或緩解的一種張力。如果存在著一種衝突，它
是在柏拉圖—亞里士多德的觀點和另一種觀點之間的衝突，前者
認爲受教化的**唯一**方式是認識什麼在那裏存在著（去準確地反映
事實，透過認識諸本質來實現我們的本質），後者認爲真理的探
求只是我們可能依其受教化的諸多方式之一。伽達默爾贊揚海德
格提出了這樣一種觀點，把對客觀知識的探求（首先由希臘人發
展，奉數學爲楷模）看作是人類諸種探求規劃之一。❺然而在這
一點上沙特的態度尤爲生動，他把獲得對世界的、因而也就是對
自己的客觀知識的企圖，看作是避免選擇自己個人規劃的責任的
企圖。❻對沙特來說，這種說法並不等於認爲，對自然、歷史或
其它什麼對象的客觀知識注定不能成功，或甚至注定導致自欺。
它只是說，就我們以爲透過認識在某些正常話語內何種描述適用
我們就可認識自己而言，上述態度提供了一種自欺式的誘惑。對
海德格、沙特和伽達默爾來說，客觀探求是完全可能的，往往是
實際的。對它提出的唯一反對是，它在描述我們自己的諸多方式
中只提出了某一些方式，而後者有可能阻礙教化的過程。

　　現在讓我們總結一下這種「存在主義的」客觀性觀點：客觀
性應被看成即是符合於我們所發現的有關我們的（陳述的及行爲
的）證明規範。只是當超出這一點來看待時，就是說當被看成達
到某種東西的一種方式，它是另一種東西中通行的證明實踐
的「基礎」時，這種符合才成爲可疑的並具有自欺性。這樣一種
「基礎」被看成是無待證明的，因爲它可如此明晰地被認知，以
至可被看成是某種「哲學根基」。它的自欺性不只是由於將最終

361

的證明建立在不可證明物之上這種一般的荒謬性，而且是由於這樣一種更具體的荒謬性，即認為目前科學、道德等等中使用的詞彙與實在具有某種特殊的聯繫，這使它**不只**是一系列進一步的描述。同意自然主義所說的重新描述不是「本質的變化」的看法，還須接著完全放棄「本質」概念。❼但是大多數自然主義的標準哲學方略是找到某種途徑來指出我們自己的文化的確掌握了人的本質，因而使一切新的和不可公度的詞彙僅只成了「非認識性的」裝飾。❽「存在主義」觀點的有用性是，由於宣稱我們無本質，它容許我們把我們在自然科學某一（或全體）學科中發現的對我們自己的描述，看作是與由詩人、小說家、深層心理學家、雕塑家、人類學家和神秘主義者提出的替代性的描述價值相當的。前者並不由於下面的事實而成為特殊的表象，即在科學中比在藝術中（暫時）有更多的共識。它們均屬於可供我們支配的自我描述儲存庫。

　　這一看法還可作為這樣一種常識的引申提出，即如果你**僅僅**知道當代正常自然科學的結果，你就不能被看作是有教養的（gebildet）。伽達默爾在《真理與方法》一書開頭討論了人文主義傳統在賦予Bildung概念以意義時所起的作用，而Bildung被看作某種「在自身之外無目標」的東西。❾為賦予這一概念以意義，我們需要對描述的詞彙具有相對於時代、傳統和歷史事件的性質有所理解。這正是教育在人文主義傳統中所做的事，也是自然科學成果的訓練所不能做的事。假定承認這種相對性概念，我們就不能認真看待「本質」的概念，也不能認真看待人的任務是準確再現本質這種概念。自然科學本身使我們相信，我們既知道我們是什麼，又知道我們能是什麼，不只是知道如何預測和控制我們的行為，而且知道這種行為的局限（尤其是我們有意

362

363

義的言語的局限）。伽達默爾擺脫（穆勒和卡爾納普共同有的）
對精神科學客觀性的要求的企圖，即防止教育由於正常研究的結
果而被歸結爲訓令的企圖。更廣泛地説，它是防止反常研究僅因
其反常性而被懷疑的那種企圖。

　　把客觀性、合理性和正常研究都置入有關我們須受教育和教
化這一更廣闊圖景中去的「*存在主義*」企圖，往往爲打算將瞭解
事實與獲得價值區分開來的「*實證主義*」企圖所反對。從實證主
義的觀點看，伽達默爾對**效果歷史意識**的説明，似乎可能只不過
是恢復了一種常識看法，這就是即使我們知道了關於我們本身的
一切客觀上真實的描述，我們可能仍然不知道我們該做什麼。按
照這一觀點，《真理和方法》（以及本書第六章、第七章）只是
對下述事實的過分誇張的戲劇性表述，這就是完全符合正常研究
提出的一切證明要求，仍然使我們得以自由地從這樣被證明的論
斷中抽取我們自己理解的寓意。但從伽達默爾、海德格和沙特的
觀點看，事實與價值二分法的麻煩是，它的發明恰恰是爲了弄混
這一事實：除了由正常研究的結果所提供的描述外，還存在著替
代性的可能描述。❿這種二分法指出，一旦「一切事實均齊
備」，剩下的就只是「非認識性的」接受這一種態度了，這是一
364　種不能合理地加以討論的選擇。它掩蓋了這樣的事實，使用一套
真語句在描述我們自己，已經是在選擇對待我們自己的態度了，
而使用另一套真語句就是採取一種相反的態度。只是當我們假定
存在有一種擺脫價值的詞彙，它使這些「事實的」語句系列可公
度了，實證主義在事實與價值，信仰與態度之間的二分法似乎才
有可能成立。但是認爲這樣一套詞彙呼之欲出的哲學幻想，從教
育觀點看是災難性的。它迫使我們自以爲我們可把自己劈裂爲真
語句的認知者和生活、行爲或藝術品的選擇者。這些人爲的分

裂，使我們不可能準確理解教化觀念。或者更準確些説，它們誘
使我們以爲教化與正常話語中使用的合理能力毫不相干。

於是伽達默爾擺脱基本作爲本質認知者的人這幅古典圖畫的
努力，也是擺脱事實與價值二分法、從而使我們把「發現事實」
看作教化的諸多規劃之一的努力。這就是何以伽達默爾如此不惜
筆墨地摧毀康德在認知、道德和美學判斷之間所做區分的理由。
❶就我所能理解的而言，我們没有辦法**辯論**是保持康德的「構
架」，還是將其抛棄。對於那些把科學和教化分別看作「合乎理
性的」和「非理性的」人，和那些把客觀性探求看作在**效果歷史
意識中**應予考慮的諸種可能性之一的人而言，並不存在可爲雙方
提供共同的公度性基礎的「正常」科學話語。如果不存在這類共
同基礎，我們所能做的就只是指出從我們自己的觀點看，另一方
是什麼樣子。就是説，我們所能做的僅是對這種對立加以解釋學
的處理，即設法指出他們所説的那些奇特的，矛盾的或令人不快
的東西，如何與他們想説的其他的東西結合在一起，以及他們所
説的東西，用我們自己替代性的語言表述時，會是什麼樣子。富
有論辯意義的這種解釋學，是海德格和德里達所共同遵奉的，他
們都企圖使傳統解構。

365

2. 系統哲學和教化哲學

從解釋學的觀點看，真理的獲得降低了其重要性，它被看成
是教育的一個組成部分，這種看法只在當我們採取另一種觀點時
才能成立。教育必須自文化適應始。於是追求客觀性和對客觀性
存於其中的社會實踐的自覺認識，是成爲**有教養的**必不可少的第

一步。我們首先應當把自己看作**自在**（en-soi）（如由在判斷我
們同伴時客觀上真確的那樣一類陳述所描述的），然後才在某一
時刻把自己看成**自爲**（pour-soi）。同樣，不發現我們的文化提
供的大量世界描述（如透過學習自然科學的成果），我們也不可
能是受過教育的。也許稍後我們可以不那麼重視「與現實接觸」
了，但只有在經歷了與我們周圍發生的話語的規範有了隱含的、
之後是明顯的和自覺的符合這些階段之後，我們才能這麼做。

我提出這樣一種老生常談的觀點——教育（甚至是革命者或
預言家的教育）須要以文化適應和符合爲起始——只是爲了
對「存在主義」的如下論斷提供一審慎的補充，即正常的參與正
常的話語，只是一種規劃，一種在世的方式。這一警告相當於
說，反常的和「存在的」話語，永遠依托於正常的話語上，解釋
學的可能性永遠依托於認識論的可能性（甚或依托於現實）之
上，以及教化永遠使用著由當前文化提供的材料。企圖重新開始
反常的話語而又不能認出我們自己的反常性，從最直接和極端的
意義上說，都是愚蠢的。堅持在認識論行之有效的領域去從事解
釋學（使我們自己不能根據其自身動機去看待正常話語，而只能
從我們自己反常話語的內部去看待它）並非愚蠢，但却表現了欠
缺教育。採取沙特、海德格和伽達默爾共同具有的對待客觀性和
合理性的「存在主義」態度，只有當我們自覺地脫離某一充分瞭
解的規範後而這樣做時，才有意義。「存在主義」是一種**內在地
反動的**思想運動，它只有在與傳統的對比中才有意義。現在我想
把這兩類哲學家之間的這種對立概括一下，一類人的研究基本上
是建設性的，另一類人的研究基本上是反動性的。我將因此在兩
類哲學之間展示一種對立，一方以認識論爲中心，而另一方以懷
疑認識論主張爲出發點。這就是「系統的」哲學和「教化的」哲

學間的對立。

　　在每一種充分反思性的文化中有這樣一些人，他們挑選出一個領域、一套實踐，並將其看作典型的人類活動。然後他們企圖指出，文化的其它部分如何能從這一典範中獲得益處。在西方哲學傳統主流中，這一典範是**認知性的**，即具有被證明的真信念，或更準確些說，具有如此富於內在說服性的信念，以至於使證明不再必要。在此主流中的一個接一個的哲學革命，由那些受到新認知技能激發的哲學家們產生了出來，這就是亞里士多德的發現伽里略的力學，十九世紀自覺的歷史學的發展，達爾文生物學，　367
數理邏輯。托馬斯利用亞里士多德來調和教父哲學，笛卡爾和霍布斯對經院主義的批評，認為閱讀牛頓自然導致暴君垮臺的啟蒙時代觀念，斯賓塞的進化論，卡爾納普透過邏輯來克服形而上學的努力，都是這樣一些打算以最新認識的成就為模式去改造文化其它部分的企圖。一位「主流派」的西方哲學家的有代表性的說法是：既然某一種研究路線取得了如此令人驚異的成就，就讓我們根據它的模式來改造一切研究，乃至文化的一切部分罷。這樣一來，就使得客觀性和合理性在那樣一些領域裏得勢了，而這些領域以前卻曾由於習慣、迷信和欠缺對人們準確再現自然的能力獲得正確的認識論理解，而模糊一團。

　　在近代哲學史的外圍地帶，我們可看到這樣一些人物，他們沒有形成一個「傳統」，只是由於都不相信人的本質應是一本質的認知者這一觀念而彼此相似。哥德、克爾凱郭爾、桑塔雅那、詹姆士、杜威、後期維特根施坦、後期海德格，就是這種類型的人物。人們常常責備他們為相對主義或犬儒主義。他們常常懷疑進步，尤其是懷疑最新的論斷，如說某某學科最終掌握人類知識的性質到如此清晰的地步，現在理性將伸遍人類活動的其它部分

了。這些作者不斷提出，即使當我們證明了關於我們想知道的每樣東西的真實信念，我們也只不過是符合了當時的規範而已，他們始終保持著歷史主義的意識，認爲一個世紀的「迷信」，就是前一世紀的理性勝利；並保持著相對主義的意識，認爲自最新科學成就借取的最新詞彙，可能並不表達本質的特有表象，而只是可用於描述世界的潛在上無窮的詞彙之一。

368　　　我將把主流哲學家稱作「系統的」哲學家，而把外圍的哲學家稱作「教化的」哲學家。這些外圍的、重實效的哲學家，首先懷疑的是**系統的哲學**，懷疑普遍公度性的整個構想。❶在我們的時代，杜威、維特根施坦和海德格都是偉大的、教化型的外圍思想家。這三位人物使人們極難把他們的思想看作表達了傳統哲學問題觀，或看作其本身爲一種協作的和進步的學科的哲學提出了建設性方案。❶他們都取笑關於人的古典圖畫，這幅圖畫包含著系統的哲學，即用最終的詞彙追求普遍公度性的那種努力。他們鍥而不捨地強調這樣一種整體論觀點，字詞是從其它字詞而非藉助自身的再現性來取得意義的，由此必然得出，詞彙是從使用它的人而非從其對現實的透明性關係取得自己的特殊優越性的。❶

369　　　　在系統的和教化的哲學家之間的區別，與正常哲學家和革命哲學家之間的區別並不等同。後一區別使胡塞爾、羅素、後期維特根施坦和後期海德格都立於分界線的同一側（「革命的」）。就我的目的來說，重要的是在兩類革命的哲學家之間的區別。一方面有革命的哲學家（他們創立了新學派，正常的、職業化的哲學可在其中被加以實踐），他們把自己的新詞彙與老詞彙的不可公度性看作一時的不便，其原因在於前人的缺欠，一旦他們自己的詞彙被制度化後就可克服。另一方面有那類生怕他們的詞彙將被制度化，或者他們的著作可能被看作可與傳統相公度的偉大哲

學家。胡塞爾和羅素（像笛卡爾和康德一樣）屬於前者。後期維特根施坦和後期海德格（像克爾凱郭爾和尼采一樣）屬於後者。⓯偉大的系統哲學家是建設性的，並提供著論證。偉大的教化哲學家是反動性的，並提供著諷語、諧語與警句。他們知道，一旦他們對其施以反作用的時代成爲過去，他們的著作就失去了意義。他們是**特意要留在外圍的**。偉大的系統哲學家像偉大的科學家一樣，是爲千秋萬代而營建。偉大的教化哲學家，是爲他們自身的時代而摧毀。系統哲學家想將他們的主題安置在可靠的科學大道上。教化哲學家想爲詩人可能產生的驚異感敞開地盤，這種驚異感就是：光天化日之下存在有某種新東西，它不是已然存在物的準確再現，人們（至少暫時）既不能説明它，也很難描述它。 370

　　然而一個教化哲學家的概念本身就是一個詩謬。因爲柏拉圖是相對於詩人來定義哲學家的。哲學家可提供理由，爲其觀點辯護，爲自身辯解。如此好爭辯的系統哲學家在談到尼采和海德格時説，不論他們可能是什麼，但不會是**哲學家**。正常的哲學家當然也使用「不真是一位哲學家」的策略來反對革命哲學家。實用主義者曾用它來反對邏輯實證主義者，實證主義者用它來反對「日常語言哲學家」，每當安逸的職業化活動受到威脅時，人們就會使用這種策略。但是它只是作爲一種修辭學策略被使用著，它所表明的不過是，一種不可公度的話語正在被提出。另一方面，當它被用來反對教化哲學家時，這一譴責却具有實在的刺痛力。對一位教化哲學家而言，問題是，他作爲哲學家，提供論證原是本分，而他却想只提供另一套詞語，**並不説這些詞語是本質的**（例如「哲學」本身本質的）新發現的準確表象。他在（譬如説）違反的不只是正常哲學的（他時代的學院派哲學的）各種

規則，而且是一種元規則（metarule）：元規則是，人們可以提出改變各規則，只因注意到舊的規則不適用於主題了，它們不適合現實了，它們阻礙著一些永久性問題的解決。教化哲學家與革命的系統哲學家不同，他們在這個元層次上是反常的。他們拒絕把自己裝扮成發現了任何客觀的真理（比如關於什麼是哲學這樣的問題）。他們表現出來的所作所為不同於，甚或更加重要於對

371 事物狀況提出準確的表象。他們說，之所以更為重要乃由於，「準確表象」概念本身不是思考哲學工作的恰當方式。但他們繼續說道，這不是因為「尋求……（如「現實的最一般特徵」或「人性」）的準確表象」是哲學的一個**不**準確的表象。

雖然不那麼自以為是的革命者能够對他們的前輩對其有過觀點的許多事物具有觀點，教化哲學家却必須摧毀具有一個觀點這個概念本身，而又避免對有觀點一事具有一個觀點。❶❻這是一個笨拙、但並非不可能的立場。維特根施坦和海德格運用得就相當漂亮。他們成功地運用這一立場的理由之一是，他們不認為，當我們說什麼時，我們必定在表達關於某一主題的觀點。我們可以只是**說著什麼**，即參與一次談話，而非致力於一項研究。也許談說事物並不總是談說事物的狀況。也許說**它**這件事本身不是說事物如何。他們兩人都指出，我們把人看作在說著事物，不論事物是好是壞，並不把他們看作外化著現實的内在表象。但是這只是他們進入的楔子，因為之後我們應當不再把自己看作在**看著**這個楔子，也不開始把自己看作在看著别的什麼。我們應當把視覺的、尤其是映現的隱喻，完全從我們的言語中排除。❶❼為此我們必須把言語不只理解作並未外化内部表象，而且理解作根本不是

372 表象。我們應當抛棄符合語句以及符合思想的觀念，並把語句看作與其它語句，而非與世界相聯繫。我們應當把「與事物狀況符

合」這個短語，看作賦予成功的正常話語的無意識讚詞，而非看作是有待研究和渴望的一種通貫話語其它部分的關係。企圖把這個讚詞擴展到反常話語的成就，就像是用留給法官一大筆小費的方式去恭維他的明智判決一樣：這顯示出欠缺策略。把維特根施坦和海德格看作對事物狀況具有觀點，當然不會是搞錯了事情真相，只是趣味不高而已。這種作法把他們置於一個他們不想進入的地位上，而且在這個地位上使他們顯得滑稽可笑。

　　但是也許他們應該顯得滑稽可笑。那麼我們怎麼知道何時去採取一種策略性的態度，又何時去堅持持有一種觀點的道德義務呢？這很像是問，我們如何知道何時某人拒絕採取我們的（例如社會組織的、性習慣的，或會話禮儀的）準則是道德上不可容忍的，而何時它又是我們必須（至少暫時地）尊重的呢？我們並非參照一般性原則去瞭解這些事情。例如我們並非預先知道，當一個句子說出了或一個行為完成時，我們是否應終斷一次談話或一種個人關係，因為一切都取決於漸漸導致它成立的東西。把教化哲學家看作談話伙伴，是把他們看作對共同關心的主題持有觀點的一種替代性選擇。把智慧看成某種東西，對它的愛與對論證的愛不是一回事，智慧的成就也不在於為再現本質找到正確詞彙，這種看法就是把它看作為參與談話所必需的實際智慧。把教化哲學看作對智慧的愛的一種方式，就是把它看作防止讓談話蛻化為研究、蛻化為一種觀點交換的企圖。教化哲學家永遠也不能使哲學終結，但他們能有助於防止哲學走上牢靠的科學大道。

3. 教化、相對主義和客觀真理

373

關於教化哲學以進行談話而非以發現真理爲目的的這種看法，現在我想透過根據這一看法對將真理從屬於教化的熟知的「相對主義」指責所做的回答，來將這一看法擴大。我將主張，在談話和研究之間的區別，類似於沙特在把人本身看成**自爲**和看成**自在**之間所做的區別，並且因而主張，教化哲學家的文化作用是幫助我們避免自欺，這種自欺的產生，是由於相信我們透過認知一系列客觀的事實而能認識我們自己。在下一節中我將試圖提出相反的論點。我將在該節中說，全心全意的行爲主義、自然主義和物理主義（這些是我在前幾章中所推薦的）有助於我們避免這樣的自欺，即以爲我們稟賦一種深層的、隱蔽的、有形而上學意義的天性，它使我們「不可還原地」區別於墨水瓶或原子。

對傳統認識論有懷疑的哲學家往往被看成是對這樣的看法提出疑問，這就是互不相容、相互競爭的諸理論中至多只有一個能夠是真確的。然而很難看到會有人真地對此有疑問。例如當人們說，一致論的或實用論的「真理論」，考慮到了許多互不相容的理論都會滿足真理條件的可能性時，一致論者或實用主義者往往回答道，這只表明了我們並無在這些備選的「真理」理論中做出選擇的根據。他們說。由此引出的教訓不是他們提出了不適當的「真理」分析，而是並不存在一些詞語（例如「真的理論」，「正確的待做的事」），這些詞語從直觀上和語法上看都是獨特的，但不可能爲它們提出會找到獨一無二所指者的一套必要而充分的條件。他們說，這一事實不應令人驚詫。沒有任何人認爲存在有必要而充分的條件，這一條件將選出（例如）「當她處於十分尷尬的情境時最佳行動選擇爲何」的獨一無二所指者，雖然可以提出或許成立的條件，它將縮短互不相容、相互競爭的

備選項清單。對於「她在該嚴重的道德困境中應做什麼」、「人的美好生活」或「世界究竟是由什麼構成的？」這些語句的所指者而言，這有什麼不同呢？

爲了理解隱伏在爲真理、實在或善擬定條件的每種企圖中的相對主義，無意提供獨一無二的個別化條件，我們必須採納我前面（在第六章第六節中）討論過的「柏拉圖的」先驗詞語的概念。我們應當把這些詞語（真理、實在、善）的真正所指者，看作是與在我們中間有效的證明實踐不具有任何聯繫。由柏拉圖這類具體哲學例示所造成的兩難困境是，一方面哲學家應設法找到挑選這些獨一無二所指者的準則，而另一方面，關於這些準則他所有的唯一提示可能是由當前實踐（例如由當時最出色的道德和科學思想）提供的。因此哲學家們譴責自己在從事一種西西弗斯式的任務。因爲對某一先驗詞語的論述剛一完成，它就被貼上了「自然主義謬誤」的標籤，即在本質與偶然事件間的一種混淆。❸我想我們可從如下事實中獲得關於這種自毀式執戀原因的提示，即甚至那些把發現「應做的一件正確的事」之條件的直觀不可能性看作拒絕「客觀價值」理由的哲學家們，也不願把爲一真正的世界理論發現個別化條件的不可能性，看作是否定「客觀物理實在」的理由。然而他們應當如此，因爲在形式上這兩個概念是等價的。贊成和反對採取一種道德真理「符合」論的理由，與贊成和反對採取一種物理世界真理符合論的理由是相同的。我 375 想，當我們發現對可惡的遭遇加以寬恕的通常藉口是，我們是受迫於物質現實而非受迫於價值時，就會讓步了。❹但是什麼束西使被迫狀態必須與客觀性、準確再現或符合有關呢？我想什麼也不，除非我們把與現實的**接觸**（一種因果的、非意向性的、無關於描述的關係）與**處理**現實（描述、說明、預測和修改它，這些

都是我們在描述項下所做之事）混爲一談。物理現實是皮爾士的
「第二性」（secondness）（無中介的壓力）這個意思，與我們
描述、應付物質現實的一切方法之一是「唯一正確的方法」這個
意思，毫無共同之處。在這裏中介調解的欠缺與中介調解的準確
性相混淆了。描述的欠缺與某種描述具有的特殊優越性相混淆
了。只是由於這樣一種混淆，對物質事物的一種真正描述提供個
別化條件的無能爲力，才與對事物惰性的感覺遲鈍混淆在一起
了。

　　沙特幫助我們說明了何以這類混淆如此頻繁發生，以及何以
它的結果伴有如此強烈的道德熱情。在沙特看來，「一種正確的
描述和說明現實的方式」應當包含在我們對「真理」意義的「直
觀」之中這種看法，正是具有一種描述和說明的方式這種看法，
這種方式是以石頭砸到我們腳上這種粗暴的方式**強加予**我們的。
或者換一種視覺的比喻，會使話語和描述成爲多餘之物的乃是這
樣的看法，這就是現實向我們的顯露，並非以如同黑暗中觀鏡的
方式，而是以某種不可想像的直接性來顯露的。如果我們把知識
從某種論述性的東西、由觀念或字詞的不斷調整所達到的東西，
轉變爲這樣一種東西：它像被外力強迫一樣不可避免，或被一種
使我們沈默無言的景象所穿透，那麼我們就將不再有責任在各種
相互競爭的觀念和語詞、理論和詞彙之間進行選擇了。這種拋棄
責任的企圖，被沙特描述爲使自己變爲物的企圖，即變爲**自在**。
從認識論者的觀點看，這種無條理的觀念稟具這樣一種形式，即
把真理的獲得當成一個**必然**的問題，不論是先驗論者的「邏輯
的」必然，還是革命的「自然化的」認識論者的「物理的」必
然。按照沙特的觀點，發現這種必然性的衝動，亦即擺脫去建立
另一種替代理論或詞彙的自由的衝動。因此指出這種衝動的無條

理性的教化哲學家，被當成了一位欠缺道德誠摯的「相對主義者」，因爲他的確未曾加入這種人類共同的希望：選擇的負擔將一去不返。正如把德性看成亞里士多德氏的自我發展的道德哲學家，被看成欠缺對同伴的關心一樣，作爲純行爲主義者的認識論者，被當成是不參與人類對客觀真理普遍渴望的人。

沙特幫助我們明瞭了視覺譬喻何以永遠傾向於超越自己，從而增加了我們對確立了西方哲學問題的這種視覺譬喻的理解。一個無遮蔽的自然之鏡的概念就是這樣一面鏡子的概念，它與被映照物將不可分離，因此也就不再是一面鏡子了。認爲人的心，相當於這樣一面無遮蔽的鏡子，而且他對此**瞭然**於胸，這樣一種觀念，誠如沙特所說，就是神的形象。這樣一種存在者並**不**面對一種異己物，後者使他必須選擇一種對它的態度或對它的描述。他總是沒有選擇行爲或描述的需要或能力。如果我們考慮到這一情境的有利一面，他就可被稱作「上帝」，而如果我們考慮其不利的一面，他就被稱作一架「機器」。按照這一觀點，尋找公度性 377 而非只尋找談話（透過發現將一切**可能的**描述歸於一種描述的方式，去尋找使繼續再描述不必要的一種方式），就是逃避人性的企圖。放棄那種認爲哲學必須指出一切可能的話語自然地會聚爲一種共識（這正是正常研究所做的）的想法，或許就是放棄那種不僅僅是人的願望了。因此這或許就是放棄柏拉圖的真理，實在、善等概念，這些實體可能不曾被當前的實踐和信念哪怕是模糊地映現過，並返回到「相對主義」，它假定我們唯一有用的「真」、「實在」和「善」等概念，都是從我們的實踐和信念中外推而生的。

最後我又回到了上一節結束時提出的看法，教化哲學的目的是維持談話繼續進行，而不是發現客觀真理。按照我所建議的觀

點，這種真理乃是正常話語的正常結果。教化哲學不僅是反常的，而且是反動的，它只是作爲對下述企圖的抗議才有道理，這種企圖打算藉助由某些特殊表象的具體例示達成普遍公度性的方案，來結束談話。教化性的話語企圖防止的危險是，某種現成的詞彙，某種人們可按其思考自身的方式，將使他們誤以爲，從今以後一切話語都可能是，或應當是正常話語了。在教化哲學家看來，文化的最終凍結或許就是人類的非人化。因此教化哲學家同意拉辛的選擇：無限地**追求**真理、而非「全部真理」。❷⓪對教化哲學家來說，具有「全部真理」這個觀念本身就是荒謬的，因爲

378 柏拉圖的真理觀念本身就是荒謬的。它的荒謬性或者在於有關現實的真理的觀念，不是有關在一定描述下的現實的真理觀念，或者在於，有關在某特殊描述下的真理觀念使一切其它描述沒有必要了，因它是與其中每一種描述可公度性的。

把保持談話繼續下去看作哲學的充分的目的，把智慧看作是維持談話的能力，就是把人類看作新描述的產生者，而不是希望能去準確描述的人。把哲學的目的看作是真理（即關於爲一切人類研究和活動提供最終公度性的詞語的真理），就是把人看作客體而非主體，看作現存的**自在**，而非看作既是**自在**又是自爲，看作既是被描述的客體、又是描述著的主體。認爲哲學家將使我們能把描述著的主體本身看作一種被描述的客體，就是認爲一切可能的描述，都可藉助一種單一的描述詞彙——哲學本身的詞彙，被公度化。因爲只有當我們有這樣一種普遍性描述的觀念，我們才能把在某一描述下的人類等同於人的「本質」。只有藉助這樣一種觀念，人**具有**一個本質的觀念才可理解，不論該本質被看作對本質的認知與否。於是，即使說人既是主體又是客體，既是自爲又是自在，我們也未曾把握我們的本質，我們說「我們的本質

是沒有本質」，也並未逃脫柏拉圖主義，如果我們這樣一來就打算把這一觀點看作去發現關於人類其它真理的建設性的和系統性努力的基礎的話。

這就是何以「存在主義」（以及更一般而言，教化哲學）只能是反動性的，爲什麼一當它企圖沿新的方向去從事不只限於是推進談話的活動時，它就陷入了自欺。這類新方向或許會產生新的正常話語、新的科學、新的哲學研究規劃，從而也就是新的客觀真理。但它們不是教化哲學的目的，而只是偶然的副產品。目 379
的永遠只有一個，即去履行杜威所謂的「擊破慣習外殼」這一社會功能，防止人自欺地以爲他瞭解自己或其它什麼東西，除了透過某些可供選替的描述之外。

4. 教化和自然主義

我在第七章曾主張，一種好的想法或許是，擺脫掉被當成是人與其它事物之間區分或兩類人之間區分的精神與自然的區分，這種區分對應於解釋學和認識論之間的區分。現在我想再談談這個問題以便強調這樣一種觀點，我一直討論的這個「存在主義的」學說，是與我在前幾章中贊成的那種行爲主義和唯物主義相容的。想要既是系統性的又是教化性的那些哲學家們，往往把它們看作互不相容，並因而提出，我們對自己作爲**自爲**、作爲能反思者、作爲可選替的諸詞彙選擇者的觀念，如何本身有可能變爲哲學的主題。

不少晚近的哲學（在「現象學」或「解釋學」的蔭庇下）都玩弄著這個不幸的觀念。例如哈貝馬斯和阿貝爾都提出了我們可

按其創造一種新先驗觀點的途徑，以使我們能完成什麼類似於康德企圖去做的事，而又不墮入科學主義或歷史主義。同時那些把馬克思、弗洛伊德，或把他們兩人，看作應被納入「主流哲學」的大多數哲學家，都企圖發展準認識論的體系，這些體系都以馬克思和弗洛伊德兩人突出強調的現象爲中心，即行爲的改變，緣自自我描述的改變。這些哲學家把傳統認識論看成致力於使人類「客觀化」，而且他們渴望有一種接替認識論的學科，它將爲「反思」做出傳統爲「客觀化知識」所做之事。

380

我一直強調，我們不應企圖獲得一種接替認識論的學科，而寧可企圖使自己擺脫認爲哲學應當以發現永恆研究構架爲中心這樣的看法。我們特別應當使自己擺脫這樣的看法，即哲學可說明科學留下的未予說明的東西。按我的觀點，發展一種「普適語用學」或「先驗解釋學」的企圖，是極其可疑的。因爲這似乎是允諾沙特告誡我們不應去具有的東西，即一種把自由視作自然的方式（或者不那麼令人費解地說，一種如此來看待我們創造和選擇詞彙的方式，即以與我們在這些詞彙之一的**內部**看待自己時的同一「正常」態度去看待）。這類企圖開始於透過正常話語來看待對客觀知識的追求，其方式正如我建議應當如此去看待的那樣，即當作教化的一種成分。但之後他們往往趨向更抱負不凡的主張。哈貝馬斯下面一段話即爲其例：

……知識在實踐生活的普遍境域中所有的作用，只能在某種重新表述的先驗哲學的構架內被成功地分析。順便指出，這並不暗含著一種對絕對真理要求的經驗主義批判。只要認識的興趣可透過對自然科學和文化科學內研究邏輯的反思而被認定和分析，它們就可合法地要求一種「先驗的」性質。一旦它們根據自然史的成果被分析，即似乎是根據文化人類學被分析，它們就具有了「經

驗的」性質。❷

　　反之，我想主張，試圖發現「分析」「知識在實踐生活的普 381
遍境域中所有的作用」的綱領式的一般方法，是毫無意義的，而
且文化人類學（在其包括思想史這樣廣泛的意義上）就是我們所
需的一切。

　　哈貝馬斯和受同一動機驅使的其他作者，把關於經驗研究即
已足夠的建議，看作是體現了一種「客觀主義的妄想」。他們傾
向於把杜威的實用主義和塞拉斯與費耶阿本德的「科學實在
論」，都看成是一種不適當的認識的產物。按我的觀點，杜威、
塞拉斯和費耶阿本德的偉大功績在於，他們指出了通向一條非認
識論哲學之路，並部分地做出了示範，從而它也是一條放棄了對
「先驗性」懷抱任何希望的道路。哈貝馬斯說，理論要「使自身
具有先驗性基礎」，就等於理論要

> 熟悉不可避免的主觀條件領域，後者即使理論得以成立，又為其
> 設定限制，因為這種先驗的確證總傾向於自行批評一種過分自信
> 的自我理解。❷

這種過分自信尤其在於以為

> 可能存在有在哲學實在論所假定的意義上的對實在的忠實性。真
> 理符合論傾向於舉事實作為世界中的實體例子。正是這樣去思考
> 可能經驗的條件的認識論的意圖和內在邏輯，揭示了這樣一種觀
> 點的客觀主義妄想。每一種先驗哲學都宣稱透過分析可能經驗對 382
> 象的範疇結構去識別經驗客觀性的條件。❷

　　但是杜威、維特根施坦、塞拉斯、庫恩和本書所述的其他一
些主人公對於揭露「在哲學實在論所假定的意義上的對實在的忠
實性」，都有他們自己的方式，而且他們都不認為必須透過「分
析可能經驗對象的範疇結構」來辦到這一點。

　　認爲我們只透過採取類似於康德先驗立場的觀點，就可規避過分自信的哲學實在論和實證主義還原論，在我看來是哈貝馬斯一類方案中（也是以某種「前於」科學提供的觀念的方式去描述人類的「生活世界現象學」這一胡塞爾看法中）的基本錯誤。爲完成這類值得稱讚的目的所需要的東西，不是康德在先驗立場和經驗立場之間所做的「認識論」二分法，而是他在作爲經驗自我的人和作爲道德行爲者的人之間所做的「存在主義」二分法。㉔正常的科學話語永遠可以按兩種不同方式來考察，即作爲對客觀真理的成功追求，或作爲我們介入的諸種話語之一、諸種規劃之一。前一種觀點贊同正常科學的正常實踐。道德選擇或教化的問題不在這裏出現，因爲它們已經爲默默的和「自信的」致力於對有關問題的客觀真理探求所事先具有了。後一觀點是我們據以詢問如下一類問題的觀點，如「意義何在？」，「從我們對我們和大自然的其它部分如何活動的知識中可引出什麼寓意呢？」，或「既然我們認識了我們自己行爲的規律，我們應該怎樣自處呢？」

　　系統式哲學的主要錯誤始終在於這樣一種看法，這類問題應該以某種新的（「形而上學的」或「先驗的」）描述性或說明性話語（論述「人」、「精神」或「語言」等等）來回答。這種以發現新的客觀真理來回答關於證明的問題的企圖，這種以某一特殊領域中的描述來回答道德行爲者的證明要求的企圖，是哲學家特有的一種「自我欺瞞」（bad faith），他用僞認知作爲取代道德選擇的特有方式。康德的偉大在於識破了這一企圖的「形而上學」形式，並摧毀了傳統的理性概念，以爲道德信仰讓出地盤。康德爲我們提供了看待科學真理的如下一種可能，即科學真理永遠也不能對我們要求的一個論點、一個證明、一種認爲我們

關於應做什麼的道德決定是基於對世界性質的**知識**的主張，提供
一個解答。不幸，康德根據對「不可避免的主觀條件」的發現來
提出其對科學的診斷，這種主觀條件則是經由對科學研究的反思
來揭示的。同樣不幸的是，他認爲對於道德兩難困境確實存在有
一種判定方法（儘管不是以**知識**爲基礎的，因爲我們對絕對命令
的把握不是一種**認知**）。㉕於是他創造了新形式的哲學自我欺
瞞，即以發現人的真自我的「先驗」企圖，來取代其它人發現世
界的「形而上學」企圖。透過默而不宣地將道德行爲者等同於構
成性的先驗自我，他敞開了將自由還原爲自然、選擇還原爲知
識、自爲還原爲自在的、日益增加其複雜性的後康德企圖。這是
一條我一直在設法堵塞的路，我的辦法是根據在熟悉事物和不熟
悉事物、在正常事物和反常事物之間的歷史性、暫時性區別，去
重新安排在自然與精神、「客觀化科學」和反思、認識論和解釋
學之間非歷史的、永久性的區別。因爲對待這些區別的這種方
式，使我們不把它們看作在劃分著兩個研究領域，而是看作在研
究和某種非研究事物之間的區別，而後者毋寧說是一種剛開始的
提問，從中可能（或不可能）出現研究（新的正常話語）。

　　我們可以換一個方式表述這個主張，這也許能有助於說明它
與自然主義的聯繫。我想說，實證主義者絕對正確地認爲必須根
絕形而上學，當「形而上學」意味著企圖提供有關科學不能認識
的東西的知識時。因爲這就是發現這樣一種話語的企圖，這種話
語兼有正常性和反常性二者的優點，也就是把客觀真理的主體間
可靠性，與一種不能證明、但也無限制的道德主張的教化等性，
結合了起來。使哲學置入可靠的科學大道的迫切要求，也就是把
這樣兩部分內容結合在一起的迫切要求，一種是把道德選擇看作
圈點出關於某種特殊對象（上帝理念）的客觀真理這一柏拉圖構

384

想。另一種是關於在正常科學中發現的對象的主體間的和民主的一致認識。❷完全非教化性的、完全無關於是否相信神這類道德選擇的哲學，就會不被看作是**哲學**，而只被看作某種特殊的科學。於是一旦置哲學於科學的康莊大道的計劃成功，它就把哲學乾脆轉變爲一種令人煩厭的學院式專業。系統式哲學的存在方式是，永遠跨立於在描述和證明、認知和選擇、正確把握事實和喻示如何生活二者之間的裂隙之上。

385

一旦明瞭了這一點，我們就可以更清楚地看到認識論何以作爲系統哲學的本質而出現。因爲認識論企圖把正常話語內的證明模式看作**不只是**這樣一個模式。它企圖把這些模式看成掛鈎在某種要求道德承諾的東西之上，這就是實在、真理、客觀性、理性。反之，作爲一名認識論中的行爲主義者，就是從兩個角度來觀看我們時代的正常科學話語，既將其看作由於種種歷史理由而採取的模式，又看作客觀真理的成就，在這裏所謂「客觀真理」，恰恰只是我們當前有關如何説明發生的事物的最佳觀念之謂。從認識論的行爲主義角度看，哈貝馬斯有關科學研究是由「不可避免的主觀條件」所形成和限制的主張中唯一真確之處是，這種研究是透過採取了證明的實踐才得以成立，而且這種實踐具有可能的替代物。但是這些「主觀條件」，在任何意義上都不是可由「對研究邏輯的反思」發現的「不可避免的」東西。它們只是有關某一社會、職業或其它集團認爲可作爲某種陳述良好理由的東西的事實。這類約束性模式爲「文化人類學」的通常的經驗的及解釋學的方法所研究。從有關集團的角度看，這些主觀條件乃是常識性的實踐律令（例如種族禁忌、穆勒的方法論）和關於該問題的當前標準理論的結合。從思想史家或人類學家的觀點看，它們是關於人類某集團的信念、慾望和實踐的經驗事實。

二者是互不相容的觀點，意思是，我們不可能同時站在兩個觀點
上。但是沒有理由和必要來把二者含括在某種更高的綜合之中。
該集團可能自己從一種觀點變爲另一種觀點（因此透過「反思」 386
過程將他們過去的自我「客觀化」，並使新語句適用於他們當前
的自我）。但是這並非是要求重新理解人類知識的某種神秘過
程。明白不過的事實是，人們可對他們所做之事提出懷疑，之後
以與他們先前運用的方式不可公度的方式開始談話。

　　這也適用於最令人驚奇和不安的新話語。當馬克思、弗洛伊
德和沙特這類教化型哲學家對我們證明自己行爲和陳述的通常型
式提出新的解釋時，以及當這些説明被接受和吸收進我們生活之
中時，我們就獲得了有關思想的變化著的詞彙和行爲這一現象的
突出事例。但如我在第七章所説，這種現象不要求對理論建設或
理論確認做出任何新的理解。認爲我們透過內在化了一種新的自
我描述（使用「資産階級知識分子」、「自毀的」、「自欺的」
一類詞）而改變了我們自己，這是充分確實的。但這並不比下列
這些事實更令人驚奇，如人類透過植物學理論所創造的雜交法改
變了植物學品種，或人類透過發明了炸彈和牛痘疫苗而改變了自
己的生活等等。思考這類變化的可能性，就像閱讀科幻小説一樣
無助於我們克服對「哲學實在論」的自信。但是這類思考並不須
要以對思想性質的先驗論述來加以補充。所需要的只是教化式的
援引事實或反常話語的可能性，破壞我們對得自正常話語的知識
的依賴。可予以反駁的這種自信，只是正常話語透過似乎爲某問
題的討論提供了典範性詞彙來阻礙談話長流的那種傾向，而且尤 387
其是正常的、以認識論爲中心的哲學的這樣一種傾向，它透過把
自己推舉爲適用於一切**可能的**合理話語的最終公度性詞彙來阻塞
道路。前一種狹隘的正常話語傾向的自信，被教化型哲學家推翻

了，後者對普遍公度性和系統哲學這一觀念本身都加以懷疑。

我不惜一再重複地想再堅持說，正常話語和不正常話語之間的區別並不與以下各類區別相符，如主題上的區別（如自然對歷史、事實對價值），方法上的區別（如客觀化與反思），機能上的區別（如理性對想像），或任何其它系統哲學所使用的區別，以便使世界的意義體現在有關世界的某種先前未注意到的部分或特徵的客觀真理上。**任何事物**都可反常地被談論，正如任何事物都可成爲教化的和任何事物都可被系統化一樣。我討論了自然科學和其它學科之間的關係，只是因爲自笛卡爾和霍布斯時代以來，有關科學話語是正常話語，而一切其它話語都須以其爲模式的假設，成了哲學研究的標準動機。然而一旦我們撇開了這個假設，我們也能擺脫種種我所抱怨的反自然主義。我們可以特別堅持以下各種看法：

每一種語言、思想、理論、詩歌、作曲和哲學，將證明完全可以用純自然主義的詞語來預測。對個人內部微觀過程的某種原子加虛空式的論述，將使人能够對將被表達的每種聲音和文字加以預測。幽靈是不存在的。

任何人在決定和創生他自己的行爲、思想、理論、詩歌等等之前，都不可能對它們進行預測。（這不是關於人類奇特天性的有趣說法，而是它打算「決定」和「創生」的東西的平平常常的結果）因此不存在這樣的希望或危險，對作爲**自在**的某人自我的認知，將使他不再作爲**自爲**而存在。

使得這些預測得以完成的全部法則，再加上對一切人的（用原子加虛空式語言所做的）全部描述，還不就是有關人類的全部「客觀真理」，也不是關於他們的全部真實預測。或許仍然還會有許多其它不同的這類客觀真理（某些用於預測，某些則不），

正像有很多不可公度的詞彙一樣，運用這些詞彙可進行關於人類的正常研究（例如，所有那些我們因其而獲有信念和願望、德行和美的詞彙）。

不可公度性蘊涵著不可還原性，但不蘊涵著不相容性，於是，未能將種種這類詞彙「還原」爲「基層的」原子加虛空式科學的詞彙，並不使人懷疑它們的認識性地位或它們對象的形而上學性質。（這既適用於詩歌的審美價值，又適用於人的信念，既適用於德性又適用於意志）。

所有這些客觀真理的總合（雖然這是不可能的）將仍然不一定是教化性的。它可能是關於不含意義、不含道德的某一世界的圖畫。它是否似乎將一種道德指示給某一個人，這取決於該個人。在他看來世界似乎是這樣或似乎不是這樣，這一情況或真或假。但是世界「真地」有或沒有一種意義或一種道德，這一情況不會是客觀上或真或假。他關於世界的知識是否使他具有對世界做什麼或在世界中做什麼的意識，其本身是可以預測的，但他的知識是否使他**應當**如此，則是不可預測的。

對科學、「唯科學論」、「自然主義」、自我客觀化，以及對被太多的知識變爲物而不再成爲人等等的恐懼，就是對一切話語將成爲正常話語的恐懼。這也就是如下這樣的恐懼，即對我們提出的每個問題都將有客觀地真或假的回答，於是人類價值將在於認識真理，而人類德性將僅是被證明了的真信念。這種情況令人驚恐，因爲它消除了世上還有新事物的可能，消除了詩意的而非僅只是思考的人類生活的可能。

不過反常話語遭遇的危險並不來自科學或自然主義哲學，而是來自食物匱乏和秘密警察。如果有閒暇和圖書館，柏拉圖所開始的談話，將不至以自我客觀化告終，這不是因爲世界和人類的

萬事萬物逃避了成爲科學研究對象的可能，而只是因爲自由的和
悠閒的談話，如自然規律那樣確實無疑地產生了反常話語。

5. 在人類談話中的哲學

　　我以對奧克肖特著名篇名的提示來結束本書，㉗因爲我認爲
它抓住了哲學應按其進行討論的基調。我關於認識論和其可能的
後繼學科所做的許多論述，都是企圖從塞拉斯的下述理論中推出
一些必然結論：

> 在刻畫像認知這樣一個事件或狀態時，我們並非在對該事件或狀
> 態做出一種經驗性描述；我們將其置於理性的邏輯空間內，以便
> 證明或能去證明人們所說的東西。㉘

　　如果我們不把認知看作應由科學家或哲學家加以描述的本
質，而是看作一種按通常標準去相信的權利，那麼我們就安然通
向把談話看作最終境域之途了，知識應當在這一境域中被理解。
我們的重點從人與其研究對象的關係，轉變到可互相替換的諸證
明標準之間的關係，並由這裏轉變到構成思想史的那些標準中的
實際變化。這就使我們懂得了塞拉斯本人對他的發明了自然之
鏡、從而造成了近代哲學的神秘英雄瓊斯所做的描述了：

> 讀者難道未認出瓊斯是正處在一個旅程中途的人類本身嗎？這個
> 漫長的旅程從洞穴中的呼嚕聲直到客廳、實驗室和書房內精巧而
> 多方面的話語，直到亨利與威廉兩詹姆士兄弟、愛因斯坦和哲學
> 家們的語言，他們在努力掙脫話語以達到超話語的 $\alpha'\rho\chi\acute{\eta}$（始
> 基）時，提供了一切方面中最難以理解的方面。（第196頁）

　　在本書中我爲作爲歐洲文化史一個片段的、以認識論爲中心

的哲學史，撰述了一篇緒論。這一哲學可上溯至希臘並旁及各種
非哲學學科，後者在這一時期或那一時期曾打算取代認識論，從
而即取代哲學。因此這個片段不能簡單地等同於教科書上列舉的
從笛卡爾到羅素和胡塞爾一系列大哲學家這個意義上的「近代哲
學」。但是在這個大哲學家系列中，追求知識基礎的努力是最明
顯的。因此我消解自然之鏡這個形象的大部分努力，都集中於這
些哲學家身上。我企圖指出，他們突入一種超話語的$\alpha\rho\varphi\acute{\eta}$的衝
動，是以把證明的社會實踐看作不止於是這類實踐的衝動爲根據
的。然而我主要集中考察了現代分析哲學中這類衝動的各種表
現。因此結果只不過是一章緒論而已。一種適當的歷史論述將要
求我並不具備的那種學問和技巧。但我希望這個緒論足以使人把
當代哲學問題看作一種談話的某一階段上的事件，這個談話本來
對這些問題一無所知，可能也不會再知道它們。

　　我們可以繼續柏拉圖所開始的談話而無須討論柏拉圖想討論
的問題一事，說明了對待哲學的兩種態度之間的區別，一種是把
哲學當作談話中的一種聲音，另一種是把哲學當作一個學科，一
個Fach（德文「專業」、「學科」。——中譯者），一個專業
研究領域。柏拉圖所開始的談話已爲比柏拉圖可能夢想到的更多
的聲音所擴大，因此就是被他一無所知的問題所擴大。一個「學
科」（天文學、物理學、古典哲學、家俱設計）可能經歷變革，
但它從它目前的狀態中取得了自我形象，而且它的歷史必然「輝
格式地」被寫成是對其逐漸成熟過程的一種論述。這是最通常的
撰寫哲學史的方式，而且我不能自以爲我在概述這種須被撰寫的
歷史時，已經完全避免了這種輝格態度。但我希望我已指明，我
們可以把哲學家們當前關心的、以及他們輝格式地把哲學看作一
直（也許不自知）在關心的那些問題，理解作歷史事件的偶然結

392 果，理解作談話所選取的各種方向轉換。㉙談話經歷漫長時間開
始了這種轉換，但它可以轉換到另一方向而不至使人類因此失去
其理性或失去與「實在問題」的接觸。

哲學學科的，或某個天才哲學家的談話興趣在改變著，並將
繼續以因爲偶然事件而無法預測的方式改變。這些偶然事件將涉
及從物理學現象到政治學現象等各個方面。學科間的界限將趨於
模糊和改觀，新的學科將產生，正如伽里略在十七世紀創造「純
科學問題」的成功努力所例示的那樣。目前所使用的「哲學意
義」和「純哲學問題」等概念，只是在大約康德的時代才被理
解。我們對認識論或某種後繼學科位於哲學中心（以及道德哲
學、美學和社會哲學等等均由其導出）的後康德主義概念，反映
了這樣的事實，專業哲學家的自我形象，依賴於他們對哲學之鏡
形象的專業性關切。如果不承認康德關於哲學家能够決定與文化
中其它部分的主張有關的合法裁決問題這個假設，專業哲學家的
這個自我形象也就瓦解了。該假設依存於這樣一種認識，即存在
有理解知識本質之事，這就是塞拉斯所説的，從事我們不可能從
事之事。

抛棄了哲學家對認知的認識比任何其他人都更清楚的概念，
也就是抛棄了這樣一種看法，即哲學家的聲音永遠居高臨下地要
求談話的其他參加者洗耳恭聽。同時也相當於抛棄了這樣的看
393 法，即存在有所謂「哲學方法」、「哲學技術」或「哲學觀點」
的東西，它們使專業哲學家們能够憑靠專業地位而具有對（例
如）精神分析學的體面地位、某些可疑法則的合法性、道德困境
的解決、史學或文學批評諸學派的「正當性」等等問題的有趣觀
點。哲學家們往往對這類問題確實具有有趣的觀點，而且他們作
爲哲學家的專業訓練往往是他們具有這些觀點的必要條件。但這

不等於説哲學家們具有關於知識（或其它任何東西）的某種特殊知識，從中他們可推演有關的必然結論。他們對我剛提到的種種問題能够經常隨便議論，是由於他們熟悉有關這類問題的論證的歷史背景，而且最重要的是由於這樣的事實，對這類問題的論證充滿著其他談話參加者在閱讀中遇到的哲學陳詞濫調，但專業哲學家熟知正反兩方面的情況。

於是新康德式的作爲一種專業的哲學形象，就與作爲映現性的「心」或「語言」的形象有了聯繫。因此人們似乎會以爲，認識論的行爲主義和隨之而來的對鏡喻的否定引出了這樣的認識：不可能或不應當有這種專業。但實際並非如此。專業可以比産生它的範式存留更久。無論如何，對飽讀已往偉大哲學家典籍的教師的需求，足以確保哲學系的存在，只要大學存在的話。廣泛喪失對鏡喻信心的實際結果，將僅只是使某一歷史時期內由這一譬喻創生的各種問題被圈圍起來。我不知道我們是否真地已面臨著一個時代的結束。我想這取決於杜威、維特根施坦和海德格是否爲人所喜愛。也許鏡喻的、「主流的」系統哲學，將由於某位天才的革命者的努力而重獲新生。也許或者是，康德提出的哲學形象會重步中世紀僧侶的後塵。果真如此的話，甚至哲學家本人也將不再認真看待這樣的看法了：哲學爲文化的其它部分提供了「基礎」或「證明」，或對有關其它學科的正當領域的合法問題進行了裁決。

不論發生什麼情況，均無哲學「日暮途窮」之虞。宗教未因啟蒙精神而告終，繪畫也並未終止於印象主義。即使從柏拉圖到尼采的這一時期，以海德格建議的方式被圈圍和「間距化」，即使二十世紀哲學似乎證明是一個迂迴曲折的過渡階段（如十六世紀哲學現在在我們看來成爲過渡階段那樣），在過渡階段的另一

394

邊仍將有被稱作「哲學」的東西。因為即使表象的問題對於我們的後代，正像形質二元的問題對於我們一樣顯得陳腐過時，人們將仍然會閱讀柏拉圖、亞里士多德、笛卡爾、康德、黑格爾、維特根施坦和海德格。無人可知這些人在我們後代人的談話中將起什麼作用。也無人可知系統哲學和教化哲學間的區分是否將繼續下去。或許哲學將成為純教化性的，以至於某人對自己作為哲學家的自我認定，將只根據他所讀過和討論過的書籍，而非根據他想去解決的問題來完成。或許人們將看到一種新形式的系統哲學，它與認識論全然無關，却使正常的哲學研究得以成立。這些猜測都是姑妄言之的，而且我所說的一切並不能使一種猜測比另一種猜測更有可能發生。我想強調的唯一一點是，哲學家的道德關切應當在於繼續推進西方的談話，而非在於堅持在該談話中為近代哲學的傳統問題留一席之地。

注　解

❶伽達默爾：《真理和方法》，紐約，1975年，第xi頁。甚至我們可以合乎情理地把伽達默爾這本書稱作反方法觀念本身的一個宣言，後者被看成是一種達致公度性的企圖。注意到這本書與費耶阿本德的《反對方法》一書之間的類似性，是富於教益的。我對伽達默爾的研究受益於A.麥金太爾；參見他的＜解釋的語境＞，載於《波士頓大學學刊》，1976年第24期，第41～46頁。

❷伽達默爾：《真理和方法》，第xiii頁。

❸參見上書第15頁。「但是我們可以承認，**自我形成**（Bildung）是精神的一種因素，它與黑格爾的絕對精神哲學沒有聯繫，正如意識歷史性的觀點與黑格爾的世界歷史哲學沒有聯繫一樣。」

❹這裏提出的對立，類似於涉及「古典」教育和「科學」教育之間傳統爭論的那種對立，伽達默爾在該書開頭論「人文主義傳統的意義」一節中對此論及。更一般地看，它可被看作詩歌（它不可能從古典型教育中省略）與哲學（當它把自己看成超科學時，就想成為科學型教育的基礎）。葉芝曾問精靈（他相信精靈通過他妻子的顯靈術賜予他以**一種想像力**的）為什麼到此來，精靈回答說「為了帶給你詩的隱喻」。另一方面，一位哲學家或許期待獲得關於另一世界究竟是什麼的某種確鑿事實，但葉芝並不失望。

❺參見《真理和方法》第214頁以下題為「克服認識論問題……」這一節，並與海德格的《存在與時間》第32節相比較，該書由J.麥克里與E.羅賓遜譯為英文，1962年紐約版。

❻參見沙特：《存在與虛無》，H.巴爾奈譯，紐約，1956年，第二部分，第三章第五節，以及該書的「結語」。

❼如果沙特把他的話貫徹到底就幸運多了，他說人是這樣一種存在物，其本質是由於說該本質也適用於一切其它存在物而沒有了本質。除非做這一補充，否則沙特將似乎是以另一些詞語堅持好的形而上學的精神與自然之間的舊二分法，而不只闡明人永遠自由地選擇（其中包括對他本人的）新的描述。

❽在我看來，杜威是不具有這種還原論態度而往往被歸為「自然主義者」的一位作者，儘管他不斷談論「科學方法」。杜威的獨特成就在於，仍然足夠黑格爾化，因此不把自然科學看作對於獲得事物本質方面具有優先地位，同時又足夠自然主義化，因此根據達爾文理論來考慮人類。

❾伽達默爾：《真理和方法》，第12頁。

⓾參見海德格在《存在與時間》中對「價值」的討論（第133頁），以及
沙特的《存在與虛無》的第二部分、第一章第四節。試比較伽達默爾對
章伯的論述（《真理與方法》，第461頁以下）。

⓫參見伽達默爾反對康德第三批判中「美學現象主觀化」的論辯（《真理
與方法》，第87頁），並比較海德格在「論人道主義的信簡」中有關亞
里士多德區分物理學、邏輯學和倫理學的論述（海德格：《基本著作
集》，克萊爾編，紐約，1976年，第232頁）。

⓬思考一下A. 弗朗斯（France）的「伊壁鳩魯的花園」中的一段話，德
里達曾在＜白色的神話＞（載於《哲學的邊緣》，巴黎，1972年，第
250頁）一開始引述過它：

> …當形而上學家們拼湊成一種新語言時，他們就像那樣一些磨
> 刀匠一樣，在磨石上磨著硬幣和金屬，而不是刀剪。他們磨去
> 了凸出部分、題詞、肖像，而且當人們在硬幣上不能再看見維
> 多利亞、維爾海姆或法蘭西共和國時，他們就解釋道：這些錢
> 幣現在和英國、德國或法國沒有任何特殊聯繫了，因爲我們使
> 它們脫離了時空；現在它們不再值（例如）五法郎，而是有了
> 無法估計的價值，而且它們在其中作爲交換媒介的領域，已無
> 限地擴大了。

⓭參見阿貝爾對維特根施坦和海德格的比較，他稱他們兩人「對作爲一門
理論學科的西方形而上學提出了懷疑」（《哲學的轉換》，法蘭克福，
1973年，第1卷，第228頁）我並未對杜威、維特根施坦和海德格提出解
釋，以支持我對他們做出的論述，但我在以下幾篇文章中曾試圖這樣
做：一篇關於維特根施坦的文章，題爲＜保持哲學的純化＞（載於《耶
魯評論》，1976年春季號，第336~356頁）；＜克服傳統：海德格和杜
威＞（載於《形而上學評論》，1976年第30期，第280~305頁）；＜杜
威的形而上學＞（載於《杜威哲學新研究》，S. M. 卡恩（編），漢諾
威，1977年。

⓮海德格關於語言的這個觀點，德里達在《聲音與現象》（由D. 艾里森
譯成英文，耶萬斯頓，1973年）一書中詳細地、極富啓發性地予以論述
過。參見N. 加富爾在他爲這個英譯本寫的導言中對德里達和海德格所
做的比較。

⓯這位夢想出全部西方哲學觀念的人（柏拉圖）的永恆魅力在於，我們仍
然不知道他是哪類哲學家。即使把《第七書》當成僞作棄置不論，在千
百年的評述之後仍然無人確知諸對話錄中哪些段落是玩笑話，這使柏

拉圖之謎歷久而彌新。

⑯海德格的＜世界觀的時代＞（M．格雷恩譯出於《界限》，1976年第Ⅱ期）是我見過的對這一困難的最好的討論。

⑰德里達的近期著作是思考如何避免這類隱喻。正像海德格在＜在與一位日本人和一位提問人之間關於語言的對話＞（載於《通往語言之路》，普夫林根，1959年）中那樣，德里達偶爾也擺弄東方語言的象形文字優越性的觀念。

⑱關於這個問題，參見W．弗蘭克納的＜自然主義謬誤＞，載於《心》，1939年第68期。

⑲他們以還原論的方式說，似乎是爲價值所迫的意思，其實只是物質現實的僞裝（例如由父母調節機制編序的神經分布或腺體分泌）。

⑳克爾凱戈爾使這一選擇成爲他本人選擇「主觀性」、而非選擇「系統」的原型。參見《結束的非科學後記》，D．斯萬森和W．勞雷譯，普林斯頓，1941年，第97頁。

㉑J．哈貝馬斯，《知識和利益》（法蘭克福，1973年）二版後記，載於該書第410頁；由C．林哈特在《社會科學哲學》1973年第3期內譯出（第181頁），題爲＜《知識和人類利益》的後記＞。關於對哈貝馬斯此處採取的論證路線所做的一個批評（它與我的批評類似），參見M．泰烏尼森的《社會與歷史！批判理論的批判》，柏林，1969年，第20頁以下。（我對泰烏尼森此書的參考得助於R．高斯）

㉒哈貝馬斯：＜後記＞，第411頁；英譯本第182頁。

㉓同上書，第408～409頁；英譯本，第180頁。

㉔W．塞拉斯極其有效地利用了康德後一種二分法，堅持說人的特性，是一個「是我們中間的一位」，或進入「我們都將……」這種形式的實踐性絕對命令範圍內的問題，而不是應以經驗手段分離的某種有機體的一個特徵。我在本書中，特別在第四章第四節，曾多次援引這一主張。關於塞拉斯本人對它的用法，參見《科學和形而上學》，倫敦和紐約，1968年，第七章，以及＜科學的倫理學＞一文，載於他的《哲學展望》一書，斯波林費爾德，1967年。

㉕參見康德在《純粹理性批判》第A824～B852以下對知識和必然信仰之間的二分法，尤其是他把Unternehmung（事業，行動）用作後者的同義語。第一批判書中的這一節，在我看來正是給在Bxxx頁上關於否定理性以爲信仰留出地盤的那著名段落以最充分的解釋的一節。然而在許多其他問題上，康德前後不一地把實踐理性說成是有助於擴大我們的**知**

識。

㉖實證主義者本身迅速地向這種衝動屈服。甚至當堅持說道德問題是非認識性的時，他們也以爲賦予他們對傳統哲學的道義批判以準科學的性質，因此使他們自己招致有關他們「情緒地」使用「非認識性的」一詞的自關涉式的批評。

㉗參見M．奧克肖特：〈在人類談話中詩的聲音〉，載於《唯理主義和政治》，紐約，1975年。

㉘W.塞拉斯：《科學、知覺和實在》倫敦和紐約，1963年，第169頁。

㉙兩位晚近作者（米歇爾·福柯和哈羅德·布魯姆）以歷史根源的純事實性意義作爲他們研究的中心。參見布魯姆的《錯誤解釋的地圖，紐約，1975年，第33頁：「一切連續性都有在其根源上的絕對任意性，與在其目的上的絕對必然性之間的矛盾。我們從我們大家都以矛盾修辭法稱我們的愛爲生活一事中，如此鮮明地體驗到了這一點，以至於在愛的文學表現中無須對此加以指明。」福柯說，他觀察思想史的方式，「使有可能把**偶然、不連續性**和**物質性**等概念導入思想根本身。」（「論語言」，載於《知識溯源學》，紐約，1972年，第231頁）。最困難不過的是理解**哲學**史中的純偶然性，只因爲自黑格爾以來哲學的史學一直是「進步的」或（按海德格顛倒了黑格爾關於進步的論述的意義上）「倒退的」，而絕非不含必然性之意。如果我們有朝一日可以把對永恆的、中性的、非歷史的、公度性的詞彙的願望本身理解作一種歷史現象的話，也許我們就可以比迄今爲止更少辯證地、更少感情地來撰寫哲學史了。

附錄一
答六位批評者❶

提要：麥金太爾和羅森伯格教授比我更傾向於相信，「哲學」是一種自然的、有獨特性格的研究，其歷史自希臘時代以來綿延不絕。他們對我的著作的批評反映了這種分歧。蒙特費歐爾先生闡明了在我使用「教化哲學」和「大陸哲學」這類詞語時的種種含混之處。他的批評提出了反對《哲學和自然之鏡》一節結尾部分的有益論點。貝奈特和特恩布爾教授正確地說，我對當前盎格魯·撒克遜分析哲學狀況的論述過於簡單化了，但我希望這些簡單化之處不致損及我的論證的本義。柯勒爾博士十分有益地探討了我的元哲學觀與我對某些頭等重要問題的論述之間的聯繫。

我覺得麥金太爾教授對三個可能世界的描述（一個是，在其中「哲學」一詞不再被使用；另一個是，在其中它繼續作爲一切學術研究總合的名字；以及實際世界，在其中它是與一切其它學科相對的一個學科的名字），十分有助於我設法回答他對我的立場的反對意見。他和我都會同意，第二世界是不可能成立的，因爲存在著使科研官僚制度化的需要。於是問題就變成，實際世界和在其中不再有稱作「哲學」的特殊學科的世界這兩個可能的世界間，哪一個更可取一些。我贊成後一個。他似乎贊成前一個。

　　麥金太爾說，後一個世界的缺點會包含這樣的事實，「在衆多的不同學科論域中，實質上相同的哲學問題會被分別地提出」（麥金太爾，1982，第104頁）。這似乎是個小小的效率方面的缺點，並大體可爲這樣的事實抵消，即一個學科中的人會（像現在這樣）去讀本學科以外的書籍。麥金太爾提出的第二個缺點是，「沒有一個學科會爲這樣一些問題負任何特別的責任，這些問題發生於這樣的場合，（例如）當關於充滿著由倫理學和法律社會學一類學科所研究的道德和法律實踐的人類責任信念，與關於充滿著大量心理學、生物化學和神經生理學知識的人類行爲因果決定關係的信念相接觸時。」（第104頁）

　　作爲一名好的休謨式共容主義者，我會認爲（如果哲學不介入進來向有關的每個人保證，在這個領域裏存在著深刻的和困難的問題的話），這種接觸會迅速導致人們理解，不論是什麼責任，它並不以不可預測性爲前提。按我的看法，康德對自由意志問題戲劇化的做法，是企圖使所謂「哲學」學科安置於牢靠的科學大道上的一個不幸的結果。更一般地說，作爲一門特殊學科的哲學的存在，在我看來是在並不十分發癢之處造成了大量抓痕。這是我偏愛兩個可能世界中第一個的唯一理由。

　　對於是否存在著發生於學科交界處的重複出現的問題，我和麥金太爾有不同的看法。還用現成的例子說明，我們的分歧有關於共容主義是否像休謨認爲的那樣明顯，因此也有關於對「他出於本人自由意志而移動其手」的「正確分析」的重要性問題。按我的觀點，這個問題以及很多應當爲休謨的譏諷和萊伊德的常識所處理的問題，不幸都重新出現在德國，從而獲得了新生。但麥金太爾會說，我所謂的「消除一個僞問題」，實際上只是引進了對一個眞實的和反復出現的問題的某種可爭議的解決。於是他可

以說，這實際上也就是，我們用一個稱作「哲學」的特殊學科來考察這些有爭議的重複出現的解決。他可援引亞里士多德的論證，你不得不搞哲學，因爲一個哲學的消除者也被認爲是一個哲學家。麥金太爾對我提出了批評，把我的立場稱作在自指示方面不一致，他說道，我必須自認爲是在提出關於「哲學和歷史內運作標準……的性質」的「一種哲學理論」，這種理論我「在實在主義者理解該謂詞的意義上認爲是真的」（109頁）。因爲麥金太爾認爲，「除掉『客觀的』或『合理的』標準」的人，卻自稱在寫「真正的歷史」，而且撰寫這種歷史的實踐需要「含蓄地或明顯地參照客觀性與合理性的標準」（109頁）。

　　按我的理解，像麥金太爾和我自己這些人，都在以麥金太爾稱作「戲劇性敘事」的形式來撰寫修正主義的歷史，而未曾訴諸「客觀性和合理性的標準」，正像小說家未曾訴諸「好的小說寫法標準」或牛頓未曾訴諸「科學研究標準」一樣。典型的情況是，一種新歷史、新理論或一種新小說，是以讓讀者驚嘆「正爲我們所需」而取得成功的。也許後來會有人出來建立某些最近成就所符合的「標準」，而這只是一種特定的教學法的事。如果存在著這類「客觀性和合理性標準」的事情，它決定著什麼被看作是有關客觀性和合理性的有效論證，那麼它們或許也會永遠免於變化，因爲它們的批評者或者會透過援引它們而被指責爲犯了自指示的前後不一致，或者會由於不援引而被指責爲不合理性。因此我認爲不存在這類標準。只存在由有知識的讀者組成的諸社群，他們都有被說服的可能。

　　那些希望說服這些社群去相信他們的歷史和理論的有效性的人，真的需要相信他們的歷史或理論「在實在主義者理解該謂詞的同一意義上是真的」（109頁）嗎？我認爲所談的這個意義是

與「有預期的觀衆的有根據的判斷所可能接受的」相對立的，也與「迄今爲止出現的最好觀念」相對立的，我認爲，對「真」的這種注釋是充分的，而實在主義者的注釋（符合實在）是一種並無助益的多餘物。麥金太爾説，如果我拒絕援引實在主義者的注釋，那麼他就「不明白（羅蒂）在主張什麼」了。我認爲我所主張的東西正如我認爲麥金太爾爲他的《在德性之後》一書所主張的東西一樣：如果你以這種方式重述歐洲思想史上種種事件的歷史，那麼你就對什麼值得爭辯與什麼不值得爭辯的問題獲得了一種新的和有用的理解。如果有人問麥金太爾或我，「好的，但你們的歷史**真地是真的**嗎？」我將認爲我們兩人都會這樣回答，這個問題或者是一大批較小的和更可處理的問題（如「這些歷史有錯誤的引述嗎？它們包含著有明顯的反例與之相對的概括嗎？」），或者不得要領。他和我都相信，先存在的是思想史，對於這些假想問題的真實性的看法，如「自由意志與決定論的對立」，是後來出現的。我們的不同處在於，我們所講述的故事不同。

對這種區別的進一步説明是，我們對「實在主義與工具主義對立」（108頁）這個爭議的對立態度。麥金太爾的故事是關於實在主義者和工具主義者這兩大類人的，他們各以不同的意義使用「真」這個詞。他認爲這兩類人之間的衝突反復出現在自然科學內部，例如出現在關於如何解釋伽里略的觀察結果這個十七世紀問題之內。他認爲伽里略和貝拉民是在爭論應該説「地球**真地**運動」，還是僅僅該説「説地球運動對某些目的來説很有用」，並認真看待這個爭論，因爲前一觀點導致聖經錯了的結論。這確實是他們**以爲**他們在爭論之事，但既然我費心闡釋「真地運動」，我必須把他們看作**真地**在辯論這樣的問題：「我們能夠如

何去安排社會的和教育的慣習，以使得聖經和天文學彼此互不妨礙？」這樣一個合理的問題只是由於問什麼「**真地**」發生（更不必說去問，在此語境中，「真地」意味著什麼）而變得含混不明了。在麥金太爾把我取消的問題當作是出現於其它學科內的「純哲學」問題之處，我却把科學的和政治的問題看作是由於使用了哲學術語而變得糊塗不清了。

人們怎樣去決定以什麼方式看待事物呢？我認爲，只有透過撰寫更加廣泛和更加詳細的思想史，並將「哲學史」置於其內的方式，正如麥金太爾在他文章結尾一段中所建議的那樣。我的預感是，這樣一種大規模的思想史將會獲得更大的成功，如果它能屈尊地對待自由與決定論的對立、實在主義與工具主義的對立，就像它對待阿里烏斯教派與東正教派的衝突時的態度一樣的話，即把這三個論題都看作討論真正爭端的無用方式。麥金太爾的預感正相反。每一位寫思想史的人，都在他在寫作時加以檢驗著的預感。人們畢竟不可能只從表面看待**每一個**討論的問題，而仍然希望提供一種可理解的和戲劇性的敍述。因此我與麥金太爾的區別是與這樣一個問題有關的，最好的故事是透過把相對永久的「哲學問題」當作繩線使用，在上面掛上種種敍述的情節來講述的。還是（例如按福柯和布魯門伯格的方式）把（例如在古代、中世紀和近代諸時期之間的）不連續性看成如此之大，以至於阻止人們把早先的知識分子和現代哲學家説成是在關心著「相同的問題」。

和麥金太爾不同，我認爲，當思想史更漫不經心地處理哲學和其它學科間的區別時，它就是最成功的。我想比麥金太爾本人更認真地看待他的這種論述：「哲學正**是**在任何領域裏的理智上自覺的研究。」然而我對理智與經驗這一區別所持的奎因式的**懷**

疑，導致我把這個定義大致改變爲：「哲學正是研究者社團內的
這樣一種爭論，它導致了與其它這類社團之間的摩擦或親近。」
我把麥金太爾説的「理智自覺性」看作是對這樣一種事實的認
識：某人關於他自己的關切想説的東西，可能與其他人關於他們
特有的關切所説的東西相違。因此當麥金太爾把如下的看法歸諸
於我時，我不免吃驚了：「哲學曾經是一門真正單一性的學科，
不同於一切其它的研究形式，而它在其近代史的某個時期中失去
了這種統一性和獨特性。」我想我是在説，當哲學不再意指著像
麥金太爾的「理智上自覺的研究」一類東西，而且變成某種不同
的、統一的和獨特的東西時，它就失去了其意義。我並不是説，
當哲學具有爲某一統一的學科提供「其本身獨特的、統一的主
題」的某些「哲學特有的問題」時，它就處於良好狀態。我是想
説，一旦一種在制度與慣例上獨特的學科（按我的觀點看是不幸
地）被建立起來，它就進而企圖透過制定「哲學特有的問題」來
使本身合法化。在我看來這就在新建立的制度習慣的內部導致了
高度的信心，但同時也導致了在該制度習慣與文化其它領域之間
逐漸增加的脱節。

　　在麥金太爾和羅森伯格的批評之間有相當大的重疊部分。他
們兩人比我更多地注意問題的連續性，而且兩人比我更不情願把
哲學看作繼續著先鋒派文學以及科學與政治話語中更有爭議的部
分這兩方面的活動。例如羅森伯格提出了十位當代哲學家（從羅
爾斯到德里達）和十六位歷史人物（從阿奎那到穆勒）的名單，
並説他們都關心著下述問題：

　　「物理現實與社會現實、善與惡、對錯和正義等等的性質；所面
　　對的世界的可理解性；人在世界中的地位；他們作爲認知者和行
　　動者的能力；他們的權利與責任；死亡與時間；意識和自意識；

經驗和思想。」（羅森伯格，1982年，第116頁）

我與這份清單有聯繫的問題是，對這些問題的關切同樣也是波德萊爾、A. 哈彌爾頓、達爾文、披里克里、惠特曼、帕拉塞爾蘇斯、布萊希特、原始種族的巫醫、太陽神教的司祭等等的特徵。這份名單對於界定羅森伯格稱作「在任何名副其實的反思性文化內部的一種**特有的**（著重號爲我所加）理智使命，一種關於綱領性的自我理解和自我評估的必要規劃」的東西，毫無用處。這個使命是通才知識分子的使命，而不是哲學家的使命，後者被理解作一門特殊學科內的成員。對一種使命的這種描述，無助於闡明羅森伯格在「談話」（有「意義」之事）和「閒談」（無意義之事）之間、在「閒談我們的失誤和過分」（這是他對我的文章的描述）和「回到正題」（這是羅森伯格在對我寫的東西暗笑和不耐煩之後將做的事）之間所做的區別。（第127頁注）爲了知道人們何時在追求著正經的目的，何時沒這麼做，除了我上面引述的一份問題清單外，也許還需要一種對什麼被認爲是研究這些問題的哲學特有的、有意義的和正經的方法的描述。

爲了符合這一要求，光是說哲學的方略永遠是「辯證的」，例如與「觀察的」、「實驗的」或「詩意的」對比而言，這是不够的（118頁），說哲學家發展了「一種理性的觀念」，這種觀念對於我們合乎情理的肯定具有合法的認定，並且可在面對理性的批評時能夠保持一貫，這也是不夠的。很少有運用言語而非運用槍炮的人不提出這樣的觀念。如果人們像羅森柏格那樣想把德里達、海德格、羅爾斯、塞爾都置於「哲學家」的名號下，那麼就將必須把「理性的」一詞解釋得如此廣泛，以至於可以認爲波德萊爾、布萊希特、哈彌爾頓將也在提出「理性的觀念」，並實行著一種「辯證的」方法。羅森伯格的無所不包的論點以這樣一

種可能性爲前提，即對歐洲文化發展的一種歷史的敍述，爲他所
需要的那種「辯證的」和「觀察的」，或「辯證的」和「詩意
的」之間的分裂提供說明。我不認爲有任何方法來維護他帶來的
這副由各種區別組成的護甲，除了透過寫出這樣一種記敍，即有
關「一門首尾一貫的學科、具有自己獨一無二的和別具特色的理
智使命的學科」的故事，在其中「哲學的歷史問題空間」並不顯
示「任何重要的不連續性」。❷

　　我懷疑這樣一種記敍會使人信服，但是我當然也不能證明對
其否定的論斷。我所能做的只是指出，對過去那種寫出記敍的企
圖所日益增長的不滿，這種不滿藏於麥金太爾、福柯、海德格、
布魯門伯格的那些修正主義的歷史背後。那些企圖寫這類修正主
義的記敍的人們的共同看法是，人們不很清楚「返回正題」究竟
相當於什麼意思，而且也不像以前認爲的那麼清楚的是，哪些話
語有意義，哪些僅只是「閒談」。羅森伯格的寫法使人覺得，他
可以根據感覺去區分人們在談話，還是在閒談，這非常像是前維
特根施坦的作者在論述心理學時指出，人們可表明內省意味著什
麼，以及像前存在主義的道德哲學家那樣指出，人們可以根據同
一手段辨別要做的正確事情。但是一些漫不經心地關心他列舉的
問題的作者，如德里達和海德格，企圖指出，只有冒著巨大困難
和藉助於充分關注歷史，人們才有機會認識他的話語是否有意
義，或者人們是否只是閒談般地穿過日行常規，這是由人們在其
中成長的習俗制度所設定的。

　　我認爲，羅森伯格關於自然科學本性的發揮是企圖說明，在
那些顯然是一種談話、顯然有一種意義的東西，與「教化哲學的
顯然無意義性」之間存在著區別。羅森伯格提出，如果我對科學
的意義有更好的理解，我就不至於如此依附於教化觀了。我對他

對自然科學的論述感到的困難，正像我對他論述哲學的「特有使命」所感到的困難一樣。他所說的自然科學的談話有一個「不可擺脫的」「第三者」，即世界，在我看來這對文化的**每一**領域都適用。在伽里略的觀察結果「封閉了某些路」的同一意義上，艾略特對雪萊的理解和塞繆爾·亞當對郵票法的理解也封閉了某些路。可在一命題中被表述的和被某人相信的任何東西都關閉了某些路，其意思是，那些最終相信該命題的人的信念網，將必須被調整以便能對其加以考慮。但是爲了說明自然科學，以使它能恰當地區別於政治和詩學，關於科學觀察的作用問題，我們就必須比羅森伯格企圖說的要更多。我們就必須克服對邏輯經驗主義的一種標準的反對意見，即對邏輯經驗主義企圖指出觀察活動在文化的這一領域中起著一種特殊作用的反對意見。也許可以對其加以克服。但將無助於贊成羅森伯格的這種說法：「『科學革命』並非『任意的』社會文化力量的後果，而且……『不可公度的理論』，儘管它們之間有『不可公度性』，並不能免除理性的比較和評價。」（第124頁）或許很難找到一個人，他會肯定羅森伯格在此否定的東西，或者他會反對羅森伯格的下述主張：「一種『科學革命』，儘管它具有徹底的和整體論的性格，仍然能够說明某種東西……」（第124頁）無論如何，政治的和文學的革命也是如此。庫恩主義者懷疑在物理學和政治學中區分**不同的**可說明性方式，並未懷疑在兩個領域中存在著可說明性的事實。

　　羅森伯格在把我的「博學的業餘愛好者」活動稱作「教化活動」的一例時，是把我所說的「解釋學」和我所說的「教化哲學」混爲一談了。然而這是一種通常的混淆，我和他都難辭其咎。在《哲學和自然之鏡》第三部分中，我提出了三種區別，即「系統哲學」和「教化哲學」之間的區別，「認識論」和「解釋

學」之間的區別，以及「正常話語」和「反常話語」之間的區別。我還討論過第四種區別，即「分析哲學」和「大陸哲學」之間的區別。這四種區別被該書的評論者們混淆在一起了，而且我顯然未曾做足夠的說明以使它們彼此區分開來。我明白自己寫下了這脆弱的最後一章，當我發現拙著的讀者們得出結論說，我在呼籲哲學家走出去進行教化。天哪！我曾設法產生一種印象，我既把教化推薦爲「哲學的新使命」，又透過親身做一點教化工作來樹立一個良好榜樣。這真是誤人匪淺。我曾打算暗示，在一個世紀中教化型哲學家的數目大體與獨創性偉大詩人或革命性科學理論一樣多，也許有一兩名，如果那是一個幸運的世紀的話。這是一個我並未夢想爲我本人謀求的地位，我也不想把教化哲學向青年人推荐爲一種職業目標。我也不應如此接近於把「大陸哲學」和「教化哲學」等同化，而僅只應當說，對後者的寬容態度，在歐洲大陸的哲學教授中更爲明顯。然而該書的最後一章組織得如此之糟，阿蘭·蒙特費歐里十分正確地問道，我的書難道不是這樣一個例子嗎，即「寫得好像是一個人表達了對某一共同關切的主題的觀點，而之後又拒絕承認批評地對待該觀點本身的適當性」（蒙特費歐里，1983年）。

蒙特費歐里是在談到我的一段論述時提出這個問題的，在該段論述中我討論了像尼采（我的「教化型哲學家」的原型）一類作家，對屬於他們所批評的那個傳統的哲學家提出的詰難。我在那裏說，這些作家被誤解成具有關於事物狀況的看法，本來應當最好說，他們被誤解成具有關於某些個別事物（由他們要拒絕的傳統所討論的那些事物）狀況的看法，這些作者想要說：「別打算把我推進關於自由意志和決定論相對立或實在主義與工具主義相對立的某種十七世紀的標準立場；我打算以身作則教你一種說

話方式，它將使你能夠對那些問題不持有任何觀點。」更具傳統性的哲學家往往回答：「你們關於許多其它問題的立場，似乎顯然以對這些問題的一種熟悉立場爲前提，例如在自由意志問題上的相容主義和科學哲學中的工具主義。因此你們最好還是準備好在面對這些立場的標準反對意見時保衛你們自己罷。」

　　人們永遠可以沿著下面的路線對教化式哲學家提出挑戰：「你怎能證明Q是一個壞的問題，除了透過證明它以P爲前提，而P是錯的以外？如果你想說，Q′這個往往以P作爲其回答的問題，也是一個壞的問題，那麼你不應當證明Q′以之爲前提的P′是假的嗎？在**某一**點上你將必須停止追索而去證明某個命題的錯誤，這個命題表明著你譏諷地稱作『對某一熟悉的哲學問題的標準立場』」對此教化型哲學家可能傾向於答覆說：「是的，因爲Q包含著詞『ａ』，而且我想抛棄這個詞，我否定Q的前提，這個前提說『ａ』是在此語境中適當的和有用的詞，這會怎樣呢？**這至少不是關於一個熟悉問題的標準立場。**」但是現在他的批評者反駁說，拒絕使用一個詞和指出爲什麼應當抛棄它的理由，這是兩回事。後一件事涉及到表明爲什麼剛剛藉助該詞處理的現象，以其它方式來處理會更好。

　　這種交鋒可以再繞上另外幾個辯證的彎道。但毫無出路的結構是一目了然的。教化型哲學家想改變主題，但他只有透過在新舊主題間架通橋梁才能「理性化地」辦到這一點。堅持傳統的人認爲，目前的哲學論證詞彙提供了足夠的潛能，使關於什麼問題應加以討論的理性的元哲學論證得以成立。他想，目前討論中的語言和關於提供該語言字詞的語境「用法定義」的一般談論，對理性的論證並未施加任何限制。因此當迫切要求改變詞彙時未能運用那些（而且只是那些）潛能，就會是「預言式的」，「文學

的」或非「理性的」什麼別的東西。反之，教化型哲學家認爲，同意只利用那些潛能，已經是放棄逃脫令人窒息的時代理智氣氛的希望了。

在此我們能够認出與出現在麥金太爾的「客觀的和理性的標準」方面的問題具有相同的人爲性的問題。如果有這類標準，或者如果有一種詞彙，其運用構成了合理性，那麼這些標準就會是不能被批評的。或許沒有辦法「合乎理性地」去置換某些新標準或某套新詞彙。我稱它是人爲性的問題，因爲我認爲，它是每時每刻地，日復一日地被那些逐漸厭煩舊的老生常談、開始把他們以前「隱喻地」理解的東西換以「直意地」理解（或者反過來）的人加以解決著，而且他們不知不覺地停止討論Q時，不是因爲他們懷疑其前提P，而只是因爲他們發現了要去討論的更好的對象。在說話方式方面，從異教徒向基督徒，從基督徒向啟蒙時代，以及從啟蒙時代向浪漫主義和歷史主義的變化，不可能被分析爲「合理的」，如果這意味著，公元前四世紀雅典城邦的說話人，「在原則上」能爲贊成或反對進行這些變化提出論證的話。但是沒有人會說，西方心靈的這一系列變化是「非理性的」，在「理性的論證」和「非理性的論證」之間的對立，對於描述思想史中發生的事情來說，是過於粗糙了。

我認爲，蒙特費里歐會同意這個總思想路線。我肯定同意他的這種看法：由一個人的實際的或潛在的伙伴接受可識認性條件，就是他自己有意義地參與談話的條件」（第91頁）。一個人不可能過多使用新詞語而仍然被看成是在進行對話。我的目的所需要的一切就是蒙特費里歐所惠予的一個論點，即「對準則的偶爾嘲笑（這些嘲笑按定義似乎正是依存於這些準則的）不可能完全摧毀這些準則。」（第91頁注）你可以在論證、笑話和記敍之

間輪流替換，却仍然在繼續著相同的談話。現在在我看來，在我和蒙特費里歐有分歧的幾點上，他大體上是對的。我不應當把「反常話語」、「解釋學」、「廣泛的歷史故事」和「大陸哲學」，像我已做的那樣混爲一談。我所造成的混淆，遠非我曾想提出的任何論點所可辯解的。現在讓我設法把這四件事更明確地加以區分一下。

我用「反常話語」指那樣一種話語，對於一定的聽衆來說，它聽起來很奇怪，而且與聽衆所習慣聽到的東西相去如此之遠，以至於對他們來說尋求其定義和轉譯是沒有意義的。這是一個學會專門術語，積極投入活動，被同化於一種新生活形式的問題。這種事情也發生在巴勒斯坦的基督徒開始打算使羅馬人皈依，伽里略打算說服帕多瓦的天文學家，渥爾渥茲和柯勒律治嘗試他們的新詩形式，以及當尼采企圖促使歐洲精神克服自身之時。反常話語（它存在著，而非當作古怪的和無聊的東西被取消）乃是黑格爾稱作世界性歷史個人的贈予，這類人的英名將載入文化發展史册。但是正如人們不可能透過學習而成爲另一個伽里略或另一個耶穌一樣，人們也不可能透過學習而成爲一名教化哲學家。這個稱號指以後諸世代的人可能承認的一種成就，而不指人們可爲之獻身的一種活動。

我用「解釋學」指一種人們可以去研究，並可以對其追求的活動，這是一種相對來說常規性的活動。這種活動的一個重要部分是講述「無所不及的歷史故事」，這是一種麥金太爾所專長的那種戲劇性的記敍，在美國哲學生活中仍然還很少見，儘管美國在重新關注哲學史，對此特恩布爾曾予以準確的描述。但是正如大陸哲學不應與教化哲學等同一樣，它也不應與解釋學等同。它不應與任何個別的東西等同。在分析哲學與大陸哲學的區別和我

舉出的其它幾種區別之間的唯一聯繫是，法國和德國的哲學教授，此時，一般而言，比他們的英美同行對我所說的「教化的」哲學和無所不及的歷史記敘有著更深的興趣。

　　《哲學和自然之鏡》一書打算成為一種解釋學的活動，部分是根據新書來重新解釋舊書，部分又是根據舊書來解釋新書。它包括關於一種無所不及的歷史故事的一些樣例和對這種故事的簡要介紹。它並不想去進行教化，但提出一些新的方式，來把現代哲學討論中的一些顯赫的名字與一些世界性的歷史個人的名字聯繫起來。於是不幸的是，在德文的〈當前美國哲學現狀〉一文中我曾反對在大陸哲學和分析哲學中架設橋樑的企圖。蒙特費歐里十分正確地說，這種架設橋梁的工作是既自然又必要的。然而我想他恐怕是錯誤地說，我「提供了大量公開的告誡，說我的書和文章的話語，一般而言，與標準相比是相當反常的」。我不認為我的書和文章使用了反常的話語，雖然我當然引用過，偶爾（很遺憾）還企圖模仿過這類話語的樣例。我想我的書和文章大概在說些這樣的話：「試把十七世紀中或當前美國哲學系中發生的東西看作一種如實進行的敘事的片段，而不看作由（例如）溫德爾班、萊辛巴赫或羅森伯格所提供的敘事中的片段，後一類敘事忽略了我想提醒注意的不連續性。」我把對歷史的這種再描述看作是現代哲學「正常」話語的一個部分。

　　關於架設橋樑的不幸措辭，是打算使我自己脫離羅森伯格那種觀點的一次笨拙嘗試，他曾將這一觀點表示為，大陸哲學家的著作包含著「積極的洞識……，它們可在原則上用那樣一種邏輯語義的說明性語言加以改述」，這種語言是分析哲學家「作為一種方法論手段加以採用以避免語言表現中的圈套和陷阱的」（羅森伯格，1982年）。羅森伯格持有這樣的看法，分析哲學家是特

別善於「使其有意義」，這是透過考慮表面的和引人誤解的語言現象與語言的深層結構（「邏輯形式」）之間的區別而完成的一項功績。我把這種「在語言的現象和實在之間的區別」看作後期維特根施坦使我們能够抛棄的東西的一部分。關於分析哲學我最堅信的一種元哲學觀點是，羅森伯格所説的「一種更相宜的説明性語言」、「邏輯語義的」等等，並不比海德格的語言更清楚，如果「清楚」意指「使人看到真正存在的東西」。如果「清楚」僅指「引起人們對某一社會在傳統上注意的那種東西的注意」，那麽「邏輯語義的」語言當然相宜於某些社會，正如海德格語言更相宜於其它社會一樣。但明晰性就像類似性、熟悉性一樣，是相對的。在哲學中人們使用的語言，將是人們認爲最適合去使某一批特殊聽衆信服的語言。哲學聽衆是由他們以前讀過的書籍所教育成的，這些書籍產生了關於什麽問題或什麽人是重要的一種觀點。如果想勸説一批聽衆放棄關於什麽問題是重要的信念，而不只是去改變他們關於對熟悉的問題給予什麽回答的意見，那麽就必須勸説他們相信他們讀了錯的（或不盡正確的）書籍。羅森伯格像很多分析哲學家一樣認爲，「邏輯語義的語言」的重要性，不在於更容易用它來討論某些問題，而在於它多少是**內在地**更爲清晰。按照我和麥金太爾共同相信的歷史主義觀點，不存在內在清晰性這種東西，而只存在對某一時期聽衆的熟悉性。這意味著，哲學改革始於修正主義的史學，而不始於揭示邏輯形式。

　　羅森伯格在提出大陸思想可以用分析性語言加以改述時所考慮的那種架橋工作，在「大陸」一側的意見中也有對應物，大陸哲學家認爲分析哲學家的「技巧和方法」最好被用於處理德法國家中那些比英美國家中討論的「貧乏」問題更爲重要的問題。我認爲，關於分析哲學家使用的技巧和方法不只是對適用於某些問

題的討論的詞彙的熟悉性的看法，是與認爲他們專用的語言具有
內在明晰性的看法犯了同樣的錯誤。哲學的設問並不獨立於哲學
的史學而變化或改進。因此我認爲，企圖用分析派術語改述大陸
哲學觀點或對大陸哲學的深刻問題施用分析技巧的那種架橋活
動，將不會達到目的。我們應當停止企圖孤立看待什麼對分析哲
學特別有益或什麼對大陸哲學特別有益的問題，而只是去鼓勵每
個人都去讀其他人的書。於是我們可能進行了那種無自我意識的
架橋活動，它逐漸而同時地改變了過去時代的語言、技巧、設問
方式和哲學家的意識。這就是蒙特雷歐里所提倡的那種架橋工
作，而且他這樣去努力是完全正確的。

　　另一方面，如果實際上誰也不去讀別人的書，如果我們始終
分爲兩個文化傳統（於是「哲學」對海峽兩岸來說乾脆不再有共
同的所指），正如我在＜當前美國哲學現狀＞一文中說的，這並
不是可悲的事。這並不比目前在哲學系和宗教系之間的分離或哲
學和心理學的分離更可悲。對一種更爲複雜的談話的願望，並不
怎麼受大學內制度的重新安排的阻礙或促進。由於我想寫的那種
歷史（與羅森伯格和麥金太爾想去寫的歷史對立）的本質，「哲
學」並不是一種自然存在物的名稱。於是它是否被用於指兩種不
同的專業領域，從而變成乾脆是含混的而不只是模糊的，這並不
重要。

　　我在結束對蒙特費歐里文章的評述時，將匆匆地、並不無尷
尬地談一下另一個不幸的（因爲是完全錯了的）措辭，對此他曾
提醒讀者注意。這就是那樣一種意見，分析派與大陸派的區別相
符於論證技巧與獲得遠見的能力之間的區別（第93頁）。這種說
法正犯了我在前一段中批評過的那種錯誤。蒙特費歐里十分正確
地說，「在分析哲學和大陸哲學之間的區別，『不能』以任何嚴

肅的方式與個人才具、性向或趣味聯繫起來」（第95頁）。

雖然羅森伯格認爲我因爲哲學的錯誤而誤解了分析哲學的精神（未領會自然科學的特殊性質和「語言方面的現象與實在的區別」），貝奈特和特恩布爾却提出我在社會學方面是失敗的。按他們的看法，我過於强調當代美國哲學舞台的表面特徵，而忽略了更爲重要的特徵。貝奈特說，我忽略了「在探求這樣一些分析哲學特有的情況時，對其徹底性、一致性和完整性的承諾（對追隨正常的論證路線的承諾），在這些情況中人們對一種問題的看法可能給他們對另外一種問題的看法帶來麻煩。」（貝奈特，1982年，第98頁）他提出，是這種承諾而不是論證的明晰性，才是這類哲學家們用「哲學能力」所指的東西。當然，貝奈特所描述的道德品性，非常不同於我所描述的那種思想天才。但我沒有看到這種德性在分析哲學家之間比在古典語言學家、電機工程師或海德格主義者之間更爲普遍。所談的這種德性相當於說不屈服於這樣的誘惑（當人的智力複雜性增加後就更會發生的），即以特定的增加內容來彌縫一直在說的話，利用知識和研究的整體性特徵來使自己免於必須放棄先前所說過的話。關於知識分子的社會學問題，我不認爲英語世界中的哲學在成爲「分析的」以後，對於稟具這種德性的情況也改變了。分析哲學家，托馬斯主義者，過程哲學家和唯心主義者們，各自都運用專門的語言來挽救某一立場，其辦法是透過進行區別，否定批評的前提或提出種種能使命題在與其它命題的競爭中獲得安全的其它的辯證手法。關於何時運用這些手法爲公平、何時又爲欺騙的問題，並無章法可依，無論在分析哲學內還是在任何其它的我所提及的思潮中都是如此。存在的只有思潮的團體性道德意義。貝奈特認爲，分析運動的道德韻味顯著地爲高，而我却認爲它的表現平

平。

　　人們或許會採取貝奈特觀點的一個理由是，在這一哲學運動中對其他哲學家的立場有著更尖銳苛刻的批評。這是由於原子主義風格與整體主義風格之間的區別所致。雖然對一種修正主義的歷史（如黑格爾的或麥金太爾的歷史）或對某一主題的系統地用新詞語重新描述（如懷特海的或海德格的新詞語重新描述）的唯一適當的答覆，是一種同樣長久的替代的歷史或系統，分析運動鼓勵產生旨在維護單一命題的文章，因此鼓勵針對被批評的作者的**確切詞語**（而非針對他的「觀點」、「看法」或什麼這類模糊的東西）的大量尖銳的短論文章，然而這種區別並不足以顯示一種較高的道德格調。在估量理智謙遜的普遍性時，既應注意對批評的反應，又應注意對批評的出現方式的反應。我驚奇地發現（貝奈特則否）如此多的不厭其詳的批評與如此少的哲學觀點的改變（例如與極少的條件限制和特定的區分相對立）是同時出現的。分析哲學中的大多數發展（雖然純非全部發展）類似於其它哲學和其它人文學科中的發展：人們最初發現了一種新玩意，然後以精心構想的保護性的條件限制為其辯護，力竭而止。

　　我也為這樣的情況感到驚奇（而貝奈特則否），分析哲學不再具有一種命運感，即貝奈特稱之為「輕視過去」的東西（第100頁）。我把我們對待事物的方式與其他人對待事物的方式之間的對立，看作是對於思想運動的生命力至關重要的東西，而且我傾向於認為，分析哲學開始變質，甚至腐壞，一當我們失去了歷史地陳述這種對立效果的能力時。當這種情況發生時，我們就不得不依賴於最一般性的、非歷史性的自讚詞（例如貝奈特的「理智謙遜」和「熱愛智慧」，或羅森伯格的「使有意義」）。

　　貝奈特認爲，荒謬不過的是提出「一旦我們被迫終止輕視過去，我們就不得不終止回顧過去」（第100頁），但我却不如此肯定。在我看來，我們分析哲學家今日採取的回顧方式，比我們以前習慣於採取的回顧方式提供的有趣觀點要少得多，以前我們曾以超越了我們曾以其爲立足點的那些歷史巨人而自傲。在麥金太爾準確地稱作分析哲學的「至福千年的」希望仍然存在的時代，有一種對待過去的積極論辯的關係。這種關係已爲在我看來是不那麼有趣的關係所取代，這就是貝奈特稱作的「在一些以往偉大哲學家的陪伴下和幫助下從事哲學」（第100頁）。不管用伴侶關係替代弒祖關係利弊如何，我想這是一種比貝奈特的文章建議的態度更少一般性的態度。我不認爲在分析哲學家中「與以前世紀的偉大哲學篇章的活生生接觸」十分頻繁，儘管貝奈特本人樹立了良好的範例。如特恩布爾説的，的確，在英美哲學系中，哲學史的研究最近比頭幾十年間增加了，但它仍然是一種處在邊緣地位的活動。再者，雖然這類研究往往開頭甚好（如伏拉斯托斯和歐文的希臘哲學研究和斯特勞森和貝奈特的康德研究），在我看來，復興哲學史研究的這些各種各樣的努力已失去了勢頭，正因爲伏拉斯托斯（Vlastos）或貝奈特的讀者們，一般都未運用範圍廣泛的歷史敍事以作爲進行這類研究的一種框架。貝奈特和羅森伯格與麥金太爾共同採取的「問題連續性」假設，只有在被看作一種極可爭議的假定，而非一種無可置疑的起點時，才會導致有生氣的和有趣的研究。在由海德格、福柯和布魯門伯格（Blumenberg）提出的那種修正主義的哲學史學和英美哲學史家之間實際上不存在對話交流這一事實，表明這個假設的提出是過於輕率了。

　　貝奈特相信，「分析哲學的榮耀之一是，它平添了這筆龐大

的額外財富」，即「與以往諸世紀的偉大哲學篇章的活生生的接
觸」（第100頁）。這顯示，貝奈特以為，像T. H. 格林，柏格
森，和杜威一類人未曾有過這種接觸，或沒有過這麼多的接觸。
這種看法只是在這種情況下才會有可能，即把貝奈特看作同意羅
森伯格的看法，認為分析哲學為讀解這些篇章發現了解釋學的鑰
匙，這在以前是不可獲得的，或許這就是我前面談過的「語言方
面現象與實在的區別」意識，關於語言不是「表達思想的透明介
質」的理解等。我不肯定貝奈特在多大程度上會贊成羅森伯格對
這個問題的原教旨式的說明。但是如果他要為分析哲學索請這份
殊榮，對這樣一種特殊哲學發現的這樣一種說明，就是必不可少
的了。

　　我想，貝奈特正確地指責了我援引智者派和聖賢派之間的區
別。如他所說，這是「過於粗簡地把握當前實踐中的分析哲學現
實了」（第100頁）。一種比較更適當一點的區別也許是那樣一
種區別，它反映了貝奈特和我自己關於當前分析運動的社會學看
法上的分歧。在貝奈特認為由於發現了一種新的真理而使智慧之
愛獲得新生的問題上，我卻看到了打算延續一種已為理智的誠實
挫敗的頹廢傳統的自欺欺人的努力。我的描述是與這樣一種運動
有關的，它已被奪去至福千年的希望，但同時仍竭盡氣力企圖說
「我們正在做與亞里士多德、笛卡爾和康德做過的同樣事情」，
以及「由於得助於某些有益的洞見，我們能做得比他們更好」。
我所說的「邏輯分析概念的慢性自殺」，在我看來已使我們沒有
可能說出那些洞見是什麼。由於欠缺這種能力，在我看來，我們
已日益變得狹隘不堪，有守無攻和自我陶醉了。麥金太爾十分正
確地說，我的文章是「一種對至福千年或安慰的研究」。我對今
日分析運動的理解是，他們是這樣一個研究者團體，開始感到他

們與一個更大的思想世界和人類過去的隔絶所造成的影響，所以他們極需某種安慰。貝奈特把這一運動理解作這樣一個團體，他們在自己以更好的新方式從事哲學的能力中，發現了使人振奮、自我更新的道德目的的意義。看起來我們在談論著兩批不同的人。這倒是人們常見的現象，具有不同哲學素養的社會學觀察者在描述同一個社群。他們往往會選不同的個人作爲範例。

　　特恩布爾和我也提供了不同的社會學報導。特恩布爾把我們的分歧看作是在趨尚時髦的環境中的居民和一個更寬鬆、更富於反思的哲學氛圍中的居民之間的區別，在前一種環境裏追求時潮才是重要之務，在後一環境裏人們更容易看見一幅寬廣的巨圖。這樣區分肯定有一些道理，但我想把這種區別看作是在回答不同的問題。特恩布爾回答的問題是「今日美國哲學如何？」而我回答的問題是「美國哲學中是否有任何東西可證明德國哲學家的希望，他們正爲自己的傳統感到沮喪，並對大西洋此岸充滿憧憬嗎？」

　　特恩布爾正確地指出，大多數美國哲學家並不以爲自己正在哲學的「火熱」的「中心」領域內某處「相互競爭的諸研究綱領間的混亂地帶」中奮力挣扎，而這幅圖景是我在文章中予以描述的。這種趨附時潮的現象肯定是相對局部性的。❸它也是一種與世代趨尚有關的現象。剛剛獲得博士學位的青年哲學家，往往會比他們自己在這個行業裏幹了十年之後更重視「什麼是新的？」問題。其後，在教過多門與歷史材料有關的課程後，他們開始感到比離開研究院時更像是愛智者等已往偉哲的同道人了。另一方面，正是「什麼是新的？」這個問題（按「從何處行動？」的意義理解）是德國哲學系學生到達美國海岸時掛在嘴邊的話，他們希望將在三十年代被流放在外的這個運動的某些東西帶回去。

　　麥金太爾聲稱，我對分析哲學的描述過多側重於邏輯經驗主義和「邏輯分析」一類概念了。特恩布爾也對此附和，他提醒我注意在美國諸大學哲學系中有許多研究不屬於語言哲學或形而上學。我的辯解是，如果我們打算繼續使用「分析哲學」這個詞，就不可能讓它只意味著摩爾、羅素、維特根施坦、拉姆塞、波普爾、劉易思、舍弗爾、賴爾和奧斯丁等人之間（空洞的）「最小公分母」。（麥金太爾還引述了一些名字來堅持主張，許多分析哲學家「只是在次要方面，或根本未曾」受邏輯經驗主義者的影響，這一斷言在我看來是大大言過其實了。）我們必須讓這個詞有一種如果不是至福千年的意義，也至少是充分意識形態的意義，以便說明它何以曾經被用作一種輿論呼聲，以及它何以甚至在現在在還被用作青年歐洲哲學家心目中的希望燈塔。於是當特恩布爾在其文章末尾概述了標誌著美國哲學（它與兩個海岸的「少數才智之士」對立）「深層結構」中大量研究的五個特徵（特恩布爾，1982年，第236腳注），我傾向於同意存在有這些特徵。但我要反對說，列舉這些特徵無助於我們把當代美國哲學看作「分析哲學」的範例。

　　我想特恩布爾正確地說道，很多美國的分析哲學家和非分析哲學家，大多數德國的哲學家，都會同意拒絕關於直觀會使我們「瞥見**實在**」的觀念，而且會滿足於說，直觀「顯示了必須加以考慮的**我們**語言的一些特徵」（第235頁）。對這一斷言會有一些例外，特別是在那樣一些哲學家中間，他們在克里普克的「新指稱論」庇護下參加了摔開整體論，朝向一種新亞里士多德主義的活動。但除掉這些例外不談，像這一類的共同意見似乎的確是二十世紀後期世界範圍的哲學標誌。那些未被羅素和卡爾納普勸說相信哲學問題的「邏輯的」和「語言的」特性的人，被海德

格、伽達默爾和德里達勸服相信語言無處不在。於是我同意特恩布爾的說法，美國哲學暗中「比一般認為的更接近大陸哲學的發展。」❹但在我看來，只有透過（如法國人所說）不把這種一致性「主題化」（thematizing），才能保持某種具有一貫性的自我形象。

也許特恩布爾和我都能同意，分析哲學和非分析哲學之間的區別不再那麼重要了。然而貝奈特和羅森伯格不會對這個結構滿意，大多數自認為是「分析哲學家」的美國哲學家，也不會對此滿意。在我看來，當前美國分析哲學家正試圖從兩方面獲利。他們中間很多人想拋開分析哲學早先至福千年時代的**消除污點**的修辭學，並親切地樂意接受當代德法哲學，同時他們又謹謝天恩，慶幸自己生在「分析」的光環下。同時，正轉向分析哲學方向的這一代德法哲學家們，希望找到一種思想運動，如果它不是至福千年式的，至少是朝向某一特定方向的。我預料他們將要失望。儘管有著普遍的一致性，海峽兩岸的哲學活動在我看來正處在過渡期間，而非處於某種頂峰。無論是朝向歐洲大陸的美國人還是隔著海峽相望的歐洲人，都不大可能發現可載浮他們長風萬里的新浪潮。他們將只會發現往昔扔出的石子所留下的餘波漣漪而已。

柯勒爾的文章所包含的對我的文章的批評，如果有，也是為數甚少的，他却指出了我的元哲學問題觀與我對某些初階（first-order）問題看法之間的聯繫。我極其感謝他細心而同情地研究了我的著作，尤甚感謝他的論文的結尾幾頁，它強調指出我企圖弄模糊各學科間的界限，特別是在「文學」、「科學」和「哲學」之間，而且當然是在**自然科學**和**精神科學**之間。按我

的看法，過於强調後一對區別是分析哲學家和大陸哲學家二者共有的缺點。正如麥金太爾在談到萊辛巴赫時所説，分析哲學和大陸哲學描述的不是自然科學，而是「由邏輯經驗主義所解釋的自然科學」。杜威認爲人體生理學、道德哲學、社會學和社會風俗小説，都是供不同目的之用的工具，而不是「方法」上或「不可還原的特殊主題」中的區別，這種看法在我看來乃是《哲學和自然之鏡》一書的主旨。關於「可還原性」和「不可還原性」的不幸概念，實際上支配著我國（包括大陸哲學和分析哲學二者的）一切哲學思想派別。這些概念類似於神學家使用的「與聖經相容的」和「不與聖經相容的」概念。如果我們真要終止把我們偏愛的那種科學家看作一種司祭代替者，並終止把自然或人看作神的代替者，那我們就必須不再操心某種説話方式究竟是「可還原的」，還是「必然的」。我們將把我們使用的種種詞彙和圍繞著這些詞彙凝聚起來的種種制度（例如實驗室科學、司法制度）看作爲了去做某人想做或曾經想做的事情的工具。

　　對於柯勒爾論述所有這些問題的方式，我唯一的挑剔是有關他在倒數第二句中使用的Entscheidung（決定）一詞。他是這樣説的：「人的語言的不可放棄性（如果它真是不可放棄的話），似乎是一種僅只爲了從道德上評價人的本質的決定方式的表達。」（柯勒爾，1983年，第111頁）我同意，不可放棄性的問題可歸結爲我們想做什麼的問題，但我認爲，提出這類問題可由與「研究」、「論證」或「發現」對立的「決定」來解決，是招致誤解的。這種對立似乎只有當它保持了類似於在作爲一種準視覺機能的理智和作爲一種去選擇而非去看的機能二者之間的笛卡爾式的對立時，才有可能成立。這種二元性與「硬性」和「軟性」科學之間、文學和科學之間和「硬性」和「軟性」哲學之間

的種種二元論異曲同工，而在我看來克服這類二元論是極其重要的。我稱作「認識論的行爲主義」的立場，想要把奎因關於信念和慾望的網絡描繪爲無縫隙的，意思是，關於任何事情的信念的任何變化都可能使我們有理由去改變其它方面的某個信念或慾望。按此描述，不存在「決定論」或「意志論」，因爲不存在越出了構成人本身的這面網的東西，後者可俯視這面網，並決定選擇網的這一部分而非其它部分。這裏既無一種選擇機能也無一種心理視象機能的可能性。於是我想說，像「我們應當只把人類行爲看作有道德意義的嗎？」或者「我們能根據神經生理學來描述人，而仍保持著某些神經細胞系統的道德尊嚴的意義嗎？」這類問題的適當性，只有當有人爲我們提供了詳細考慮以有利於改變我們的方式或我們的描述時，只有當講述了漫長的故事之後，只有當問題變成了威廉·詹姆士所説的「現實選擇」時，才成爲可能。我想這就是傳統實用主義如下主張的實質，即只有「哲學」問題與「實踐」發生聯繫以後，我們才能去思考它們。按此觀點，實用主義或認識論的行爲主義就成了決定論的對立面。

　　與決定論課題有關的另一個領域是語義學，在此柯勒爾引述了達美特在「實在主義的」和「非實在主義的」意義論之間所做的區別。對此我是懷疑的。達美特運用這一區別的方式給人留下的印象是，對某一話語領域（如道德判斷、關於其他人的心的陳述或關於過去、關於元哲學的陳述）來說，兩種意義論之間的選擇是目的不明確的，是一種哲學趣味的問題。但我不能肯定是否真有人做了這種選擇。達美特喜愛的哲學偏好模型（在直覺主義的和柏拉圖主義的元數學之間的選擇），在我看來是企圖透過使哲學以根本無「實際」意義的研究領域爲模型，以使元哲學獲得一種人爲的純淨化。元數學中直覺主義的問題，是經院哲學家過

去常被指責在進行論辯的那類問題的最近似的現代翻版，這個問題在文化的任何其它領域中均無衍生的結果。達美特企圖把它看作在較小規模上成為很多傳統的「哲學大問題」的想法，在我看來是引出了如下看法所特有的那種虛假的精確性，即一種新的、真的哲學空間地圖已被發現，因此使我們能看到「**真正的選擇**」是什麼（而且十分典型的是，以這樣一種極其抽象的方式提出它們來，從而指出，只有一種「決定」行為或一種明達的「趣味」，才使我們能解決它們）。

達美特的區別與我想討論的問題的無關聯性已為柯勒爾的論述所指出，他說「一位反實在主義者當然認為，一切可真的語句本來就是或真或偽，第三條路對他是不適用的。」（第103頁）就我所能理解的而言，戴維森、杜威和我都無理由懷疑「排中律」原則。這個原則對於達美特論述反實在主義是至關重要的，但對於一大批他想置於「反實在主義」名下的哲學家來說均不適宜。對戴維森而言，這個問題是，在描述了表現在某種語言說話者行為中的推論性聯繫以後，關於真理是否還有任何更多的話可說。他認為沒有了，尤甚是「語言學家是否描述了語言句子的**真實**條件，或準確說，**可斷定性**條件？」這個問題是無意義的。說這不是一個有用的問題就是說「真」不是那種將被說明、定義、分析，或常常與「**可斷定的**」這種有力的對立物相對比的詞。我認為在這一點上戴維森是正確的，而且我很遺憾，在《哲學和自然之鏡》中，我把戴維森的這個論點弄得不清楚了，因為我企圖把它與杜威的「真理即有保證的可斷言性」論斷或皮爾士的「真理是在研究末尾注定要採取的意見」這個論斷聯繫起來。❺這兩種主張都企圖為一個不需定義的詞下定義，我們尋求定義，只因為有這樣一個壞問題：「真理為可斷定性增加了什麼？」這個問

題就像「道德正確性爲在環境內做最佳選擇增加了什麼？」的問題一樣壞。

　　這兩個問題的麻煩在於，它們暗示著，一個人在考慮信仰什麼和做什麼時會犯錯誤的事實，意味著存在著某種主宰的因素，某種稱作「真理」或「正確性」的東西，它在性質上異於他在考慮中所關注的那種具體細節。戴維森和杜威都反駁這種主張，而達美特則企圖在兩種語義學間提出有趣的區別以加強這種主張。於是當柯勒爾說，也許戴維森和我偏好真值條件語義學，因爲我們想因此而「能對付實在主義的鋒芒」（第105頁），我的回答是，我們都不承認這種假定的區別。毋寧說這是一個「削平實在主義鋒芒」的問題。按我對他的理解，戴維森想要消除實在主義和反實在主義間的爭論（如我肯定要這樣做的）。只有達美特才想繼續保持這一爭論，以有利於他本人對哲學史的論述，即他本人對這些重要爭論從何而來的論述和什麼問題是真正的和重要的論述。

　　正如我在開頭討論麥金太爾時所說，在我看來，決定哪些爭論是有意義的，哪些爭論是故弄玄虛的東西，正在於人們對哲學史的敍述方式（隱含的或明顯的**精神史**，人們根據它去理解當代的各種討論）。❻於是我想再次指出，我和我的批評者的分歧或許最好透過比較和對照我們各自關於哲學史提出的故事來徹底討論。像（分析哲學家是否發現了一個新的解釋學論題？」（如貝奈特和羅森伯格提出的），「分析哲學是一種獨特和急進的運動，還是只是對二十世紀脫離『瞥見**實在**』，而趨向於『審視什麼是我們語言和我們生活形式中所固有的東西』的一種不幸的、至福千年的描述方式？」（如特恩布爾和蒙特費歐里提出的）這類問題，都最好是透過撰寫歷史敍事來討論。因此我不認爲我已

經或可能在這裏回答了我的批評者。我所能做的只是指出，他們
所展開的這些問題的充分討論，必然會是多麼漫長和複雜。極其
感謝他們關注我的著作，並給我提供了更充分思考自己觀點的機
會。❼

注 解

❶原載《分析與批評》，1982年第1，2期，1983年第1期。

❷作為我考慮的這種情況的一個例子，請參考哈貝馬斯最近在法蘭西學院的幾次講演中對現代主義和後現代主義的論述。透過重述開端於黑格爾並歷經尼采、韋伯、海德格直到福柯的這段歷史，來直接達到現代哲學舞臺的觀念，或許是大多數盎格魯‧撒克遜哲學家們未曾到過的。我在即將出版的《國際實踐》雜誌上的＜哈貝馬斯和萊奧塔德（Lyotard）論後現代性＞一文中，討論了哈貝馬斯的敘述。

❸在「美國哲學協會」西部（即中西部）分會去年的會議上曾散發了一枚徽章，上面印有「消除海岸地區的傲慢！」字樣。一些同情的加利福尼亞人欣賞這枚徽章，但又被冷淡地告知，徽章上指的是**兩個海岸**。

❹的確，這是我在《實用主義的後果》一書導言第18～21頁上做了詳細論述的一個觀點。

❺我企圖使戴維森與皮爾士分開，並為戴維森提出一種辯護以反對達美特，詳見＜實用主義、戴維森和真理＞，載於即將出版（1985年）的戴維森紀念文集中，E. 勒波爾編，明尼蘇達大學出版社。

❻我在＜哲學的史學：四種樣式＞（即載於《歷史中的哲學》，R. 羅蒂、J. B. 施尼溫德、Q. 斯金納爾編，劍橋大學出版社，1984年）一文中曾為作為規範形成的**精神史**的重要性做了論證。

❼在撰寫這篇論文時，我透過「行為科學高級研究中心」得到了「全國科學基金會」第BNS820～6304號的資助。

參考書目

1. 貝奈特，J. （1982），＜智慧和分析哲學＞，載於《分析與批評》第4期，第98～101頁。

2. 柯勒爾，W. R. （1983），＜主體間因素。論羅蒂的認識論行爲主義＞，載於《分析與批評》第5期，第97～113頁。

3. 麥金太爾，A. （1982），＜哲學和它的歷史＞，載於《分析和批評》第4期，第102～113頁。

4. 蒙特費歐里，A. （1983），＜理查·羅蒂，兩個哲學家還是一個哲學家？＞，載於《分析與批評》第5期，第83～96頁。

5. 羅蒂，R. （1982），《實用主義的後果》，明尼蘇達。

6. 羅森伯格，J. F. （1982），＜哲學的自我形象＞，載於《分析與批評》第4期，第114～128頁。

7. 特思布爾，R. G. （1982），＜羅蒂和美國哲學舞臺＞，載於《分析與批評》第4期，第223～238頁。

附錄二
解構和廻避──論德里達❶

1. 文學和哲學的區別

喬納森·卡勒爾最近指出，我們不應把解構（deconstruction）活動看作是「企圖消除一切區別，既不留下文學也不留下哲學，而只剩下一種普遍的、未分化的本文世界。」他解釋道：

> 文學和哲學之間的區別，對於解構的介入能力是至關重要的，例
> 如對於指出下面一點是極其重要的，即對某一哲學作品最真實的
> 哲學讀解（這種讀解對該作品話語的概念和基礎提出疑問），就
> 是把該作品當作文學，當作一種虛構的修辭學構造物，其成分和
> 秩序是由種種本文的强制要求所決定的。反之，對文學作品的最
> 有力的和適宜的讀解，或許是把作品看成各種哲學姿態，從作品
> 對待支持著它們的各種哲學對立的方式中抽取出涵義來。❷

我想這段話指出，我們必須區別「解構」的兩種含義。在一種意義上這個詞指雅克·德里達的哲學構想。按此意義理解，打破哲學和文學間的區別，對解構活動來說是**至關重要的**。德里達在哲學中的首創性是沿著由尼采和海德格奠定的路線繼續前進

的。然而他却拒絕了海德格在「思想家」和「詩人」、在少數思想家和多數低劣的作家之間所做的區別。於是德里達拒絕了尼采所輕視的和海德格加以挽救的那種哲學專業精神。這的確使德里達趨向於「普遍的、未分化的本文世界」了。在他的研究中，哲學與文學的區別至多是一架我們一旦爬上以後可以棄置不顧的梯子的一部分。

然而按第二種意義理解，「解構」這個詞指一種讀解本文的方法。不論是這種方法還是任何其它的方法，都不應歸諸於德里達，因爲他和海德格一樣都輕視方法這個概念本身。❸但方法是存在的，我引用的卡勒爾那段話描述了它的一些主要特徵。卡勒爾十分正確地説道，在第二種意義上的解構，須要在哲學和文學之間做一明確區別。因爲最終被稱作「解構論的」那種讀解，需要兩種不同的正常人：一種是有英武氣概的專業哲學家，當人們説他是屈從於一種本文的要求時，他感到受了冒犯；另一種是樸素無華的文學生産者，當她聽到她的作品是由哲學對立所支持時，大感驚異和失望。哲學家認爲自己在説著一種簡練、純粹、清楚的語言。女詩人謙遜地希望她的直截了當的樸素詩篇會使人愉悦。當解構論者揭示出每人都在利用著對方想出的複雜語言時，兩人都驚恐莫名，語無論次，瀕臨崩潰了。他們的嗚咽混合爲無休無止的大吼大叫。解構論者的介入，再一次產生了長期拖延的猶豫不決。

這樣一種提出問題的方式多少有些過於陳舊，不免令人可疑。長期以來我們就不乏那些認爲自己的天職在於提供娛樂的作家們，而要確定一位真正的形而上學道學家的位置則也比一向所認爲的遠爲困難。❹尋求哲學的英武氣概還不大像尋求文學的素樸無華那樣沒有希望。你還仍然能够發現哲學教授們嚴肅地告訴

你，他們在追求**真理**，即不只是一種歷史或共同認識，而是**實實在在的**、準確的世界狀態的再現。他們中間的一些人將甚至自稱以明晰、準確、清楚的方式寫作，並爲自己的男性坦直，爲拒絕「文學的手法」而自傲。

這種可愛的老派道學家們或許可以提供唯一的藉口，使我和卡勒爾都得以留在我們的行業裏。由於卡勒爾，我仍然認爲我們大家（包括德里達主義者和實用主義者）都應該透過自覺地模糊文學與哲學的界限和促進一種無縫隙的、未分化的「一般本文」觀念，來設法使自己離開我們的行當。下面我將堅持主張這樣幾點：

（1）我們需要的唯一一種哲學與文學的區別，是根據熟悉物與非熟悉物之間的（暫時的和相對的）對立，而非根據再現物和非再現物之間或直意表現和隱喻表現之間的更深的和更引人注意的對立來劃出的。

（2）關於語言是區分的遊戲以及獲得知識的有用工具的事實，並不使我們有理由認爲像**分延**（differance）和**踪跡**（trace）這些詞可對（或爲）哲學做出海德格未能以自己神秘性詞語（**存在、事情**等）完成的事情。

（3）當德里達說哲學在其本身的「隱喻學」上有一「盲點」（MP.第228頁）時，他只是在一種熟悉的黑格爾的意義上才是正確的，即每一個哲學時代都指出了其前幾代人詞彙中固有的某些不自覺前提，從而擴大了有關的隱喻（並爲下一代人準備了工作）。

（4）海德格和德里達共同具有的有關「本體神學的」傳統貫穿了科學、文學和政治（這一傳統成爲我們文化的中心）的主張，乃是誇大學院派專業性重要地位的一種自欺的企

圖。

（5）德里達的重要性，儘管他本人偶爾暗示和他的一些崇拜者
　　　強調，並不包括向我們指出如何把哲學現象看成文學現
　　　象，或把文學現象看成哲學現象。我們已經足够清楚地瞭
　　　解如何做這兩件事了。❺反之，德里達的重要性在於追求
　　　某種學術專業性（或同樣地，某種文學傳統），即重新讀
　　　解由尼采開端而由海德格繼續下去的西方哲學本文。

（6）海德格和德里達共同具有的關於如何「克服」或逃避本體
　　　神學傳統這個深奧的大問題，是人爲虛構的，它應當以許
　　　多實用性的小問題來取代，這些小問題有關於傳統的哪些
　　　部分可能對某個當前目的有用。

2. 哲學的封閉性

　　我以G. 哈特曼提出的文學定義開始。他問道：

難道文學語言不是我們給予這樣一種語言表示法的名稱嗎？其參
照構架在於，字詞作爲字詞（甚至作爲聲音）而非同時作爲可吸
收的意義而存在？❻

　　在（我們未注意其爲字詞的）字詞所傳達的「可吸收的意
義」和「作爲字詞而存在的字詞」二者之間的對立，在我看來是
很恰當的提法。但是我將不對比這兩類語言表示法，也不對比一
種字詞在其中被認爲是作爲字詞而出現的參照構架和一種在其中
字詞不被這樣看待的參照構架，而是去對比兩種會話情境。一種
情境是當人們對所欲物有相當一致的看法，並談論著如何最好地
獲得它時所遇到的情境。在這樣一種情境中沒有必要說任何極其

不熟悉的事情，因為論證一般是關於陳述的真理性，而不是關於詞彙的有用性的。另一種相反的情境則是，在其中一切都同時相互競爭，討論的動機和詞語是論證的中心主題。

這種劃分對立面的方式，可使我們把某種「文學的」或「詩的」時刻看作週期性地出現於很多不同的文化領域中，如科學、哲學、繪畫和政治，以及抒情詩和戲劇。在這個時刻中事物進展得不順利，新的一代不滿意，年輕人把按某一既定樣式完成的東西當作如此墨守陳規，或當作如此沉重地承受著庫恩所說的「反常事例」，以至於一種新的開端勢在必行了。❼在這樣一個時期中，人們開始用舊詞表示新的意思，偶爾拋出一些新的詞語，從而鑄造出一種新的風格，它先是吸引人們注意到自己，然後才付諸使用。在這個最初階段，字詞作為字詞，色彩作為硬結的顏料，和弦作為不諧和音而獨立存在。半成型的物質性成為先鋒派藝術的標誌。站住腳跟的術語和風格（如那些表現出持久力，成為可吸收的意義的載體，並提供了藉以恢復正常性運作之工具的那些術語和風格）不再獨立存在。它不再受到注意，直到不滿的下一代出現，並透過使該術語或風格令人不快地以與最新的樣式形成對比的方式使其「成為問題」時為止。❽

如果哲學永遠如德里達準確地說的那樣是它有時夢想成為的那種東西，這種「文學的」時刻就會是不必要的了，不僅在哲學內部，而且在其它領域均如此。因此在文學的夢想和哲學的夢想之間存在著一種表面上的對立。德里達把「這種哲學深處的夢想」做了如下描述：

> 如果人們可以把他們的隱喻遊戲還原為一個語族或一個隱喻群，
> 即還原為一個「中心的」、「基本的」、「主要的」隱喻，或許
> 就不再有真的隱喻，而只有透過一個真的隱喻而被確立的真正隱

喻的合法性。（MP. 第268頁）

在這段話中「隱喻」可不致改變論說效力地換爲「語言」、「詞彙」或「描述」。說哲學家夢想著只有一種真隱喻，就是說他們夢想去根除的不只是直接意義和隱喻意義的區別，而且還有錯誤語言和真理語言、顯相語言和實在語言之間的區別，這也就是根除他們對手的語言和自己的語言間的區別。他們想指出，實際只存在著一種語言，而且一切其它（僞）語言都欠缺某種成爲「有意義的」、「可理解的」、「完全的」或「適當的」所必需的性質。對於由這種夢想所定義的哲學來說，至關重要的是以這樣一種形式的陳述爲目標：「任何語言的表達都是不可理解的，除非……」。（例如除非它可被轉譯爲統一科學的語言，在關鍵處切分現實，隱含有其邏輯形式，符合可證實性準則，或者是亞當爲人獸等等命名的那種語言。）

這似乎可能就是「哲學深處夢想」的窄式定義，但它突出了一個古老的希望：即對這樣一種語言的希望，它不可能再接受注釋，不須要再被解釋，不可能被以後世代拋在後面和加以譏笑。它是對這樣一種詞彙的希望，這種詞彙內在地和自明地是最後的，它不只是我們迄今爲止遇到的最廣泛、最富成效的詞彙。❾這樣一種詞彙將必定適宜於爲全部歷史和全部現代文化「設定其地位」。因爲如若不然，就永遠會有使詞彙本身淪入附庸地位的危險，或者爲古代的智慧，或者爲某一自命不凡的與其競爭的現代學科（如精神分析學、經濟史、微觀生物學、控制論）所屈服。抽離出語言深處的單一的中心隱喻，形成被確立的正確隱喻的合法性，就會使一切這類學科的各種詞彙各得其所。於是就會揭示它們只是一些僞語言，它們與真正說話方式的關係正如幼兒的咿啞學語與成人言語的關係相似。

　　對這樣一種語言的任何設想都必須面對一個熟悉的問題，這個問題像最原始的獨斷道學家巴門尼德教主一樣古老：當你在真理方法與意見方法、在一種正確的詞彙和許多偽詞彙之間形成令人不快的對立時，你必須說明二者之間的關係。你必須有一種關於錯誤根源和性質、關於從錯誤達至真理的理論。你必須根據好的語言來理解一種壞的語言，而又不容許壞的語言成爲好的語言的一個固有部分或與其「可相互轉譯」。

　　爲使這一兩難問題更爲具體，讓我們考慮一些例子。最明顯的一個例子是巴門尼德和斯賓諾莎共同稟具的形而上學一元論。一元論在說明多元性的現象時總要遇到困難。歸根到柢現象如多元性一樣不真實。但像斯賓諾莎這樣的一元論者想要找到描述諸有限形式對一個無限本體之間關係的某種方法，這種方法遠不只是巴門尼德對非有不存在這一頑固的、惹人生厭的主張。斯賓諾莎想說，他知道一切有限形式，並能够以正確理解它們的詞彙描述其狀態。但很難明白人們怎能正確理解非實在。再者，正確領悟某物，準確再現它，似乎是兩個事物之間的一種關係。而一元論的全部要義在於：只有一個事物。

　　由形而上學一元論和正統先驗哲學家的錯誤觀、有限觀和暫時觀所創造的這種困難，也可在亞里士多德使用的「質料」一詞中看到。對亞里士多德而言，形式是可理解性的原則，正如對斯賓諾莎來說，關於無限本體的明晰觀念是可據以澄清有限萬有的混亂觀念的手段一樣。但是我們應當怎樣來理解不具形式的、作爲質料的質料呢？其令人困惑的程度，正如對斯賓諾莎來說我們怎能理解未被闡明的、作爲混亂的混亂一樣。尤爲糟糕的是，我們以爲瞭解的大多數關於形式的事實，似乎正在於形式與質料之間可厭的對立，正如我們對無限所瞭解的大多數情況似乎正在於

它與有限的可厭的對立一樣。於是「質料」或「限有」變得越不可理解，我們對自己對「形式」和「無限」的把握就越不自信。一旦人們明瞭，我們關於這樣一種對立的較高的、占優勢的一方所知道的大多數情況，是一個有關於較低的、被看低的一方的對比效果問題，我們就開始懷疑**究竟**我們是否能比巴門尼德做得更好。神秘主義、否定法或維特根施坦的莊嚴的沉默不語，似乎就是唯一的選擇了。

關於這種問題的另一個習知的例子，是康德的現象與本體的對比。他需要作爲物自體的本體來闡明他所説的時空世界是現象的、僅只是顯現的看法。他説，不可能有無顯現者的顯相。但我們並不瞭解非時空物的顯現（或因此而做什麽別的）究爲何意。於是康德需要一種使不可想像物概念化的方法，正如亞里士多德需要一種無形式物的形式和斯賓諾莎需要一種不確定物的確定觀念一樣。

另一個同樣習見的例子是，邏輯實證主義區別「認識上有意義」和「認識上無意義」的企圖。這一企圖不是簡單地（如維特根施坦在《邏輯哲學論》中所做的那樣）來自巴門尼德在言語和沉默之間的區別，而是由於表達了一個將（例如）科學與形而上學劃分界線的原則。這個企圖爲實證主義者引出了兩個問題。首先，「無意義」一詞似乎不妥當，因爲人們在決定一個形而上學者的話語無意義之前，必須對他的意思有相當瞭解。其次，而且更嚴重的是，可證實性原則本身似乎是不可證實的。要包含一切其它詞彙的那種詞彙，並不符合它自己對有關一個合用詞彙的規定。於是在陳述成爲一個命題的條件的命題中，企圖賦予無意義概念以意義，就以本身不具有意義、本身不成爲一個命題而告終；正如企圖賦予顯然不可理解物以可理解性，導致使一個企圖

本身不可理解一樣。

　　我所概述的種種困境的共同點是什麼呢？這個問題近似於說，人們不可能說，只有X是可理解的，如果說明一個X是什麼的唯一方式就是假定聽衆知道一個非X是什麼。但是這個表述是不令人滿意的，因爲可理解性概念在被應用於**事物**時是含糊的（例如一個本體，一個無限的實體）。人們知道一個可理解的**語句**和一個不可理解的**語句**之間的區別，但很難說明當我們說（例如）桌子和椅子是可理解的，但上帝是不可理解的（或者反過來說）時是什麼意思。實證主義的語言，所謂形式的言語方式，是更令人滿意的，因爲它把可理解性看作是語言表達的，而非事物的一種性質。因此它把形而上學轉變爲語言哲學，使其與德里達對哲學深處的夢想的描述一致。

　　我們可以運用這種語言說，我所提到的從巴門尼德到A. 艾耶爾等一切哲學家共同具有的問題是，他們不斷傾向於說「使一種表達可理解的條件是……」，儘管實際情況是這個命題本身並不符合它所列舉的條件。因此亞里士多德不應當說任何語詞都是不可理解的，除非潛在的理智可與其所指者同一，因爲那將使「質料」一詞成爲不可理解的了。亞里士多德須要利用這個詞來說明就中潛在的理智是什麼。康德不應說，任何語詞都是無意義的，除非它表示一種作爲感覺直觀與概念綜合物的心理內容，因爲那將使「本體」一詞成爲不可理解的了。實證主義者不應當說，任何語句除了在某些條件下都是無意義的，即除非該話語符合那些條件。

　　我續述這些例子以便具體說明德里達的哲學深處之夢的概念。由夢想找到一種真正隱喩來規定的哲學，必須朝向這樣一種形式的陳述，「任何語言表達都是不可理解的，除非……」。再

者，這個語句必須是一種**封閉的**詞彙的一部分，意思是該語句可無矛盾地應用於自身。一種哲學詞彙不僅必須是**完整的**——即：任何在其它詞彙內在直接意義上或隱喻意義上是可說的東西，都可在它之內以直接意義說出，而且它還必須以它談論其它任何事物時同樣的「被確立的合法性」，來談論**它自己**

3. 文學的敞開性

　　在瞭解了關於這個哲學夢想的更詳細的論述之後，現在我可以再來談德里達，並指出，他的重要主題是關於封閉（closure）的不可能性。他喜歡表明，不論何時，當一位哲學家苦心完成了巴門尼德式完滿的圓形的一個新模型時，永遠將會有某種東西伸出或溢出。永遠存在有補充、邊緣、空間，在其中書寫著哲學本文，這個空間構成了哲學可理解性和可能性的條件。❿「在哲學本文之外不存在空白的、未被觸及的、空虛的邊緣，而存在有另一個本文，一個不具有當前參照中心的力的區分的纖體」。德里達想要使我們意識到這種本文，因而讓我們「去思考這樣一種寫作，它不具有現存、欠缺、歷史、原因、始原、目的，這種寫作絕對地顛覆一切辯證法、一切神學、一切目的論、一切本體論」。（MP. 第xxiii頁，第67頁）

　　只有當我們獲得這樣一種寫作，我們也許才能夠做德里達希望對哲學所做之事，即「（以最忠實、內在的方式）思考哲學概念的結構化的系譜學，但同時（根據某種哲學不能規定或不能命名的外部的東西）決定這種歷史能夠去掩飾或禁止的東西。」⓫

　　這樣一種寫作或許就是不再與哲學對立的文學，含有和包括

哲學的文學，被立爲一種無限的、未分化的本文織體之王的文
學。德里達說：「文學藝術史與形而上學史聯繫在一起」（Pos.
第11頁），或許有如依變量與自變量之間的那種聯繫。他認爲，
形而上學史，本體神學傳統，束縛了文化的一切其它部分，甚至
連科學也在內。⑫於是在他視爲我們文化的「全面轉化」的東西
的另一邊存在的東西，將是這樣一種寫作，它以自覺的無終結
性、自覺的敞開性、自覺的欠缺哲學封閉性爲標誌（參見Pos.
第20頁）。

　　德里達也許想以這種新的方式來寫作，但他陷於一種兩難困
境之中。他可以或者像被解放的奴隸忘記他的主人那樣去忘記哲
學，透過他自己漫不經心的本能活動來顯示他的忘却，或者他可
以堅持他對主人的權利，堅持哲學本文辯證地依賴於其邊緣世
界。當他執住前一端因而忘記了哲學時，他的寫作就失去了焦點
和中心。如果確實有一位作家，其**課題**是哲學，他就是德里達。
他的中心主題正是哲學夢想在其高潮時化爲惡夢的方式：正當事
事都已解決時，當每一種非哲學家本人說話的說話方式被揭示爲
可理解時，當圓圈完滿地被完成時，當阿里斯托芬的兩部分結合
起來、相互滲透和狂喜地融合時，極其糟糕的事發生了。自我指
示的矛盾出現了；被壓制的不可理解性作爲可理解性的條件返回
了。德里達處理這種悲喜劇真是得心應手。但是這另一端却有一
個缺點：去回憶哲學，去不斷講述哲學的故事，就接近於去做哲
學家的工作了，即去提出對「表述一種獨一無二的、完整的、封
閉的詞彙的企圖將必然……」這一表達式的某種概括。

　　德里達這樣做時顯然冒著某種危險，因爲他製作了一套新的
元語言的行話，其中充滿了像**踪跡**和**分延**（differance）這類詞
⑬，並用這些詞去說海德格味道的話題，像「只有根據**分延**和其

『歷史』，我們才能自以爲知道『我們』是誰和在何處」（MP.
第7頁）。只是由於德里達企圖爲「書寫先於言語」或「本文使
自身解構」一類命題提供論證（他的追隨者都傾向於把所有這些
口號看作是「哲學研究的結果」和看作是爲一種讀解方法提供了
基礎），他才透露了自己的構想。德里達學說中最糟的部分，正
是他在那裏開始模仿他討厭的東西和開始自認爲提供「嚴格分
析」的部分。只有當人們在其中陳述前提的某套詞彙爲說者或聽
者共同具有時，論證才有效。像尼采、海德格和德里達這類獨創
性的和重要的哲學家在形成著新的說話方式，而非爲老的說話方
式做出驚人的哲學發現。結果，他們多半不長於論證。❹

　　我所概述的這個兩難困境的一端是，不說任何與哲學有關的
事，而是反過來指出，一旦文學擺脫了哲學，文學的面貌如何？
兩難困境的另一端是透過發現對哲學家活動的一般批評在他們自
己的遊戲中勝過他們，這些活動類似於巴門尼德對意見狀況的批
評，斯賓諾莎對混亂觀念的批評，康德對尋求無條件者的批評，
或艾耶爾對認識性的無意義的批評，這個兩難困境可總結爲：任
何一種無始源（archai）和無目的（telos）的新寫作將也沒有
hypokeimenon（根基），沒有一個主題。於是它更加不會告訴
我們關於哲學的任何東西。或者，如果它告訴了我們關於哲學的
什麼東西，它就有了archai（始源），即新的元哲學術語，我們
根據它去描述和診斷哲學本文。它也將有一個目的，把該本文縮
約和使其間距化。於是握住第二端將產生另一種哲學封閉性，即
自認爲佔有優越地位的另一個元詞彙系統，而握住第一端將賜予
我們開放性，但却是比我們實際想要的更多的開放性。一種文學
如果與一切均無聯繫，没主題也没有題材，沒有有效的寓意，欠
缺一種辯證的語境，那它只不過是胡言亂語而已。你不可能有無

形象的基礎，無書頁的頁邊。

4. 德里達和海德格

　　德里達是充分意識到這個兩難困境的。理解他怎樣面對它的最好方式，就是注視他努力使自己與海德格區分開來。德里達認爲海德格是這樣一類人的最好例子，他企圖而未能成功地去做德里達自己想去做的事，這就是非哲學式地寫哲學，從外邊達到哲學，作一名後哲學的（postphilosophical）思想家。海德格終於判定，「對形而上學的尊重甚至在克服形而上學的意圖中也很普遍。因此我們的任務是終止一切克服活動，並讓形而上學自生自滅。」❶但是海德格永遠未能接受自己的忠告。因爲他只有一個主題：克服形而上學的需要。一旦這個主題變成似乎是自欺性的了，他就只得沉默不語。海德格如此爲從哲學夢想中甦醒的需要所縈繞，他的工作變成了一種單調重複的堅持主張，人人，甚至尼采，都在做著這個夢。

　　我想，德里達會同意對海德格進行批評的這個方向，但想再向前推進一步。在他看來，海德格的一些魔幻般的字詞，如**存在**、**成就**和Alétheia（真實）等，就是使夢境的迷醉的頂峰化爲甦醒狀態，透過退向字詞的純聲音以獲得哲學封閉性滿足的企圖，這類字詞不是因使用而被賦予意義，而是恰恰因爲欠缺使用而具有力量。因此德里達引用海德格的話說「『爲了給存在的基本性質命名……，語言也許必須找到一個單一的字，獨一無二的字』」。❶德里達加入說：「將不會有獨一無二的名字，即使有存在的名字。而且我們應該不含**懷舊病**地思考它。」他繼續補充

道，我們應當這樣做，而無須「懷舊病的反面，即我稱作海德格
的**希望**的東西」（MP. 第27頁）。

　　在這段話和其它段落中，德里達認爲自己是立足於海德格，
却望得更遠：

　　　我所企圖做的事，如無海德格問題的提出，就不可能發生……，

　　　如無對海德格所説的存在與存在者之間的區別的注意，就不可能

　　　發生，這個存在的─本體論的區別在某種意義上仍然還未被哲學

　　　思考過。但儘管有對海德格思想的藉助，或準確些説，正由於他

　　　的思想，我才企圖在海德格的本文中確定……那些屬於形而上學

　　　的，或屬於他稱作本體神學的東西的線索（Pos. 第9～10頁）。

　　德里達認爲，海德格從未超越他與胡塞爾共同具有的一串隱
喻，這些隱喻提出和支持這樣的看法，我們都具有深藏於內部的
「存在的真理」，我們都須要被提醒注意已忘却之物，爲那
些「最基本的」字詞所提醒，這些字詞爲了思想而從形而上學中
被拯救出來。⑰關於存在著某種所謂「存在的真理」的東西的觀
念，在德里達看來就是在傳統的對一種整體的、獨一無二的和封
閉的詞彙的探求和海德格本人對魔幻般的，獨一無二的字詞的探
求之間的隱蔽聯繫。⑱

　　德里達在海德格的著作中察覺出「一整套關於鄰近性、簡單
直接的現存的隱喻學，這套隱喻學使存在的鄰近性與接鄰、遮
蔽、宅舍、服務、守衛、聲音和聆聽的價值聯繫起來」（MP.
第130頁）。海德格也許放棄了通常的柏拉圖的視覺的隱喻，以
選擇關於呼喚和聆聽的聽覺的隱喻，但德里達認爲，這種轉變並
未避開使本體神學傳統與其無能的激進批評者捆在一起的那種可
相互説明的概念間的循環。他説，「在海德格著作中對説出的語
言的估價是經常的和大量的」（MP. 第132頁注36）。因此德里

達有時企圖根據在與看和聽共同有關的隱喻和圍繞著寫建立起來的隱喻之間的區別，來描述他本人的工作。⓳

　　德里達對海德格的論述提出了下面這樣一幅圖景：早期的海德格發現出柏拉圖和黑格爾之間的注定的類似性（儘管有黑格爾的歷史主義）；後期的海德格發現了在他們兩人、尼采和早期自己之間的注定的類似性。德里達看到了他們四人和後期海德格之間注定的類似性。於是我們看到了，黑格爾、尼采、海德格、德里達和對德里達的實用主義評論者如我本人，都在競爭歷史上第一個真正**徹底的**反柏拉圖主義者的地位。這種永遠要成爲更加反柏拉圖主義者的多少有些可笑的企圖，導致了這樣一種疑惑，正像許多上發條的洋娃娃一樣，本世紀的哲學家們仍然在進行著黑格爾在《精神現象學》中還在最後進行著的同樣沉悶的辯證法轉換，這種轉換，克爾凱戈爾喜歡稱之爲「卑下的詭計」。唯一的區別也許是，現在人人都企圖越來越遠地離開絕對知識和哲學的封閉性，而不是越來越靠近它們。

　　儘管有這種區別，德里達也充分瞭解這樣一種危險，我們可能（如福柯形容的那樣）注定會發現黑格爾正耐心地守候在我們行進的任何一段旅程的終點（即使我們向回走）。但他認爲他有辦法快步上路。他區別了海德格對待傳統的方法和另外一種企圖，他把前者描述爲「緊靠著建築物使用屋內所有的工具和磚石」，後者則是「透過使自己斷然置身屋外並透過肯定一種絕對的斷裂和區別，以非連續的和硬衝的方式改變地盤」（MP. 第135頁）。

　　他認爲沒有一種方法可單獨奏效。我前面論述的德里達面臨的兩難困境可能有助於我們瞭解爲什麼不能。對第二種選擇而言，你不可能以極其相同的**始源、目的**等等來避免繼續一種老的

談話。對第一種選擇而言，你不可能對哲學有任何談論，因爲你已失去了你的主題。你不可能自認爲在談論哲學傳統，如果你使用的字詞中沒有一個與該傳統使用的字詞處於任何推論性關係之中。你或者解釋傳統所説的東西，因此繼續沿書頁進行，你或者不這麼做，從而跨出了頁邊，既忽略了哲學，也爲哲學所忽略。

德里達建議不要逡巡於這個兩難困境的兩端之間，而寧可把這兩端結合爲一個無限拉長的雙螺旋線。他説：「一種新的寫作必定把這兩種解構的動機編織起來。這就等於説，人們應當同時説幾種語言和製出幾種本文」（MP. 第135頁）。爲什麼這會有用處，還遠遠不够清楚。關於德里達爲什麼認爲這會有用處，我可能有的最好的猜測是，他想要援引**語句**間的**推論性聯繫**和**字詞**間非**推論性聯繫**之間的區別，前一種聯繫賦予這些語句中使用的字詞以意義，後一種聯繫不依賴於字詞在語句中的使用。❷他似乎像海德格一樣認爲，如果我們只注意前者，我們將被束縛於我們當前的、本體神學的生活形式中。於是他可以推論説，我們必須脱離按維特根施坦－索緒爾方式被設想爲**推論性的**區別的遊戲的意義，以達到類似於海德格所説的「力」的東西，力即一種非推論性區別的遊戲的、**聲音的**遊戲的結果；或者與從語音層到書寫層的轉換相符，即手寫體和書寫體的書寫特徵的遊戲。

這兩種區分遊戲之間的區別，即你所需要的兩種能力之間的區別，一種是爲一種語言寫一種語法和一套詞彙表，另一種是在該語言中開玩笑，在其中建立隱喻，或在其中以一種特異的、獨創的風格、而不只是**清楚地**進行寫作。由善論辯的英武的形而上學家所追求的這種明晰與清楚，可以看成是暗示著唯有推論性的聯繫才算重要的方式，因爲只有這類聯繫才與論證相關。按照這種看法，只是由於人們用字詞構造命題、因而構造**論據**，字詞才

有了重要性。反之，在哈特曼的「參照構架內……，字詞作爲字
詞（甚至作爲聲音）而存在」，因此，即使它們永遠也不在直陳
句中被使用，字詞也是重要的。

　　然而在推論性聯繫和非推論性聯繫之間的區別，正像一個詞
和一個命題之間的區別或隱喻性與直意性的區別一樣模糊。在兩
類隱喻間存在著一種連續性，一種隱喻如此枯燥以至於也可歸入
字典中作爲「直接的」意義的替代詞，另一種隱喻如此花俏，以
至僅能當作是不可理解的私人的笑話。但是德里達須要利用所有
這些區別。他必須一直使它們看起來區分得足夠鮮明，以至於如
果忽略了這些區別就會使人驚詫了。如果他的這種同時說幾種語
言、同時產生幾種本文的策略要想看起來有效，他將必須斷言，
這是他的前人們未曾做過的事。他將必須主張，他們的實踐以及
他們的理論避免了隱喻，僅只依賴於推論性聯繫的知識，並斷言
他在做某種獨創性工作，把這些聯繫與非推論性聯想編織在一
起。他將必須認爲，儘管海德格和傳統中每個其他的人只是重新
安排了語句間的推論性聯繫，因此簡單地在同一地盤上重建了同
一座建築物，他却成功地首次透過依賴非推論性聯想改變了地
盤。或者至少說，他將必須說，他是第一位充分自覺地完成了這
一工作的人。

5. 同時讀解幾種本文

　　在解釋了德里達如何認爲他可做海德格未能做之事，他如何
希望走到傳統之外，而不是像海德格那樣陷入傳統之中，我想對
他的企圖提出兩點批評。首先，說構成本體神學傳統規範的本文

序列，都束縛於自希臘時代以來始終未變的一種隱喻學內，這是
不對的。這種本文序列，正像構成天文論述史、史詩、政治論説
的那些本文序列一樣，都以在「革命的」、「文學的」、「詩
的」時期和正常的、平凡的、建設性的間隔期之間的經常性輪替
爲特徵。同時説幾種語言和寫幾種本文，正是一切重要的、革命
性的、獨創性的思想家所做之事。革命的物理學家，政治家和哲
學家永遠選擇字詞，將它們鑄成新的形式。因此他們使憤怒的保
守的對手有理由責備他們爲熟悉的語言表達引入了奇怪的新意
義，無意義的雙關語，不再按規則起作用，使用修辭法而非邏
輯，使用比喻而非使用論證。海德格重述的「存在史上的」諸階
段，正如海德格所説，是以這樣一些人爲特徵的，他們（有時嘲
諷地，有時自欺地）自稱在老調重彈，而暗中却在舊的字詞上加
上了新的意義。在這方面，試想亞里士多德使用的ousia（實
體），笛卡爾的res（事物），休謨的「印象」，維特根施坦的
「遊戲」，愛因斯坦的「同時性」和玻爾的「原子」。

　　如果科學像科學哲學喜歡自稱的那樣是直意的和含有方法
的，而且如果像哲學有時夢想的那樣是一個解決問題、分析概念
和思考理念的問題，那麼或許就有可能做出一種哲學與文學之間
的或科學與文學之間的區別，這種區別一方面類似於隱喻與直意
間的區別，另一方面類似於個別特質性與普遍性之間的區別。於
是人們可以像德里達那樣試圖透過將這些區別代之以推論性聯繫
和非推論性聯想間的區別，來改換地盤。但是正像科學史並不像
經驗主義或唯理主義對它所描述的那樣，哲學史也不像哲學深處
夢想希望它或許會是的那樣。説隱喻與直意的區別傳統上被探討
過以區別哲學和文學，如果這意味著兩種理想型式是藉助於這種
區別被建立起來的話，這是一回事。而説由通常圖書分類標準劃

分爲「文學」和「哲學」的這些文化領域與這些理想型式有多少
關係，則是另一回事。

　　重要的、革命的物理學和形而上學永遠是「文學的」，其意
思是，它面對著引入新術語和排擠當前流行的語言遊戲。如果它
並不永遠是「激烈的」和「粗暴的」，這因爲它有時是有禮的和
會話性的，而非因爲它被陷入一種頑固的隱喻學中。德里達在重
建大廈和改換地盤之間、在推論性聯繫和非推論性聯想之間所做
的區別，並未明晰到足以爲其目的服務。一旦人們離開了夢想和
理想型式，轉到了可溯源至風格樣式史的絞事領域，所有這些區
別都模糊不清了。

　　如果在實際上並未產生這些絞事，我就不能證明這一點，但
讓我暫且提出一個或許有助於支持我的主張的論據。試考慮這樣
一個抽象的問題，人們如何能「逃」離一套詞彙或一套假設，如
何避免「陷入」一種語言或文化。假定在某社會中關於「可理解
的語言表達的條件」或「容許在其中說話的唯一語彙」等問題存
在著普遍的一致看法。然後假設，該社會中某個人想說，我們犯
了一個錯誤，即實際上那些條件、標準或詞彙都是錯的。這種革
命性的建議或許不難對付。因爲或許它是用舊的詞彙提出，以服
從舊的條件或標準，或者不被提出。如果被提出，那麼它就是在
自指示面上前後不一致了。如果未被提出，它就是不可理解的或
非理性的，或二者兼而有之。德里達的說法好像是，這種清楚的
標準的兩難問題是實際存在的，似乎存在有一種被稱作「哲學隱
喻學」或「形而上學史」的可怕的、壓迫性的力量，使生活不僅
對於像他本人這樣好用雙關語的人，而且對於社會全體都成爲不
可能的。但事情並非如此之糟，除了曾經導致過宗教裁判，晚近
又產生過克格勃這些特殊情況。相比之下，物理學、形而上學和

政治的話語遠爲溫和。不僅不存在關於可理解性條件或合理性標
準的普遍一致看法，而且甚至沒有人企圖妄加主張存在有這種一
致看法，除了作爲一種偶爾發生的、無甚成效的修辭手段以外。
高級文化的話語，特別在過去二百年裏，比人們從閱讀海德格或
德里達書籍中可能推想到的，遠遠更富流動性、閒談性和遊戲
性。

　　總結一下我對德里達的第一個批評，我認爲他有效地提出了
兩種夢想，兩種理想型式，並使它們充分地彼此作用。但是這個
理想的和似夢的世界，連帶著它在本文內與頁邊外、在內者和在
外者、同一地盤和新地盤之間的對立，與當前思想生活的樣式無
大關係。這把我引向我的第二個批評：如果人們想把德里達建立
的這個人爲的兩難點的兩端勉强扭結在一起，或許只能藉助於同
時**讀**幾個本文，以與同時**寫**幾個本文相對照。當然人們可以聲
稱，相當時期以來已經是這樣做了。的確可具體説明這種哲學夢
想，它最終導致「一切可理解的語言表達必須……」或「一切合
理的話語必須……」一類陳述的那種寫作樣式，只構成了哲學史
的很小一部分。那種獨特的樣式近幾個世紀中被人們以日益增長
的譏諷和疏遠態度來閱讀。因爲它是被這樣一些人所閱讀的，他
們不只讀其它哲學寫作的樣式，而且也讀許多列在「文學」項下
的種種其它寫作樣式。關於巴門尼德、斯賓諾莎、康德、黑格爾
和艾耶爾的典型當代讀者，將也是關於赫拉克里特、休謨、克爾
凱戈爾、奧斯丁、弗洛伊德、鮑爾熱斯（Borges, J. L.）、喬埃
斯、納博柯夫和瓦拉斯·斯蒂文斯（Stevens），因此還有讓·惹
奈（Genet）的讀者。德里達在《喪鐘》一書中當然是在同時説
幾種語言，同時寫幾種本文，產生著一種既無始源又無目的的寫
作。但他是在極其出色和詳詳細細地做著他的大多數讀者在自己

的心中偶爾地和笨拙地做著的事。把這類東西寫在紙上並非輕而易舉之事，但我們發現《喪鐘》的內容不是一塊新地盤。它是對我們已在其上營宿多時的一片土地的逼真描述。

我可以更一般地來表述這第二種批評，指出大多數當代知識分子都生存在一個自覺地不具有始源、目的、神學、目的論或本體論的文化中。因此並不清楚，我們需要一種「新寫作」以便去思考「有結構的哲學概念系譜學……能够去掩飾或禁止的」是什麼。德里達對自己所作所爲的很多論述，如我已說過的，依賴於這樣的觀念，即文學、科學和政治被「形而上學史」禁止去做種種事情。這種看法重複了海德格的這一論斷，尋找一種完整的、獨一無二的和封閉的語言的寫作樣式歷史，在現代西方整個人類可能性範圍內居於中心地位。這一論斷似乎是非常靠不住的。

它似乎具有的唯一證明是，西方仍然贊成關於**科學性**、「嚴格性」或「客觀性」需要的很多論述。但是除了少數哲學教授（像塞爾）樂於堅持「純實事」和另一些教授（如我本人）樂於揭露這種事實性概念外，沒有人把這些詞與對一種整體的、獨一無二的、封閉的詞彙的夢想聯繫起來。塞爾和我的努力現在可能已無關於當代高級文化了，正如職業的清教徒和職業的無神論者關於公立學校早禱問題的互訟不休無關於美國政治一樣。現在像「科學的」或「客觀的」這些詞已陳舊到這樣的地步，大多數人安於使它們只意味著「我們處理周圍事物的方式」。某些次文化領域中使用「急進的」或「顛覆的」等詞時意思也是一樣。這兩套詞語都是關於社會認可的習慣性表達，由它們在使用時的社會學環境，而不是由它們與一種整體化構想的聯繫，來賦予特性和意義。

6. 關於無終結性的寫作

前面我說過，德里達有時說明透過援引非推論性聯想來逃避傳統的鐵籠是什麼意思，有時他又透過論辯性寫作來這樣做。我的批評迄今為止集中於他對為什麼他要採取前一種做法的說明，現在我想簡要地轉到他的第二種策略，並展開我前面提出的一個論點，即德里達不可能不使自己變成一名形而上學家而去進行**論辯**，也就是不可能不成為首要的最深詞彙稱號的另一位要求者而去論辯。

在下面幾段引文中危險浮現出來了，因為德里達在說明為什麼海德格的字「存在」不適於疏遠傳統，並提出像**分延**和**踪跡**一些詞却可辦到：

> 因為存在從來沒有一個「意義」，從來未被這樣思考或這樣說，
> 除了透過將自身偽裝在存在者內以外，而分延在某種很奇怪的方
> 式上却比這個本體論的區分或比存在的真理「更古遠」。當時機
> 成熟時，它可被稱作踪跡的遊戲。一種踪跡的遊戲不再屬於存在
> 的領域，但它的遊戲轉變著和封閉著存在的意義……。這個無底
> 的棋盤沒有支持也沒有深度，存在就是在這個棋盤上介入了遊戲
> （ MP. 第22頁 ）。

這些話從一種相當老式辯證法的、黑格爾的角度看是富有激發力的。它指出，我們最終設法向熟悉的視界之外注視，向熟悉的表層之下注視，向假想的根源背後去注視，因此最終設法封閉了最後的圓圈，克服了最後的辯證張力等等。因此它們引起了下面這種異議：

　　德里達的語法主要方面是以海德格的形而上學爲「模型」的，它企圖透過以踪跡的先前性來取代『邏格斯的現前性』的方式來使那種形而上學解構；它使自己成爲以作爲「根基」、「基礎」或「根源」的踪跡爲基礎的一種本體神學（Pos. 第52頁）。

對這種反對意見德里達憤怒地答覆説：

　　人怎能根據他解構的東西去模塑自身呢？你能如此簡單地談到海德格的**形而上學**嗎？但首先是（因爲這頭兩件偶然現象本身不是荒謬的，即使它們在這裏是這樣），難道我没有不厭其煩地重複説（而且我敢説是證明），踪跡既不是一種根基也不是一種根源，而且它無論如何都不可能提供一種明顯的或僞裝的本體神學，……這種混淆……在於人們針對我的本文所做的批評，是他們忘記了先在我的本文中發現又取自我的本文的（Pos. 第52頁）。

　　這個答覆是極令人不解的。去問人們怎能**避免**根據自己解構之物來模塑自己，或許更符合德里達風格。對於像哲學隱喩學這樣廣泛和無所不在的一門隱喩學來説，情況似乎不大可能是：人們將設法談論前人，却不使用與前人使用的詞語可相互説明的詞語。尤其令人不解的是，德里達如何能説已經**證明了**「踪跡既不是一種根基……又不是一種根源」，或者，他怎能在分延與存在的真理之間説誰比誰「更古老」呢。那些想避開關於現前（presence）的形而上學的人不應談論**證明**。那些企圖放棄傳統隱喩學的人不應操心誰比誰更古老的問題。

　　在這個問題上讓我們看一下德里達這樣的一個論斷，「**分延的運動**……是標誌著我們語言的一切對立概念的共同根源，這就是（只舉幾個例子來看）可感的與可理解的，直觀與意指，自然

與文化等等。」（ Pos. 第9頁）請注意，在這裏「共同根源」既不指「……的原因」，也不指「……的最初形式」。因為分延的運動正像踪跡一樣，既不能是基礎，也不能是起源。它也不應意味著「……的共同特點」。如果它的意思是這樣的話，那麼分延將會是一個極其普通的詞，它與構成哲學隱喻學的種種對立項之間的關系，類似於「鳥」這個詞與鷹、鴕鳥和麻雀之間的關係了。但德里達一再告訴我們，分延「既非一個詞也非一個概念」。

　　然而這是不真實的。德里達初次使用這個字母組合時，它當然不是一個詞，而只是一種誤拼（將diefférence中的第二個e代以a——中譯者）。但到了他第三次和第四次使用它時，它已變成了一個詞。一個聲音符號或一個書寫符號變成一個詞時所需的東西僅只是一種語言遊戲中的一個位置而已。到了現在它當然已成了大家熟知的詞。任何文學理論家要是混淆了分延和區分就會糊裏糊塗了，正像十五世紀一個神學研究者混淆了homoousion（基督與上帝同體的學說）與homoiousion（基督與上帝極似而不同體的學說）時的情形一樣。至於概念性，我們這些維特根施坦派的唯名論者認為，有一個概念就是能使用一個詞。任何有一種用法的詞都自動地意指著一個概念。它不得不如此。德里達告訴我們這樣的話是無用的，他説，因為區分「不能上升為一個主要的詞或一個主要的概念，因為它堵塞了與神學的每一種關係，它就捲入到使其避免了其它『概念』、其它『字詞』、『其它本文的結構』之鏈鎖的活動中」（ Pos. 第40頁）。對於我們維特根施坦主義者而言，每一個詞都這樣被捲入了，而且這種捲入並非是免遭提升的保證。德里達不可能既採取關於一切字詞意義的語言遊戲觀，又試圖使少數特選的神秘字詞不被神學式的使用。

如果我們要從閃開黑格爾、克服海德格、避向邊緣之外等等做法中發現某種意義，最好不只是重複奧斯丁和奎因對洛克和康狄拉克的「觀念的觀念」所做的批評，㉑再者，如果德里達想有「一種關於解構的一般方略」，他就應當擬製出這樣一種方略，它不只是「既避免簡單地將形而上學的二元對立中立化，又簡單地留在對立的封閉領域中，從而肯定了它」。這樣一種雙重避免，只能透過指出對立存在著、但不必過於認真地加以看待的態度來實現。這是長期以來我們文化的大部分內容一直在從事的活動。我們的文化不只是由一種以雙關語和隱喻組成的水花四射的噴泉推向上方；它不斷地意識到自己停留在不比這樣一個噴泉更堅實的地方。㉒如果德里達在說，我們應該不像海德格那樣認真對待哲學傳統中的呆滯隱喻，我們就可以公平地答覆說，他自己的早期寫作比後期海德格本人更爲認真地對待了這些隱喻。

7. 結　　論

在總結本文時我想指出，如果擺脫了認爲存在著在我們文化中居於中心地位、又向外散發著不好影響的所謂「哲學」或「形而上學」的觀念，就可更好地使用德里達的雙關語和他的神秘字詞。這並不是說，他的雙關語不顯得古怪，或他的語詞不強而有力，而只是說，圍繞著它們的急切語調頗不相宜。如果我們認爲，弗洛伊德所說的（由哥白尼、達爾文和他自己所產生的）各種離中心式的論述仍然使我們留守在同一塊地盤上，在這裏一切壞的舊二元對立原則具有支配地位，我們就只有採取這種海德格式的語調。但是這樣一種觀點形成了一個有關對立的怪物，它幸

而早已「被拉平爲不可理解性了，後者反過來起著一種僞問題的
來源的作用。」㉓海德格錯誤地認爲這是一種不幸。他認爲「最
基本的語詞」需要恢復力量。我同意德里達説的，在這裏海德格
耽於一種無意義的懷舊病。我們須要創造我們自己的基本語詞，
而不是去修飾希臘的語詞。但我不同意他的這樣的設想，即對於
被拉平的殘存的舊詞來説，不應只是取笑重新建立它們的企圖，
以及使它們產生的僞問題看似真實的企圖。在德里達較早的、更
富論證性的研究中，他的成效取決於使這些語詞看來既真實又迫
切。

　　我們不須將他的更欠愼重的追隨者的信念和實踐歸於他本
人，却可以説，他的早期著作中含有的哲學爲文化之中心的觀
念，鼓勵了文學批評家相信，德里達發現了解開任何一篇本文神
秘性的鑰匙。這種信念趨於極端時，竟導致批評家把每一本文當
成是「關於」同一些古老的哲學對立項：時與空，可感的與可理
解的，主體與客體，存在與生成，同一與差別等等。正當我們實
用的維特根施坦派治療家們慶幸自己使學術界去除了有關這些對
立項是「深層的」觀念時，正當我們認爲我們已把這套詞彙完滿
地拉平了和通俗化了時，我們發現一切珍貴的標準的老「哲學問
題」，被顯示爲我們心愛的詩歌和小説中的隱蔽程序了。這造成
了一種尷尬的社會情境：我們這些企圖消除標準問題的治療派哲
學家們現在發現，我們的老職業對手（如塞爾）與我們新的跨學
科的朋友（如卡勒兒）却取得了一致。他們兩人都認爲標準的區
別項是至關重要的。前者想重建這些區別，後者想消解這些區
別，但誰也不安於輕鬆地看待它們，使它們「非主題化」（de-
-thematize），把它們只看作一些特殊的比喻。對解構者正如對
實在主義者一樣，重要的是認爲形而上學（即那樣一種文學樣

式，它企圖創造獨一無二的、完整的、封閉的詞彙）是至關重要的。誰也不能承認它像史詩一樣是一種寫作樣式，它經歷非凡並發揮了重要的歷史作用，但它目前大體只殘存於自諷詩的形式之中。

只有當我們把這種樣式當作不只是一種吸引人的、人爲的歷史產物時，哲學的封閉性和文學的敞開性之間的對立才顯得重要。我堅持主張，在封鎖語言的古典企圖和逃脱任何擬議的封閉性的浪漫主義主張的這後一種對立，是形成不止於是「哲學」與「文學」間日常圖書分類式和系譜式對立的唯一基礎。於是回到我開始的那一點去，我認爲我們最好把哲學只看作古典與浪漫之間的對立在其中表現十分突出的另一種文學樣式。我們不應把「哲學」用作這種無所不在的對立中的古典一極的名稱。我們應當把古典與浪漫、科學與文學、秩序與自由等對立都看作是象徵著遍布於每一學科和每一文化領域中的一種內在的韻律。

我提議回到《精神現象學》和《浮士德》第二部中的反諷的折衷主義去，這可能顯得有些背時。但是如果我們是如此強烈的浪漫派，以至完全輕視古典派（古典時期的思想史就像是一個永恆輪迴的故事），那麼這個建議才顯得背時。我們將永不會停止在古典時期和浪漫時期之間搖搖擺擺，浪漫時期是這樣一個時代，在其中似乎（用羅賓遜·杰弗斯的話説）「歲月的長河繞著今年的岩石旋轉」。希望有一個我們將從其逃避這種搖擺的立足點，有如希望那種獨一無二的、完整的、封閉的詞彙，這是海德格和德里達正確告知我們將不會獲得的。

按此觀點，不存在一些被稱作「解構的形而上學」的迫切任務，這個任務在我們能夠對文化的其它部分施以作用之前應當先予履行。不管他本人怎麼説，海德格對哲學史的所作所爲不是使

其解構，而是進一步將其圈圍和隔離，因此而使我們能回避（circumvent）它。同樣不管德里達怎麼說，他所做的事是向我們指示了如何以尼采式的輕鬆自然對待海德格，如何把他對形而上學傳統的處理看作一種出色獨創的敘事，而非看作一種劃時代的轉換。這種理解德里達的方式並未使我們有理由認爲，像某些北美德里達主義者建議的那樣，他向我們指示了如何對所謂「文學」做海德格對所謂「哲學」做過的事。透過圈圍一種特殊的文學模式（哲學）將其迴避開是一回事，指出該樣式是一切其它樣式的構架或基礎則是另一回事。無論在海德格還是在德里達的著作中都未對後一種論斷提供任何可信性，這個論斷却是兩人大部分著作中未予置疑的前提。但是這個論斷對於益格魯·撒克遜的德里達主義者把哲學對立項當作任何任意選擇的文學本文的隱含主題的作法都是至關重要的。發現一種封閉的和完整的詞彙的企圖，產生了很多重要的大二元對立項，它們是詩人、散文家和小說家進而用作比喻手段的東西。但是我們可以完美地使用一個比喻手段，而無須認真看待它是這樣一種詞彙的一部分的主張。我們不須把它看作在解構自己，看作在自瀆自毀，以便逃脱它的有害的整體化的影響。因果性、獨創性、可理解性、文學性等等這類概念並無危險性和自毀性，正如落日和黑山雀並無危險性和自毀性一樣。在很久以前的某一國度裏，它們曾被認爲是具有神秘的力量，而這並非它們自身之過。

注　解

❶本文初稿是爲1983年夏西北大學文學批評與理論學院一次講演所寫，當時我正應邀在＜行爲科學高等研究中心＞從事客座研究。該篇講演題爲「一旦我們解構了形而上學，我們是否也必須解構文學？」十分感謝喬治‧哈特曼和其他人對該講演的評論，這促使我寫下了以現在這篇帶有更審慎標題的第二稿。

本文發表於《批評研究》，1984年9月第11期。

❷J.　卡勒爾：《論解構：結構主義以後的文學理論和批評》，伊薩卡，1982年，第149～150頁。

❸例如參見海德格：「世界圖畫的時代」，《「技術問題」和其它論文集》，W.　羅維特譯，紐約，1977年，第118頁，文中討論作爲一種「程序」的方法，而程序又要求「一種固定的地平面」。海德格把這一要求當作「技術的本質」。

❹例如德里達過於性急地舉出奧斯丁爲例，說他接受了傳統的意義觀，即認爲意義「在一種齊一性的成分內部被傳遞，在整個成分內意義的統一性和完整性沒有受到實質的影響」。（《哲學的邊緣》，A.　貝斯譯，芝加哥，1982年，第311頁；所有其它以MP爲縮寫標　的該書引文出處，均放入正文的括號內。）德里達說，這種觀念在整個哲學史上都爲人所主張。當他談到奧斯丁時，輕率地把奧斯丁自傲於已經避免了的各種傳統動機和態度都歸之於他。J.　塞爾在這一點上對德里達的批評，在我看來（多虧卡勒爾和C.　諾雷思）大體是正確的（參見＜重申區別：答德里達＞，載於《雕像》，1977年第1期，第198～208頁）。我並未在德里達回答塞爾的文章（參見「Limited　Incabc⋯⋯」，載於《雕像》，1977年第2期，第162～254頁）中看到德里達就塞爾責備他誤解了奧斯丁而提出挑戰，雖然德里達的確對奧斯丁和塞爾兩人所共同具有的種種形而上學假定提出了有效的批評（參見下面㉑）。在我看來S.　費施正確地把《如何用語言做事》理解作說了（關於語言，如果不是關於哲學）很多德里達本人想說的話。（參見費施：＜作者的贈予：論奧斯丁和德里達＞，載於《批評研究》，1982年夏第8期，第693～721頁，特別是結尾幾頁。）

❺由德里達來使我們能夠進行我前面引述過的段落中卡勒爾所描述的那種誤解，一個理由似乎可能是，過去幾十年來在盎格魯‧撒克遜國家裏

　　文學研究者傾向於躲避哲學，反之亦然，問題不在於我們欠缺一種方法，而只在於實際上沒有人同時閱讀文學和哲學兩類文獻，於是實際上沒有人能夠以卡勒爾建議的那種方式使這兩類本文交互作用。整個來說，新批評派和F. R. 里維思的影響是哲學性的。在M. H. 阿勃拉姆斯的《鏡與燈》一類書出版以前，英國文學研究者往往不大會去讀黑格爾的著作。同一時期，分析哲學的研究者被鼓勵使他們的文學閱讀與他們的哲學工作完全分開，並避免讀康德和弗雷格兩個時代之間的德國哲學。人們普遍認爲，閱讀黑格爾使大腦腐壞。（閱讀尼采和海德格被認爲甚至會導致更壞的效果，因爲這樣做會導致極不相宜的結果，使人變成大聲吼叫的法西斯野獸。）

❻G. H. 哈特曼：《援救本文：文學、德里達、哲學》，巴爾鐵摩，1981年，第xxi頁。

❼參見T. S. 庫恩：《科學革命的結構》，第二版擴大版，芝加哥，1970年。書中論述了當反常現象積累到一定程度而達到「危機」狀態時，科學家似乎開始趨向哲學了。

❽表示我所提出的這個論點的另一種方式是說，哲學問題並非「在那兒」有待去發現，而是被創造出來的。當人們想出了以前未被設想過的替代物，從而對以前無理由加以懷疑的某一常識性信仰提出質疑時，才出現哲學問題。按照我認爲杜威和德里達共同具有的形而上學觀點，把德里達或別的什麼人看作是「認出了」關於傳統一直忽略了的本文或書寫網絡性質的問題，這是錯誤的。他所做的只是想出了各種說話方式，這使得舊的說話方式成爲可以被選替的，因此多多少少是可疑的了。

❾我在《實用主義的後果》一書（1972～1980年論文集，明尼阿波利斯，1982年），第130～137頁中曾討論了這種願望。

❿德里達喜歡引用普羅提諾的「踪跡是無形式者的形式」這句話（MP. 第66頁注41，並參見第157頁，第172頁注16）。如果把這句話看作德里達本人使用踪跡（trace）一詞的意義的規定，那麼踪跡可看作意味著「那種哲學家需要而不可能具有的東西」。但我不能肯定是否應當這樣來理解。

⓫德里達：《立場》，貝斯譯，芝加哥，1981年，第6頁；對這部著作的引證，將用文中置入括號內的Pos來表示。

⓬參見Pos第35頁，在此德里達談到了「使科學擺脫形而上學束縛，這種束縛自科學開始以來一直限制著其定義和發展」。

⓭可參見《結構主義》，1980年商務版，第162頁上的注釋。——中

　　譯者。

⓮ 卡勒爾在上面引述的書中企圖保持德里達的某些論點（而且是尼采最糟的論點之一），但塞爾對此加以攻擊（參見＜顚倒了的字詞＞，載於《紐約書評》，1983年10月第27期，第74～79頁）。我想塞爾正確地說道，德里達的許多論點（還不提尼采的論點）都是極糟的。他尖銳地指出，很多論點依賴於這樣的假設：「除非一種區別可以成爲精確的和嚴密的，否則就根本不是一種區別」。但我認爲塞爾把這種辯證的情境大大簡單化了，從而誤解了和低估了卡勒爾的書和德里達的設想。他說德里達與胡塞爾都接受這樣的假設，即除非提供了哲學的「知識基礎」，否則就會「有某種東西被失去，受到威脅和破壞，或被懷疑」。（第78頁）但德里達對尋求知識基礎並無興趣，除了作爲一種被當作普遍科學的哲學觀的局部例子，這種哲學可透過在極其明確的詞彙中描述其它文化活動來爲它們「定論」。這種詞彙可透過造成一種內在的精確和嚴格來牢牢把握住世界（這與簡單地能夠解決在偶然的歷史關頭提出的諸個別問題相對立）。

　　塞爾對「明晰、嚴密、嚴格、理論的含括力以及尤其是理智的內容」的胡塞爾式的頌揚，正是以這種哲學概念爲前提的；他以這些頌詞來刻劃目前「語言哲學的黃金時代」，這個時代由於「喬姆斯基和奎因、奧斯丁、塔斯基、格賴思、達美特、戴維森、普特南、克里普克、斯特勞森、蒙塔古和十幾位其他第一流作者的」研究工作而大放光彩。當塞爾說這種研究工作是「在全面優越於解構哲學在其上寫作的水平的一個水平上被寫作」時，他正是企圖達到當下熟知的標準問題及在局部約束性模式內盛行的那種風格的極頂，對此德里達和尼采正是要加以嘲笑的（第78頁）。他正在採取的那種假設正是德里達在討論奧斯丁時（見前面注**❹**）所採取的，這就是，一個在不熟悉的傳統中工作的作者必定企圖（和未能）去做他更熟悉的作者們在做的那種事。認爲存在著可以用普遍的和非歷史的標準來衡量的所謂「理智的內容」，使塞爾與柏拉圖和胡塞爾聯繫在一起，而使他與德里達分離開來。塞爾討論德里達時的弱點在於，他把德里達看作從事著業餘式的語言學，而非看作在詢問著有關這種哲學價值的元哲學問題。

⓯ 海德格：《論時間和存在》，J. 斯坦姆保譯，紐約，1972年，第24頁。

⓰ 參見海德格：《早期希臘思想》，D. 克萊爾和F. 卡普吉譯，紐約，1975年，第52頁。

⓱ 海德格：《存在與時間》，英譯本，紐約，1962年，第262頁：「哲

學的最終任務是保存定在（Dasein）在其中表現自身的**最基本字詞的力**，並使通常的理解免於將它們等同於反過來作爲僞問題根源的那種不可理解性。

⑱然而德里達承認，胡塞爾錯誤地把《存在與時間》解釋「爲一種從先驗現象學向一種人類學方向的偏離」，而且海德格在其後期著作中含蓄池放棄了他先前的準現象學主張，即認爲自己在闡釋一種人類普遍的「對存在的日常模糊的理解。」（MP. 第118，第124頁）

⑲我認爲這是他個人的一種暢想。正如在"Limited Inc abc……"一文中十分明顯的那樣，「寫作優先性」所得出的一切乃是這樣一種主張，一切話語的某些普遍的特徵，在寫作中比在言語中看得更清楚。現在我認爲，我在幾年前所寫的一篇關於德里達的論文中，對言語與寫作之間的區別看得過於認真了。（參見〈作爲一種寫作的哲學：論德里達〉，載於《實用主義的後果》。）

⑳讓我用一個例子設法説明一下這個區別。你將不可能正確使用「角」這個詞和理解該詞的意義，除非你能也使用許多其它的詞，如「線」、「方」、「圓」等等。尤其是，你關於「角」意義的知識大體在於你從「它在一個角上」這一前提迅速躍向「它在幾條線相交處」、「它在一個角落上」這類結論的能力。你也必須能够從「它是一個圓」躍向「它没有角」。然而你也許被看作是把握了用法和意義，即使你的耳朵過於背以至於注意不到「角」、「英國」、「角」、「英國國教」等等的非推論性聯繫。你可以用英語和拉丁語做出迅速推論而仍然不能領會一個笑話，當教皇在《1066 and all that》這本歷史幽默名著中對英國學童的談話（"Non Angli，sed angeli"）被譯作〈不是安琪兒而是英國聖公會教徒〉。

㉑德里達理解奧斯丁的障礙之一是，他不理解在五十年代由於G. 賴爾之故這個觀念如何徹底地從牛津被根除。盎格魯·撒克遜人理解德里達的障礙之一是這樣一個假定，他可能做的一切就是過遲地發現奧斯丁和奎因已經知道的東西。

㉒關於對科學進步的這種態度的一個例子，參見M. 黑斯：《科學哲學中的革命與建設》（布魯明頓，1980年）。黑斯提出的重要的一點是，按「會聚性」所做的進步分析可適用於除「不存在諸概念的會聚可按其成立的明顯意義」以外的命題。（第x頁）用另一套理論概念來取代一套理論概念，這些概念本身都不可能根據一種主導的觀察語言來定義，對於達到更大的預測成效是重要的，但没有辦法把這種替換看作「更接

近事物實際狀況」，除非這只意味著獲得了更大的預測力」。如果這就是它的全部意義，人們就不可能根據更好地與現實相符的概念來說明科學的成功。在該書第四章＜隱喻的說明作用＞中黑斯提出，我們把科學理論看作隱喻，並總結說，「合理性正在於使我們的語言不斷地適應於我們的在連續擴展中的世界，而且隱喻是完成這一目的的主要手段之一」（第123頁）。我主張，黑斯的觀點可沿杜威的路線擴展到如此程度，以使得在科學和文化的其它部門之間不存在認識論區別。參見我的＜答德雷福斯和泰勒＞（以及隨後的討論），載於《形而上學評論》，1980年9月第24期，第39～56頁。

❷❸海德格：《存在與時間》，第262頁（在注❶❼中也引用過）。

附錄三

協同性還是客觀性？❶

　　善於思索的人類一直企圖按照兩種主要方式使生活與更廣闊的領域聯繫起來，以便使其具有意義。第一種方式是描述他們對某一社會做出貢獻的歷史。這個社會可以是他們生活於其中的歷史上真實的社會，可以是異時異地的其他真實的社會，也可以是純粹想像的社會，這個社會或許包含著從歷史中或小說中挑選出來的數十位男女人物。第二種方式是在他們和非人的現實的直接關係中來描繪自己的生存。我們説這種關係是直接的，意思是它並非由這樣一種現實和人類部族、民族或想像的團體之間的關係中產生的。我想説，前一種描繪方式説明了人類追求協同性的願望，後一種描繪方式則説明了人類追求客觀性的願望，當某人尋求協同性時，他並不關心某一社會的實踐與在該社會之外的事物之間的關係。當他尋求客觀性時，他使自己脱離了周圍實際的人，不把自己看作某個其它實在的，或想像的團體中的一員，而使自己和不與任何個別人有關涉的事物聯繫起來。

　　以追求**真理**概念爲中心的西方文化傳統（從希臘哲學家一直延續到啟蒙時代），是企圖由協同性轉向客觀性以使人類生存具有意義的最明顯的例子。因其本身之故，不因它會對某個人或某個實在的或想像的社會有好處而應予追求的**真理觀**，是這一傳統

的中心主題。也許由於希臘人逐漸認識到人類社會千差萬別，他
們才受到啟發萌生了這一理想。擔心坐井觀天，擔心囿於自己碰
巧生於其中的團體的界域局限，以及從異邦人角度觀看本團體的
需要等等因素，都有助於產生歐里庇得思和蘇格拉底所特有的那
種懷疑與譏諷的腔調。希羅多德思極其認真地看待蠻邦人，詳細
地描繪他們的習俗，這種意願也許是柏拉圖下述主張的必要前
兆，他認爲，超越懷疑論的途徑就是去設想一個共同的人類目
標，這個目標是由人性而不是由希臘文化提出的。蘇格拉底的離
異性和柏拉圖的希望的結合，產生了這樣一種知識分子的觀念，
即他不是透過所屬社會的公論，而是以一種更直接的方式與事物
的性質打交道的。

柏拉圖藉助知識和意見、表象和實在之間的區別，發展了這
樣一種知識分子的觀念。這兩種區別共同導致這樣一種看法，合
理的探索應當使非知識分子幾乎無從接近的、並可能懷疑其存在
的一個領域顯現出來。在啟蒙時代，這一認識體現在當時人們把
牛頓式的自然科學家當作知識分子的楷模。在十八世紀的大多數
思想家看來，瞭解自然科學所提供的自然圖景現在顯然應該導致
建立社會的、政治的和經濟的機構，這些機構應當與自然界符合
一致。從此以後，自由主義的社會思想就以社會改良爲中心了，
後者的出現是由於有關人類究爲何物的客觀知識，不是有關希臘
人、法國人或中國人究爲何物的知識，而是有關人類本身的知
識。我們是這一客觀主義傳統的子孫，這個傳統的中心假設是，
我們必須盡可能長久地跨出我們的社會局限，以便根據某種超越
它的東西來考察它，這也就是說，這個超越物是我們社會與每一
個其他的實在的和可能的人類社會所共同具有的。這個傳統夢想
著這樣一種最終將達到的社會，它將超越自然與社會的區別；這

個社會將展現一種不受地域限制的共同性，因爲它表現出一種非歷史的人性。現代思想生活的修辭學中很大一部分都把下述信念視作當然：對人進行科學研究的目標就是去理解「基礎結構」、「文化中的不變因素」或「生物決定論模式」。

那些希望使協同性以客觀性爲根據的人（我們稱其爲實在論者），不得不把真理解釋爲與實在相符。於是他們必須建立一種形而上學，這種形而上學將考慮信念與客體之間的特殊關係，而客體將會使真信念與假信念區別開來。他們還必須主張說，存在著證明信念真僞的方法，這些方法是自然存在的，而不只是局部適用的。這樣他們就必須建立一門將考慮這樣一種證明方法的認識論，這種證明方法不只是社會性的，而且是自然的，是從人性本身中產生的，而且是由自然的這一部分與自然的其餘部分之間的聯繫形成的。按他們的觀點，各種方法都被看成是由某一文化提供的合理證明法，它們實際上也許**是**也許**不是**合理的。爲了成爲真正合理的，證明方法**必須**達至真理，達至與實在的符合，達至事物的內在性質。

與此相反，那些希望把客觀性歸結爲協同性的人（我們稱他們作「實用主義者」），既不需要形而上學，也不需要認識論。用詹姆士的話說，他們把真理看作那種適合**我們**去相信的東西。因此他們並不需要去論述被稱作「符合」的信念與客體之間的關係，而且也不需要論述那種確保人類能進入該關係的認知能力。他們不把真理和證明之間的裂隙看作應當透過抽離出某種自然的與超文化的合理性來加以溝通（這種合理性可被用來批評某些文化和讚揚另一些文化），而是乾脆把這個裂隙看作是存在於實際上好的與可能更好的信念之間的。從實用主義觀點看，說我們現在相信是合理的東西可能不是**真的**，就等於說某人可能提出更好

的思想。這就是說，永遠存在著改進信念的餘地，因爲新的證據、新的假設或一整套新的詞彙可能出現。❷對實用主義者來說，渴望客觀性並非渴望逃避本身社會的限制，而只不過是渴望得到盡可能充分的主體間的協洽一致，渴望盡可能地擴大「我們」的範圍。至於說實用主義者在知識與意見之間做出區別，這不過是在較易於從其中獲得上述一致性的論題與較難於從其中獲得上述一致性的論題之間的區別。

「相對主義」是實在論者加於實用主義的傳統稱號。這個稱號通常指三種不同的觀點。第一種指那種認爲任何信念都像任何其他信念一樣有效的觀點。第二種觀點認爲，「真」是一個涵義不清的詞，有多少不同的證明方法就有多少種不同的真理的意義。第三種觀點認爲，離開了對某一社會（**我們的**社會）在某一研究領域中使用的熟悉的證明方法的描述，就不可能談論真理或合理性。實用主義者主張第三種人類中心論。但他並不主張自我否定的第一種觀點，也不贊成古怪的第二種觀點。他認爲自己的觀點優於實在論的觀點，但並不以爲自己的觀點符合事物的本性。他認爲「真」之一詞的流通性（「真」僅只是表示一種稱讚）保證了其單義性。按實用主義者的說法，「真」這個詞在一切社會中都有相同的意義，正如「這兒」、「那兒」、「好」、「壞」、「你」、「我」這些具有同樣語義流通性的詞在所有文化中都有相同的意義一樣。但是，意義相同當然是與指稱的不同，與規定該詞的方法不同是相容的。於是他覺得可以隨意把「真」這個詞當作一般的讚詞來用，尤其是用它來稱讚他自己的觀點。

然而我們並不清楚爲什麼要說「相對主義」是適合實用主義**的確**主張的第三種人類中心論觀點。因爲實用主義者並非主張一

種肯定性理論，斷言某種東西是相對於另一種東西的。反之，他主張的是純粹**否定性的**觀點，認爲我們應該拋棄知識與意見的傳統區別，這種區別被解釋爲作爲與實在符合的真理和作爲對正當信念的讚詞的真理之間的區別。實在論者稱這種否定的主張爲「相對主義」，其理由是他不能相信任何人會當真地否認真理具有一種內在的性質。於是當實用主義者説，根本不存在什麼真理，除了我們每一人將把那些我們認爲適於相信的信念讚爲真的情況以外，實在論者傾向於把它解釋作有關真理性質的更爲肯定的理論：它是這樣一種理論，按照這個理論真理只不過是某一個人或某團體的當時意見。這樣一種理論當然會是自相矛盾的。但是實用主義者並不具有一種真理論，更沒有一種相對主義的真理論。作爲協同性的擁護者。他對人類合作研究的價值的論述，只具有一種倫理的基礎，而不具有認識論的或形而上學的基礎。

關於真理或合理性是否具有一種內在性質的問題，或者關於我們是否應當具有一種有關真理或合理性問題的肯定性理論的問題，也就是我們的自我描述是否應當建立於對人性的關係上或某一特殊人類集體上的問題，即我們是應當追求客觀性還是追求協同性的問題，很難看出人們可以透過深入研究知識的、人的或自然的性質而在客觀性與協同性二者之間進行抉擇。的確，認爲這個問題可以這樣解決的提議，是站在實在論者的立場來用未經證明的假定去進行討論的，因爲它預先假定了知識、人和自然具有與所討論的問題相關的真正本質。反之，對於實用主義者來説，「知識」正如「真理」一樣，只是對我們的信念的一個讚詞，我們認爲這個信念已被充分加以證明，以至於此刻不再需要進一步的證明。按其觀點，對知識性質的研究僅只是對各種各樣的人如何試圖根據所信之物達成一致所進行的社會的與歷史的論

述。

我在這裏稱作「實用主義」的觀點，幾乎，但非完全等同於 H. 普特南在其近著《理性、真理和歷史》中所說的「內在論的哲學概念」。❸普特南把這一概念描繪爲放棄了對待事物的「神目觀」（God's eye）的企圖，即與我一直稱爲「渴望客觀性」的那種非人間因素（the non-human）接觸的企圖。不幸，他一方面維護我贊成的反實在論的觀點，一方面却又反駁許多持有這一觀點的其他人，如庫恩、費耶阿本德、福柯和我自己。我們都被稱作「相對主義者」。普特南提出「內在論」作爲實在論與相對主義之間的一條幸運的中間道路。他談到了「今日暢銷的相對主義學說的泛濫」，❹而且特別談到了「法國哲學家」主張的「某種文化相對論與『結構主義』的奇特混合物」。❺但當他對這些學說進行批評時，普特南能够攻擊的不過是所謂的「不可公度性」：就是說「在其他文化中使用的詞語不可能與**我們**具有的任何詞語或表達方式在意義或指稱方面相同」❻。他明智地同意多納德·戴維森所說的這一論點是自相矛盾的。然而對這個論點的批評至多是不利於費耶阿本德某些早期著作中的一些輕率論斷。一旦排除了這個論點，就很難看到普特南本人與他所批評的大多數人之間有何區別了。

普特南接受戴維森的這個觀點，他說道：「某一解釋圖式的完整證明……在於它使其他人的行爲按照**我們的**理解來看至少是最低限度地合乎情理的。」❼由此我們似乎自然可以進一步說，我們不能越出我們的理解範圍，我們不可能站在只由自然的理性之光照亮的中立基礎上。但是普特南從這個結論後退了。因爲他把我們不能越出自己理解能力的論斷，解釋成我們的思想幅度受到他所說的「制度化的規範」限制的論斷，制度化的規範就是可

據以解決一切論爭（包括哲學論爭）的公共準則。他正確地説，
並不存在這類準則，並斷言，主張有這類準則的説法正如「不可
公度性」一樣是自相矛盾的。我認爲他完全正確地説，那種認爲
哲學是這類對明確準則的應用之學的主張，是與哲學觀念本身相
矛盾的。❽人們可以這樣來解釋普特南的觀點，説「哲學」正是
在文化不再能按照明確的規則表述自身時所能從事的活動，哲學
已變成足夠悠閒高雅，它依賴著無法表述清楚的專門技術，**把實
踐學換爲體系學**，把與外國人的對話換爲對他們的征服。

　　但是在説我們不能使每個問題都訴諸由我們的社會加以制度
化的明確準則時，並未切中普特南稱作「相對主義者」的那些人
所提出的論點。這些人是實用主義者的一個理由正在於，他們與
普特南一樣不相信實證主義所説的合理性即運用準則之意。例
如，庫恩、M. 黑思（Hesse）、維特根施坦、M. 波拉尼（Pol
anyi）和M. 奧克肖特（Oakeshott）等人都不相信上述看法。
只有當某人的確把合理性想成這個意思時，他才會幻想「真」這
個概念在不同社會中意思不同。因爲只有這種人才可能想像有某
種可以挑選出來的東西，我們可以使「真」與其相對。只有當你
附和邏輯實證主義的觀點説，我們大家都稟賦著所謂「語言規
則」之物，它轄制著我們的一言一語時，你才會説人們不可能擺
脱自己的文化。

　　普特南在該書最富獨創性、最有説服力的部分中説，「合理
性是由局部的文化準則所規定的」這一看法，「只是實證主義的
奇特的類似物」。他説，它是「一種由人類學引起的唯科學論，
正如實證主義是由精確科學引起的唯科學論」。普特南所説
的「唯科學主義」是指那種把合理性看成應用準則的觀念。❾假
如我們拋棄這個觀念，採取普特南本人信奉的奎因的圖式，把研

究看作對諸信念網絡的不斷再編織，而不是看作把準則應用於個例，那麼「局部的文化規範」觀將失去其令人煩厭的地域偏狹主義涵義。因爲現在當我們說我們應當根據自己的智能工作，應當是「種族中心論」（ethnocentric）的時候，其意義僅僅是說，其他文化所提出的信念必須經由設法將其與我們已有的信念編織在一起的辦法來加以檢驗。正是由於這種爲普特南和他批評爲「相對主義者」的人所**共同接受**的整體論知識觀，各種不同文化才不至被理解成各種不同的幾何學類型。各種不同的幾何學是互不相容的，因爲它們都有公理結構和相互矛盾的公理。它們是**被設計成**互不相容的。各種文化並未經此設計，而且不具有公理結構。我們說它們有「制度化的規範」時，僅只是像福柯那樣說，知識與權力從不可分，人們如果不在某時某地堅持某種信念，很可能就要受罪。但是信念的這類制度性的支持物採取著官僚和警察的形式，而不是「語言規則」和「合理性準則」的形式。笛卡兒的謬誤却表現爲另外一種看法，他把不過是共同具有的習慣當成公理，把歸納這些習慣的陳述看作是紀錄制約這些習慣的決定因素。奎因和戴維森兩人批評把概念與經驗加以區分的理論，其部分意義在於，區分不同的文化與區分單一文化內各成員持有的不同理論，在性質上並無什麼不同。塔斯馬尼亞土著人和英國殖民者相互交流有困難，但這種困難與格萊斯頓和狄士雷利之間進行交流的困難只是程度上不同而已。這些事例中出現的困難只是說明爲什麼其他人與我們意見不同時的困難，只是在重新編制我們的信念以使分歧現象與我們持有的其他信念相協洽時出現的困難。奎因在解決分析真理與綜合真理之間的實證主義的區別時的論證，與人類學家在「文化之間」的現象與「文化之內」的現象之間所做的論證也是類似的。

　　不過，根據這種整體論的文化規範論，我們並不需要一種貫通各文化的、普遍的合理性，普特南就是引用這種合理性觀念來反對他所謂的「相對主義者」的。普特南在該書臨結尾時説，一旦我們拋棄了一種「神目觀」就會理解：「我們只能希望產生一種對合理性的更合理的**理解**，或對道德性的一種較好的**理解**，如果我們從我們傳統的**內部**來進行的話。我們樂於從事真正的人的對話……。」**❿**對此我完全同意，我想庫恩、海思和大多數其他所謂的「相對主義者」，甚至還有福柯，也會同意。但是普特南接著又提出了另一個問題：「這種對話有沒有一個理想的終點呢？是否存在著有關合理性的一個**真的**理解呢？是否存在著一種理想的道德性呢？即使我們迄今所有的一切只是對它們的各種**理解**？」我不明白這個問題的要點。普特南提出，一種否定的回答（即「只存在著對話」這種看法）不過是另一種形式的自相矛盾的相對主義。但是再説一遍，我不明白，説某種東西不存在何以能被解釋爲説某種東西相對於另一種東西存在。普特南在該書最後一句話中説：" 我們在談到我們的不同理解，就是對**合理性**的不同理解時，就等於提出了一個**限制概念**，一個關於理想真理的限制概念。」但是這種提法究竟目的何在呢？難道不是説，在上帝看來人類正朝著正確方向邁進嗎？當然，普特南的「內在論」會禁止他説出這類意思。説**我們**以爲我們在朝正確方向邁進，就等於附和庫恩説，我們能根據事後的認識把過去的故事講成一個在進步中發展的故事。説我們還有漫長道路要走，説我們目前的觀點不應當永世不變，對於需要提出限制概念來進行支持來説，是過於平庸無力了。因此很難理解，在「只存在著對話」和「還存在著對話向其匯聚的東西」這兩種説法之間的區別，又究竟能產生什麼區別呢？

　　我想指出，普特南在這裏無路可走之時又溜回他在其他論著
中正確批評過的唯科學主義去了。因爲，唯科學主義被定義作那
種把合理性看作應用準則的觀點，其根源正是一種對客觀性的願
望，普特南把這種願望稱作「人類的繁榮」，它具有超歷史的性
質。我想，費耶阿本德正確地指出，除非我們拋棄掉把研究以及
把一般人類活動都看作收斂的而非繁衍的，看作日益統一而非日
益分散的這類隱喻，我們就永遠不會擺脫那種曾經導致我們提出
神的存在來的動機，提出**限制概念**的假定，似乎只是告訴我們非
存在性的神（如果確實有的話）會對我們滿意的一種方式。如果
我們能夠只爲追求協同性的願望所推動，徹底拋棄對客觀性的願
望，那麼我們就會把人類進步看作能使人類完成較有趣的工作並
成爲較有趣的人，而不看作是朝向某一地點的邁進，這個地點多
少是事先爲人類設定的。我們的自我形象就會是去創作而不是去
發現的形象，這是曾經被浪漫主義用來稱讚詩人的形象，而非被
希臘人用來稱讚數學家的形象。在我看來，費耶阿本德正確地企
圖爲我們發展這樣一種自我形象，但是他的構想似乎被他本人和
他的批評者錯評爲「相對主義」了。⓫

　　按費耶阿本德指出的這一方向前進的人們往往被看作是啟蒙
精神的天敵，被看作是附和了這樣一種論調，即西方民主的傳統
的自我描繪業已破產，它們已被證明是「不適當」的或「自欺
的」。本能地拒絕馬克思派、沙特派、奧克肖特派、伽達默爾派
和福柯派等把客觀性轉換爲協同性的企圖，其部分原因是擔心我
們傳統的自由主義習慣和希望將會在完成這種轉換後不復存在
了。例如，在哈貝馬斯把伽達默爾的立場說成是相對主義和潛在
壓制性的批評中，在懷疑海德格對實在論的批評無論如何與他信
奉的納粹主義有聯繫的看法中，在認爲馬克思企圖把價值解釋爲

階級利益通常只是列寧主義式接管的託辭這類預感中，在把奧克
肖特對政治唯理主義的懷疑論僅看作對現狀的辯護的指示中，我
們都可察覺到這種預感。

我想，用這類道德與政治詞語而不用認識論或元哲學的詞語
來提出問題，可以更清楚地指明危機所在。因爲，現在問題並不
在於如何去定義「真理」、「合理性」、「知識」，或「哲學」
這些詞，而在於我們的社會應當具有什麼樣的自我形象。「必須
避免相對主義」這個儀式般的咒符，正如必須保持當代歐洲生活
習慣這類說法一樣是無所不包的。二者都是由啟蒙精神所滋營並
由後者根據理性的口號加以辯護的習慣，理性被看作是超文化的
人類與實在相符合的能力，被看作是一種機能。擁有和運用這種
機能可由人類遵從明確的準則一事加以證明。於是有關相對主義
的真正的問題是，這類思想、社會和政治生活中同樣的習慣，能
否爲一種被看作是無準則的應付活動的合理性概念，爲一種實用
主義的真理觀證明爲正當。

我的回答是，實用主義者如要證明這些習慣的正當性就不可
能不陷入循環論證，但對實在論者來說情況也是一樣。實用主義
者贊成容忍、自由探討和追求通暢的交流，只能採取在包括這類
習慣的社會和不包括這類習慣的社會中進行比較的方式，結果導
致這樣的看法：沒有那位經驗過兩類社會的人會偏愛後者。這可
以由丘吉爾民主的辯護加以說明，他把民主看作是一切可以想像
出的政府中最壞的形式，但除了那些迄今爲止人類已嘗試過的政
府形式外。這種辯護不是參照某一準則做出的，而是參照種種具
體的實際優點做出的。只有當被用來描述自由社會的讚詞是由自
由社會本身的詞彙中引出的時，它才是循環論證的。這類讚詞必
定包含在某種詞彙中，而在原始社會、神權政治社會或極權社會

中流行的讚詞將不會產生希望的結果。因此實用主義者承認，他
並不具有非歷史性的觀點，根據這種觀點可以認可他想去稱讚的
近代民主的習慣。這個結果正是協同性擁護者所期望的。但是客
觀性的擁護者們却再次引起一種對種族中心論和相對主義二者
造成的兩難困境的擔心。我們或者對我們自己的社會特別看重，
或者對任何其他社群裝出一種不可能的容忍態度。

　　我一直指出，我們實用主義者應當抓住這個兩難困境的一
端。我們應當說，在實踐中我們必須倚重我們自己的團體，即使
我們不可能對採取這一態度進行非循環式的論證。我們必須堅
持，世間無物可以免遭批評的事實，並不意味著我們有義務爲每
一件事進行論證。我們西方自由派知識分子應當承認如下事實，
我們必須以現實境況爲起點，這就是說，世上存在著許多我們根
本不能認真看待的觀點。用一個大家熟悉的紐拉特的比喻，我們
能够理解革命者的如下建議：遠航之船不能由構成舊船的木板來
建造，我們應該乾脆放棄船。可是我們不能認真看待他的建議。
我們不能把它當作行動規則，所以它不是一種真實的選擇。當
然，對某些人來說，這個選擇是真實的，他們是那些永遠希望成
爲一種**新人**的人，他們希望被改宗皈依而不是被說服。但是我們
這些尋求一致性的自由派羅爾斯主義者和蘇格拉底的子孫們，這
些希望使我們的歲月逐日辯證地相連接的人，却不能這麼做。我
們的社會（近代世俗的西方自由派知識分子社會）希望能對任何
觀點的改變給予事後回顧性的論述。可以說，我們希望能向早先
的自己證明我們的處事正當。這種偏好不是由人性硬加於我們
的，它只不過是我們目前實際的生活方式而已。⑫

　　這種別無依據的地域主義，這種承認我們只不過是歷史的、
而非某種非歷史的存在者的觀念，正是使羅爾斯一類的傳統的康

德自由派從實用主義退卻的原因❸。與此相對，「相對主義」僅只是一個會使人誤解的詞。實在論者在指責實用主義者是相對主義者時，再一次把自己的思維習慣加於後者。因爲實在論者認爲，哲學思想的全部意旨就是使自身與任何特殊社會脫離，並根據一種更普遍的觀點去看輕特殊社會的存在。當他聽到實用主義駁斥這種追求普遍性的願望時，簡直不能相信，他以爲每個人**必定**從內心深處希望這類脫離出現。於是他就把自己追求的脫離以歪曲的方式加於實用主義者，並把後者看作是好挖苦譏諷的唯美派以及純粹的「相對主義者」，這個相對主義者似乎拒絕認真地在不同社會之間加以區別。但是由協同性願望支配的實用主義者，只能被批評爲**過於**認真看待本身的社會了，只能批評他的種族中心論而不是相對主義。成爲種族中心論者，就是把人類區分爲兩大類，我們只須對其中一類人證明自己的信念正當即可。這一類（即我們自己的本族）包括那些持有足夠多的共同信念以便進行有益的對話的人。在此意義上每個人在進行實際辯論時都是種族中心論者，不管他在自己的研究中產生了多少有關客觀性的實在主義修辭學。❹

　　實用主義的看法中使人感覺困擾的不是它的相對主義，而是它取消了我們的思想傳統習以爲常的兩種形而上學安慰。一種安慰認爲生物種族團體的成員禀賦某種「權利」，這種看法似乎是沒有意義的，除非生物學的類似性使人具有這類共同的機制，它使我們的種族與非人的現實相聯繫，從而賦予該種族以道德尊嚴。這種作爲在生物學層次上傳繼下來的權利觀念對於西方民主的政治論說如此基本，以至於當我們聽到「人性」不是有用的道德觀念的任何說法時就會感到困惑。第二種安慰是說我們的社會不可能完全毀滅。以與客觀實在符合爲根據的共同人性觀安慰我

們說，即使我們的文明毀滅了，即使我們的政治、思想或藝術的社會的全部記憶都消失了，人類注定會重新獲得那曾是我們社會之榮耀的德性、見識和成就。作爲一種内在結構的人性觀使種族的全體成員向同一點會聚，確認值得誇耀的同樣理論、德性和藝術作品，這種人性觀向我們保證，即使波斯人獲勝，希臘人的科學藝術遲早會在其他地域出現。它向我們保證，即使奧威爾式的恐怖官僚政治統治一千年，西方民主的成就有一天仍將會爲我們遙遠的後代所恢復。它向我們保證，「人是永存的」，只要人類專心修煉他們内在的天性，像**我們的**世界觀，**我們的**德性，**我們的藝術**這類合理的東西就會再度突然出現。實在論觀念的安慰性，不只是宣稱在我們的未來存在著一片供人類使用的土地，而且宣稱我們已相當了解這片土地的模樣。我們大家都被譴責爲不可避免的種族中心論者，種族中心論因而既是實在論者令人安慰的觀點的一部分，又是實用主義者的令人不得安慰的觀點的一部分。

實用主義者放棄了第一種安慰，因爲他認爲，說某類人有某種權利，不過是說我們應當以某種方式來對待他們，却並非提出以該種方式來對待他們的**理由**。至於第二種安慰，他懷疑我們是否真的不能根除這樣一種願望，即與**我們**類似的某種生物將承繼地球，正如懷疑我們是否不能根除藉助某種令人滿意的理想化手段來超克個人死亡的願望。但他不想把這種願望轉化爲一種人性論。他希望把協同性當作我們**唯一的**安慰，而且無須爲它找到形而上學的支持。

我認爲，渴望客觀性部分上是害怕我們社會消亡的一種隱蔽形式，它正應驗了尼采的如下指責：柏拉圖以來的哲學傳統是企圖避免面對意外事變和逃避時間及偶然機會。尼采認爲，實在論

不只由於它的不能自圓其說的理論論證（我們在普特南和戴維森的理論中所看到的那類論證）而應遭到譴責，同時也因實際的、實踐的理由而應予譴責，他說道：「形而上學觀念的終止帶來的一個重要的缺點是，個人將過分認真地看待自己短暫的一生，並失去建設經久長存的制度的強烈衝動。」❶❺尼采認爲，人類性格的考驗是那種明知無會聚性而仍生存下去的能力。他希望我們能把真理看作：「一套可變動的隱喻、換喻、擬人化詞語，簡言之，一套人間關係。這套人間關係從詩學和修辭學上被提升、轉換和裝飾，並在長期使用中俘獲了人們，看起來像是必須絕對加以遵行的。」❶❻尼采曾希望，人類最終能夠並將要以這種方式來看待真理，但他們仍然喜歡自己，並把自己看作是**好的**人，對他們來說協同性就**足够**了。

我想，最好把實用主義對支持實在論的客觀性觀念的種種結構與內容區分法的批評，看成是企圖讓人們按上述尼采方式去理解真理，把這種批評看成完全是協同性的問題。因此我們才有必要不顧普特南的反對說：「只存在著對話」，只存在著**我們**大家，並應拋棄「超文化的合理性」的任何殘餘。但是這種態度不應像尼采有時做的那樣導致我們摒棄我們的一套可變動的隱喻中的成分，它們體現著蘇格拉底對話、基督的友愛和啟蒙時代科學的各種觀念。尼采把哲學實在論診斷爲一種恐懼和怨恨的表現，而他自己又出於怨恨而把沉默、孤獨和暴力加以別具一格的理想化。像阿多爾諾、海德格和福柯這類尼采之後的思想家，又把尼采對形而上學傳統的批評與尼采對資產階級禮俗、基督友愛以及那種認爲科學會使世界更宜生存的十九世紀願望所給予的批評聯繫起來。我不認爲在這兩種批評之間有任何值得注意的聯繫。我已說過，在我看來實用主義是一種協同性哲學，而不是一種絕望

哲學。按此觀點，蘇格拉底對神的背離、基督教從萬能創造者轉向在十字架上受難的人，以及培根從作爲思考永恆眞理的科學觀轉向作爲社會進步工具的科學觀，都可看作是對由尼采眞理觀暗示的社會信念的各種準備。**⑰**

我們這些協同論的贊成者對客觀實在論贊成者的最有力的辯駁是由尼采提出的，他說，鞏固我們習慣的那種傳統西方形而上學和認識論的方式，根本不再有效了。它不再起作用了。它變成了一種容易揭穿的把戲，正如有關神的假定一樣，這就是說，似乎由於幸運的巧合，諸神把**我們**選作他們的子民。於是當實用主義者說我們用協同感代替「純」倫理基礎時，或更準確地說，我們把我們的協同感看作並無基礎，除了由「大家共同具有」這一事實本身形成的共同的希望和信任以外，這種看法是根據實踐理由提出的。它**不是**作爲這樣一種形而上學主張的推論提出的，這種主張斷言，世界上的客體不包含內在地引導行爲的特性：它不是作爲一種認識論主張的推論提出的，這種主張斷言，我們欠缺道德感的機能；此外，它也不是作爲一種語義學主張的推論提出的，後者聲稱眞理可歸結爲對正當性的辯護。它是這樣一種建議，即我們如何看待自己以便避免那種令人怨恨的遲暮之感（尼采思想中壞的一面正以此爲特徵），這一點現已成爲大多數高級文化的特徵。這種怨恨之情來源於我在講演開頭提到過的那種看法，即啓蒙時代對客觀性的那種追求現已不再受歡迎了。被過分堅持和過分認眞看待的那種科學客觀性的修辭學，使我們遇到像B. F. 斯金納和像阿爾都塞這兩類人，但他們的幻想都是不得要領的，其原因正在於他們企圖對我們的道德和政治生活採取「科學的」態度。對唯科學主義的反動，導致把自然科學當作一種虛假的神加以攻擊，可是科學本身並無過錯，錯誤之處正在於人們

企圖將科學神化，這是實在論哲學特有的企圖。這種反動也導致把穆勒、杜威和羅爾斯共同具有的那種自由主義社會思想攻擊爲僅只是一種意識形態的上層結構，後者被說成是使我們的現實處境模糊不清，並壓制了改變處境的努力。可是自由主義民主並無過錯，那些試圖擴大自由民主範圍的哲學家們也無過錯。過錯只在於企圖把他們的努力看作未能達到他們並不曾企圖達到的東西：證明我們的生活方式「客觀地」優於一切其他可能的生活方式。簡言之，啟蒙精神的願望本身也並沒有錯，正是這一願望導致西方民主的創立。對我們實用主義者說來，啟蒙運動理想的價值正是他們創造的某些制度和實踐的價值。在本講中我一直設法把這些制度和實踐本身與客觀性擁護者們爲其提供的哲學辯護加以區分，並提出了一種替代的辯護。

注　解

❶本文係作者於1983年11月在日本名古屋南山大學的講演全文，譯自《南山美國研究評論》（英文版），1984年第6卷。在本文中「協同性」（Solidarity）指某社會團體中人們在興趣、目標、準則等方面的一致性。「客觀性」（Objectivity）指真理有獨立於或外在於社會和人類的客觀存在性。——中譯者

❷這種把社會一致意見而非把對非人現實關係作爲中心的真理態度，不只是美國實用主義傳統所特有的，而且也是波普爾和哈貝馬斯所特有的。然而應當注意，這與波普爾堅持以「可證僞性」取代「證實」作爲科學哲學主要觀念無關。波普爾對這一觀念的堅持被大多數美國科學哲學家看作是做作的而加以拒絕。在英國被看作是波普爾特有的大多數科學哲學觀點和社會哲學觀點，在美國已由於杜威之故爲人們熟知，這一情況與美國科學哲學家對波普爾上述觀點的拒絕可以共同說明這一事實：波普爾在美國從來不像在英國顯得那麼重要。哈貝馬斯本人對波普爾的批評類似於杜威式整體論者對實證主義的批評。然而哈貝馬斯本人忽略他自己的思想和杜威思想之間的類似性，而是專注於他與皮爾士的關係。不過重要的是看到，詹姆士和杜威共同具有的實用主義真理觀並不依賴於皮爾士和哈貝馬斯的「理想研究目的」觀念，也不依賴於「理想上自由的言語社會」。關於我對這類不充分的人類中心概念的批評，參見拙著《實用主義的後果》，明尼波利斯，1982年，第XIV頁，〈實用主義、戴維森和真理〉，載於即將出版的一本紀念戴維森的論文集，由E. 勒波爾（Le Pore）編，明尼波利斯，1984年，以及〈哈貝馬斯和萊奧塔爾論後現代性〉，載於即將出版的《國際實踐》，1984年。

❸H. 普特南：《理性、真理和歷史》，劍橋，1981年，第49～50頁。此書法譯本將由Minuit出版社出版。

❹同上書，第119頁。

❺同上。

❻同上書，第114頁

❼同上書，第119頁。參見戴維森的「論概念圖式的概念」，載於《1974年美國哲學協會會誌》，這是一篇有關我們必然是人類中心論者的觀點的典型論述。

❽參見普特南前書，第113頁。

❾同上書，第126頁

❿同上書，第216頁。

⓫參見（例如）P. 費耶阿本德的《自由社會中的科學》，倫敦，1978年，第9頁。在此書中費耶阿本德把自己的觀點看作是「相對主義（在普羅塔哥拉的古老的和簡單的意義上）。」這一認同是來自他的下述主張，「『客觀上』，在反猶太主義和人道主義之間沒有多大區別。」我想，費耶阿本德如果說應該乾脆把打引號的「客觀上」與支持主客區分論的傳統哲學的圖式——內容區分論拋棄，而不是說我們可以保留這個詞並用它來說普羅塔哥拉說過的那些話，就會對他更有利。費耶阿本德真正反對的是真理符合論，而不是關於某些觀點爲真、某些觀點爲假的觀念。

⓬對共同意見的這種追求，與對真實性的那種追求正相對立，後者想要擺脫我們社會的意見。例如參見V. 狄斯柯姆柏在《現代法國哲學》（劍橋，1980年，第153頁）一書中對德呂茲的論述：「即使哲學基本上是非神秘化的，哲學家們往往不能進行真正的批評；他們維護秩序、權威、制度、『體面』、一般人相信的每一樣東西。」我根據實用主義的和人類中心的觀點主張，一切批評可能或應當去做的就是使「一般人相信的東西」中的因素與其他因素相互競爭。如果像德呂茲那樣企圖做得超過這一點，就是去幻想而非去談話了。

⓭羅爾斯在《正義理論》中企圖透過想像一種由「無知帷布」背後的選擇者們設想的社會契約來保持康德「實踐理性」的權威性，即把這些選擇者的「合理的自利」當作某些社會制度的非歷史性正當性的試金石。這一企圖導致過去十年中英美社會哲學中一批重要的著作發表，並以M. 桑德爾的《自由主義和正義的限度》（劍橋，1982年）的出版告一段落。桑德爾說，羅爾斯的「幕後選擇」圖畫不能自圓其說。同時，羅爾斯本人採取了一種較少堅持非歷史正當性的元倫理觀。參見他的＜道德理論中康德的構造主義＞，載於《哲學雜誌》，1977年，同時，桑德爾強調說，對道德動機進行「構造主義的」論述之本質，最好被理解作使其行爲正當的願望，而非以「合理的自利」爲基礎。（參見斯坎龍Scanlon的＜契約論和功利論＞，載於《功利主義及其超越》，A. 西姆和B. 威廉姆斯（編），劍橋，1982年）。斯坎龍對羅爾斯的修正與羅爾斯後來的著作方向相同，因爲斯坎龍關於「由於他人不可能合理地拒絕的理由而對他人是正當的」觀念，與下述觀點一致，即對社會哲學重要的東西，是可對特殊歷史社會，而非對「一般人類」證明爲正當的東西。在我看來，關於羅爾斯的合理選擇者很像是二十世紀美國自由派的

通常看法，是完全正當的，但這並不指對羅爾斯的批評，我在＜後現代
主義的資産階級自由主義＞一文（《哲學雜誌》，1983年）中維護了這
一觀點。

⑭B．威廉姆斯在一篇題爲＜相對主義的真理＞的重要論文（收入他的《道
德幸運》，劍橋，1981年）中，根據「真正的對峙」和「概念的對峙」
之間的區別提出了類似的觀點。後一種對峙非對稱地出現在我們和原始
種族之間。正如威廉姆斯所説，這類人的信念系統並不爲我們提供實在
的選擇，因爲我們不可能想像轉向他們的觀點而不發生「自欺或妄想
狂」。這類人對某些問題的信念與我們的信念極少有一致之處，以至於
他們不可能與我們意見一致，並不會在我們心中引起關於我們自身信念
正確性的懷疑。威廉姆斯對「真實選擇」和「概念的對峙」的用法在我
看來極有啓發性，但我認爲他把這些用法轉向於它們並不適用的目的。
威廉姆斯想維護倫理相對主義，後者被認爲是主張説，當倫理的對峙僅
只是概念上的時，「疑問或贊成並不真地發生」。（第142頁）在我看
來這是威廉姆斯由於企圖在相對主義中發現什麼真的東西而被迫面對的
尷尬結果，這一企圖又是他的物理學相對主義的必然産物。（參見他的
《笛卡爾：純粹探究的構想》，倫敦，1977年）。在我看來，相對主義
中不存在真理，但在種族中心論中却存在著這類真理：我們不可能向每
個人證明我們的（在物理學或倫理學中的）信念正當，而只能向那些其
信念與我們的信念在適當程度上一致的人證明我們的信念正當。

⑮尼采《全集》（Schlechta）第一卷，第463頁。

⑯同上書，第三卷，第314頁。

⑰參見漢斯‧布魯門伯格《現代的正當性》（法蘭克福，1974年）一書中
關於歐洲思想史的一段故事，它與尼采和海德格講述的故事不同，把啓
蒙時代看作一次肯定的前進。對布魯門伯格來説，「自我斷言」的發
展，即培根描述自然和科學研究目的中所特有的那種態度的發展，應當
與「自我論證」相區別，後者是笛卡爾把這種研究建立於非歷史的合理
性標準之上的構想。布魯門伯格含蓄地説，對啓蒙時代的「歷史主義
的」批評，即始於本身可上溯至中世紀時代的浪漫思想的批評，破壞了
「自我論證」（Selbstbegründung），但未破壞「自我斷言」（Se-
lbstbehauptung）："Aus der Not der Selbstbehauptung ist die
Souveränitat der Selbstbegründung geworden, die sich dem Risiko
der Entdeckungen des Historismus aussetzt, in denen Anfänge auf
Abhängigkeiten reduziert werden sollten."（自我論證的自主存

在是由於自我斷言的需要而產生的，它冒著發現歷史主義的危險，而且從一開始即居於從屬地位。——中譯者）第一卷＜世俗化與自我斷言＞。

附錄四
非還原的物理主義❶

　　多納德‧戴維森（Donald　Davidson）是美國最傑出的哲學家之一，但是由於他的著作幾乎都是以論文形式發表的，因而其成就較難概述。本文將提出研究他的兩個最著名命題的一種觀點，這兩個命題是：在行爲理論（theory　of　action）中有關理由（reason）可以是原因（cause）的論斷；和在語言哲學中有關信念和非信念（non-beliefs）之間不存在被稱作「使真」（making　true）關係的論斷。我想表明，這兩個命題都有助於描繪，因而也就是證明，一幅物理主義的（或者，如果你願意的話，一幅「唯物主義」的或「自然主義」的）世界圖景。這兩個命題都是發展一種**非還原**物理主義的努力的一部分。在我看來，這一哲學觀點的發展是重要的，因爲它體現了近來在「歐洲大陸」哲學中可以看到的那類對西方哲學傳統中一些基本成分的批評。於是我想從這樣的觀點來介紹戴維森的思想，即指出在以詹姆士、杜威爲代表的美國哲學傳統和以尼采、海德格和德里達（J.　Derrida）爲代表的法國－德國哲學傳統之間的聯繫。

　　在爲這樣一種物理主義進行定義之前，我想先用戴維森第一個命題中的例子來說明一下，這個命題宣稱：理由可以（按照A.肯尼Kenny，C.安斯柯姆伯Anscombe，C.泰勒Taylor等各種

反還原論哲學家的思想）是原因。它也相當於説，某一事件可以
既用生理學詞語，又用心理學詞語加以描述；或者説，可以既用
非意向性詞語又用意向性詞語來描述。例如，當我拉開一扇門時
某種東西在我頭腦中出現了（比如説一組幾百萬個神經元帶上了
某種電荷結構），同時在我心中也發生了某種東西。如果這是一
扇房屋大門，我可能獲得這樣的信念：外面在下雨。如果是一扇
食厨門，我可能獲得這樣的信念：裏面没有麵包了。不論在那種
情况下我都可能有行爲。例如，我會説出某種表示厭惡或生氣的
話來。這類言語行爲牽扯到我軀體上某部分的運動。

　　我們希望，生理學有一天會找到從我大腦中電荷分布到我喉
嚨中神經——肌肉交會處的通路，從而使我們能根據大腦的狀態
來預測肌肉的運動。但是，在所謂「種族心理學」❷（folk psy-
chology）中我們已有一種根據我們所獲得的信念，並同時參照
我們的其它信念和慾望，來預測人的行爲的説明。戴維森提出，
我們把這兩種説明看作對同一過程的兩種描述，並把「心的」事
件和「物的」事件看作在兩種描述下的同一事件。在心與身之間
的區別，在理由與原因之間的區別，因而並不比對桌子進行的宏
觀結構描述和微觀結構描述之間的關係更爲神秘。

　　這一看法的要點在於指出，從運動語言向行爲語言轉譯的不
可能性，或把大腦狀態與被大腦所有者相信是真的那類句子加以
區分的不可能性，不應妨礙一種唯物主義的哲學觀。這類明顯的
轉譯的不可能性，導致對一種尚未被還原論沾染過的物理主義的
懷疑。在戴維森看來，在一種語言中，不能把其詞句透過同義語
規則或對等規則與另一種語言中的詞句聯結起來的事實，並不涉
及「不可還原性」的問題，譬如説，從心靈到大腦的不可還原性
或從語言行爲到運動的不可還原性。所以，它與物理主義的真確

性無關。

　　我將透過概括這一要點來把「物理主義者」定義作這樣一種人，他打算說，每一事件都可用微觀結構的詞語描述，這一描述只涉及基本粒子，並可透過參照其它如此描述的事件加以說明。例如，這個定義可適用於像莫扎特在作曲或歐幾里德考慮如何證明一個定理這類事件。因此，當我們說戴維森是**反還原論的**物理主義者時，就等於說，他把這一斷言與下述學說結合了起來：即「還原」是一種僅只存在於語言詞項之間的關係，而不是一種存在於本體論範疇之間的關係。爲了把x的語言還原爲y的語言，我們就必須證明：（a）如果你能談論y的語言，就無需再談論x的語言；或者（b），用x的語言進行的任一描述，僅只並完全適用於用y的語言進行的某一描述所適用的事物。但不論那一種還原論所表明的「x的語言**不過是**y的語言」的說法，都不比「y的語言**不過是**x的語言」的說法有更多的涵義。

　　按照戴維森的看法，人們不可能對此加以證明。一個x就是其本身，而不是其它的東西。因爲大致說來，某物是一個x，就是說它被這樣一組真語句所意指，這組真語句基本上包含著詞「x」。對於大多數值得注意的x與y的例子來說（例如心與身，桌子與粒子等等），我們看到很多有關x的真語句，在其中「y」不可能被替換成「x」而仍然保持真確。表明「沒有x」的唯一方法或許是表明並不存在這類語句。這就相當於表明，「x」和「y」彼此僅只有風格上的差異。任何值得注意的有關人們假定存在著的本體論還原的哲學例子，都不會是這種情況。

　　此外，情況也極不可能是這樣：我們或者能實現（a），或者能實現（b）。就是說，我們不大可能證明，某段時間內進行

的語言遊戲實際上是非必需的。因爲，在一段時間內被使用的工具總會繼續有用處。一種工具能被拋棄的情形，只有在一種新工具被發明出來並被使用一段時間以後才會發生。例如，在對牛頓語言有了幾百年的經驗以後，我們大家才會一致認爲，不再需要亞里士多德的語言了。在人類有了五百年的世俗文化的語言的經驗之後，才發現自己不再關心宗教語言的使用了。在這種情況下，人們之所以不再談論x，並非因爲某人完成了一項哲學的或科學的發現，譬如去斷言：不存在x，而是因爲沒人再需要進行這類談論了。本體論的節約（ontological parsimoney），如果存在的話，不會是（像實證論者認爲的那樣）透過純理論性的「語言分析」達到的，而是在日常實踐中達到的。

因此，按照這種非還原論的看法，成爲一名物理主義者完全與下述說法相容：即我們或許會永遠談論一些心的存在物，如信念、慾望等等。這類談論不是隱喻式的，不必要放進括號裏，不需要使其更準確或更科學，不需要什麼哲學闡述。此外，如果認爲談論心的問題是出於方便考慮，而不應把它看作是「關於世界狀況的真理」，這就錯了。說我們將永遠談論信念和慾望的問題，就是說，種族心理學或許仍然是預測我們的朋友或相識下一步將要做什麼的最好方式。對戴維森來說，這就是「確實有心的存在物」這種說法的全部涵義。同樣，預測桌子行爲的最好方式，或許仍然是把它**作爲**桌子，而不是作爲粒子組合或柏拉圖原型式的**桌子**理念的模糊翻版來談論。

爲了闡明這個反還原論觀點中包含的矛盾含混之處，我需要進而談談戴維森主要學說中的第二點，即世界的事物並不使語句（更不會使信念）真確。這種學說似乎包含了一種明顯的矛盾。例如，我們傾向於說，雨或麵包是使我在開門時所獲信念爲真的

東西。不在「世界實際存在的方式」與「談論世界的方便的、但隱喻式的方式」二者之間做出區別，似乎也是自相矛盾的。但是戴維森却情願接受這兩種矛盾，以便擺脫傳統的西方哲學圖畫，他認爲這幅圖畫是受「圖式與内容」二元論支配的。

這幅圖畫表明，我們語言中的某些語句「與現實符合」，而另一些語句的真實性似乎只是按習慣才言之成理的。關於基本粒子的語句是第一類情況的最佳可能例子，它受到還原論的物理主義者的支持。有關倫理的或美學的價值的語句，是第二類情況的最佳可能例子。柏拉圖曾主張，意見的對象必定不同於知識的對象，後來的哲學家們追隨這一思想路線説，前者不是由於世界的關係而是由於我們的關係才「成爲真的」。按照這種還原論的觀點，表示評價的語句，如果它們有任何一種真值的話，只是出於方便、趣味、習慣或某種相當於「主觀性」的東西才如此的。

戴維森建議，我們應當抛棄在第一類真理和第二類真理之間，在表示「事實」的語句和不表示事實的語句之間的這類區分。我們可以用在供某一目的之用的語句和供其它目的之用的語句之間的區別來取代它。例如，一種語言可能履行的一個目的，是去表示任何時空片斷的能力，不管這個片斷是大還是小。現代粒子物理學的語言即爲此目的服務。没有其它語言會完成這一任務，所有其它的目的，如預測桌子和人將有何行動，讚美上帝，治療心身疾病，寫詼諧詩等等，都將藉助於其它詞彙系統來實現。但是，在戴維森看來，這些目的彼此都是等價的。與奎因不同，他並不打算根據形而上學理由把物理學的語言稱讚爲「描繪了現實的真的和最終的結構」。

現在我們可以看到，我在開頭談到的戴維森的兩個基本命題是聯繫在一起的。承認戴維森對「與現實符合論」和「事實論」

的看法，就等於是避免了一種導致還原論的衝動，包括那種導致
唯物主義還原論的衝動。承認戴維森的有關理由和原因之間的關
係論，或更廣泛地説，心物關係論，就是賦予物理主義者一切他
應需要的東西，就是滿足了他的一切合法的要求，就是容許他對
自然科學給予後者有權享有的一切讚揚。但它將不容許他滿足其
形而上學的、還原論的需要。它將不容許他斷言，他已最終把握
了世界的或人類的「本質」。

　　　　*　　　　　*　　　　　*　　　　　*　　　　　*

　　我把戴維森看作是當代分析哲學中整體論派與實用主義派的
最高發展。另一方面，整體論與實用主義也是反對柏拉圖的和宗
教的世界觀的長期鬥爭的最高發展（這一鬥爭遠遠超過了「分
析」哲學的界域）。下面我試圖透過勾勒有關人類自我與世界之
間關係的三個模型來指出戴維森的重要性。我認爲，這三個模型
總結了（當然是相當粗糙地）西方形而上學的歷史。

　　我提出的有關自我與世界之間關係的第一個模型是比較簡單
的。這個模型想表示柏拉圖主義和基督教之間的「最小公分
母」。

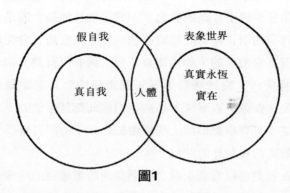

圖1

　　圖中的兩個相交圓分別表示**假自我**和**表象世界**。兩個圓的相交部分構成了「軀體」，這是我們與獸類共同具有的。這兩個大圓中的每一個都包含了兩個小圓，它們分別表示**真自我**與**真實在**，柏拉圖主義與基督教的基本觀念是，只要我們能除去外邊的圓圈，裏邊的兩個圓圈就會同源性的，甚至是完全相同的。

　　於是這個模型表示了一種簡單的和並不複雜的願望，即透過「看穿」虛幻的帷幕，或透過使自己脫離由原罪造成的「污垢」，來使自己同比自己更大和更好的東西結合起來。其結果導致上升到柏拉圖分層世界的最高層，或基督教的至福直觀，或人與較大、較好的存在者的同化，而人在不自覺中始終就是這個同化的對象。根據這一模型，人類研究偶然的經驗現象至多只是爲了建築一個階梯，它可使人最終上升並離開經驗現象。我們希望，這架梯子最終能被拋棄掉。

　　一旦承認（正如西方在十七世紀和十八世紀承認過的那樣）「真的實在」有如德謨克里特所設想的那樣，而不是像柏拉圖所設想的那樣，這就是說，科學是研究「原子和虛空」的，那麼，柏拉圖主義和基督教共同具有的道德的和宗教的衝動，就必須在**真實自我**中尋找其對象。這樣，上帝就成了「在內的」，其意義是，逃脫時間的和偶然的世界的企圖，將由下面模型的某一個變型來表示。

　　按照這個模型，世界（它現在包含著人體）被看作「原子和虛空」，却不包含任何道德的或宗教的涵義。另一方面，自我變得更複雜和更有趣，正如世界變得更簡單和更無趣一樣。圖中的**自我**包含著三個層次：最外層包括經驗的、偶然的信念和慾望；中層包括必然的、先驗的信念和慾望，它「結構著」或「構成著」外層；以及一個無法用語言表達的內核。大致來説它與柏拉

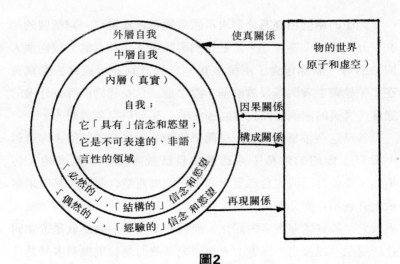

圖2

圖和基督教模型中看到的**真實自我**相同。最裏面這一層也相當於
費希特的本體論，叔本華的意志，狄爾泰的體驗，柏格林的直
觀、良心之聲、不朽的暗示等等哲學領域。這個無法表達的內核
——內自我——是一種「具有」信念和慾望的東西，後者組成著
中層自我和外層自我。它不相當於由信念和慾望構成的體系，而
且它的性質不可能透過參照信念和慾望來把握。

我將把圖2稱作「後康德的」模型，以便指出在過去兩個世
紀中，大多數西方哲學家都把這個模型的某一變型視爲當然正
確。在世界被自然科學接管以後，只有自我成了哲學的保留地，
因此這一時期中大多數哲學的目的是說明自我的三個部分之間的
關係，以及每一自我與物質現實的關係。

在圖2中，「因果關係」線把外層自我和世界加以雙向聯
結，但其它幾條關係線只是單向的。「使真關係」線從世界達到
外層自我，而「再現關係」線從外層自我達到世界。「構成關

係」線從中層自我（即必然真確和先驗結構的領域）達到世界。
從這個「後康德的」第二模型轉換到「非還原物理主義」的第三
模型，是透過塗掉「因果關係」線以外的所有其它關係線來完成
的。這個塗抹的過程可被看成是具有以下的步驟：

（ａ）我們塗掉「再現」關係線，是按照皮爾士的路線完成
的，即把信念解釋爲一種行動規則，而不是一幅由心理內容組成
的圖畫。這就是，我們把信念看成是對付現實的工具，即看作一
種如何行動以應付某些偶然事件的決定，而不是把信念看成某種
現實的表象。按此觀點，我們無須關心下面這類問題：「物理學
是符合實際世界結構呢，還是僅只是符合對我們顯現的世界結構
呢？」因爲，我們不再把物理學看作與任何東西相**符合**。這樣，
像太陽是否真地在太空當中這樣的問題，就與托勒密或哥白尼是
否給過我們與世界鬥爭的更好的工具這個問題一樣了。

（ｂ）我們先塗掉外層自我和中層自我之間的分界，然後再
塗掉「構成」關係線。是奎因率先塗掉外層自我與中層自我之間
的分界線的，這就是說，他使必然真理與偶然真理之間的區別不
再涇渭分明了。其辦法是對某人的言語採取一種「外在論的」而
非「內在論的」研究法。於是，不是要求這個人在他想像不出如
何可以放棄的（所謂「先驗的」）信念與慾望和其它存在物之間
加以區分，而是乾脆放棄內省法。這就是說，我們問觀察這個人
的言語行爲的人，他是否能區分「偶然的」經驗常談（如奎因舉
的例子：「存在著一些黑狗」）的語言表達與「必然真理」（如
「２加２等於４」）的語言表達。在這一假定下，我們就不得不接
受奎因對這個問題的回答：透過行爲觀察所獲得的一切，是某人
在放棄信念時表示出的頑固性的度量。當有關種類上的區別弱化
爲有關程度上的區別這一過程被內在化以後，內省法所能做的一

切就是去估計「中心性」的程度，每一信念在某人整個信念體系中都具有這一性質。內省論者不再能找出一種所謂「相反信念的不可想像性」的性質，而只能找到一種叫作「想像如何使相反信念與人的其它信念相一致的困難性」。這就是說，在產生構成作用的「結構」和被構成的「經驗真理」之間就不再有區別了；同時在先驗「範疇」與純「經驗概念」之間也不再有區別了。戴維森把這一觀點概括爲如下的論斷：我們應當放棄圖式與內容之間的區別。

（c）正像皮爾士塗掉了「再現」關係線，奎因塗掉了「構成」關係線一樣，戴維森塗掉了「使真」關係線。這就等於說，如果我們有了在世界和自我之間存在的因果關係（就像在開門動作和同時獲得某種信念之間的那種關係）以及內在於**自我**的信念與慾望網絡之間的那種證明關係（「是…的理由」），我們就不再需要任何其它關係去說明自我如何與世界打交道了，反之也是一樣。我們可以透過對信念與慾望體系的連續再編織過程的描述，充分講清（在一切領域中，在邏輯、倫理學以及物理學中）人類探索的進步歷程。我們之所以需要這個再編制過程，是爲了獲得新的信念和慾望，例如，由在此世界中開門一類日常事件（而且，如我下面要講到的，由於發明了「成功的」隱喩）在人心中引起的那類信念和慾望。我們不需要再問這樣的問題（這個問題在密歇爾·達美特（Michael Dummett）在「實在論」與「反實在論」之間加以對比的討論中占有中心的地位），即是否在世界上存在著會使代數真理、道德真理或美學判斷爲真的那類事物。因爲，雖然存在著獲得信念的原因和保持或改變信念的理由，卻並不存在有關信念的真理的原因。

在這樣連續地塗掉**圖2**中諸關係線之後，我們只剩下了非還

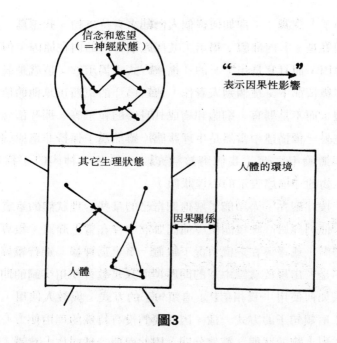

圖3

原的物理主義的模式，它可用**圖3**表示如上。

　　按此模型，自我和世界之間的區別就被個別人（可用心的詞語與物的詞語描述）和宇宙的其餘部分之間的區別所取代。個別人為軀體的輪廓線所限定，於是說明出現在該界線內的事件與一切其它事件之間的關係的任務，就是一個去假定或觀察在這些輪廓線內的諸實體的問題：這些實體是人的行為的內在原因。這些原因既包括微觀結構的又包括宏觀結構的存在物，既包括心的又包括物的存在物：其中包括荷爾蒙、正電子、神經突觸、信念、慾望、情緒、疾病、多重性格等。

　　我這樣繪製出來的第三個模型可能表明遺漏了某些東西，即如何從內部看待事物。的確，這是對唯物主義的典型反駁之一：

漏掉了「意識」，即如何從個人內部來看待事物。我認爲，對此的回答是，「內部觀」揭示了某些人類行爲的內在原因，但非全部原因，而且它是用「心的」描述方式去揭示的。這就是說，在大多數情況下，被個別人看作「他自己」的東西正是他的信念和慾望，而不是器官、細胞和構成其身體的粒子等。那些信念和慾望在另一種描述中當然是生理狀態（雖然爲了保持非還原論特有的本體論中立性，我們應該補充說，那些「神經的」描述是用「物的」描述表示的心理狀態）。

　　按此觀點，人類能了解他們自己的某些心理狀態的事實，並不比他們經過訓練後能報導他們血液中存在腎上腺素、報導自己的體溫，或報導在危機情況下缺血一事更爲神秘。進行報導的能力不是「出現於意識中」的問題，而只是教會使用字詞的問題。教人如何使用「我相信P」這類句子的方式，與教人使用「我發燒」這類句子的方式一樣。因此我們沒有特殊的理由使「心的狀態」與「物的狀態」截然分開，因此而與一種叫作「意識」的實體發生形而上學式的內在關係。如果採取這個觀點，就可一下子消除掉大多數康德以後的哲學問題。

　　儘管我們放棄了「意識」概念，却仍可毫無妨礙地繼續談論叫作「自我」的那種與意識不同的實體，這個實體是由人的諸心理狀態組成的：他的信念、慾望、情緒等。重要的是，把這些事物的組合看作是自我，而不看作是自我有的某種東西。這種看法是這樣一種西方傳統中存在的誘惑的殘餘，即按視覺去思維的模式以及假定存在著一種「內在目光」，它細察著各種內部狀態。一種非還原論的物理主義模型是用一幅不斷在反覆編織中的信念與慾望網結的圖畫（某些舊的項目被委棄，某些新的項目又被添上），取代了這個傳統的隱喻。這個網結不是一個被不同於網結

本身的作者（像一名老織工似地）所編織的。而是說，網結**反覆編織著自身**，以便對例如在開門時獲得的新信念這類刺激進行反應。

　　這幅圖畫很難與我們的日常言語協調一致，在日常話語中，「我」和我的信念與慾望不同，而且「我」在信念與慾望等等之間進行挑選、選擇等等。但如貝克萊所說，我們應當用文語思維，却應繼續用俗語說話。重要的是，避免把日常語言看作是會使人們以爲畢竟存在著某人的「眞自我」和「內在核心」這類東西，它仍然被看作是與人的信念和慾望的變化無關的東西。實際上，既無自我的中心，也無大腦的中心。正如神經突觸彼此不斷相互作用，不斷編組不同的電荷結構一樣，我們的信念和慾望也存於連續的相互作用中，在句子之間反覆重新分配其眞值。正如大腦並非某種「具有」這些突觸的東西，而只是這些突觸的聚集物一樣，自我也不是某種「具有」信念和慾望的東西，它不過是這些信念和慾望的網絡。

＊　　　　　＊　　　　　＊

　　我希望這一簡短而欠完整的概述至少能表明這種哲學觀的特色，在我看來，戴維森的研究爲這一哲學觀做了最後的潤色。在前面我企圖指出，近來的美國哲學（那些發源於皮爾士、詹姆士和杜威，後來又爲奎因、塞拉斯、普特南和戴維森所繼續發展的哲學）產生了一種既是（杜威意義上的）「自然主義的」又是非還原論的人類觀。在本文結尾我將再補充談一下，這種物理主義如何能夠吸收每一種被值得保留的「先驗論的」哲學傳統看作是「精神領域」的東西。

　　一般人認爲，承認想像的文學的（以及更廣泛地說，藝術、神話和宗教等一切「高級」事物的）文化作用，是與自然主義哲

學不相容的。但是，之所以如此是因爲，自然主義迄今爲止都被等同於還原主義，等同於找到一種足以陳述一切應被陳述的真理的單一語言的企圖。這種企圖和那種把「確實真理」等同於「科學真理」，而把文學當作僅只提供「隱喻真理」的企圖是互有聯繫的，所謂隱喻的真理其實根本不曾被看作是真理。自柏拉圖以來的通常理解是，在種種詞彙系統中我們使用最多的一種詞彙反映著現實，而其它詞彙至多只是「啟示性的」或「暗示性的」。

　　按照戴維森的語言觀，隱喻是在編織我們的信念和慾望的過程中的基本工具；沒有這個工具就不會有科學革命或文化的突進，而只有改變語句真值的過程，這些語句是在永遠不變的詞彙中表述的。戴維森對隱喻的處理與M. 黑思（Hesse）把科學理論描述爲「對被說明者的領域進行隱喻的再描述」是一致的。在科學中，在道德與政治中，以及在藝術中，我們有時會覺得不能不說出一個初看起來是假的、卻似乎是有闡明力的和有成效的語句。這類語句在其剛被使用時「僅只是隱喻」。但有些隱喻是「成功的」，其意義是，我們發現它們如此不可抗拒以至於企圖使它們成爲信念，成爲「確實真理」的備選者。

　　爲此我們透過由新的、令人驚異的、隱喻式的語句所提供的詞語，去重新描述某一部分現實。例如，當基督徒開始說，「愛是唯一的法則」時，或者當哥白尼開始說，「地球繞太陽轉動」時，這些語句看來必然僅只是「說話的方式」（Ways of speaking）而已。同樣，「歷史是階級鬥爭的歷史」或「物質能變爲能量」這類語句在初次被說出時似乎也是不真實的。這些語句可能會被頭腦簡單的分析哲學家判斷爲「概念混亂」和虛假，因爲「法則」、「太陽」、「歷史」、「物質」這些詞的意義是含混的。但當基督徒、哥白尼主義者、馬克思主義者或物理學等根據

這些語句完成了對現實的某些部分的重新描述後，我們就開始把
這些句子當成非常可能是真的假設了。之後，這些句子的每一
個，至少對某一研究者團體來說，都作爲顯然是真的句子被接受
了。

　　隱喻的産生和被「文學化」的現象，是西方傳統認爲必須運
用「物質」與「精神」的對立來加以説明的。這個傳統把藝術創
造和道德或宗教的「靈感」看作是不能用在説明「純物理現實」
的行爲時所使用的詞語來説明的。於是我們也會看到支配著康德
以後西方哲學中的那種「自由」與「機械論」之間的對立。但在
戴維森看來，「創造性」與「靈感」僅只是對人類有機體能力的
説明，即那種提出不適用於舊的語言遊戲並用於修改舊語言遊戲
和創造新語言遊戲的能力。這種能力在文化和日常生活的每一領
域中都經常在運用著。在日常生活中它表現爲機智，在藝術和科
學中，當我們回過頭來看時，它表現爲天才。但實際上，在所有
這些情況下，一個（個人的或集體的）信念與慾望的網絡被編織
起來以適應一種「內部的」而不是一種「外部的」刺激——這種
刺激是一種對字詞的新的用法，它與一個日常語句被賦予的新的
真值相對立。

　　正如雅克·德里達（J. Derrida）這類哲學家所指出的，西
方哲學傳統把隱喻一向當作一個危險的敵人。這一傳統建立
於「確實的真理」與「純隱喻」二者之間的對立上，前者被看成
是「與現實符合」的，後者則被看成一種誘人的、有迷惑力的、
危險的誘惑物——一種「逃離現實」的誘惑。在確實的真理與隱
喻之間的這種對立，以康德以後的哲學中特有的那種科學與藝術
之間的對立爲背景。在傳統上，科學與責任、道德、社會品德、
人類共同利益等現象相聯繫，藝術則與私人性、個人特質、自私

的享樂、極端個人主義和不負責任相聯繫。德里達和戴維森幫助
我們擺脫了這一人爲的對立。

　　如果西方要想挣脫這種可上溯至由柏拉圖描述過的「哲學與
詩歌之爭」的對立，那麼在一種重要的意義上，西方的文化就不
會再是西方特有的了。它就有可能克服由西方的科學與技術成就
產生的那種唯科學主義的誘惑。我想，戴維森的非還原的物理主
義既能使我們懷有我們所需要的那種對科學的充分尊重，又能使
我們對藝術懷有足够的尊重，其程度將超過西方哲學傳統一向所
容許的範圍。

注　解

❶本文是羅蒂爲中文《哲學研究》撰寫的論文。1985年6月29日羅蒂來中國社會科學院哲學研究所講演時宣讀過。原文將收入《D.亨里希紀念文集》。中譯文曾刊於《哲學研究》，1985年第10期。

❷folk-psychology，研究原始部族人的心理與行爲關係的學科。──譯者

參考資料注釋

　　戴維森的論文現已編成兩本書：《行爲和事件文集》（牛津，克拉倫敦出版社，1980年）和《真理和解釋的研究》（同上，1984年）。關於在某一描述中理由即原因的論述載於第一部書的各篇中。關於沒有事物可使語句眞的論述由第二本書中若干篇文章提出，並在一篇題爲《眞理和知識的一致論》的論文中得到清楚的闡明，這篇文章提出於1981年斯圖加特的黑格爾大會上，並收入《多納德·戴維森的哲學：研究眞理和解釋的一種觀點》（E. 勒波爾編，牛津，巴西爾·布拉克維爾出版社，1986年）。有關後一問題與美國實用主義的詹姆士——杜威傳統的聯繫，參見R. 羅蒂：《實用主義、戴維森和眞理》，載《多納德·戴維森的哲學》。戴維森最重要的論文之一是他與西方傳統的「圖式與內容的二元論」的論爭，參見＜論一個概念圖式的觀念＞，載《眞理與解釋的研究》。關於戴維森的隱喻研究，參見他的＜隱喻意味著什麼＞，載於同書。關於隱喻在科學理論中地位的、與戴維森觀點一致的研究，參見M. 黑思：《科學哲學中的革命和建設》（印第安那大學出版社，1980年）。

　　關於德里達論隱喩問題的著作，特別參見他的文章《白色神話學》，載於他的文集《哲學的邊緣》（巴黎，子夜出版社，1967年）。關於德里達和戴維森的比較研究（因此也就是在美國實用主義傳統的成果和從尼采到海德格的「大陸」哲學之間的比較）可參見S. 惠勒爾（Wheeler）的論文《法國的解釋的不確定性：戴維森與德里達》，載《多納德·戴維森的哲學》，並參見他在《一元論》未來一期中將刊出的論文：《解構的擴展》。

　　關於西方哲學特有的「視覺性隱喩」和中國哲學欠缺這類隱喩的問題，參見J. F. 比也特（Billeter）的《西方思想和中國思想：目光與行動》，載於《區分與等級價值》（J. P. 格列依Galey編，巴黎，高等社會科學院出版社，1984）。關於自我與世界之間關係的「觀看式的」論述以及視覺性隱喩在西方的支配地位，海德格和杜威都有詳細評述。我在拙著《哲學和自然之鏡》（普林斯頓大學出版社，1979年）中曾探索了這種視覺支配性的某些意義。

譯者説明

　　在本文中作者企圖根據戴維森的兩個基本命題（行爲理論中的理由與原因的關係論和語言哲學中事物與真理的關係論）説明當前西方哲學中一個突出的自然主義傾向：反對傳統的「真理與隱喻」及「內容與圖式」的二元論。作者認爲這一傾向反映了美國實用主義與分析哲學的最新發展，並指出它與當代德、法哲學中類似的傾向是一致的。文章根據戴維森理論描述了西方哲學史上三種思想類型，强調了作者贊成的第三種類型——非還原的物理主義的重要性。在上述分析的基礎上作者提出一種兼顧真理與隱喻、哲學與文學、自然與精神的新人文觀。文章並指出，戴維森的理論表明任何一個事件既可用生理的（物的）語言描述，又可用心理的（心的）語言描述；而物理學的語言與倫理學的語言也有同等的效力，它們只是人類在應付環境時根據不同需要所採取的不同論述方式，彼此並無本體論意義上的區別。作者既反對傳統柏拉圖主義的「表象與實在論」和基督教的「假我與真我論」，又批評了康德以來西方哲學中幾種有關自我與世界關係的理論，並認爲在個人與宇宙之間只有因果關係才是重要的。因此他主張取消「意識」概念和各種內省觀，並把這類傳統哲學觀看作是西方特有的視覺優先思維習慣的産物。通篇表現出一種所謂認識論的行爲主義和解釋學的實用主義立場。

索　引

（本索引頁碼均指英文版頁碼，請按中文版頁邊的號碼檢索；

索引指出的頁碼中之n.，係［注］之意）

A

B

Brucker ,Jakob（布魯克爾）133n.2

Brumbaugh ,Robert（布魯姆包）xiii

Burtt ,E. A.（伯特）65n.39

Busch ,Eric（布什）119

C

Compbell, Keith（坎貝爾）44n.13, 83～84, 86, 93, 118

Carnap, Rudolph（卡爾納普）xiii～xiv,7,169,172～173,204,207～208, 221, 257,259,301n.34, 348, 363, 367

Carr, David（卡爾）167n.5

Caton, Hiram（卡通）249n.31

Chisholm, Roderick（齊斯霍姆）18, 27, 175～177, 193

Chomsky, Noam（齊姆斯基）195n.27, 204n.42, 214, 249, 251～252

Coder, David（科德爾）120n.23

Conceptual change（概念改變）265～273, 277

consciousness, 見mind as consciousness conversation（談話, 會話）156～157, 159, 163, 170～171, 318, 322, 371～373, 377～378, 386 389～394

Copernicus（哥白尼）131, 328～330

Corman, James（柯爾曼）66n.41, 120n.23

Cousin, Victor（柯辛）133n.2

culture, philosophy as foundation of（作爲文化基礎的哲學）3～6, 8 131, 138～139, 163, 166, 179, 193, 220, 257, 266, 269, 315, 317～318 354, 359n.4, 394

Cunninggham, J. V.（均寧安）42n.10

D

Darwin, Charles（達爾文）330, 362n.8, 366

Davidson, Donald（戴維森）7, 125n.26, 205～207, 259～265, 280, 281n. 19, 287, 293, 295, 299～305, 308～311, 347, 355

Democritus（德謨克里特）345, 357

F

G

M

U

當代思潮系列叢書⑧

哲學和自然之鏡

原　　著＞理查・羅蒂
譯　　者＞李幼蒸
執行編輯＞蔡淑惠
出　　版＞桂冠圖書股份有限公司
發 行 人＞賴阿勝
登 記 證＞局版台業字第 1166 號
地　　址＞臺北市新生南路三段 96-4 號
電　　話＞（02）368-1118　・　363-1407
傳　　眞＞886　2　368-1119
郵　　撥＞0104579-2
印　　刷＞海王印刷廠
初版一刷＞1994 年 4 月

定價／新台幣400元

ISBN　957-551-709-1

國立中央圖書館出版品預行編目資料

哲學和自然之鏡／理查·羅蒂（Richard
Rorty）著；李幼蒸譯. -- 初版. --
臺北市：桂冠，1994〔民83〕
　面；　公分. --（當代思潮系列叢書；8）
譯自：Philosophy and the mirror of
nature
ISBN　957－551－709－1（平裝）

1. 哲學－西洋－現代（1900－　　　　）

143　　　　　　　　　　　83003202